本书是国家社会科学基金项目"民族关系和谐性监测预警及主动调控机制研究"（12BGL105）的最终研究成果

民族关系和谐性监测预警及主动调控机制研究

张劲松　郑双怡　著

Minzu Guanxi Hexiexing Jiance Yujing
Ji Zhudong Tiaokong Jizhi Yanjiu

中国社会科学出版社

图书在版编目（CIP）数据

民族关系和谐性监测预警及主动调控机制研究/张劲松，郑双怡
著 . —北京：中国社会科学出版社，2018.12
ISBN 978 - 7 - 5203 - 3154 - 8

Ⅰ. ①民… Ⅱ. ①张…②郑… Ⅲ. ①民族关系—监测—预警系
统—研究—中国②民族关系—调控措施—研究—中国 Ⅳ. ①D633

中国版本图书馆 CIP 数据核字（2018）第 208238 号

出 版 人	赵剑英	
责任编辑	卢小生	
责任校对	周晓东	
责任印制	王 超	
出 版	中国社会科学出版社	
社 址	北京鼓楼西大街甲 158 号	
邮 编	100720	
网 址	http：//www. csspw. cn	
发 行 部	010 - 84083685	
门 市 部	010 - 84029450	
经 销	新华书店及其他书店	
印 刷	北京明恒达印务有限公司	
装 订	廊坊市广阳区广增装订厂	
版 次	2018 年 12 月第 1 版	
印 次	2018 年 12 月第 1 次印刷	
开 本	710×1000 1/16	
印 张	30	
插 页	2	
字 数	491 千字	
定 价	150.00 元	

凡购买中国社会科学出版社图书，如有质量问题请与本社营销中心联系调换
电话：010 - 84083683

内容提要

　　民族关系是多民族国家中至关重要的社会关系。现阶段，我国正处在经济社会转型期，原有的社会结构和利益关系发生着快速的变化，各种民族问题日益凸显。正确处理我国民族问题，构建和谐的民族关系，是党和国家在社会主义现代化建设中民族工作的重要组成部分。

　　本书建立了民族关系监测预警及主动调控的理论框架，对现有相关领域的研究进行了梳理。结合我国民族关系和谐的内涵，分析了民族关系和谐性的影响因素。基于民族关系和谐主题的界定与辨识，参考现有关于民族关系、和谐社会、社会风险预警的相关研究，从政治、经济、社会、文化、宗教、环境和国际七个维度，建立了民族关系和谐性监测预警体系。针对民族关系监测预警中的知识管理和民族关系信息资源库的构建与管理进行了研究，提出了民族关系主动调控的机制以及实施方案。最后结合前述理论研究内容，以我国西部某地区为例，对民族关系和谐性监测预警的指标体系生成、民族关系和谐性程度发展趋势进行了案例分析。本书的创新之处包括：①建立了面向和谐主题的民族关系和谐性动态监测体系，使其随着和谐主题变化而动态调整，和谐性监测结果更能反映现实状况。②基于民族关系的信息管理和知识管理，建立了民族关系和谐性预警调控实践模型。本书研究的理论价值在于改变过去那种单纯为了应对和解决民族关系具体问题的被动性调控思路，采用面向和谐主题的持续改善与主动适应的民族关系预警及前馈调控思路，力图达到一个动态稳定的、和谐发展的新型民族关系状态。

　　本书对从事民族关系相关领域研究和民族事务管理的工作者具有一定的参考价值，也可供各级民族事务管理部门借鉴用于对特定地区的民族关系和谐性监测预警。本书具有较强的现实指导意义和实践价值，将对实现我国各民族和谐发展做出贡献。

前　言

新中国成立以来，我国确立了平等、团结、互助、和谐的社会主义民族关系。党和国家高度重视民族关系的和谐稳定发展，在民族关系发展问题上，通过多种途径，采取多种措施，妥善解决了一些影响民族关系的问题，不断发展和巩固了社会主义民族关系。党的十六届四中全会提出了构建社会主义和谐社会的思想，党的十六届六中全会通过的《中共中央关于构建社会主义和谐社会若干重大问题的决定》进一步指出："认真贯彻落实党的民族政策，牢牢把握各民族共同团结奋斗、共同繁荣发展的主题，广泛开展民族团结进步活动，巩固和发展平等、团结、互助、和谐的社会主义民族关系，使各族人民和睦相处、和衷共济、和谐发展。"对于我国这样一个多民族的国家而言，民族之间的和谐是构建社会主义和谐社会的一个重要组成部分。

党的十八大以来，以习近平同志为总书记的党中央高度重视民族工作，多次深入民族地区调研，体察少数民族群众冷暖。习近平总书记在2014年9月召开的中央民族工作会议上全面分析了我国民族工作面临的国内外形势，深刻阐述当前和今后一个时期我国民族工作的大政方针。习近平总书记指出：民族团结是我国各族人民的生命线，做好民族工作，最关键的是搞好民族团结，最管用的是争取人心；要正确认识我国民族关系的主流，多看民族团结的光明面；善于团结群众、争取人心，全社会一起做交流、培养、融洽感情的工作；加强各民族交往、交流、交融，尊重差异、包容多样，让各民族在中华民族大家庭中手足相亲、守望相助。

民族关系预警是对未来一个国家或地区民族关系发展变化及面临的问题进行的科学判断、分析评估、趋势预测和预警防控。现阶段，我国正处在经济社会转型期，原有的社会结构和利益关系发生着快速的变化，各种民族问题日益凸显。虽然现在我国民族关系整体来说是和谐稳定的，但也必须要认识到，还是有一些影响民族关系发展的不利因素存在，发展和谐的民族关系还有许多工作要做。如何妥善处理民族关系发展进程中出现的一些问题，如何实现和谐民族关系的进一步发展成为摆在我们面前的一个现实课题。

正确处理我国民族问题，构建和谐的民族关系，是党和国家在社会主义现代化建设民族工作中的重要组成部分。由于民族问题具有长期性、复杂性、综合性、国际性和敏感性等特点，转型期的民族社会问题又具有伴生性、触发性、交织性、整体性和生长性。民族社会问题往往涉及整个民族或多个民族，有时一个地区发生的民族社会问题，可能对其他地区同一民族都产生影响，具有"牵一发而动全身"的特点。为了对民族关系进行有针对性的调控，必须找出影响民族关系和谐性的因素，并从总体上把握民族关系和谐性的发展趋势和变化规律，为此，开展民族关系监测预警及调控机制的研究，对于促进少数民族和民族地区繁荣发展，维护民族团结、社会稳定和国家安全，具有重要的现实意义、应用价值和理论贡献。

近年来，民族关系监测预警成为一个新的学科交叉研究领域。从现有的研究成果看，民族关系监测预警研究的领域不断扩大，在理论深度与广度上均有不同程度的拓展，并逐渐从单一的学术研讨向为政府决策提供学术支持的方向转变。国内外有关中国民族关系问题的一般理论探讨已有较为深入的研究，但专门针对我国民族关系监测预警及调控的理论及方法研究不多见，更缺乏全面研究我国民族关系发展变化趋势以及预警重点、方法途径、政策措施等方面的研究成果。

基于此，笔者2012年申请的国家社会科学基金项目"民族关系和谐性监测预警及主动调控机制研究"（12BGL105）获得立项，经过近五年的研究工作，在前人研究成果的基础上形成了本书，并于2018年6月通过了全国哲学社会科学规划办公室的结题鉴定。本书以管理学、民族学、社会学、情报学、信息科学等学科的理论作指导，采用理论研究和案例研究相结合、定性分析与定量研究相结合、文献综述与调查分析相结合的研究方法，建立了民族关系监测预警及主动调控的理论框架，并针对民族关系和谐性监测体系、民族关系和谐性预警调控实践模型、民族关系监测预警信息管理与知识管理等进行了深入研究。在进行理论探索的同时，深入民族事务管理部门和民族地区开展调查研究，选取西部某地区作为案例，对本书提出的方法进行初步验证。开展民族关系监测预警研究，探索民族关系预警调控的新思路、新机制、新方法和新举措，进一步丰富了我国民族关系监测预警理论与方法等的研究。

在本书完稿之际，笔者对中南民族大学李俊杰教授、李吉和教授，天津工业大学阎耀军教授，华中科技大学肖人彬教授等表示衷心的感谢，感谢他们在本项目研究以及本书写作过程中提出的中肯建议。感谢中南民族大学杨单、于同洋老师、别黎老师以及研究生金亚男、朱则、沈洁、闫明浩、别亚林、何雄、王沁昀、熊青、章凤君、周林缝、黄华、贺文玲、张筱倩等同学，感谢他们在本项目研究及资料整理过程中付出的努力。另外，感谢成都市民宗局在本项目调研过程中提供的大力帮助。

本书的研究建立在大量前人与同人的研究基础之上，没有你们深入细致的研究，本研究难以取得进展。由于本课题研究的难度较大，再加上本书撰写时间仓促以及个人水平所限，某些论证肯定存在诸多不足，有些观点难免偏颇，甚至错误，恳请赐教，欢迎批评指正。

目　　录

第一部分　研究现状与理论基础

第二部分　民族关系监测预警体系

第三部分　民族关系监测预警中的信息管理

第四部分　民族关系监测预警调控的实施

第一部分

研究现状与理论基础

第一章　绪论

和谐是指事物中各种关系处于融洽与协调的基本状态。和谐社会是一个具有丰富内涵的概念，其实质是一种社会文明状态，该状态具有行为规范有序、结构合理平衡、利益协调得当、资源兼容共生、人与自然和谐共处等特征。和谐社会的构建是一项综合性的系统工程，也是当前我国面临的一个重大理论和实践课题。根据和谐社会建设内涵的广度和深度，有广义和狭义之分。广义的和谐社会建设主要是指从社会的整体性出发，以政治、经济、文化以及环境建设等各个方面的整体和谐为目标；狭义的和谐社会建设单纯指的是社会子系统的正常有序运行。

民族关系作为多民族国家中重要的社会关系，其稳定性和优化程度对我国构建和谐社会具有非常重要的意义。我国是一个统一的多民族国家，既存在以少数民族为主体的民族地区①，也包括有以汉族居民为主、少数民族人口占比较少的广大地区。总体来说，我国少数民族的分布形态表现为"大杂居、小聚居"，这种形态下不同民族呈现"你中有我，我中有你"的特征。同时，随着我国国民经济的高速发展，各种社会矛盾和问题日益凸显，原有的利益格局和社会结构也在发生变化，经济结构和发展方式面临改变，特别是影响和制约我国民族关系的相关因素也随之增多。当前经济形势发展变化对处在经济转型期的多民族关系带来了较大压力，各民族之间的矛盾和纠纷呈现出新变化与新特征。

民族关系的和谐是社会和谐的重要基础，有必要将民族地区经济发展、社会发展、文化建设、环境态势等诸多因素融入民族关系和谐体系中，以此为基础，构建民族关系和谐性的基本框架。由于各民族地区地

---

① "民族地区"一般是指民族自治地区，目前，我国共建立了155个民族自治地区，其中包括5个自治区、30个自治州、120个自治县（旗）。本书所说的"民族地区"主要是指民族自治地区，有时也泛指少数民族人口较多或民族问题较为突出的其他地区。

理位置特殊，发展程度不一，特别是在民主政治、经济建设、社会文化等方面存在若干差异性因素，这给我国和谐民族关系的建设带来了诸多难以预计的困难，增加了和谐民族关系建设的障碍，也凸显出从宏观层面建立民族关系和谐性监测预警及主动调控机制的必要性。通过研究民族地区的民族关系和谐现状，探究和谐主题下民族关系和谐的影响因素，构建民族关系和谐性预警框架，对民族关系和谐进行预警，无疑是不可或缺的重大理论和实践问题。

如何从总体上把握民族关系和谐性发展的趋势，如何合理应对各种涉及民族关系的具体危机情势，这是构建和谐民族关系所面临的紧迫任务之一，也是加快民族地区经济发展和维护地区稳定的重要保障。进行民族关系监测预警及调控研究，对于我国促进民族团结、维护社会稳定和保障国家安全，同时提升民族地区发展水平，具有重要的理论和现实意义。

第一节　研究背景与研究意义

一　研究背景

在社会主义和谐社会构建过程中，民族关系作为一种特殊的社会关系，是党和国家全局工作中的一个关键部分，尤其是对多民族国家来说更为重要。我国在党的正确领导下，通过颁布切实可行的政策，促进各民族、各地区事业迅速发展，构建民族团结、经济发展、社会进步、人民生活水平不断提高的良好局面。但同时经济的高速增长也为社会发展转型带来了新的挑战，各种社会问题和矛盾迅速涌现，影响社会稳定的因素变得更加复杂，这些不稳定因素既影响着社会安定团结，也影响着民族关系和谐。

（一）实现民族关系和谐的重要价值

由于我国改革开放的不断深入和经济体制的不断放开，促使各种文化思潮相互激荡、各种利益关系纷繁交织，这些因素对民族关系的发展也产生了深刻的影响。和谐民族关系作为构建和谐社会的重要组成部分，其直接影响到我国社会主义事业的全面胜利和中华民族伟大复兴的进程。民族关系的发展不仅有其普遍规律，各个国家或地区也有其特殊性。在和谐民族关系的建设道路上，我们既要用宽广的眼界观察并吸取其他国家在民族关系发展过程中的经验教训，也要对我国民族关系相关问题产生的历史背景和现实因素进行归纳总结。找出影响我国民族关系和谐性的多种因素，对民族关系的和谐性进行监测预警与主动调控，加强和巩固民族关系和谐发展，这是新时期社会关系的重要课题。

1. 和谐的民族关系是构建和谐社会的重要基础

实现社会稳定发展的终极目标是构建和谐社会，而和谐的民族关系又是和谐社会的重要组成部分。其中，民族关系与和谐社会的核心内涵和基本特征是一致的。和谐社会中的公平正义、诚信友爱恰恰与民族关系的和谐、平等、团结、互助等含义相对应。各个民族的成员都是国家的主人翁，都享有相同的权利，这是我国宪法所赋予每个公民的基本权利，同时也体现出民族关系中平等的含义。社会和谐所要求的诚信、友爱，正好与民族关系的团结、互助相对应，各民族成员间的团结互助加深了民族成员间的了解，有助于营造社会和谐氛围。

2. 和谐的民族关系是社会主义事业胜利的基本保证

社会主义制度的建立赋予了我国民族关系的新内涵，开启了民族团结互助的新篇章。40 年的改革开放是全国各族人民和党中央的历史抉择，中华民族取得了巨大发展，全国各族人民团结一心，取得了社会主义事业的伟大胜利。在经济高速发展过程中，也面临着来自国内外的各种挑战和机遇，包括可预见和不可预见的各种突发事件及灾害，但是，全国 56 个民族始终保持紧密团结、和衷共济、同心同德，以维护政治安定、社会和谐、人民幸福。我国民族工作的实践充分证明，和谐、团结的民族关系是我国社会主义事业取得胜利的基本保证。

3. 和谐的民族关系是实现中华民族伟大复兴的必然要求

在新的国际国内形势下，为实现中华民族伟大复兴的共同理想，需要进一步巩固各族人民的团结，建设和谐的民族关系。同时，我国民族关系的和谐程度直接影响我国社会主义物质文明、精神文明乃至政治文明。因此，为了全面建成小康社会，实现中华民族的伟大复兴，我们要坚定不移地落实各项民族政策，维护民族平等，促进民族关系的和谐发展。

（二）和谐民族关系建设是当前我国民族工作的中心任务

我国党和政府对民族工作和民族问题历来非常重视，目的是希望建立和谐民族关系。2006 年，时任国家民委主任的李德洙同志针对民族工作强调：要着力加强民族团结，维护社会稳定；稳妥处理好民族关系的有关问题；形成完善可行的民族关系应急处理预案；构建民族关系综合评价指标体系；进一步妥善处理好各民族地区的民族工作。① 国务院办公厅于 2007 年 3 月发布的《少数民族事业"十一五"规划》提出，开展民族关系监测预警的设想，制定处置涉及民族因素的突发性事件应急预案，主要依托国家电子政务网络，建设民族事务管理网络信息系统，以信息资源集成为基础，建立民族关系监测与预警机制。通过预警机制，民族事务管理相关部门可以掌握当前相关地区民族关系状况，并预测其发展、变化的趋势，从而提高解决民族问题的工作能力以及民族事务管理的水平。通过民族关系监测系统可以对特定区域和范围的民族关系的和谐状况进行及时有效的监测评价，这样，能够及时发现民族关系发展中可能存在的问题，根据问题的性质和严重程度，及时采取相应对策和措施，从而将问题和矛盾控制在萌芽状态，由此实现民族关系的和谐发展。

"十二五"时期是民族地区全面建设小康社会、推进跨越式发展和长治久安的关键时期。为了进一步落实党中央、国务院关于扶持人口较少民族快速发展的重要举措，制定《扶持人口较少民族发展规划（2011—2015 年)》，通过相关的政策，集中力量让民族地区的人民能够尽快地迈入小康的行列，让各族人民共同过上富裕的生活，促使我国社会繁荣发展，这对维护民族团结和国家稳定发展具有重要的意义。2012 年 7 月，国务院办公厅发布的《少数民族事业"十二五"规划》也指出：加强民族事务管理与服务信息化建设，促进管理与决策的科学化、民主化、规范化。2012 年 12 月，全国民委主任会议指出："要抓好民族团结，健全和巩固民族关系的长效机制。"

2014 年，中央民族工作会议指出："在坚定不移走中国特色解决民族问题的正确道路上，民族工作应不断开拓创新，从实际出发，顶层设计要缜密、政策统筹要到位、工作部署要稳妥，增强全国各族人民对伟大祖国的认同、对中华民族的认同、对中华文化的认同、对中国特色社会主义道路的认同。"2015 年，国务院印发了《关于加快发展民族教育的决

---

① 安涛：《原国家民委主任李德洙谈 2006 年我国民族工作的重点》，国家民委网站，2006 年 3 月 1 日，http://www.gov.cn/gzdt/2006 - 03/01/content_214706. htm。

定》，对我国民族教育做出了进一步规划，明确指出，2020 年，我国民族地区教育水平要基本达到全国平均水平，实现全国公共教育均等化。2016 年，习近平主席参加十二届全国人大四次会议青海代表团审议时指出："民族团结是全国各族人民的生命线，要尊重各民族之间的差异、包容文化多样，让各民族在中华民族大家庭中手足相亲、守望相助、团结和睦、共同发展。"① 由此可见，党和国家领导人、国务院以及民族事务相关部门对和谐民族关系建设非常重视，将构建和谐民族关系作为我国民族工作的中心任务。

（三）当前和谐民族关系建设存在的问题

纵观中国历史发展，新中国成立后，我国民族关系呈现出良好的发展状态。但是，随着经济的高速发展以及社会的变迁，国内外形势发生了巨大的变化，民族关系也显现出若干的新变化，而这些变化对我国民族关系的稳定发展带来了深刻的影响。因此，我们需要充分把握国内外形势的变化，在不同阶段的发展主题变化中保持清醒的头脑，找准我国民族关系和谐发展的方向，致力于构建和谐民族关系。

1. 国际政治局势对我国民族关系的影响

随着我国改革开放的逐步深化，国际地位不断提高，国际政治形势以及世界上其他国家的民族问题也给我国民族关系带来了不同程度的影响，国际因素已经成为我国民族关系的重要影响因素之一，例如，由民族或种族间的矛盾而引发的暴力恐怖事件，这类事件对世界的和平与发展产生了巨大的负面影响。在此背景下，我国民族关系不可避免地受到国际社会的影响，主要包括三个方面：①国外敌对势力将我国某些民族问题和矛盾放大，并将其作为分化我国民族关系的突破口；②国内外的民族主义分裂分子相互勾结，在民族地区进行开展各项民族分裂活动；③国外各种泛民族主义思潮在民族地区煽动性地传播，进一步阻碍了我国和谐民族关系的构建。

2. 民族地区经济发展的不平衡

改革开放 40 年来，我国经济社会发展取得了辉煌的成绩，特别是少

---

① 习近平主席在 2014 年中央民族工作会议上的讲话，深刻地阐述了民族工作重大理论和实践问题，做出了一系列新决策、新部署、新要求，就民族工作新阶段特征做出新概括。参见穆殿春《新认识　新理论　新举措——十八大以来党的民族工作思想探析》，《广西师范学院学报》（哲学社会科学版）2016 年第 5 期。

数民族的生活条件和生活水平得到较大程度的改善，但民族地区或少数民族的整体经济水平与发达地区还存在较大差距，发展呈现不均衡的状态，这种不均衡主要表现在四个方面：①不同地区的差距拉大；②城市和农村的差距突出；③民族地区的贫困状况比较严重；④西部民族地区的社会事业发展比较滞后。

3. 民族纠纷事件不断增加

随着我国各地区协同发展战略和城市化发展布局的不断深化，我国各地区和各民族之间的交流与贸易往来越来越频繁，各种社会利益关系不断调整更新，虽然各民族总体利益保持一致，但是，因为具体的分配机制、社会风俗、民族信仰等因素而导致各民族之间时常会出现小摩擦与冲突，这也使民族问题显现出多发的状态。

4. 民族工作尚存在若干不足之处

各级党委和政府高度重视民族工作，在民族关系的建设方面已取得显著的成绩。但是，由于民族工作的复杂性，仍存在若干不足：一是对民族工作的重要性认识不足，在具体开展民族工作的时候会表现出言行不一的现象，一些解决民族问题的政策落实不到位。二是涉及民族关系的法律法规相对于民族关系发展仍需要进一步完善，且有时会出现落实不到位的问题。三是对于某些与少数民族群众切身利益相关的问题，不能通过相关政策得到妥善的解决，特别是一些长期影响民族地区经济社会发展的关键问题没能很好地解决。四是高素质民族干部人才较为缺乏。

当前，我国民族关系总体上比较和谐，各民族之间没有大的民族矛盾，更没有明显的民族对立情形的出现，但我国改革开放事业确已进入一个多种机遇、挑战、风险并存的阶段。特别是西部边疆民族地区，影响社会稳定团结的因素繁杂，使民族关系和谐程度不断发生变化。因此，为建设和谐的民族关系，必须针对上述存在的各种问题，特别是影响民族和谐的主要因素，开展有意识的监测预警与主动调控，不断提高民族关系的和谐程度，从而为建设和谐民族关系乃至和谐社会奠定坚实的基础。

二　研究意义

民族关系监测预警的含义是对特定地区未来一定时期的民族关系演变以及将要面临的问题进行分析评价、趋势预测和预警防控。当前，我国社会经济正处于转型期，社会结构的优化和利益关系的逐渐改变，各种民族问题逐渐显现出来。正确处理好我国民族问题，构建和谐稳定的民族关系，是社会主义和谐社会建设的重要内容，已引起党和政府的高度关注。一方面，转型期的民族社会问题①是民族因素和社会因素交织在一起而产生的，具有伴生性、触发性和生长性等特点；另一方面，民族相关问题往往涉及面宽，影响范围广，可能涉及整个民族或多个少数民族，有时不同地区之间的民族矛盾与纠纷会相互影响，具有"牵一发而动全身"的特点。因此，为了实现更精确的民族关系调控，必须找出民族关系和谐性的影响因素，并从总体上把握民族关系和谐性的发展趋势和变化规律。积极开展民族关系监测预警及调控机制的研究，对促进我国民族地区发展、维护各民族之间的团结、保障国家安全，进而建立和谐民族关系与和谐社会，具有重要的现实意义、应用价值和理论价值。

（一）现实意义

作为一个少数民族众多的发展中大国，我国少数民族人口总量大约1.06亿，占总人口的8.41%；民族自治地区占国土总面积的63.9%，达到613.3万平方千米。从全国来看，我国少数民族人口主要聚居在边疆地区，边疆地区经济社会发展水平较为落后。随着我国参与全球化进程的不断加快，各个民族崛起意识增强，逐步成为我国社会转型的挑战，涉及民族因素的相关矛盾与纠纷可能成为21世纪我国面临的突出且敏感的社会问题。因此，开展民族关系监测预警的相关研究，探讨民族关系和谐性的影响因素并对其进行调控，将为社会主义和谐社会的构建提供支持，具有重大的现实意义。

（二）应用价值

21世纪以来，世界多极化与经济全球化深入发展，世界上涉及民族或种族的地区之间，甚至国家之间的矛盾和问题日益突出。未来十年左右将是我国国民经济和社会快速发展的关键阶段，不可避免地会产生一些社会问题，其中包括与民族关系相关的问题，这些问题积累到一定程度必然会影响社会的稳定和谐。因此，在经济社会结构性转型以及全球化大背景下，研究我国民族关系预警面临的困难、挑战以及民族关系的

---

① 民族社会问题的提法是基于社会学研究视角，是指在多民族国家发展过程中因社会关系失调，而干扰民族群体及大部分成员的正常生活，制约民族社会的持续发展，甚至引发民族矛盾与民族冲突，需要利用国家和社会力量加以缓解的一种社会现象。本书有时直接将它称为民族问题或民族关系问题。

调控措施，特别是开展民族关系和谐性监测预警方面的研究，构建民族关系和谐性监测预警框架，为我国制定科学有效的民族政策提供决策依据，具有很强的应用价值。

（三）理论价值

民族关系监测预警是民族学、管理学、社会学等学科交叉的一个新研究领域，其研究内容包括对特定区域的民族关系发展变化趋势进行分析判断、监测预警以及超前调控。作为一个新兴的研究方向，民族关系监测预警相关研究在理论深度和应用广度上都有不同程度的拓展，逐步从单纯的理论探讨向为政府决策提供民族事务管理方面的支持转变。总的来说，目前关于民族关系的一般理论问题研究比较深入，但缺乏专门针对民族关系和谐性监测预警及调控的研究，特别是缺乏全面系统地定量分析我国民族关系发展变化趋势及预警方面的成果。因此，开展民族关系和谐性监测预警研究，探索民族关系和谐性预警调控的新思路、新方法、新机制和新举措，可进一步完善民族关系的理论与方法。本书研究的理论价值在于改变过去那种单纯为了应对和解决民族关系具体问题的被动性调控思路，抛弃"头痛医头、脚痛医脚"的做法，采用面向和谐主题的持续改善与主动适应的民族关系预警及前馈调控思路，力图达到一个动态稳定、和谐发展的新型民族关系状态。

三 监测预警功能

作为复杂社会关系的特殊表现形式，民族关系监测预警同样具有社会预警的相关功能，包括宏观预警、趋势监测、问题防范和危机缓解四大功能，但民族关系监测预警的针对性更强，如下四个方面的功能也更加明显。

（一）民族关系和谐性的宏观预警功能

社会领域中的很多问题并不是偶然发生的，其生成过程都是有迹可循的，是从量变积累到质变转化，并有其自身发展规律。基于这些发展规律，人们能对未来可能出现的某种现象做出预测。民族关系领域也不例外，通过建立民族关系问题的相关指标，并对其进行监测预警，观察其中某些关键指标的变化情况和规律来预测民族问题未来可能出现的状况。这种预见能力不仅是监测预警体系中的基本功能，也是其他功能的基础。

（二）民族关系和谐性的监测功能

民族关系监测预警体系的监测功能主要是通过对民族关系的相关指标进行定期的监督，查看是否存在异常情况或者可能出现的危机，以此为基础为未来的相关决策作指导。另外，民族问题已上升到国家层面，甚至有时会影响国家政治稳定，因此，有必要对当前民族问题的发展进行监测。当前，人们对民族关系问题进行监测的方法主要借助定性和定量相结合，构造相关模型等方法，针对不同的民族关系问题，设计不同的指标体系，从而更精确具体地对现状进行评估监测。值得注意的是，民族关系问题涉及方方面面，但指标体系不需要面面俱到，通过一些关键性与代表性强的指标也能准确地反映当前的民族现状。

（三）民族关系和谐性问题的防范功能

由于民族关系构成要素复杂、自然环境脆弱、地理位置偏远以及地区经济不发达等因素，这些限制性条件都或多或少影响民族地区的和谐，因此，在一定程度上对民族地区的正常生产活动造成不利影响。虽然不能完全消除这些不和谐因素，但是，能借助民族关系监测预警来找准问题的原因，避免未来可能发生的不和谐或者异常的隐患。对民族关系和谐性进行监测的最终目的是防患于未然，通过监测预警系统的分析，详细了解民族地区会在哪些方面、哪些时间段出现什么问题。因此，政府相关部门可以根据预警的情况，制定相应的可行的应对措施，降低不和谐现象发生的可能性，维护民族关系稳定。

（四）民族关系和谐性的危机缓解功能

对目前存在的一些民族问题，一般采取针对性的策略来缓解危机。一方面，在民族关系监测预警体系的基础上，分析目前民族问题的现状，并按不同民族问题对社会正常运转、国家政治稳定、民族地区经济发展等的影响进行区分，以此进行有针对性的问题处理；另一方面，需要结合具体的民族发展目标、民族地区的特殊情况以及问题的复杂程度，提出可操作性强且合理的策略来缓解不同原因而导致的问题。这是一种前瞻性的预防措施，尤其针对突发性事件。

第二节 相关研究现状

民族关系因其特殊性而在我国占有重要地位，同时也是我国转型期公共安全与危机管理领域的关注重点。由于历史、政治、经济以及国外势力干涉等原因，在我国民族关系的发展过程中仍存在一些不和谐的现象。近年来，围绕民族关系和谐性监测预警这一主题，管理学、社会学及民族学等领域的学者从社会和谐与和谐管理、和谐民族关系、民族关系调控、社会风险预警、"互联网＋"民族关系舆情监测等多方面展开了相关研究。

一 社会和谐与和谐管理方面的研究

关于和谐社会的具体内容，有的学者认为，构建和谐社会并非仅仅使社会朝好的方向发展，更重要的是要去解决不好的东西，敢于承认矛盾，不论是多么和谐的状态，必然存在矛盾性因素，只有解决问题，才能达到和谐状态。席酉民（1989）以和谐社会基本形式和本质为基础，将网络、层级和市场三种社会治理机制有机结合，以构造社会稳定秩序的机制，通过体制改革，为三种机制的结合与和谐社会的建立提供有利的环境，并利用和谐管理理论为建设和谐社会提供对策建议。

和谐管理理论①认为，由于人的主观能动性，以及人与人、人与物之间的复杂关系，使系统出现各种无法预料且无规律的问题，从而对整个系统产生负面影响，导致系统不和谐。因此，为了促使系统拥有较强的应变和处理能力，必须对系统进行和谐管理，而和谐管理的关键在于系统的协调，其中，包括内外部人员之间的协调、内外部环境的协调以及系统本身的自我协调等。只有这样，才能实现全方位的和谐，激发系统的最大效能，从而实现和谐管理。黎红雷（2007）主张广义上的和谐管理，认为和谐管理应该包含人自身、人与人之间、人与社会以及人与自然之间的和谐，同时将其看作未来社会管理的发展趋势。王光松（2011）认为，要想实现和谐管理，应该遵循以下三项原则：①恰当对待差异原则，即尊重差异和允许差异的存在；②协调性与融合性统一原则，即以柔性的方式管理组织，处理差异和矛盾；③个体与组织之间的良性交换原则，即强调组织与个人的共同愿景以实现共同进步。在和谐理论的应用方面，许洪顺（2007）提出，组织目标、管理制度、人际关系、资源分配、教育环境等因素是实现高校和谐管理的关键所在。刘锋（2008）运用和谐管理理论制定企业和谐评价体系，并运用和谐评价体系研究中小企业管理问题，提出，和谐的人力资源管理模式是构建和谐企业的关

---

① 席酉民教授于1989年出版了《和谐理论》一书，和谐理论受到了理论界的关注。和谐管理理论是和谐理论在管理学领域的发展和应用。

键之一；李鹏飞（2013）、席酉民（2013）、韩巍（2013）等应用和谐管理理论分析企业战略领导力的内涵，认为和谐管理理论对战略领导力具有促进作用。蔡雪洁（2014）认为，企业在招聘中应当加强运用和谐管理理论，及时地对员工进行有效培训，注重员工的绩效管理并且建立完善的系统，企业应当以人为本，为员工提供良好的工作环境，通过有效的激励方式增强与员工的沟通，从而提高员工的积极性。李会军（2015）将和谐管理理论应用于整合商业模式的概念框架中，并改进了对商业模式绩效的测量方法。

二　和谐民族关系方面的研究

在民族关系视域内，学者对和谐范畴理解稍有不同，但均涵盖和睦、协调、信任等方面。金炳镐提出了民族和谐发展的内涵，并对民族关系发展与和谐社会两者的结合做了有益的探索。① 李红杰（2007）、严庆（2007）认为，民族和谐是社会和谐的前提，"共同建设"是实现民族和谐的前提和保证，"共同分享"是实现民族和谐的目标和动力。当前，我国正处于社会转型的关键时期，民族关系作为社会关系的重要组成部分，和谐的民族关系能够促进建立和谐的社会关系。同时，由于民族关系自身的特殊性，在进行民族关系和谐性研究时，不能将和谐社会理论简单地应用于民族关系，需要将和谐理论与不同时期、不同民族地区的和谐主题相结合，建立动态的民族关系和谐性评价体系。

三　社会风险预警方面的研究

社会预警②领域的研究经历了很长的时间，虽然预警手段也在发生变化，但其实质都是通过对社会运行的稳定度做出评判，目的是对社会稳定与和谐性的发展进行监测，超前预警以及调控。高永久（2003）提出，社会预警系统对维护多民族国家社会稳定具有重要作用。社会问题预警系统主要具有预见、监测、防范和缓解四大功能。③

在社会稳定及风险预警方面，宋林飞（1999）认为，社会风险是指可能造成社会动荡不安或引发社会冲突的不确定性因素，包括政治、经

---

① 参见金炳镐《民族关系特征：民族和谐社会建设的理论指导（三）》，《中国民族报》2011 年 8 月 5 日第 6 版。
② "社会预警"一般是指依据社会发展稳定状况的判断，按照社会系统整合关系的模型分析，对社会系统运行的安全质量和后果进行评价、预测和报警。
③ 参见吴忠民《社会问题预警系统研究》，《东岳论丛》1996 年第 4 期。

济、文化、环境等多个领域。冯必扬（2008）也对风险社会和社会风险的联系与区别做了详细的论述，并指出，社会风险是个体或群体通过不正当行为造成社会混乱的可能性；风险社会则是一种社会发展阶段，是指进入某一种社会环境下可能给国家和人民带来的灾难性后果。邓伟志（2008）等认为，影响社会稳定的原因主要包括经济发展、就业失业、贪污腐败、贫富两极化、社会安全和社会流动率六个方面，并通过分析社会风险发生的可能性，指出，在如今的社会发展中，如果没有足够优化的政治制度，那么社会必将动乱，现代化虽然意味着稳定，但是，现代化的过程中却充满了动乱的可能。此外，国内关于社会稳定及风险的量化计量也较为广泛。例如，社会发展综合评价指标体系、治安环境动态评价指标体系、社会风险指标体系等。国内学者大多从社会公平、社会安定、社会活力、社会意识、人与自然和谐等方面选取指标，而国外研究则侧重于社会心理态度方面的指标。另外，公共危机及应急管理方面的研究越来越受到重视，主要围绕政府在应对公共卫生安全、社会安全、责任事故、自然灾害等突发事件方面的问题进行了研究，但大多持"重灾害应急处置、轻危机预警管理"的态度。

总体来说，社会预警调控的理论体系已经较为成熟，虽然其包含民族关系，但民族关系有其自身的特点，难以全盘照搬社会预警的理论和方法进行民族关系和谐性的评价。因此，作为监测预警和主动调控的基础，本书研究需要在社会预警研究的基础上，结合民族关系的自身特征，建立包含政治、经济、宗教等因素的民族关系和谐性评价体系，使民族关系和谐性评价更具科学性和全面性。

四　民族关系预警调控方面的研究

民族关系预警调控是保障民族关系和谐与良性发展的重要途径，近年来，成为关注的热点问题。黄仲盈（2008）对新中国成立以来我国民族关系调控的演化过程进行分析，指出，在新的历史时期，和谐是我国民族关系调控的客观要求。阎耀军（2009）借鉴社会预警的相关方法对民族关系预警展开研究，提出了民族关系和谐的逻辑结构和模型。高永久（2011）等对民族关系预警也做了若干有益探索，指出，通过构建长期有效的民族利益关系协调机制来协调城市民族利益关系，能够很好地促进城市化进程中城市民族关系的和谐发展。金炳镐（2011）等通过研究河南省民族群体性事件及预警机制和长效预防机制，指出，建立预警指标体系时，应包括预警来源、预警征兆、预警情况、预警等级等内容，结合政治、经济、文化、社会等方面的要素，做好民族关系预警工作。在民族关系调控方面，亚州（2008）等系统地研究了民族关系调控的原则与机制。

民族关系预警调控是对民族关系的管理与协调，本质上是一个复杂的管理问题，需要一种能够从内在逻辑和操作实施层面给予支撑的理论模型。现有关于民族关系预警调控的研究从宏观层次、动态发展的客观角度出发，为复杂民族关系的处理提供系统的方法论体系和操作意义上的借鉴，但是忽略了调控过程中主观因素的作用。本书将主观因素用于民族关系的预警调控过程，通过对民族关系和谐性监测预警的研究，探讨基于主观指标和客观指标的民族关系和谐调控机制，建立面向和谐主题的民族关系主动性预警调控实践模型和实施路径，最终形成民族关系和谐性监测预警及调控的总体方案。

五　"互联网＋"应用及舆情监测方面的研究

"互联网＋"应用的高速发展，使人们的生产生活发生了颠覆式改变，国家也相继出台各项政策措施，将"互联网＋"纳入国家发展战略，以推动互联网应用向深层次、多方位发展，构筑经济社会发展新优势和新动能。李勇（2014）提出，为顺应历史的发展，应将信息和信息资源纳入国家汲取的范围中，并对各类资源的汲取手段进行深入研究。杨峥嵘（2015）认为，将互联网和国家治理相结合，运用互联网的思维模式和方法来管理国家，不仅能衍生出新的社会治理契机，促进政府管理方式向现代化转移，还能加深各个基层组织之间、基层组织和上层领导之间的联系，使办公更加透明化、规范化。黄璜（2015）认为，在当下技术高速发展的时代，政府部门的传统治理模式已经不能适应时代发展的需求，为了更好地服务广大人民群众，必须加深新技术在我国治理领域的应用，实现自上到下、由内而外的改变。"互联网＋"的实质就是将现实世界与虚拟世界相结合，利用互联网技术突破现实障碍，拉近人与人之间的距离，以提高办事效率，发展"互联网文明"。曾凡斌（2014）、王国华（2015）、赵万林（2017）、韩杰（2017）在"互联网＋"社会方面也开展了大量研究，大部分学者认为，互联网对国家政治、经济、文化、社会等方面的治理都有巨大的冲击和影响。同时，必须注意的是，互联网本身所具备的特质——速度快、社交性强及信息量大等为人们提供了一个表达舆情的平台，打破了传统需要面对面沟通的状态。在社会舆情监测方面，姚明（2006）提出，互联网的快速发展为我国民族工作的开展带来新的历史机遇的同时也带来了一系列的挑战，应该以互联网资源为基础，及时制定相应策略，抓住历史发展新机遇，以保证民族工作顺利开展。许鑫（2008）等通过对互联网舆情现状的分析认为，在中国庞大的互联网市场中，网民的民情民意不容忽视，并提出互联网舆情分析的流程及关键技术解决方案。陈永刚（2011）等通过分析互联网舆情的现状，找到网络舆情异化的原因，包括个人心理偏差、群众极化情结、网络媒体价值倾向以及管理失控，并针对具体原因，提出了相对应的管理方法。张宇通（2015）等以政府舆情管理职能为主题，着重探讨了互联网思维下舆情管理环境的新常态，探讨了舆情管理的发展方向。

互联网及其在舆情监测分析方面的研究进展为民族关系监测预警提供了一个新的视角。在"互联网＋"时代，如何开展民族工作、如何促进民族团结并构建和谐民族关系成为一个重要的研究主题。民族关系的网络舆情是现实民族关系在网络上的反映，开展网络舆情监测有助于把握民族关系的发展规律。由于网络舆情有其自身的传播规律，如何利用互联网平台更好地开展民族关系和谐监测预警，做好民族关系相关舆情监测还需要进行更深入的研究。

第三节　研究思路与内容框架

一　研究目标

民族关系监测预警的目的在于识别隐患，提前防控，即通过对民族关系发展演化过程中的相关信息进行识别与分析，判断民族关系和谐性是否失衡，是否需要制定相关调控政策，并采取措施预防。本书的研究目标是从民族关系监测预警体系和民族关系信息管理平台出发，构建民族关系监测预警信息资源库，进而建立民族关系预警决策、执行、监督机制，以及预警调控预案的产生机制，并在此基础上制订民族关系监测预警总体方案和实施方法。

本书的研究重点在于民族关系监测预警指标体系的建立，因为指标体系是民族关系监测评价系统的基础，只有建立内部环境和外部环境、客观指标和主观指标、科学性与动态性的民族关系和谐性监测预警指标体系，才能及时准确地对民族关系进行预警调控。本书的研究难点在于包括数据库和知识库在内的民族关系信息资源库的构建，民族关系的监测指标数据来自方方面面，而且这些数据之间可能存在某些关联，因此，必须对其进行有效管理。除了对民族关系和谐的宏观趋势的预警，监测预警系统另一个重要功能是对特定时期、特定地区、特定范围内可能发生重大民族矛盾或突发事件的前期预测，这就要求该系统具备问题推理或预测功能，而这些功能实现的前提和基础就是完善的民族关系数据库和知识库，但是，如何对民族关系知识进行表达是本书的一个研究难点。

二　研究思路

本书的研究思路如图1-1所示，本书将民族关系预警调控分为和谐主题辨识、预警指标动态确定、监测预警及诊断、和谐性调控规则运用等阶段。首先，在和谐主题辨识的基础上，构建民族关系和谐性监测指标体系，由于不同发展阶段的民族关系和谐主题具有动态性，因此其指标体系也并非一成不变。其次，将和谐性指标用于民族关系的监测预警，找出民族关系和谐性存在的问题，得到预警结果并加以分析。再次，针对

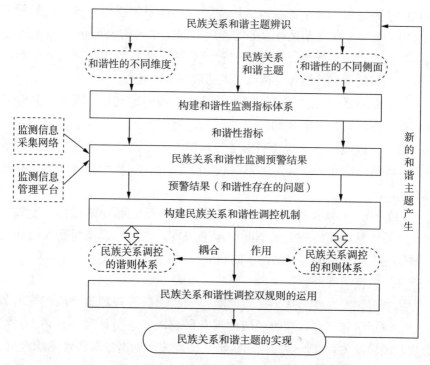

图1-1　民族关系和谐性监测预警及主动调控研究思路

存在的问题，构建民族关系和谐调控机制，进而提出针对和谐主题的民族关系调控规则，将调控规则付诸实施后，和谐主题得以实现。最后，当和谐主题发生变化时，应当重新对和谐主题进行辨识操作。

面向和谐主题的民族关系预警调控是一种具有主动适应性的预警调控，不仅从宏观层面对和谐性进行监测预警，也包括针对具体突发事件和突发问题的预警及应急处理，其调控结果也是一种动态稳定、长期和谐的民族关系。在本书研究过程中，研究思路和具体观点如下：

（1）民族关系预警调控是一个围绕和谐主题的持续改善与动态演进过程。内外部环境的变化会导致和谐主题发生改变，不同民族地区的和谐主题也不完全相同，因此，和谐性预警指标体系需要针对不同时间、地点，进行动态调整或筛选。

（2）民族关系预警调控本质上是一个决策过程，因此要求决策者具有敏锐的洞察力去发现问题，站在全局视角分析问题，并且及时做出判断，制定相应调控措施。民族关系监测预警的关键之处就是对预警信息和预警知识的管理，用信息管理和知识管理来支持民族关系预警及调控管理的完整过程。决策者通过应用知识管理体系，获得并传递实际所需的完整信息，最终帮助民族事务的管理者制定正确的决策和有效的措施。加强知识管理体系建设，提高知识管理效率，使各机构与部门共享知识资源，提高民族关系预警及调控决策的效率和准确性。

（3）民族关系预警调控被视为对民族关系问题的前馈管理，将管理学领域的相关理论，例如和谐管理理论，应用于民族关系的预警调控研究。为了促进民族关系的长期稳定与和谐发展，其调控机制不能仅限于政治、经济、法律手段（谐则体系），还应该辅之以柔性调和机制（和则体系）。

（4）民族关系和谐是相对的，影响因素和潜在问题的存在是绝对的，民族关系预警调控的目的是不断地解决问题。因此，需要建立面向和谐主题的具有动态适应和前馈调节的和谐机制。

三　主要研究内容

本书首先对民族关系、社会风险预警、和谐管理理论、危机管理与调控、情报学与信息管理等领域的现有研究成果进行梳理和评述，并结合现阶段民族关系和谐性的内涵，研究民族关系和谐的综合性影响因素。在针对不同影响因素的指标选择中，充分考虑到民族区域、民族政策等实际性差异情况，确定基于不同地区、不同和谐主题的民族关系和谐性评价指标体系，体现预警指标集的动态性。其次，针对民族关系监测预警的信息需求及来源可供性、预警知识管理和民族关系信息资源库的构建等方面进行研究，并在此基础上构建民族关系监测预警框架。监测预警的目的是对民族关系和谐性进行调控，本书将和谐管理理论应用于民族关系调控，提出了基于和谐管理理论的调控机制，构造了和谐双规则耦合的民族关系调控框架。最后，结合相关调研数据和统计资料，以某地区为例，介绍了民族关系和谐性监测预警的过程。

　　本书的创新之处包括：①建立了面向和谐主题的民族关系和谐性动态监测体系，使其随着和谐主题变化而动态调整，监测预警的结果更能反映现实状况。②基于民族关系的信息管理和知识管理，建立了民族关系和谐性预警调控实践模型。本书的主要内容概括如图 1 - 2 所示。

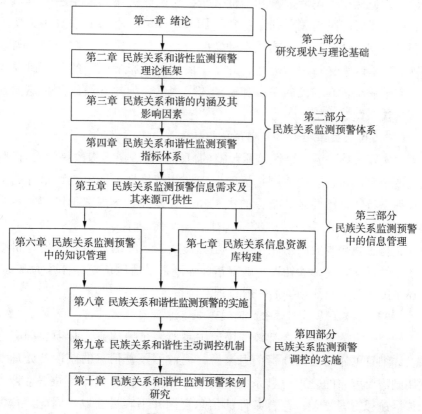

图 1 - 2　本书的主要内容

（一）民族关系监测预警的理论框架

通过文献分析，对民族关系监测预警的研究范畴进行界定，建立了理论框架，重点对民族关系、和谐管理理论、社会风险、监测预警、危机管理与调控、信息管理等领域的相关研究成果进行了回顾。现有民族关系与和谐管理理论的相关研究是本书的理论基础，社会风险与预警理论为本书提供了研究思路，信息管理与信息技术是监测预警体系的基础支撑。通过对相关理论的梳理回顾，进一步说明了民族关系和谐性监测预警与主动调控机制研究的必要性。

（二）民族关系和谐的内涵及其影响因素理论分析

要对民族关系和谐性进行监测预警，必须弄清民族关系和谐的内涵及其影响因素，从而为监测预警指标体系的构建奠定基础。本书通过对民族关系和谐性内涵的分析界定，描述了民族关系和谐性的特征。将和谐管理理论应用于民族关系和谐性分析，从民族关系和谐主题的辨识入手，分析了影响民族关系和谐的环境因素。同时，本书通过对相关文献资料的查阅，结合我国民族关系的实际特征，针对民族关系的静态与动态两类影响因素进行深入分析，并基于民族关系影响因素的现有研究成果，归纳总结了影响民族关系和谐的警源因素，为建立民族关系监测预警指标体系做好铺垫。

（三）民族关系和谐性监测预警指标体系

要实现民族关系和谐性监测预警的目标，关键在于构建科学、合理、实用的指标体系，既要兼顾指标的完备性和精练性，又要兼顾指标的动态和静态特征，还要区分指标的主观和客观差异。本书基于民族关系和谐性影响因素，围绕政治、经济、社会、文化、环境、宗教和国际七个方面，将主观与客观因素相结合，建立民族关系和谐性监测预警评价指标集，经过动态筛选和处理，确定指标体系，最后以该指标体系为基础，论述了民族关系监测预警的一般过程。

（四）民族关系监测预警信息需求及其来源可供性

构建一个健全且行之有效的民族关系监测预警体系，必须要拥有完整、详细且可靠的监测预警信息来源，而监测预警信息的获取、处理及运用则需要可靠的管理信息系统来支持。在信息化时代，各种信息种类和传播途径纷繁复杂，符合条件的信息资源并不容易获取。因此，本书在阐述民族关系监测预警信息需求的分类及一般流程后，明确了民族关系监测预警信息的需求框架，并从信息的存在方式、传递渠道和预警信息分类等多方面进行了讨论。同时，根据民族关系监测预警信息的不同存在形式，对其来源可供性进行了全面分析。最后，针对现阶段民族关系监测预警信息的采集和获取，提出了若干建议。

（五）民族关系监测预警中的知识管理

民族事务部门处理过大量的具体民族问题，积累了海量的民族问题案例知识。无论是中央还是地方，相当数量的民族问题专家都拥有丰富的民族问题处理经验，这些知识都是实施民族关系监测预警的宝贵财富。作为民族关系发展演化过程中的内在规律以及历史经验，民族关系知识将使预警过程变得更加智能化、高效率和准确性。鉴于此，本书从基于知识管理的民族关系预警框架、预警知识表达和组织、民族关系预警过程、预警知识管理实施等几个问题对民族关系知识管理进行了研究，为民族关系预警机制构建提供了知识保障。

（六）民族关系信息资源库构建

对民族关系相关信息资源的管理和利用是进行民族关系监测预警的基础，信息资源库构建也是民族工作信息化的重要内容，只有建立了民族关系信息资源库，才能基于信息，把握民族关系的实际状况，预测其在未来的动态发展方向，为民族工作提供信息来源。本书通过分析民族关系信息资源库构建的必要性、民族关系信息资源的主要内容与存在形式、信息资源库的构成部分及功能等，力图建立完善的民族关系信息资源库。此外，本书给出了民族关系信息资源库的总体框架结构及其所属的子类信息库，并根据各类子库的特点，阐述了其结构内容。

（七）民族关系和谐性监测预警的实施

民族关系和谐性监测预警的结果是实施民族关系调控工作的主要依据。民族关系监测预警主要包括民族关系发展过程的监测、预警、防范、调控与应急处理等内容。本书通过对监测预警内容的分析，将社会预警融入民族关系预警的概念模型中，构建了监测预警实施的一般过程，并对预警等级进行划分，提出民族关系和谐性监测预警实施的保障措施，为政府部门制定相应决策提供借鉴。

（八）民族关系和谐性主动调控机制

民族关系和谐性主动调控是指国家、政党或社会组织、团体等，运用各种管理办法并调配各类资源，以协调民族关系现状、促进民族关系发展为目的，指导并调整各民族交往过程中所涉及的相关社会规范与行为模式。民族关系监测预警旨在对民族关系的和谐性进行调控。本书提出了基于和谐管理理论的调控机制，构造了和谐双规则耦合的民族关系调控框架①，并在此基础上讨论了民族关系和谐性主动调控的主要内容，包括主动调控有效实施的保障、和谐性正反作用机制、和则和谐则体系中的主要调控手段等。此外，本书在对民族关系网络舆情的特征、网络舆情的引导机制和策略、网络舆情发展中的政府管控进行了介绍后，就大数据背景下的民族关系网络舆情管理进行了若干分析。

（九）民族关系和谐性监测预警案例研究

本书基于对西南某地区的相关资料收集以及问卷调查，介绍了民族关系和谐性监测预警的基本过程。基于一定的和谐主题，通过专家咨询，进行预警指标集的筛选，获得符合选定地区实际情况的动态主观和客观预警指标体系，并运用一系列分析工具，得出民族关系的和谐性测度，并给出预警建议。另外，本书对大数据技术在民族关系监测预警中的应用，通过两个简单示例进行了说明。

第四节　研究方法

本书以管理学、民族学、社会学、信息管理学等学科理论知识作指导，采用理论研究和实证研究相结合、定性分析和定量统计模型相结合、文献综述和调查分析相结合的研究方法。在进行理论探索的同时，深入民族事务管理部门和民族地区，对民族问题案例及民族关系和谐性内涵进行调查研究，并选取一个具有代表性的民族地区作为案例，对本书构建的方法体系进行初步验证。

民族关系监测预警的综合性、敏感性、多样性等特征决定了民族关系和谐性评价指标体系与预警系统的复杂性和研究方法的综合性。在方法论层面，我们比较侧重于管理学、民族学、社会学等学科的基

---

① 席酉民在《和谐管理理论》中指出，和谐是用来对组织中"人的永恒的不确定性"的专门设置，以调整人际的"共处"，人群间的共处，乃至组织间、组织与社会间的共处；谐则是指任何可以被最终要素化的管理问题，都可以用"数学模式或方程"在给定的资源约束条件和目标下去追求结果的最大化。

本研究视角；在具体的研究方法上，重点参考和谐社会评价指标体系与社会危机预警相关理论，建立了民族关系评价指标体系与预警框架。

一 定性分析和定量分析相结合

定性分析是对研究对象的本质进行分析，定量分析则偏向于对事物的数量比例及其变动关系进行分析。为了从整体上认识民族关系的发展现状，把握民族问题的发展趋势，必须将定性分析和定量分析相结合。从已有的相关文献来看，当前民族关系领域的研究绝大多数采用定性探讨的方法，而有关民族关系预警的研究也基本停留在宏观预警框架层面，具体细化的评价指标体系与预警方法有所欠缺。在民族关系相关数据和信息的处理方面，主要有研究民族关系数据统计与综合测度方法、民族关系评价指标的权重分配规则、民族关系各项数据信息的量化方法以及评价方法等。运用定性分析和定量分析结合的方法，本书既可以反映民族关系各维度的和谐性程度，又可以把握影响民族关系发展的关键问题所在，进而实现研究的理论性与应用性双重目标。

二 调查研究和理论研究相结合

深入民族事务管理部门和民族地区，对民族关系的基本内涵及影响因素进行调查研究，特别是对民族关系信息来源的现状进行调查，包括民族关系信息来源的渠道、信息来源的广泛性、信息来源的格式、信息来源的可靠性等诸多方面。在调研过程中，与民族事务相关部门、民族问题专家学者、少数民族群众等进行深入访谈与讨论，充分消化吸收各方意见。此外，理论研究的目的主要是为民族关系监测预警和开展民族关系调控工作提供参考。

三 静态分析和动态分析相结合

静态分析侧重于研究对象在某一时间点或横截面上的表现，动态分析则侧重于研究对象随时间推移所呈现出来的规律性变化。静态分析作为动态分析的起始点，其进一步深化与发展的结果是动态分析，两者相互关联，缺一不可。本书通过时间维度把握民族关系动态变化的过程，实现民族关系的监测预警与主动调控。

四 主观指标和客观指标相结合

现有民族关系监测预警、社会风险预警、社会稳定预警的相关研究大都基于客观指标数据开展，并以客观指标为基础，构建分析模型和理论框架，这样，虽然可以起到监测预警的作用，但是，忽略了"人"作为社会主体的因素。预警系统的建立和预警调控的发挥都需要将主观指标考虑在内。只有这样，才能兼顾评价体系的客观性和主观性，才能提高预警系统的敏感性和调控机制的科学性。

第二章　民族关系和谐性监测预警理论框架

民族关系是多民族国家中至关重要的社会关系，也与社会主义和谐社会构建直接相关，民族关系和谐性的监测预警与调控是维护和谐民族关系的重要手段。通过对民族关系监测预警与调控的研究文献来看，从2003年发表第一篇有关民族关系监测预警的论文《论民族社会稳定的预警系统》① 开始，民族关系监测预警逐渐成为民族学中一个新的研究领域，而且具有多学科的理论做支撑。目前，关于民族关系监测预警的研究领域不断扩大，其研究深度不断加深，并为政府决策提供理论依据。除民族学之外，民族关系监测预警还涉及社会学、情报学、管理学、信息管理学等多个学科，是一个多学科交叉的研究范畴。

第一节　民族关系监测预警研究文献分析

中国知网是全球最大的中文学术数据库，具有来源广泛的学术资源。为了更深入地了解民族关系监测预警及调控相关研究的发展趋势，本章基于中国知网相应关键词的检索对相关主题的研究进行了深入分析。

一　有关"民族关系"的研究

以"民族关系"为关键词，在中国知网上检索，发现近30年来发表的研究文献数量如图2-1所示，总数量近2万篇，从图中可以看出，自2000年以来，有关民族关系的论文数量在快速增长，尤其是在2006年党

---

① 该文对西北少数民族地区社会稳定的预警系统进行了可行性分析，并探讨了西北少数民族社会预警系统指标体系的核心指数。参见高永久《论民族社会稳定的预警系统》，《中南民族大学学报》（人文社会科学版）2003年第3期。

中央提出构建和谐社会的理念以后①，与民族关系相关的研究文献大幅增长。民族关系相关研究成为热点的背景是我国经过40年的改革开放，社会政治及经济结构发生了非常大的变化。新的形势下民族关系面临着新的挑战并产生了若干新问题，迫切需要一些理论和对策来解决这些问题。进入21世纪以来，民族关系相关问题继续受到学者的关注与重视，逐渐成为我国社会科学研究的重要领域之一。

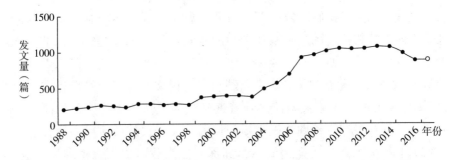

图2-1　近30年有关"民族关系"的研究论文数量变化

　　通过中国知网"民族关系"文献的关键词共现网络图（见图2-2），可以看出，围绕民族关系的研究主题主要包括民族问题、民族团结、民族政策、和谐社会等关键词，并且以"和谐""和谐社会"为中心主题。民族问题与民族团结是民族关系问题的不同表述，本质上讲就是民族关系。此外，民族关系的相关研究主要集中于民族地区，同时也与和谐社会的构建紧密相关。随着我国城市化进程的加快，很多少数民族人口逐步迁移至城市，城市民族关系也成为学者关注的重要研究主题。

　　民族关系影响因素一直是民族关系研究的主要内容。图2-3是1988—2017年有关民族关系影响因素的关键词统计，可以看出，"民族地区""和谐""民族政策""新疆"等关键词出现频率较高。从研究文献来看，民族关系和谐的影响因素是研究重点，研究目的是如何采取相应的民族政策来对民族关系进行调控，促使民族关系向更加和谐的方向发

---

　　① 党的十六届四中全会第一次提出和阐述了"构建社会主义和谐社会"这个命题，并把它作为加强党的执政能力建设的五项任务之一。

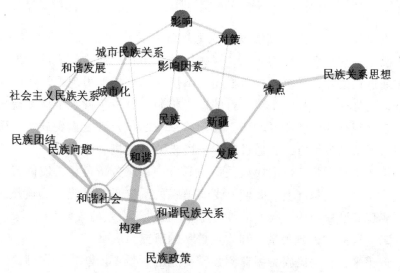

图2-2　"民族关系"关键词共现网络

展。文献关键词统计表明，新疆民族关系在总体和谐的大局下仍然有些不和谐的因素影响着社会的稳定和民族关系，对我国民族关系的总体和谐发展产生了影响。另外，"民族认同""宗教""城市化"等成为民族关系影响因素的研究重点。

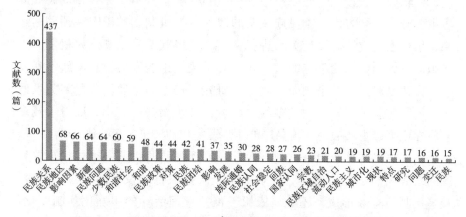

图2-3　"民族关系"与"影响因素"相关文献的关键词统计

民族关系的研究方法包括定性分析法和定量分析法，其中，以定性分析法为主。定性分析法虽然能够认识和把握系统的主要变量，但是，对于复杂系统的认知和时效性的把握存在一定的局限。因此，在社会科学很多领域的研究中，定量分析法的应用越来越广，从而进一步推动了社会科学研究的发展。

近年来，仿真模拟方法逐渐成为理解和解释社会现象的主要工具，并突破了一些常规方法的限制，极大地推动了社会科学研究的发展。研究中通过构建社会系统的仿真模型，不仅在计算机上再现了真实的社会系统，而且模拟了社会系统运行的微观机制，分析了微观个体涌现出来的复杂宏观行为。郭涛（2016）和阎耀军（2016）在我国民族关系研究中引入了仿真模拟方法，通过对影响民族关系的机制和路径进行建模仿真，构建了基于多主体的民族关系仿真模型，在分析各相关实体行为及动态演化过程的基础上，提出了我国民族关系"平行系统"的设想，从而为实现和谐稳定的民族关系和社会稳定提供了有效的政策建议。

二 有关"民族关系"和"预警"的研究

近年来，有关民族关系监测预警研究的领域不断扩大，在理论深度与广度上均有不同程度的拓展，并逐渐从单纯的学术研究向为政府导向与决策提供学术性支持的方向转化。

以"民族关系"和"预警"两个关键词在中国知网进行检索，共检索出论文66篇，其中，民族地区或民族关系相关领域监测预警的论文共有32篇。从其关键词共现网络图2-4可以看出，这些研究文献主要围绕"民族地区"构建"民族关系"的"预警机制"。民族关系预警的研究内容主要分为三个方面：①民族关系的宏观调控机制。基于宏观预警的结果，采用宏观政策对民族关系进行调控。②民族关系微观预警机制。近年来，民族间群体性事件的发生和社会预警理论的发展，从民族学和社会预警角度对民族关系预警机制进行研究变得尤为重要。③民族关系监测系统和应急预案。越来越多的学者参与到了相关研究中，取得了较多实质性成果，主要表现在预警评价体系设定和预警机制运行等。

在围绕民族关系预警机制方面，阎耀军强调此机制必须包括预警系统的组织机构、职责分工、运行流程、监督执行以及保障系统；同时，预警机制的有效形成，还必须依赖于预警管理活动的明确化和制度化，并且在各个系统和各职能部门中的共同执行及协同运转。[1] 民族关系监测

---

① 参见阎耀军、张美莲、王樱《论我国民委系统民族关系预警机制的构建》，《中南民族大学学报》（人文社会科学版）2009年第6期。该文将预警机制的管理活动分为信息汇集、信息分析、警情研判、警级发布、警势预控和应急管理。

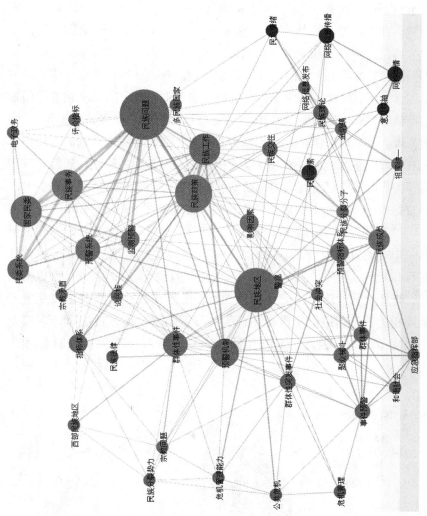

图 2 - 4 "民族关系" 与 "预警" 相关文献的关键词共现网络

预警不仅是一个技术问题，更是一个复杂且涉及面广的系统工程。各级民族事务主管部门应高度重视民族关系预警管理，并将预警管理的各项职能纳入各部门的日常工作中，成为其重要组成部分。

从相关文献来看，民族关系监测预警既有宏观层面监测预警，也有具体危机事件的预警。宏观层面预警的主要思路是：根据民族关系的影响因素，建立预警指标体系，通过对指标数据的处理得到预警结果，基于预警结果分析得到相应的调控对策。宏观预警的目的主要是辅助民族事务相关部门掌握相关区域的民族关系总体和谐状况，找到影响民族关系的主要因素。微观层面预警主要是基层民族事务部门或公共安全相关部门根据当前情势，对未来可能发生的危机进行预警并提前处置，防患于未然。一般来说，微观预警建立在宏观预警基础上，两者是不可分割的。在很多情况下，可以通过宏观预警过程发现民族关系总体上的问题，然后再基于微观预警找出未来可能面临的危机情势，并提前制定应急预案。

根据中国知网检索的学科分析功能，得到如图 2-5 所示的"民族关系"与"预警"研究的学科分布。由图 2-5 可知，民族关系预警相关研究是一个交叉研究领域，涉及的学科甚广。既包括管理学（含行政学及国家行政管理、公安）、民族学、宗教学等传统社会科学学科，也包括情报学、计算机软件等相关信息管理学科，民族关系监测预警是民族事务及政府相关部门利用信息进行预警，并根据预警结果进行决策，本质上是一个决策问题，因此，监测预警的研究离不开民族关系信息管理的研究。

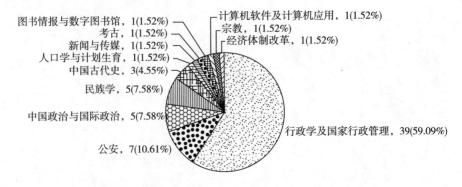

图 2-5　"民族关系"与"预警"相关文献的学科分布

三　有关"民族关系"和"调控"的研究

民族关系调控是指国家、政党或群体，为了调整民族关系或促进民族关系发展，运用各种力量和手段，有目的地引导和调整民族关系的社会行为活动或过程。在大多数情况下，民族关系是对诸多具体民族关系的社会行为的抽象反映。

以"民族关系"为主题，检索摘要中包含"调控"的研究文献，共获得127条结果，其关键词共现网络如图2－6所示。围绕民族关系调控的研究文献相对较少，且大多集中在民族地区的民族关系调控机制方面。这些研究主要是通过分析民族关系的影响因素，建立科学的调控机制，从而有效地调控民族关系。从关键词共现网络来看，主要采用经济、法律、政治、社会等手段来解决民族关系中出现的问题，另有若干文献对境外势力干扰民族关系发展进行了研究。

在民族学研究中，民族关系"调控"也被称为"调适"。在中国民族网以及部分省份、市民族宗教事务局的电子政务门户网站中，介绍民族政策时也使用了"调控民族关系"的表述。武汉市民族事务委员会专题调研小组发表了《关于武汉市构建城市和谐民族关系调控机制的调研报告》，该报告探讨了城市民族关系调控机制建立的必要性、关键环节以及评估指标的选取等问题①；杨珍分析了民族意识调控与民族关系调控的关系②；毛公宁围绕"如何构建西部地区和谐的民族关系的调控机制"进行了深入探讨。③ 综合来看，关于"民族关系调控"的定义还未达成共识，较为系统的民族关系调控理论尚未形成。

最早提出民族关系调控并进行较为系统研究的学者是金炳镐教授。他提出，在协调民族关系的过程中实现或促进民族发展，在民族发展的过程中实现民族关系的协调，两者是辩证统一的关系；民族关系调控的根本目的是实现或促进民族发展，把调控民族关系作为根本目的的观点是

---

① 参见武汉市民族事务委员会专题调研小组《关于武汉市构建城市和谐民族关系调控机制的调研报告》，《民族研究》2001年第6期。

② 民族意识的存在对民族关系的发展既有积极作用，又有消极作用。必须对民族意识进行调控，不断抑制其消极作用，发挥其积极作用。参见杨珍《关于构建民族意识调控机制的几点思考》，《中国民族》2005年第1期。

③ 和谐民族关系的建设与民族地区的经济发展有着密切关系，西部大开发不仅仅是经济问题，同时涉及政治、经济、社会、民族、宗教等方面。参见毛公宁《关于实施西部开发战略的几点认识》，《中央民族大学学报》2000年第3期。

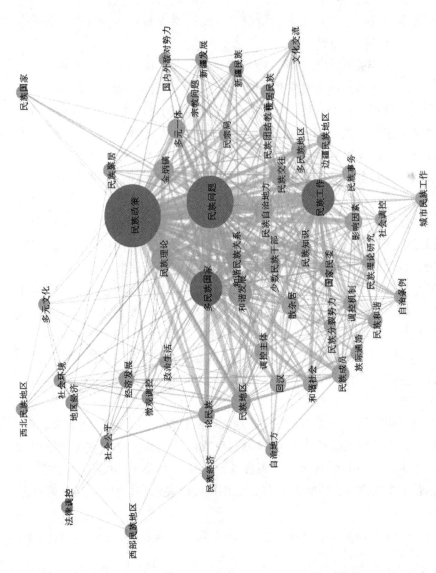

图 2 - 6 "民族关系"与"调控"相关文献的关键词共现网络

不合适的。在后续研究中，他进一步指出，民族关系调控可以分为宏观调控和微观调控。民族关系的宏观调控主要包括法律调控、政策调控和社会调控，这些调控内容要以党的路线、方针、政策和国家的法律法规为指导，以经济发展为根本，实现一定的国家战略目标；民族关系的微观调控是为达到具体目标或处理具体事件的调控。同时，他阐释了民族关系调控机制的定义，并指出民族关系调控应该坚持一般性原则和基本原则。目前来看，民族关系调控范畴已基本成型，但还需要对民族关系调控的内涵和定义进一步明确，并以内涵和定义为基础对民族关系调控进行较为完整的理论体系搭建。

四　有关"民族关系"和"信息管理"的研究

在中国知网中，检索"民族关系""信息"与"网络"，共得到 349 条结果，剔除与本书研究主题完全不相关的结果，进行分析得到如图 2 - 7 所示的关键词共现网络图。从图 2 - 7 中可以看出，以计算机网络为代表的信息技术发展对民族关系的影响越来越深。从民族事务管理的角度，主要集中在将信息技术应用于民族关系事务的管理实践中。传统方法主要采用人工采集和处理大量数据，其实现的难度大、成本高、时间长。随着互联网技术高速发展及电子政务平台的广泛使用，很多信息都可以通过互联网进行采集，从而实现信息化管理。另外，计算机网络和社交网络也加速了民族关系舆情的传播或发酵，在有些突发事件中还可能进一步激化矛盾。

从文献数量来看，将信息技术用于民族关系的相关研究还不太多。但若以"危机"和"信息管理"作为关键词组合可以在知网中初步检索到 17521 条记录，这说明，信息技术在危机管理中的应用研究得到了学者的广泛关注，危机信息管理也成为一个研究主题。目前，在危机预警信息管理的研究中，围绕民族关系的研究偏少，但是，围绕突发事件、卫生、自然灾害等方面的研究已经较为丰富，这些研究对民族关系危机预警信息管理系统的构建起到了很好的借鉴作用。1984 年，一份由沙特朗和美国相关部门共同编制的《用于应急管理的信息技术》的研究报告中[①]，将应急通信系统和与自然灾害有关的信息技术应用在减灾和危机管理中，由此开启了信息技术与公共危机管理交叉研究的理论成果应用。当前，许多发达国家已把危机信息管理系统（Crisis Information Management System，CIMS）

---

① 参见章钢、谢阳群《危机信息管理研究综述》，《情报杂志》2006 年第 8 期。

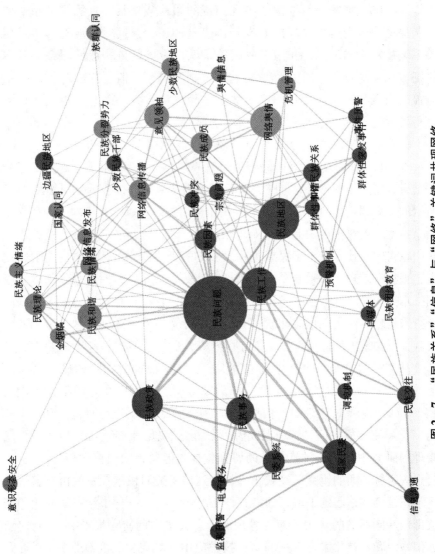

图 2-7　"民族关系""信息"与"网络"关键词共现网络

运用到危机管理中。其中，全球著名的 ESI 公司开发的基于网络的应急信息管理系统——WebEOC 系统已得到了广泛利用，它可以使组织在没有建立紧急事件处理中心的情况下也能很好地预防和应对危机。[①]

目前，国内学者围绕危机信息管理以一般性理论研究为主。刘彬（2003）等进一步细化了危机信息管理系统，认为其包括危机预警监测、决策支持、应急联动、应急管制、危机评估等子系统，从而实现信息共享和动态信息分析管理的功能，增强政府应对危机、处理危机的能力。惠志斌（2004）等分析了危机信息管理系统的结构和功能，并通过一个危机事件剖析了危机信息管理系统的运作机制，提出了通过危机信息管理系统来应对危机的政策建议。

第二节　民族关系监测预警范畴界定与理论框架

一　民族关系监测预警相关研究

民族关系是一个动态发展过程，影响民族关系的因素很多。目前，国内外关于民族关系预警的研究还处在起步阶段，有必要进一步深入研究解决民族问题的方式方法。民族关系监测预警是一个国家或者区域对民族关系发展的问题进行有效评估、科学评判、趋向预测和预警调控。从研究内容看，其研究大体可分为四个方面。

（一）民族关系监测评价及预警指标体系

民族关系监测评价指标体系是建立预警机制的基础。在指标选定原则上，学者仁者见仁。吴钦敏（2007）提出了五大原则：综合性和系统性原则、民族和区域相结合原则、以人为本原则、可操作性和可比性原则、数量指标与质量指标相结合原则。阎耀军（2009）提出了理论依据和实用性并重的指标体系设定原则，这个原则为确定具体指标提供了总体方向，同时具体指标的选定必须以影响民族关系的相关要素为理论基础，这是民族关系监测预警逻辑分析的前提。

在民族关系监测预警评价指标体系建立中，阎耀军（2008，2009）

---

① 参见王慧、阎耀军《信息技术在民族关系危机预警管理中的应用》，《延边大学学报》（社会科学版）2009 年第 5 期。

致力于分析民族关系监测预警机制及民族关系和谐状况的测度，在此基础上建立民族关系评价体系。郑双怡（2009）等研究了我国民族关系的复杂性和重要性，构建了民族关系评价指标体系及预警机制。在具体指标的选取上，有学者从政治、经济、文化、社会生活及宗教五个方面选定；也有学者从政治、经济、文化、社会、历史、环境、心理、思想、宗教以及国际环境十个方面构建二级指标，并在二级指标下设立三级指标，再为每个三级指标赋予一定的权重。有学者在分析了某些实际治理时间后，提出了包括警源分析、警兆识别、警情监测、警级评估等模块的民族群体性事件预警机制指标体系，并提出了警兆识别与基层预警工作相结合的思路。特别在警情监测上，应注意识别不满和不安情绪、激进和煽动性言论等，并将该群体行为作为监测重点。[①] 张劲松（2010）从静态因素和动态因素两大方面分析影响民族关系的诸多因素，并提出静态因素对应于民族关系的宏观调控，而动态因素则对应于微观调控。其中，静态因素包括民族宗教、民族心理、民族意识、地理环境、民族文化及历史政治结构，动态因素包括经济结构、外部影响、民族迁移、民族政策、突发事件。也有学者从民族平等度、民族团结度、民族互助合作度、民族关系和谐度和民族关系发展度五个方面，对我国城市民族关系的发展程度进行定性和定量考察。[②] 文妮（2010）将城市民族关系影响因素归为民族自身因素、社会因素和国际因素三个一级指标，在一级指标下再设二级及三级指标。

阎耀军（2009）等基于构建和谐社会的现实和社会科学的学术理论，提出了构建我国民族关系评估指标体系的总体构想，并指出了构建民族关系评价指标体系必须具有理论依据，指标的遴选要兼具科学性与实用性。研究方法上要用系统动态分析方法进行跨学科整合，并且要用时间序列分析方法对民族关系进行历时态[③]考察，才能获得比较科学的民族关系评价指标体系。

---

① 参见金炳镐、董强、裴圣愚等《民族群体性事件的治理与预警机制研究——以河南省为例》，《云南民族大学学报》（哲学社会科学版）2011 年第 5 期。

② 参见卢守亭《试论城市化进程中的民族关系及其评价指标体系》，《贵州民族研究》2007 年第 5 期。

③ 历时态主要研究事物发展的历史演变，强调事物在先后时间上的形态。

（二）民族关系预警机制

民族关系相关研究发展至今，学术界对民族关系预警机制的研究已经形成了一套比较完整的构建理论和方法。高永久教授是较早提出将民族关系与社会预警机制相结合的学者之一。他在"九五"规划项目"论民族社会稳定的预警系统"中提出，通过构建社会预警系统来保证民族地区的社会稳定。① 目前，虽然国内外学者对公共危机管理进行了大量研究，但针对民族关系的危机预警研究相对较少。在民族社会稳定中，社会预警系统起着十分关键的作用。社会预警系统实施的对象，既可以是民族地区社会发展中出现的各种问题，又可以是民族地区社会转型中出现的不稳定因素。因此，建立稳定的预警系统是构建民族社会稳定机制的必要条件之一。

（三）信息管理技术在民族关系监测预警中的应用

民族关系监测预警机制的实施需要信息技术的支持。阎耀军教授提出将信息技术应用在民族关系管理中，利用政府电子政务平台、互联网以及相关的信息技术构建民族关系危机预警信息管理系统，为民族关系危机管理提供切实有效的方法和手段，从而实现对危机的有效预防、快速处理和综合评估。② 阎耀军教授团队以民族关系和社会预警相关理论为依据，基于国家民族工作计算机管理系统平台和互联网信息技术，已开发出民族关系实时监测和预警的计算机应用软件系统，并实现了预警信息在各级民族工作管理部门之间有效共享和传递。

民族关系监测预警本质上是基于广泛的信息源对当前民族关系形势进行判断和预警，并在此基础上实施调控决策。要构建健全且行之有效的民族关系监测预警体系，首先必须拥有完整、详细且可靠的监测预警信息。在如今信息爆炸的年代，符合预警需求的信息资源并不容易获得，我们需要运用各种科学手段通过采集、组织、检索、分析来得到满足需求的信息资源。在本书后面的章节中，将对民族关系监测预警的信息管理与知识管理进行专门研究。

① 参见高永久《论民族社会稳定的预警系统》，《中南民族大学学报》（人文社会科学版）2003 年第 3 期。

② 参见王慧、阎耀军《信息技术在民族关系危机预警管理中的应用》，《延边大学学报》（社会科学版）2009 年第 5 期。

（四）民族关系调控机制的研究

民族关系监测预警的目的是调控民族关系。金炳镐（2005，2008）、石亚洲（2008）等在《黑龙江民族丛刊》上发表的系列论文，从民族关系的构成方式、基本层面、本质特征、核心问题、影响因素、发展规律、调控原则和调控机制八个方面对民族关系进行了全方位论述，应该该是目前最全面的研究成果。

民族关系调控是通过机制的有效运行来实现的，一般包括调控主体、手段、对象等方面。民族关系调控机制的种类多样，有宏观与微观调控机制、政策与法律调控机制、社会协调调控机制等。随着互联网的不断发展，出现通过网络对民族关系进行调控的新方式。

二　民族关系监测预警的研究范畴

民族关系监测预警是社会科学领域中一个重要的研究课题，涉及除民族学外的社会学、情报学、管理学、信息管理学等多个学科，是一个交叉研究领域。具体而言，主要涉及民族关系理论、和谐管理理论、社会风险管理、社会监测预警、危机管理、情报学与信息管理理论等相关理论知识。民族关系监测预警研究主要包含对民族关系和谐性预警指标体系构建，通过指标来评价民族关系的和谐程度，从而实现对民族关系和谐性监测。针对民族关系和谐性指标数据，构建民族关系和谐性预警机制，并依据预警级别采取相应的措施，对民族关系实施调控，以维护和谐稳定的民族关系。

近年来，围绕民族关系监测预警这一主题，不同领域的学者从社会风险管理、社会监测预警、危机预警调控、和谐管理理论和信息管理理论等多方面展开了相关研究。以民族关系和谐研究为主线，进行社会风险管理研究，因为只有提前做好社会监测预警工作，才能在风险发生后及时采取应急管理措施。目前，对于现阶段民族关系和冲突事件的监测和预警同样如此。

通过对相关研究的梳理与总结，得到民族关系监测预警的研究范畴如图 2-8 所示。民族关系监测预警的研究范畴大致包括以下六个方面的内容。

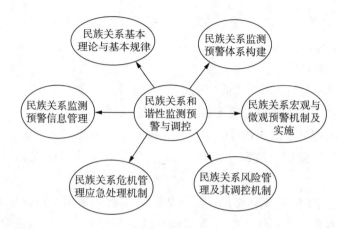

图2-8 民族关系监测预警的研究范畴

（1）民族关系基本理论与基本规律。作为复杂社会关系的一种，民族关系经过多年来的演变，有其自身独有的演化规律，也形成了一套民族关系理论。这些理论和规律为民族关系监测预警奠定了重要基础。

（2）民族关系监测预警体系构建。在明确民族关系的主要影响因素基础上，构建民族关系监测预警的主要内容，既包括用于宏观预警的监测指标，也包括微观预警的其他监测内容。结合我国的民族事务管理体制，建立监测预警工作体系。

（3）民族关系宏观与微观预警机制及实施。宏观预警是微观预警的基础，预警过程实际上是一个逐层递进的过程。例如，从国家层面可以开展民族关系和谐程度预警，也可开展各个民族地区的预警；既可以针对总体和谐度预警，也可根据当前情势对可能发生的危机进行预警。

（4）民族关系风险管理及其调控机制。民族关系是否和谐属于社会风险范畴，要对此类风险进行有效管理，就必须采取监测预警，才能及时提出解决措施。基于监测预警的结果，识别风险存在的原因，并采取相应措施进行调控。与预警类似，民族关系的调控类型也可按照宏观与微观进行划分。

（5）民族关系危机管理应急处理机制。开展民族关系应急处理的研究可以提升各级民族事务委员会的应急综合服务水平和突发事件的处理效率，同时严格把控以降低突发事件带来的负面影响。应急管理的整个过程需要经历预防、准备、响应和恢复四个阶段。

（6）民族关系监测预警信息管理。根据监测预警机制的功能链条，预警管理活动可以分为信息汇集、信息分析、警情研判、警级发布、警势预控、应急管理等环节。整个预警决策过程离不开信息管理。另外，网络民族关系或民族关系的网络舆情管理也属于民族关系监测预警的研究范畴。

三 民族关系监测预警及调控的三维理论框架

基于民族关系监测预警的相关研究和研究范畴，本章建立了如图 2－9 所示的理论框架，该框架将民族关系监测预警的理论支撑分为三个维度。

（1）监测维度。该维度的理论基础包括社会监测、信息管理技术、信息资源管理、情报学、知识管理和网络舆情分析等。监测维度的主要研究内容是如何在民族关系演化过程中把握其和谐性的发展趋势，找出民族关系的不和谐因素。

（2）预警维度。该维度的理论基础主要有民族学、管理学、和谐管理、危机预警管理和社会风险预警。预警维度的主要任务是通过对民族关系和谐主题的辨识，确定预警指标体系，建立和谐性预警机制。

（3）调控维度。该维度的理论基础包括制度调控、舆情引导与调控、政策调控、法律调控和社会风险调控等。调控维度的主要任务是根据民族关系预警结果，在相关调控理论的指导下，采用包括政策、法律、制度以及舆情引导等措施消除不和谐隐患。

第三节 民族关系相关理论

在多民族国家中，无论是对民族关系的学术研究，还是在处理民族关系问题上，都需要以一定的理论为基础，否则将失去政治意识形态的指导和必要的学理支撑，从而难以把握民族关系的实质内容和运行规律。从宏观来看，按照民族关系立场的不同，可以把民族关系的理论视角划分成马克思主义民族关系理论与西方民族关系理论两种理论，而在基本理论视角和理论主张方面的差异较大。此外，每个国家的民族关系都具有其特殊性，认识中国的民族关系应该从各民族的实际情况出发，并系统梳理和把握中国学术界对民族关系的理论视角研究，这些都对和谐民族关系的构建具有指导意义。

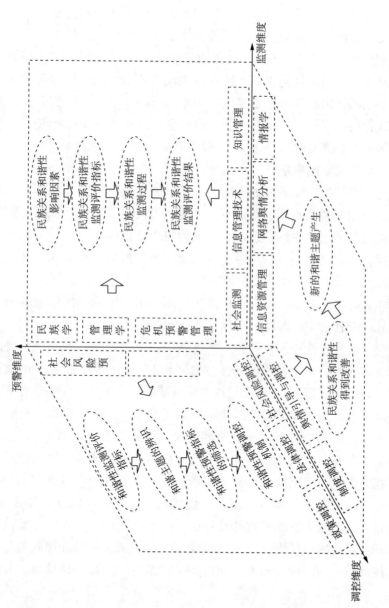

图 2 - 9 民族关系监测预警及调控的三维理论框架

马克思主义民族关系理论是构建中国民族关系的核心原则，其基本原则、理论观点、具体方法等为发展国内和谐民族关系提供了必要的理论指导，并在政治生活中上升为一种重要的意识形态。马克思主义民族关系理论主要涉及马克思、恩格斯等马克思主义经典作家关于民族关系的主要思想和基本观点。这些主要思想和基本观点是他们思考民族关系问题的基准点，也是社会主义国家在解决民族关系问题时所遵循的基本准则。概括起来讲，马克思主义民族关系理论研究视角主要包括民族平等、民族自决、保护少数民族权利、形式平等与事实平等相统一、民族优惠政策等诸多方面的内容。[①]

一 民族关系的界定

作为社会共生系统的组成部分之一，民族关系本质上是一种社会群体关系，当然也摆脱不了利益背景，因此，民族关系的产生就是建立在社会物质的基础之上的。马克思在其《德意志意识形态》中，基于物质生产角度，认为民族关系的起源和发展是民族发展的必然结果，是民族发展的现实需要，同时也是各个民族日益增长的物质和文化生活的要求。民族所指的对象并非是一个单独的个体，而是由多个单体所组成的一个集合，在一个社会中，可以视其为一切社会关系的总和。

人类具有社会性特征，因此，各民族群众之间必然相互交往，彼此并非独立和隔绝。一个国家的各民族之间相互关联、相互依存，由此衍生了多种多样的社会关系。[②] 在民族关系领域的研究方面，一些学者从社会学、政治学以及心理学等学科来解释和考察民族关系。例如，金炳镐认为，民族关系是一种既具有民族性，又具有社会性的一种社会关系，是民族成员在日常生活中形成的有关民族群体的社会地位、社会权利与利益、民族意识与情感的复杂社会关系。在民族关系的内容界定上，又可以细分为政治关系、经济关系、文化关系、心理关系以及宗教关系。有学者认为，民族关系的实质是民族成员在政治、经济、文化、宗教等社会活动中形成的相互关系。[③] 也有学者认为，民族关系是和民族与自然的关系同时产生的一种人与人之间的关系；作为一种社会性动物，人的

---

① 参见高永久《民族关系综论》，民族出版社 2015 年版。
② 参见高永久《民族政治学概论》，南开大学出版社 2008 年版。
③ 参见宁骚《民族与国家——民族关系和民族政策的国际比较》，北京大学出版社 1995 年版。

活动具有团体性、群聚性，亦即每个民族成员在作为一个独立的人参与社会事务的同时，必然也是某个社会群体的一员。因此，民族关系的发展演化具有一定的层次性特征，包括民族成员个体、成员家庭、小群体、社区和整个民族等。①

如前所述，民族关系在本质上也包括在利益关系中。不同民族群体之间的交往，从交往方式上，可以分为两种：一是民族所有成员作为一个集体参与的社会交往活动；二是各民族成员个体间的联系交往。第一种方式主要体现在政治和文化领域；第二种方式在经济领域呈现得更加突出。从某种层面来讲，各民族成员间的交往活动会逐步地影响各民族间的关系，进而会给整个社会的政治结构和生态环境带来影响。著名民族学学者马戎曾撰文介绍以欧美为代表的西方国家的有关族群与族群关系的相关理论，包括人类学、社会学在内的欧美学术界在族群研究宏观领域的关注重点在于多种族国家处理族群关系的社会目标，例如，米尔顿·戈登（Milton M. Gordon）关于民族关系发展的三阶段理论和迈克尔·赫克特（Michael Hechter）的扩散理论都是在族群关系宏观层面上的理论总结。②

民族关系理论是民族学学科理论体系中的重要组成部分，拥有丰富的理论内涵。民族关系的界定是受到关注的重点领域，其相关理论是建设民族关系和谐性监测预警体系的重要理论基础之一。

二　民族关系的内涵

在我国的现实生活中，民族关系虽然是一个广泛性的社会关系，但也有一定的局限性。我国市场经济的不断发展和地区经济的协同发展，为各族人民的交往提供了更多的机会和平台，各族人民的交往越来越密切，无论是在广度上还是深度上都有了极大的提高。同时，我国针对民族平等的举措一一落地，使民族平等的概念也被广大人民所接受。民族平等使各民族成员在日常社会交往中个人的民族属性不再受到特别关注，各民族成员大都以社会普通一员的身份相互交往。

在看待民族关系时，不能只关注民族关系这个概念的外延，还要理解其内涵。尤其是在分析有关民族问题时，对整个民族的群体与民族成

① 参见徐黎丽《论民族关系与民族关系问题》，民族出版社 2005 年版。
② 参见马戎《民族与社会发展》，民族出版社 2001 年版。

员个体既要明确他们之间的区别，不要混为一谈，但也要注意他们之间的联系，不能把两者绝对分开。因此，并非所有不同民族成员之间发生的关系都构成民族关系，其判断标准是这种关系是否具有民族性的相关内容。民族关系的多种表现形式既有以民族群体之间交往的方式，也有以不同民族成员之间相互交往的方式，还有以曲折的方式表现的某种民族关系。

民族关系的性质在某种程度上取决于民族的性质，既受到发生联系的相关民族所处的社会发展阶段以及阶级构成等因素的制约，也受到当时社会的整体民族问题形势所影响。各民族之间压迫剥削等敌对关系存在的根源在于阶级压迫剥削关系制度的存在。民族关系的性质在不同历史时期也存在这种差异性，例如，私有制社会制度下的民族关系是不同民族之间的剥削与被剥削关系，某种程度上是一种敌对关系；社会主义社会的民族关系是各民族劳动人民之间的平等关系。基于各民族本身的复杂历史特征，有时民族关系的性质具有二重性，也就是民族关系本质特征的规定性与实现程度的相对性，各民族根本利益的一致性和各民族权益诉求的特殊性，各民族发展进程的共同性与发展起点的差异性，以及各民族国家认同的整体性和民族意识觉醒的个体性等。

民族关系的内容由民族关系的性质决定，当然，也受到所处的时代发展的形势与社会性质所制约。特别地，民族关系的性质与当前社会所要解决的民族问题的主要内容和解决民族问题的方式是相互关联的。在不同的社会制度下，民族关系的内容和特征也各有不同。例如，在私有制社会民族关系的基本特征是剥削掠夺、歧视侮辱、压迫统治等，而社会主义社会的民族关系特征是平等、团结、互助。

三 民族关系的核心问题

作为民族关系内容的主要表现形式，其核心问题是如何对各相关民族利益进行正确处理和分配。也就是说，民族关系在一定程度上是利益分配关系，这是马克思民族理论体系的观点。该观点的主要含义是：每个民族基于物质利益而联系在一起。

民族问题既包括民族自身的发展，又包括民族之间，民族与阶级、国家之间的关系。中国共产党在中国革命和建设的实践中，创造性地发展了马克思主义民族理论。党的几代领导人多次针对民族关系提出重要观点，总体来说，就是要帮助少数民族或民族地区发展和进步，诚心诚意帮助少数民族发展经济建设和文化建设。加快少数民族和民族地区的经济社会发展，关键要坚持以科学发展观统领经济社会发展全局，科学确定发展思路和发展目标。因此，在马克思主义中国化的民族理论体系中，民族关系的核心问题是由我国社会主义国家性质以及我国少数民族和民族地区发展相对落后的国情决定的，民族关系的核心问题是民族发展与民族利益问题。

各个民族是人类历史和文化的创造者，形成了一种生产和共享利益的共同体。各个民族之间、各民族成员之间的共生关系，形成了一种共生系统，其主要包括物质、信息或能量的生产、流通和分配。各民族利益即民族共生系统中不可缺少的物质和能量，通过物质、信息或能量来实现各民族之间的相互联系、相互作用。任何民族的发展都需要一定的物质基础，并通过共同的物质或能量的生产与交换使共生系统中的所有民族得以发展，并且所有民族都获得同样的发展机会和发展成本，这种共生关系是民族之间形成稳定的民族关系的基础。因此，民族利益是民族关系的起因，也是民族关系在现实条件和环境下的反映与折射，构成了民族关系发展和存在的核心问题。

民族关系共生系统具有自组织特征，也就是各民族之间既合作又竞争，同时能自我完善和自我优化，并在自组织过程中实现信息共享、单元自律、微观决策、并行操作、整体协调、自行趋优。由于历史和地理等因素的影响，我国少数民族或民族地区的经济社会发展相对落后，在民族共生系统中处于不平等地位。因此，提高少数民族和民族地区的经济社会发展水平，满足少数民族不断增长的物质和文化生活的需要，实现各民族间共生共赢、互惠合作是民族关系发展的核心问题。

四　民族关系的影响因素

作为民族学的一个重要研究分支，民族关系的定义目前学术界仍然众说纷纭。就我国的民族关系来说，学者一致认为，"平等、团结、互助、和谐"是社会主义民族关系的本质特征，也是我国民族关系发展的目标和政策导向。关于民族关系的影响因素，学者从各个不同角度对民族关系的影响因素开展了研究。

国外学者米尔顿·英格尔（J. Milton Yinger）以美国社会为背景，在1986年提出了分析族群关系的变量体系。目前，国内外学者大多认为，影响民族关系的原因包括经济体制的转型与民族政策的滞后、民族意识、民族风俗习惯差异、宗教、国际形势影响等。其中，国外学者对民族关系的研究大多从人类学、民族学、社会学和政治学的视角出发，往往从发展现状、变化趋势和影响因素等方面对民族关系进行研究。我国学者虎有泽（2001）、冯瑞（2001）基于我国西部大开发的环境，对我国兰州市的多个少数民族之间的交往案例进行了具体分析，指出对我国民族关系进行分析可以从居住情况、经济特点、教育、习俗和宗教五个方面进行，并提出将影响民族关系的因素分为历史因素、社会因素、经济因素、文化因素和偶发因素。汤夺先（2003）在总结了其在对民族关系的大量研究成果后，将影响民族关系的因素分为民族意识、居住特点、风俗习惯等。蒋连华从民族的认同感、居住情况、宗教信仰、语言特点和风俗习惯等多方面对影响民族关系的原因进行了进一步阐述。[1] 陶斯文通过对西南地区民族关系的调查和研究，总结了西南民族地区民族关系的影响因素，包括经济、文化、法律、环境、人口、习俗等多方面的因素。[2] 林钧昌从城市民族问题的角度出发，认为城市民族关系中的不协调因素包括大地方和地方民族主义、经济和文化因素以及城市少数民族聚居点居民的心理因素。[3] 我们对民族关系的影响因素进行文献分析发现，大多数因素都是基于比较宏观的评价指标表现出来的，而具体要细化到某个县、区的微观评价指标则会比较难获得，而这些地域性和不同民族的差异性又是在民族关系研究中不可忽视的。

　　上述研究从政治、经济、社会、文化、环境、宗教和国际等多方面对影响民族关系的因素进行了深刻的探究，为我们更加深入研究民族关系和谐性评价及预警框架构建提供了坚实的理论基础。

五　和谐民族关系的基本特征

　　长期以来，我国民族关系的主要特征表现在平等、团结和互助三个方面。2002年，民族关系的和谐性问题开始成为学术界热议的话题。直到2005年党中央首次提出构建和谐民族关系，才使在原有的民族关系这个词中加入了"和谐"二字，并将民族关系的理论进行了升华。在此之后，学术界对民族关系的研究则更加偏向其和谐性的问题，并取得了非

---

　　① 参见蒋连华《当代中国城市民族关系研究》，民族出版社2011年版。

　　② 参见陶斯文《西南民族地区城市化进程中人口流动与民族关系发展互动研究》，民族出版社2012年版。

　　③ 参见林钧昌《城市化进程中的城市民族问题研究》，中央民族大学出版社2009年版。

常丰硕的成果。而在党的各项重要报告中，关于民族关系的政策实施，更加强调巩固现有的民族关系和发展团结互助、和睦共处的和谐民族关系。并在报告中明确指出，要大力扶持少数民族地区，促进民族地区更好更快地发展，形成和谐的民族关系。

一些学者对和谐民族关系做出了进一步解读。杨鹃飞（2012）和田振江（2012）认为，在一个多民族国家中，和谐民族关系是在社会全部民族共同发展过程中形成一种和睦相处、团结奋斗、平等互助的社会关系。除此之外，王思彩（2005）基于构建和谐民族关系这一视角，阐述了和谐民族关系的实质，以及解决好各种各样的民族问题，使民族关系能够达到一种平等互助、和睦相处的状态。张银花认为，和谐民族关系是一种较为深层次的概念，其追求的虽然是一种最终的和谐，但其过程也是非常重要的。① 和谐民族关系的主体包括民族、社会、自然，要达到一种和谐的状态，就必须处理好各主体之间的关系；民族和谐的层次包括地区的民族和谐、国内的民族和谐和世界的民族和谐。和谐民族关系也是一个动态发展过程，该过程的目标是民族、社会、自然全面协同发展。

每个学者对和谐民族关系内涵的理解都有自己独到的见解与认识，各种解释基本涉及和谐民族关系的方方面面；虽然看待和谐民族关系的角度有所差异，但都从不同侧面阐释了和谐民族关系的内涵。近年来，大量学者将传统和谐思想运用在管理上，采用和谐管理思想处理民族关系问题，充分考虑各种因素的整合，在动态平衡中寻求民族关系的和谐性。

综上所述，民族关系是多民族国家中非常重要的政治和社会关系。目前，我国民族关系总体和谐程度良好，但是，由于各民族之间在语言、文化、历史、风俗习惯和宗教信仰等方面存在若干差异，以及经济利益方面的原因，不同民族之间可能仍存在某些矛盾和纠纷。建立民族关系和谐性监测预警及主动调控机制，制定处置涉及民族问题的突发事件的应急预案，特别是建立科学、严谨、规范的民族关系和谐性预警指标体系，了解民族关系发展状况，掌握民族关系的动态变化及其发展趋势和

---

① 参见张银花《民族和谐发展：理论与实证》，博士学位论文，中央民族大学中国民族理论与民族政策研究院，2007 年。

规律，对于提高民族工作的管理能力和工作水平，促进各民族和睦相处、和衷共济、和谐发展，具有重要的现实意义。

第四节　和谐管理理论

一　和谐管理理论

（一）和谐管理

和谐理论认为，各个系统以及系统内部的组成要素之间都是息息相关的，针对具体的系统目标存在一种和谐机制。人类社会在发展演化过程中，存在大量不和谐因素或现象，和谐理论认为，社会经济系统运作中存在不和谐、不协调现象的原因在于缺乏一种能够充分发挥社会成员或子系统主观能动性和创造性的机制，由此系统出现诸多负面效应。这些负面效应包括社会要素负效应、构成性负效应、精神性负效应、内外失调负效应和总体性负效应。系统可以通过和谐机制的建立来促进系统各要素能量的释放和功能的发挥，并充分调动和有效利用社会各个子系统成员的积极性和能动性。和谐理论经过多年的发展，系统地提出了若干模型、框架和概念，例如，和谐诊断、和谐性度量、两规、两场、控制机制五级嵌套优化模型等。特别是和谐理论建立了一整套致力于系统通过减少内耗、构建和谐机制来提高系统运行绩效的理论体系，并从实践方面提出了一般系统是如何发展演化到和谐状态并保持和谐运转的方法和思路。①

在早期和谐理论的基础上，结合管理学领域的理论发展与实践探索，产生了和谐管理理论。和谐管理理论对和谐理论进行了完善，并将管理问题更加具体化，给出了和谐管理研究的总体方向和目标，也就是管理是使组织更加和谐，进而获得更大的效益。通过和谐管理理论，各种管理理论之间的整合成为可能，也为不同的管理研究领域提供了一个共同的立足点，为不同的管理理论提供了一个理论接口。和谐管理理论从系统工程的角度更加强调系统的整体和谐性，整体和谐并非局部优化或局部和谐的简单相加。基于这种系统性的研究思想，将管理学研究的各种

---

① 参见席酉民、尚玉钒《和谐管理思想与当代和谐管理理论》，《西安交通大学学报》（社会科学版）2001 年第 3 期。

方法和理论放在一个和谐整体的框架之内开展研究，对于管理学理论研究与实践活动具有重要的指导意义。

由于和谐管理理论放弃"计划、组织、领导和控制"的基本框架，所以，和谐管理理论的终极目标是：通过科学有效的方法，为处于多变环境下的不确定的管理问题提供行之有效的解决方案，其理论能够很好地解释过去发生和正在发生的问题，并且能够对即将发生的问题做好预见性的决策。

（二）和谐管理的方法

和谐管理理论从愿景导向、主题思维、能动致变、互动耦合和持续演化五个方面提出了应对不确定的思路。[①] 愿景和使命能够指导系统的发展并且不随环境的变化而改变，给复杂环境下系统的方向提供参照。和谐管理理论基于人对客观事物主观认识的不确定性特点，将个人作为实施管理的工具，进而能够较为准确地实现管理目标。谐则是为了降低系统运行的不确定性，而和则则是通过提高人员的积极性来改善其应对外界的策略，通过谐则与和则相互匹配交叉运用到组织中。和谐主题的识别、表达以及和谐耦合机制的选择都与领导者或领导团队密切相关，领导者应该清晰地知道组织的愿景并及时传递给下属，以明确当下的关键问题和核心任务，并注意和谐主题的更新和相应的双规则耦合机制的动态调整。

不同于传统管理理论以静态思维分析世界，和谐管理中的组织是持续发展的，因此，不能以简单机械的思维对社会事件进行单独分析。和谐管理理论结合组织的发展历史与范围等因素，更多地对组织进行整体分析，并挖掘管理实践中的内在联系。运用和谐管理理论于实践时有四点要求：①由于面临的任务会因所处的时期而有较大差异，需要依据组织内外部的环境及人员互动对问题进行辨析。②了解组织管理系统的建设情况，谐则机制主要在制度、流程和结构等方面以"设计优化"为主旨建立科学管理体系；和则机制重点从文化、氛围和激励角度以"能动致变"为主旨建立人性化管理体系。③和谐主题的和则与谐则双规则机制的耦合互动管理，通过两者各司其职、相辅相成，使和谐管理理论更

---

① 参见席酉民、张晓军《从不确定性看管理研究逻辑及和谐管理理论的启示》，《管理学报》2010 年第 1 期。

好地运用在实际中。④强调和谐管理方法应用时的问题导向性和整合性。和谐主题结合问题的局部和整体进行思考，进一步整合使用方法，同时对管理问题未来的演化趋势探究，为管理方法的开发指明方向。

二　和谐管理理论研究

科技发展以及社会进步使组织面临的环境越来越复杂。西方管理学研究崇尚理性优化思维，例如泰勒发起的"科学管理运动"，但是，对于由人所构成的复杂系统，基于理性优化的管理模式有可能不能达到预期的最优结果，从而出现控制困难和合成谬误。基于对管理系统复杂性的深刻认识，管理学研究领域正在发生转变，即从纯理性的科学管理模式向理性与非理性耦合的管理模式转变。在这种背景下，中国有不少管理学者尝试将中国传统文化中的和谐思想与管理实践相结合，由此形成了和谐管理的理论研究范畴，经过十多年的发展，和谐管理理论被应用于许多管理领域，用于解决管理问题，已成为管理学界新的研究领域。目前有关和谐管理理论的研究包括如下三个方面。①

（一）和谐管理理论的理论起源

和谐管理理论是在多个学科和领域的基础上形成的，不仅借鉴中国传统文化中的"和合"思想，还积极吸收国外管理学的各种精华部分，例如泰勒、西蒙和哈耶克的西方管理理论。

（二）和谐理论与企业组织管理

席西民教授将和谐管理理论向组织拓展，使之能够适应组织管理模式，提高组织管理效率。洪驰和申丹虹认为，和谐主题不仅是我国传统文化的重要思想，也是企业管理的核心思想。青宇波和薛从彬从中国传统论文化视角，分析《周易》和儒家文化中的和谐管理思想，认为其思想对我国现代企业的发展带来了非常深刻的影响，并提出应将这种和谐关系作为企业的最佳管理目标。②

（三）和谐管理理论视角下的应用研究

应用研究的对象不是很集中，部分学者基于和谐管理角度对企业管理责任进行探究，提出企业的管理责任应以"和谐耦合"为准则，并围

---

① 参见刘文端《和谐管理理论评析》，《管理学报》2009 年第 12 期。

② 参见青宇波、薛从彬、邓君等《论我国传统文化与企业和谐管理》，《北方经济》2005 年第 14 期。

绕和谐主题来履行企业管理责任。部分研究指出，文化冲突会影响甚至阻碍全球虚拟团队①的构建与实施运行，只有通过和谐管理，才能排除这种障碍，使其更进一步促进组织发展。李子叶（2009）等指出，和谐管理方法可以有效地整合一种全新的超越单纯靠理性设计理论的问题解决途径，进而对提升知识型员工的满意度有很大帮助。甘福成（2010）就国有企业中应用和谐管理理论进行了研究，并主张和谐管理能促进国有企业和谐稳定地发展。

上述相关研究从各自不同领域进行了深入探讨，取得了较为丰硕的成果，为开展民族关系预警调控研究提供了很好的研究基础，特别是和谐管理理论等相关研究成果和主要观点对本书研究具有重要借鉴意义。

第五节　社会风险及社会预警

一　社会风险

（一）社会风险管理

社会风险在广义上是指某种自然现象或社会现象发生的可能性。狭义上是指扰乱社会稳定，导致社会冲突发生的可能性。本书主要研究狭义的社会风险。社会稳定是指在现行的社会秩序下，社会系统中各子系统维持动态平衡状态，而社会系统主要由经济、政体、社区共同体和价值系统组成。

社会风险管理是指通过现代风险管控程序和方法对社会风险进行检测和控制，为政府部门提供合理动态调节机制和相关政策支持。结合市场的风险调节机制，对社会风险进行有效管理，民间机构和普通民众也要担负起风险管理的责任。只有这样，才能构成全面的社会风险管理系统，实现经济和社会的协调发展。

（二）社会风险管理机制框架

社会风险管理机制是指社会风险管理制度及其运行机理，主要包括社会风险分析机制、社会风险预警机制、社会风险控制机制和社会风险

---

① 虚拟团队是一个人员群体，不同人和组织通过通信和信息技术等工具，跨时间、跨地点地共同组成一种新型的组织团队，并共同完成项目或实现利益目标。

补偿机制等①，如图 2 - 10 所示。制度的运行机制对于目标达成起到重要作用，故机制的不完整会使目标出现偏差甚至不能实现。

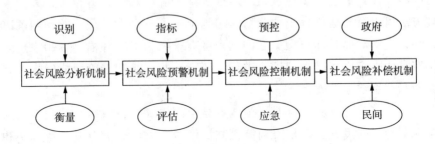

图 2 - 10　社会风险管理机制框架

1. 社会风险分析机制

识别和衡量风险是社会风险分析的重要环节。即识别相关数据，运用数理统计、概率论等方法，计算出风险概率、风险范围以及严重程度。

2. 社会风险预警机制

社会风险是可以早期预警的。社会风险预警是对未来可能危及社会稳定的因素提前了解，并采取应对措施，及时规避或转移风险。预警机制的指标体系能够直观地反映各领域社会风险状况，对预防社会风险转变成社会危机具有重要意义。

3. 社会风险控制机制

社会风险控制分为正式控制和非正式控制两种。正式控制，是指国家权力机构，通过制定法律法规和政策制度来约束和指导公民行为，以此来维护社会稳定，降低社会风险。非正式控制，是指民间机构或普通民众，通过传统道德文化习俗，或宗教信仰来约束和指导自己或他人行为，从而减少损害社会安全和扰乱公共秩序的事件发生，维护社会稳定。

4. 社会风险补偿机制

社会风险补偿机制，是指当损害公民人身或财产的事件发生后，对公民进行合理补偿，使其损失达到或接近损失之前的水平的一系列机制。政府的社会保障机制（如社会保险、社会救济、社会福利等）、市场的商

---

① 参见哈斯其其格《社会风险管理框架的创新思考》，中国金融工程学年会，内蒙古，2011 年 7 月。

业保险机制和社区救助机制共同构成了四位一体的社会风险补偿机制，这些机制在协调各方利益关系和促进社会稳定中起到了很大的作用。

（三）社会风险管理策略

1. 预防型策略

预防型策略，属事前策略。它运用于风险事件发生之前，如就业政策避免失业风险、税收政策避免财政危机等，这里政府处于主导地位。

2. 缓冲型策略

缓冲型策略，也属事前策略，但是，它不在于预防风险，而在于缓解风险。如失业保险减轻失业造成的冲击、减少收入波动缓解收入风险等，这里除了政府干预实施，也可以是个人行为。

3. 补偿型策略

补偿型策略，属事后策略，它运用于事件发生之后。一般最常见的为保险补偿，保险补偿是指投保人对未来可能发生损失的财产进行投保，若后期损失事件发生，保险人就要按照合同上的规定，补偿一定的金额给投保人，以此来减轻投保人的损失。

4. 应对型策略

应对型策略用于减轻事故对个人、家庭或社会的冲击，属于事后策略。如政府对贫困人口的补助、个人储蓄或借贷等都属于应对收入风险的策略，但这类策略降低损失的程度有限。

二　社会预警

（一）社会预警内涵

社会预警内涵是对社会系统中各子系统运行过程中的不正常状况进行检测、分析和评判，以期预测出未来可能发生的危害、风险变化趋势以及社会系统结构的波动和偏差。除此之外，弄清危机事件发生的背景、研究事件成因及其功能属性、建立预警评价体系和制定预警运行机制都属于预警活动。社会预警的目标就是在危机事件的酝酿阶段、不良因素刚刚起作用时就发布预警，让工作人员做好预防。

在社会管理领域中，预警理论常常用于疾病、健康、人口、公共危机、社会稳定及其发展趋势等方面。社会预警从发现警情、分析警兆、寻找警源、预报警度和排警决策五个方面展开工作。[1]

---

[1]　参见阎耀军《现代实证性社会预警》，社会科学文献出版社 2005 年版。

关于社会预警的方法主要包括定性分析方法和定量分析方法。定性分析方法主要包括情景预警法、领先指标法、主观概率法、相互影响法等。这些方法都是以既往事实和当前现状等信息为基础，在理论分析基础上，对未来世界进行认知和判断。情景预警法是指在一定条件下考察某种现象或趋势对事件全局性变动的影响情况。领先指标法是指依据时间序列把社会指标分类，即领先、同步和滞后，以此来预测事件变动趋势。主观概率法是指分析主体根据主观经验来预测推算危机事件风险大小。相互影响法是指在各系统相互联系的前提下，通过某一或某几个具有决定性因素的变化来预测全局性变化趋势。定量分析方法是将影响因素换算成相应数学指标，然后使用逻辑模型、因果模型、趋势模型、现象学模型、仿真模型等相关数学模型，来考察社会发展的可能趋势。

（二）社会预警流程

社会预警活动的各个运行阶段，都对应其不同的组织环节，不同环节的职能也各有差异，各环节互相关联、互相制约、共同作用的运作方式称为社会预警活动模式。一般为观察记录、追溯、识别诊断、预测警示和预防控制五个阶段，对应着监测警情、寻找警源、分析警兆、预报警度和实施预控五个不同环节。预警活动模式的流程如图 2－11 所示。①

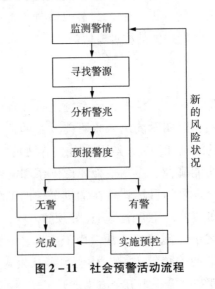

图 2－11 社会预警活动流程

① 参见潘斌《社会预警的功能与运行机制研究》，硕士学位论文，华中科技大学，2004年。

在上述流程图中，明确警情是整个预警活动的开始，然后搜寻警情发生的根源；当警源进一步发展时，需分析这些风险的征兆，然后对风险状态进行等级评估。若社会处于稳定状态，就为"零报告"的无警状态；当有不同程度的警报时，需要采取行动进行预控。最后，在实施预控过程中，如无新的警情出现，则整个预警活动结束；如果发现新的不明风险状况，则需重新返回到预警监测的第一个活动，进入新一轮的明确警情环节。

三 社会风险预警理论研究

目前，社会预警的研究有三个趋势：①从测定社会发展水平视角向监测预警视角转变；②从单一经济预警向社会经济双重预警转变；③从理论探究向实证分析转变。

早在20世纪中期，社会相关机构就从消费者态度、家庭收入、生活调查以及价值观的调查研究中及时地预警了社会不稳定因素。构建指标体系研究社会风险预警问题起源于美国社会学家雷蒙德·鲍尔（Raymand Bauer）的《社会指标》一书。20世纪80年代以后，预警研究的重点转变到冲突防范模型的构建方面。20世纪80年代后期，我国受苏联解体、东欧剧变以及经济发展过程中出现的区域发展不平衡、贫富分化等矛盾冲突的影响，国内社会预警的研究开始发展起来。国内学者对于社会预警的主要研究成果可归纳为以下三个方面。[1]

（一）社会预警机制研究

社会预警机制研究主要从社会预警内容、预警系统构建以及预警系统理论三个方面开展。在预警内容方面，肖飞（2000）提出了一种科学预行告警机制，该机制包括预警指标体系和预警解除系统，该机制能够在矛盾冲突达到社会所能承受的最大限度之前使预警相关机构提前采取应对措施。贾友山（2006）认为，社会危机的防范和控制的关键是健全和完善社会预警机制，并提出预警的相关内容。在预警系统构建方面，牛文元（2003）等基于社会燃烧理论研究了社会稳定预警系统的原理、机制。李殿伟（2006）等提出了社会稳定的六大支持系统，包括社会控制系统、社会心理系统、社会分配系统、外部环境系统、经济支撑系统以及生存保障系统。在预警系统理论方面，阎耀军（2004）提出了社会稳定计量的理论模型和基本框架，该框架将众多社会稳定的计量指标合成为一个有机整体。

---

[1] 参见周星宇、刘吉隆、赵伟《社会稳定预警研究综述》，《学理论》2012年第13期。

（二）预警指标体系构建研究

在社会发展测度指标体系的构建方面，国家统计局和中国社会科学院分别在 1984 年和 1988 年提出了社会发展统计指标体系和社会综合发展预警指标体系，其中，中国社会科学院的社会综合预警指标体系包括 4 大类、40 多个主观和客观指标。后来，王地宁（1991）、朱庆芳（1992）等学者也先后提出了社会发展评估指标和社会综合预警指标。朱庆芳的综合预警指标包括经济、生活水平、社会问题、群众民意等多个维度的 40 多个指标，并利用这个指标对我国的社会保障水平进行了综合测度。

在社会风险的预警指标体系方面，宋林飞先后在 1989 年和 1995 年对社会早期预警系统进行研究，提出了包括 49 个预警指标的社会风险预警综合指数，该指数包括政治、经济、社会、自然环境以及国际环境等风险领域。[①] 后来，他又对该指数做了进一步完善和细化，1999 年，他提出了由收入稳定性、贫富分化、失业、通货膨胀、腐败、社会治安和突发事件 7 大类指标组成的社会风险监测与预警指标体系[②]，比较全面地反映了社会风险从萌芽、发展直到显现的全部过程。李殿伟等从生存保障、经济支撑、社会分配、社会控制、社会心理和外部环境 6 个方面建构了社会风险预警指标体系，该指标体系包括 35 个风险预警指标。阎耀军在社会稳定预警方面做了大量研究，他建立了社会稳定预警指标框架，该框架分为 4 个层次、12 个二级子系统以及 55 个社会稳定预警指标。

（三）预警模型构建研究

在预警模型方面，阎耀军通过对社会预警理论、预警指标体系构建以及预警模型构建的全面思考，并长期对我国社会稳定的实证考察，于 2005 年创造性地提出了社会稳定系统的动态预警模型[③]，该模型为社会预警领域的研究提供了较好的思路和研究范式。李培林在《中国社会和谐稳定报告》中设计了用于测量社会稳定状态的指标体系，并为每个指标赋予预定的权重，为建立具有中国特色的社会稳定预警模型奠定了良好的基础。[④] 2008 年，陈秋玲等从社会建构主义和突变理论的双重视角，提

---

① 参见宋林飞《社会风险指标体系与社会波动机制》，《社会学研究》1995 年第 6 期。

② 参见宋林飞《中国社会风险预警系统的设计与运行》，《东南大学学报》（哲学社会科学版）1999 年第 1 期。

③ 参见阎耀军《现代实证性社会预警》，社会科学文献出版社 2005 年版。

④ 参见李培林《中国社会和谐稳定报告》，社会科学文献出版社 2008 年版。

出社会风险预警评价模型和风险预警管理流程及预警策略。①

第六节 公共危机管理

一 公共危机及公共危机管理

（一）公共危机

1. 公共危机

危机是指威胁到社会系统的正常运转的事件，具有突发性和不确定性的特征。公共危机是指使公共事业受到威胁的事件，如危害公共财产、公共安全、公共秩序、社会价值观等事件。

公共危机严重威胁一个社会系统的基本价值和行为准则，具有很大的破坏力，可能使人们的生命和财产受到损失，甚至威胁国家和社会的安全。除了自然和事故灾害，公共危机还包括突发性公共卫生事件、社会安全事件，并分为特别重大、重大、较大和一般 4 个等级。

2. 公共危机的特点

虽然公共危机种类多样，并且不同事件的内容可能都不相同，但是，公共危机具有一些共同的特点，掌握其特点，就能够为解决公共危机提供思路。公共危机的特点可以概括如表 2-1 所示。

表 2-1　　　　　　　　　　　公共危机的特点

特点	说明
爆发的突然性	危机实际发生的时间、地点、方式以及程度难以确定
危害的严重性	危机不仅危害社会经济和社会安全，而且还会损害公民个人的生命和财产安全，也严重威胁社会系统的基本价值、根本利益和行为准则
影响的连带性	由于信息缺失，时间紧迫，人力、物力不足，或由于处置措施不当，往往会出现一个危机引起另一个危机或几个继续发生的危机事件
信息的有限性	由于时间有限，无法获取到充足、有效的信息，从而难以制定正确的决策
结果的不确定性	危机发生后的一切都处于瞬息万变之中，如处理不及时，就会带来不可估量的危害

---

① 参见陈秋玲、肖璐、曹庆瑾《社会预警指标体系设计及预警评判标准界定——基于社会稳定视角》，《公共管理高层论坛》2008 年第 1 期。

（二）公共危机管理

1. 公共危机管理

公共危机管理是指动态管理公共危机，针对不同时期采取不同手段，在发生前预防，在发生时阻止，在发生后解决恢复。公共危机管理主要内容为收集危机信息、预警危机、准备和预防危机、控制和回应危机，事后恢复与重建，以及不断学习与创新。[①] 对于危机系统运行机理的分析，主要是利用复杂性理论、概率论、实例分析、博弈论、系统动力学等方法，来对某一突发事件进行研究，从而得到相应事件的各类信息。

依据事件的发生、发展和消亡 3 个演化阶段，公共危机管理过程可分为预防准备、预报警戒、应急处置和恢复重建 4 个阶段，不同的阶段对公共危机管理有不同的要求和任务，具体如表 2 - 2 所示。

表 2 - 2　　　　　　　　　　　　危机管理的过程

危机阶段	主要任务
预防准备	这个阶段重点关注对风险的评估，预测风险发生的地点、时间及程度，提前准备预防措施，消除危机突发的可能性或者减轻危机的损害
预报警戒	这个阶段重点关注公共危机事件的诱因、征兆和隐患，发现可能大面积扩散个案，预测事态失控和发生战争的可能性
应急处置	这个阶段重点关注对危机事件的应急处理方案，及时化解危机，从而控制危机并防止其进一步扩大
恢复重建	这个阶段重点关注危机的善后管理，即采取措施将社会财产、基础设施、社会秩序和社会心理恢复到正常状态

罗伯特·希斯将危机管理分为缩减、预备、反应和恢复四个阶段。[②] 具体如表 2 - 3 所示的危机管理 4R 模式。

---

① 参见刘双良《中国住房政策风险评估与防范治理》，天津人民出版社 2012 年版。

② 参见罗伯特·希斯《危机管理》（王成、宋炳辉、金瑛译，中信出版社 2001 年版）表 2 - 3 所示的危机管理 4R 模式。

表 2 - 3　　　　　　　　　　　危机管理 4R 模式

危机阶段	主要任务
缩减	预防危机的发生，减少危机发生后的冲击程度
预备	在危机发生之前，需要做好应对和恢复计划，进行技能培训和模拟演习，保证这些计划深入人心，并落到实处
反应	危机发生后，立即采取应对措施，尽量抑制危机的扩展，运用各种资源、人力和管理方法，解决危机，防止事态进一步恶化
恢复	危机一旦得到控制，应着手恢复工作，还应就危机处理过程中的问题对危机管理工作进行完善和改进，进一步修整危机管理计划

2. 危机管理理论学说

危机管理理论主要包括危机周期理论、危机管理钻石理论和危机管理系统理论。

（1）危机周期理论。根据时间序列对危机管理展开研究，研究者在危机阶段划分上存在分歧，但目前比较著名的理论有：斯蒂文芬克的医学视角划分法，他把危机的潜伏、爆发、高潮和衰落对应为征兆期、发作期、延续期和痊愈期；丹尼斯·史密斯将管理过程分为预防或准备、预先评估、应对预案、应对危机和恢复 5 个阶段。

（2）危机管理钻石模型理论。主要对危机管理阶段的内容进行系统分析。伯恩的危机管理 3 个阶段，即潜伏期、持续期和消退期。伊恩·米特罗夫等学者在伯恩的基础上新增 4 个变量，即危机类型、危机系统、危机机制和危机利益相关者。这"3 + 4"构成了钻石模型的菱角线和危机管理钻石模型。

（3）危机管理的系统理论。将整个社会视为一个大系统，系统之间的关系是不良事件发生的诱因。巴利特纳认为，危机爆发的宏观环境由人和人的组织系统构成，他认为，大多数灾害都是人为的。巴利特纳还提出了社会技术灾难演变模型，用于理解组织内系统失败的原因。

二　公共危机管理支持系统

（一）公共危机管理决策支持系统

决策支持系统是一种以数据、模型和知识为基础，以计算机技术为手段，辅助决策者进行半结构化决策的人机系统，包括机理分析功能、预警预报功能、资源优化功能、综合评价和决策建议功能。[1] 公共危机管理决策支持系统的具体工作模式大致如图 2 – 12 所示。

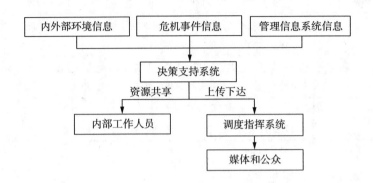

图 2 – 12 公共危机管理决策支持系统

决策支持系统需要输入三类信息，即内外部环境信息、危机事件信息和管理信息系统信息。经过处理后，传达给决策者进行指挥决策，并将突发事件情况以及处理进展向媒体和公众公布，具有权威性和准确性。

（二）公共危机管理中的预警预测系统

预警预测主要是指政府相关部门首先实时监测各种影响因素，分析所有收集到的信息，掌握好关于危机事件的第一手材料；然后提前对决策部门和公众发出危机警示，促使其做好预防应对措施。一般根据监测时间长短将预警分为长期预警和短期预警两类。长期预警主要针对潜伏期长、危险源挖掘难的危机，而短期预警是针对潜伏期短、容易突发的危机。

预警预测系统结构大致如图 2 – 13 所示。系统的运作流程主要为监测系统运行，采集敏感性指标；分析监测结果，评估危机等级，发布预警；发现危机征兆，应对化解危机。其中，评估危机等级方面，一般通过建立安全状态数据阈值库，即依据安全状态数据阈值来评估危机的安全状态范围和预警级别。

---

① 参见张茜《公共危机管理系统研究》，硕士学位论文，武汉理工大学，2006 年。

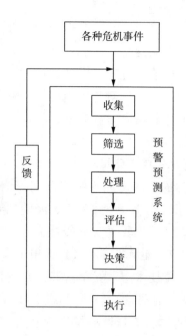

图 2 - 13 预警预测系统结构

按照复杂适应系统理论，构成预警预测系统的主体会基于刺激—反应的基本规则，调整自己的行为，并依据受限的生成过程持续进行自我完善。刺激—反应规则包括：①如果按照现有预警系统结构能够满足预警功能需求，则可正常输入和输出信息；②若需要处理不可预测的突发危机事件，则有必要打破现有的系统结构，对信息进行非常规分析和处理；③如果信息收集渠道或技术手段发生了改变，则有必要改变系统结构，以不断满足预警预测功能的需要。

三 公共危机预警理论研究

随着信息技术的快速发展以及全球化进程的加快，危机管理领域也迎来了许多新的机遇，政府和社会更加重视危机管理的发展。20 世纪 70 年代，美国建立了应急管理系统，即以总统为核心，以联邦调查局（FBI）、中央情报局（CIA）等机构为协调角色，形成了一套针对性的中枢指挥体系，进行社会应急活动。起初，危机管理只停留在自然灾害或政治危机方面，但是，随着时间的推移，社会结构日趋复杂，人们开始对危机管理进行全方位研究。从研究内容来看，罗伯特·希斯提出，危机管理是对危机发生前后所有方面的管理。目前，国内外的危机管理已从单一层面跨度到危机机制、政策、心理干预等多个方面。从研究趋势来看，研究方法由定性转向定量，即运用数学规划、统计、仿真、多属性决策等方法来解决危机响应过程中的资源调度、分配等问题。我国主要集中对公共危机管理的机制创新与体制构建、危机管理能力评价以及群体性突发事件的研究。从研究对象来看，目前，公共危机预警研究的热点可分为以下两个方面。①

（一）政府公共危机管理预警及对策

国内学者有关公共危机的研究将政府部门作为公共危机管理主体，主要从危机管理的制度、政策、公共关系、经验以及整合等方面开展研究。在预警系统建立方面，主要以实证研究为主。在公共危机预警系统构建方面，许峰（2011）、谢承华（2011）提出了采用现代计算机技术和先进的信息化系统的预警技术。朱亚军（2014）提出了基于实务处理的预警新思路和新方法。李祥飞（2016）、阎耀军（2016）提出了对实际交通事件进行实证分析的支持向量机模型。

（二）社会网络舆情信息预警

网络舆情由于其传播扩散迅速而成为信息时代不可忽视的危机诱因。在预警指标和技术方法方面，曾润喜（2010）采用层次分析法构建涵盖预警因素和影响权重的网络舆情突发事件的预警指标。在信息监测方法和技术手段研究方面，许鑫（2010）、张岚岚（2010）应用 BP 神经网络法等先进信息技术和预测评估方法，对动态社交群体的突发舆情进行监控。孙玲芳（2014）等利用遗传算法构建了更优化的神经网络预警模型，并结合实例进行仿真实验，提高预警准确率。

预警机制是一套信息流处理运作系统，它是运用现代科技手段，处理信息，监测和发布预警信息，其作用是预测群体性事件的发生，以便人们更好地做出应对决策。民族关系和谐性预警系统是以政治因素、经济因素、文化因素、社会因素、宗教因素等为预警内容的民族问题预警机制，其目的是稳定和发展"平等、团结、互助、和谐"的民族关系，对民族关系和谐性开展监测和预警，及时发现因民族关系而产生的社会矛盾，并及时处理，保证民族关系和谐发展。民族关系和谐性预警运用

---

① 参见龚花萍、王英《基于文献计量的国内危机预警研究现状分析》，《情报杂志》2016年第10期。

定性分析和定量分析相结合的方法，其重要标志是民族关系和谐性测度指标体系的建立。总体来看，我国民族关系预警指标体系以及预警机制的研究仍处于探索研究阶段。

综合社会监测预警理论研究和危机预警理论研究，笔者发现，民族关系预警调控理论已成为国内外学者共同关注的重点研究领域。总体来看，国外研究注重民族关系的演变对国际政治的影响，而国内研究则侧重于民族关系对民族地区经济社会的作用。因此，有大量成果是针对民族地区经济发展、突发事件应急以及维护社会稳定等方面的。在民族关系调控方面，主要从民族关系调控原则、机制、措施等方面开展研究，并针对具体地区、具体问题提出了若干调控对策。当前要想对民族风险进行高效的监测预警，前提是要进行相关的信息需求分析，充分了解信息的表现形式及来源并对其进行管理。因此，研究信息资源管理也就显得十分必要。

第七节 情报学与信息管理理论

一 社会预警中的竞争情报

（一）社会预警与竞争情报

1. 社会预警与竞争情报的相关性

竞争情报的研究范围包括竞争环境、竞争对手以及竞争策略等，即对这些内容的信息进行收集与分析的过程，它又是一种产品，也可以指经过分析处理后的情报或策略。社会预警的目标就是通过情报分析预测事件未来的发展，并对可能出现的危机发出预警。在情报学和社会预警的概念范畴内，数据、信息和知识是相互关联的三个概念：数据经过加工得到信息，信息经过二次处理得到知识。这三个概念在情报学和社会预警中的运用较多，情报学和社会预警也被称为知识科学。情报学和社会预警两者之间在界限划定、关键问题、研究现象、关注领域和范围都是有所交叉的，图 2 - 14① 对这 5 个维度的交叉内容进行展示。

---

① 参见刘建准、詹绍、姚伟《基于学科特征的情报学理论与社会预警理论融合研究》，《情报理论与实践》2014 年第 6 期。

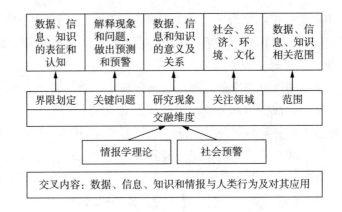

图 2 - 14 情报学与社会预警的交叉内容

竞争情报处于社会预警的基础阶段，即通过竞争情报，及时关注竞争环境，洞察竞争态势，对敏锐信号也有较好的捕捉效果，从而为系统形成连贯的知识提供补充。另外，竞争情报为社会预警提供决策支持，有效地规范和完善了社会预警机制，其有以下两个方面的作用。

（1）尽早识别危机预警信号。竞争情报对快速找到情报信息源具有辅助作用，对于一些可能威胁社会稳定的不和谐因素，可以准确定位产生的原因。

（2）有效制定预警措施。社会预警的超前性对其监测的过程有一定要求，首先应确定监测目标的对象与范围，然后选择相应预警指标，再预先规定阈值，从而形成应对措施。

2. 社会预警竞争情报模式

就社会预警预控来说，通过情报分析，从影响公共安全事件的信息源头进行控制，剔除影响社会稳定的危险信息。这就需要对社会事件所处的内部与外部环境进行评价，同时，对其所处的阶段进行监控和识别，以便及时掌握并处置各种危险征兆，从而达到社会预警的效果。这样，不仅缩减了预警成本，而且有利于提高预警效率。就社会组织而言，对社会预警竞争情报模式进行优化，能够实现创新管理。

社会预警竞争情报模式由竞争情报规划与定向、社会预警情报需求评估、社会预警信息收集、社会预警信息处理、社会预警信息分析和社会预警情报评价6个环节构成，它将社会预警过程中各个环节的工作程序化、流程化与规范化。它们之间的关系如图 2 - 15 所示。①

从图 2 - 15 的结构中可以得出，社会预警情报模式中的 6 个环节是循环工作的。由于社会情景是动态变化的，因此给这种模式的工作提出了两点要求：①社会预警信息的需求不可能一成不变，需要进行实时监测与反馈，以更切合实际需求；②若要正确地预测预控各种公共安全危机，该模式应就其情景的变动对预警的规则进行合理调整，并补充预警知识库。

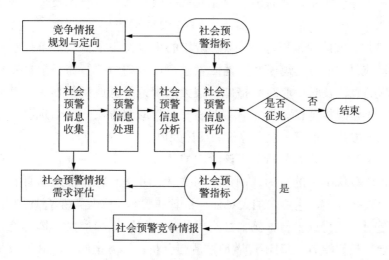

图 2 - 15　社会预警竞争情报反应模式

3. 社会预警情报行为

一个社会预警情报行为包含若干个子行为，各种行为有机地交织在一起，有利于工作人员更有效地获取情报信息。情报收集过程中的情报行为可分为预见、警示、减缓与阻止四个阶段。

（1）预见阶段情报行为。这一阶段属于情报行为的首要阶段，针对的是社会危机现象的结构。它的主要任务是跟踪政治、经济、文化和宗教等领域的特定现象，找出较为敏感问题的变动，提前获取其征兆的行

---

① 参见刘建准、阎耀军《情报学理论方法与社会预警的交叉融合研究》，《情报探索》2014 年第 3 期。

为。预见阶段的价值是利用社会现象、外在环境和情景特点等外在表现①，发现危机征兆。其行为模式是危机现象的表征—设定情景—关联信息—发现征兆。

（2）警示阶段情报行为。预见阶段之后就是警示阶段，即相关公共部门通过收集和监测政治、经济、文化和宗教等领域特定行为以后，发布警示信息，以便有关部门或公众能提前做好应对措施。特别要注意追踪有关部门或公众的反应，以免使实际结果与预期目标偏差过大。其行为模式为分析警示途径—分析警示形式—收集和分析警示反应—调整警示活动。

（3）减缓阶段情报行为。减缓阶段的主要作用是在危机事件造成不良结果前，对危机的规模及其他因素进行监测的情报行为，根据获取到的情报信息，及时采取应对措施，最大限度地降低或延缓损失。其行为模式是界定减缓范围—设定减缓目标—拟订减缓方案—评估选择方案—收集与监控执行情况—效果评价和反馈处理。

（4）阻止阶段情报行为。该阶段的情报行为主要任务是通过提前监测与追踪危机事件的行为，制订应对方案，并进行方案的效果评估，以阻止事件的发生。它要求加大对公开信息的感知、采集与整合处理力度，尤其是对公共信息平台，例如社交网络、空间数据和广播媒体等情报信息平台，最好能24小时不停歇地监测与分析，为方案的实施和调整提供全面的情报服务。其行为模式是侦察情报—监测情报—整合情报资源—分析情报—评估组织方案效果—测评与反馈。

（二）社会预警信号分析方法

构建预警指标体系并监测信息源并不能保证成功地开展预警，对预警信号的分析也十分重要，并且非常困难。在传送过程中，信号总是伴随着"噪声"，使其发生偏差。即使是十分优秀的信息分析人员，要从信噪比很低的情况下识别真正的信息，也极为困难。

一个完整的分析过程包括思维过程和研究过程两部分。所有的信息分析法都以思维分析方法为核心，这个核心分析方法即由人脑结合已掌握的信息与外来的信息，通过甄别、筛选和整合，对信息进行重组。而现有的各种高科技信息技术与其他分析方法都是借助除人脑之外的辅助

---

① 即便社会危机的直接表征有所隐蔽，经情报行为分析，也会通过现象间接地进行映射。

性方法与手段，用以拓宽人脑有限的分析功能。

1. 德尔菲分析法

德尔菲分析法是通过对专家的知识、经验和智慧等隐性资产分析和预测模糊性较大的信息。为了使分析视角尽可能多样化，专家成员的研究领域和文化水平等背景要具有多样性，包括政府相关的职能部门、突发事件的研究专家、所属领域的技术专家、一线工作人员和信息情报分析人员等。由于德尔菲分析法在操作过程中的匿名性特征而导致信号分析视角的多样化，从而避免认知心理学上各项阻碍信号正确解读的因素。德尔菲法专家背景的多样性避免了同一组织在进行信号分析时，可能存在的"从众思考效应"[1]，德尔菲法多轮咨询和反馈就是对信号的不断补充和验证，有利于提高信号分析的准确性。

2. 竞争性假设分析法

早期对预警信号的定义比较模糊，其所代表的含义具有多种可能性，这就要求信息情报分析人员或部门以开放视角分析假设预警信息，如竞争性假设分析法（Analysis method of Competitive Hypothsis，ACH），即假设多种彼此之间可能存在竞争、冲突的关系。

ACH 分析法最初由美国海军研究院国家安全事务所理查德·赫尔（Richard J. Heuer）教授提出，本质上是一种假设思维方法。但这种方法能够借助其完整清晰的分析流程对证据与假设、假设与证据之间的关系进行核实，查看是否具有一致性，从而降低信息不完整、思维定式和认知偏见等因素对分析产生的影响。ACH 分析法的实施步骤如下：

（1）召集不同背景、持不同观点的分析人员进行集体讨论，不做任何限制地列举出所有可能存在的假设。实际上，人脑信息处理功能是有限的，因此确定最终的假设时不要多于 7 个，若假设过多就要求分析人员重新归并。

（2）收集并列出各种支持或反对的证据，并将证据与假设进行关联。在这一步骤中，可以通过一些指引性问题来提供线索，比如，如果假设正确，应该看到什么，不应该看到什么？是因为尚未发生还是因为通过正常手段无法观测到本应看到的东西？是有关方在隐瞒进行中的行动还

---

① 从众思考效应是指当个体受到群体的影响，会怀疑并改变自己的观点、判断和行为，朝着与群体大多数人一致的方向变化。

是分析人员遗漏了相关情报？

（3）用假设作为横轴，证据作为纵轴制作矩阵图，考察每一个证据和所有假设之间的一致、不一致或不相关关系，可以用权重或者符号来表示这些关系。

（4）以矩阵列为单位，讨论每个假设的相对可能性。假如用的是正负标志，其中有着最少负值的假设是最可靠、最具可能性的。如果有很多线索与假设相关，则有助于增加该假设的可能性；反之，很多线索与假设有矛盾，则有助于排除该假设。

（5）把结论的敏感度放在重要线索中进行检验。为线索增加权重是为了区分线索的重要程度，对比较重要的线索赋予较高的权重。

3. 片段情报分析法

信息一般具有不完全性，表现为信息碎片化、信息表象化、信息不可确定和信息不对称等形式。这些碎片化的信息之间又存在某种联系，如伴生关系、因果关系、相似关系等。

片段情报分析法就是将信息碎片进行聚类、重组、拼合、推理分析，从而使具有内在联系的信息串联起来，还原出最原始的"信息图像"。[①]推理分析过程并非如拼图般的形象思维，因为信息之间不是简单的直观联系，而是内容之间的逻辑联系，可以借用利亚姆信号分析框架，即分析信息碎片的背景、动机、意图、影响等。[②]

4. 情景分析法

突发事件的预警信号虽然是一种弱信号，但根据其性质来说是不可忽视的。因此，放大弱信号，避免忽略是非常重要的。情景分析法就是对周围环境和事件进行综合描述和认识，设定情景并在情景认识的基础上做进一步的研究。情景分析法像一面凸透镜，可以将弱信号放大，基于部分事实，通过假设、直觉、想象、推理等思维方法，主观地构思和预测事物的发展趋势，并且设定所有可能的情景，使信号的意义更加丰富。

情景分析法最开始运用于军事领域，之后被企业界和政府用于制定

①　参见张华《论不完全信息条件下的片段情报分析法》，《情报理论与实践》2008 年第 4 期。

②　参见利亚姆·费伊《竞争者：以才智、谋略与绩效制胜》，朱舟译，中国人民大学出版社 2005 年版。

战略规划，基于对经济、产业或技术的变化假设，推理和构想出详细的、严密的各种可能方案。情景分析法既可以服务于战略规划，也可以用于危机预警中对未来不确定性的预测。

二　公共危机中的信息资源管理

（一）危机信息资源管理

1. 信息资源和信息资源管理

信息资源在狭义上的定义是指公众通过社会活动产生的庞大的、有序的、有效的信息集合，包括政策法律法规信息、科技信息、文化信息、市场信息和社会发展信息等；信息资源在广义上的定义是指公众在社会活动中累积的信息、信息产生者和关键技术等要素集合。换言之，信息资源的构成要素包括人们社会经济活动中庞大的有序化信息集合、信息生产者的集合、信息技术的集合、信息设施和活动经费等其他要素的集合四部分。①

信息资源管理不仅属于思想，同时也属于模式，从不同的视角理解信息资源的结果也不同。表2－4分别从其管理对象、内容、手段和适用范围对其含义进行了解释。②

表2－4　　　　　　　　　　信息资源管理的含义

角度		信息资源管理
对象		指对信息活动要素（包括信息、人员、设备、资金等）管理
内容		指对信息资源进行组织、控制、加工、协调等
手段		指运用现代信息技术对信息资源最佳配置
适用范围	宏观	指国际、国家、政府所开展的信息资源管理活动，主要是运用政策法规、管理条例来指导组织、协调信息资源的开发利用，以促进信息事业发展
	微观	以组织信息需求为主，由组织机构进行管理活动，有效地管理组织内外资源

2. 危机信息资源

危机信息流本质上是一种社会信息流，它的发生、发展、演化和控

---

① 参见马费成《信息资源开发与管理》，电子工业出版社2004年版。
② 参见张广钦《信息管理教程》，北京大学出版社2005年版。

制具有如下特点：

（1）产生"源头"有两种：一是自然因素，例如恶劣气候、自然灾害等；二是社会因素，例如人为事故灾难、公共卫生事件、食品安全事件和社会安定事件等，正是这两类因素直接或间接地诱发了公共危机事件。

（2）传播渠道多样。大致可分为两种：一是正式渠道。其特点是在源头和目的地之间存在独立的控制者，在其控制下的信息资源经过一连串有序的环节流向用户。二是非正式渠道。信息资源通过非正式渠道进行信息流通时，并不存在任何中介环节，可直接由信息源即生产者向目的地流动，比如个体之间的信息沟通，这样，使一个完整的信息流不受第三方的影响。这两种渠道互为补充，共同构成危机信息交流的通道。

（3）管理人员的关键作用。除危机管理人员外，还包括情报咨询人员、社会组织和个人。这些人员同时扮演危机信息的接收者、传播者以及控制者，需要极高的素质能力要求。危机信息管理人员通过对危机信息流进行控制，从而防止因突发公共事件可能引发的社会性危机。

（4）危机信息资源管理的重要性。危机信息流是一个纵横交错的动态信息资源网，危机信息资源管理就要在这个庞大的信息网络中实现信息有向、有序、高效地流动，一旦对信息流脱离控制，就会造成很大损失。

3. 公共危机中信息资源管理

公共危机中的信息资源管理属于关键性环节。我国正处于社会经济转型时期，各类社会问题和矛盾接踵而至，公共危机也变得越发频繁和复杂。收集、整理、传输、发布、使用存储和清理公共危机信息是实现有效危机管理的前提，因此，政府对公共危机信息资源管理就显得尤为重要。公共危机中的信息资源管理的作用主要体现在以下三个方面。

（1）有助于危机识别的准确性。公共危机的发生具有一定的潜伏期，它的爆发需要经过一定的发展过程。公共危机中的信息资源管理能在危机潜伏期就准确地收集到危机相关信息，并及时地做好预防预警工作，将危机发生造成的损失降低到最小。

（2）有助于危机决策的精确性。公共危机决策系统是公共危机信息管理的核心，包括信息的输入和输出双向流动，作用在于提供足够有效的危机信息，是科学决策的前提。因为合理的预测需要足够的信息分析作为判断基础，从而指导危机管理规划的制定，尽可能地减少危机发生所带来的损失。

（3）有助于修复危机的合理性。公共危机的预测、应对和修复阶段，共同构成完整的公共危机管理过程。公共危机信息资源的有效管理为危机的修复提供了大量有效信息，有利于公共危机修复工作的有效进行。危机修复阶段的主要作用是梳理和总结获得的信息，恢复信息沟通渠道、沟通环境以及组织形象，对利益相关者进行补偿，尽可能地减少损失，最后还要进行效果评价和总结经验。

（二）危机信息资源管理机制

危机信息管理机制是一个由危机情景、危机管理和危机信息管理构成的复杂的社会系统。在危机管理体系中，信息如同一根根的"神经"，贯穿于所有环节、行动部门及资源之间，并与子系统相互结合，形成一个完整"神经系统"。依据管理主体不同，将危机信息管理机制划分为五个方面，下面分别讨论各要素之间的相互作用。

从信息资源管理的角度看，主要为管理过程问题，包括危机信息资源分析、危机信息资源储备、危机信息资源开发、信息资源利用以及反馈与控制五个环节。这些环节有机结合，构成了满足危机利益相关者信息需求的闭环系统，组成危机信息资源管理机制，如图2－16所示。

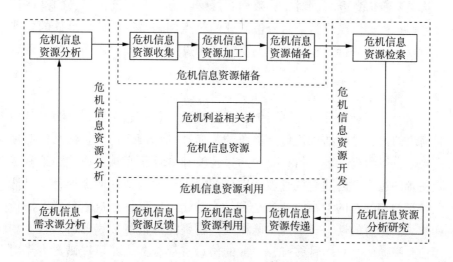

图 2－16　危机信息资源管理机制

1. 危机信息资源分析

危机信息资源分析对象主要为信息需求和信息源。信息源分析就是依据用户的信息需求在危机现场及其他地方寻找合适的信息来源。除此之外，一切产生信息或为了传递而持有信息的系统都是可利用的信息源，如社会机构、团体、组织等。

2. 危机信息资源储备

危机信息资源储备包括危机信息收集、有序化处理和资源存储三个环节。范围广泛、准确、及时的信息可以为危机管理提供预警，动态描述危机的状况，有利于确定各种可能出现的意外事件。危机信息的收集以信息需求分析和信息源分析为基础，根据危机相关者当前信息需求和所掌握的信息源特点，有目的、有针对性地收集相关信息。收集的各种信息还必须进行有序化处理。信息存储是将已处理的信息进行科学有序的存放、保管，以便于形成大量的危机信息资源，随时检索使用和共享。

3. 危机信息资源开发

危机信息资源开发包括信息资源检索、信息资源分析与研究两个环节。信息资源检索是利用相关的检索工具或检索系统来查找所需信息。信息资源检索以信息资源存储为基础，如果信息资源存储是信息"输入"阶段，那么信息资源检索则是信息"输出"阶段。传统的信息分析研究方法主要有信息分析、对比、浓缩、提炼与整合。当前，未知的潜在信息挖掘与表达已经成为信息分析研究的热点问题。利用危机事件的先兆性对现有信息进行分析，并预测事件未来发展的方向，进而支持管理者的决策。

4. 危机信息资源利用

信息资源利用是向危机相关者有选择地提供信息资源，以满足其信息需求的过程，包括危机信息资源的传递和利用两个部分。信息资源传递是信息资源提供者将信息资源通过传输媒介或信息载体，传递给利益相关者的过程。公共危机管理特别强调时效性，因为任何延迟都有可能危及利益相关者的生命财产安全和社会稳定。因此，危机信息资源的传递除了强调目的性、知识性、选择性，还要注意信息传递的时效性。利用信息资源的方式多种多样，一般的信息资源服务方式可以满足大众对危机信息的一般需求；有针对性地开展信息咨询服务方式对于危机管理决策、相关科学研究等特别有效；基于网络的信息资源提供有利于危机信息的大众传播，同时也为开展个性化的信息服务提供了信息交流平台。

5. 反馈与控制

反馈与控制对于危机管理、决策和信息沟通等过程都十分重要。主要表现为三个方面：①反馈能及时纠正决策过程中的偏差以及保证决策正确性的有效手段；②反馈能够为危机管理中的非常规决策提供信息资源，从而有利于弥补决策方法本身的缺陷或不足；③反馈有利于总结危机应对过程中的经验教训，从而能够制定更加完善的危机预案和新决策。反馈存在于危机信息资源管理的各个阶段和各个环节。

第二部分

民族关系监测预警体系

第三章　民族关系和谐的内涵及其影响因素

我国作为一个统一的多民族国家，各族人民为社会主义社会和谐发展做出了伟大贡献。习近平总书记曾说："通过长期的道德建设，我们一定能建成一个和谐文明充满希望的国度，让礼仪之邦展现出更为美好光彩的当代形态。"① 和谐文明的国家需要和谐的民族关系。构建和谐民族关系是新时期我国民族工作的重要内容和主要任务。我国民族关系情况较为复杂，包括汉族与少数民族的关系和各少数民族之间的关系。民族问题的解决首先必须厘清民族关系和谐的影响因素，将新型社会主义和谐民族关系作为和谐社会的建设目标，才能形成各民族人民和谐相处、共同发展的良好局面。本章将和谐管理理论引入民族关系和谐管理中，通过分析民族关系和谐的内涵及特征，得出了基于和谐管理理论的民族关系和谐的调控机理，并从静态和动态两个方面分析了影响我国民族关系和谐的因素。

第一节　民族关系和谐的内涵及特征

和谐是系统运行和发展的最佳状态，社会系统的最佳状态即社会和谐。民族关系不仅包括民族内部和民族之间的关系，还包括民族与社会以及民族与自然间的关系。民族关系和谐既覆盖社会和谐的方方面面，也是社会主义和谐社会的关键内容。本小节主要探讨民族关系和谐的主要内涵及特征。

---

① 参见刘东超《习近平：培育崇德向善风气，建设和谐文明国度》，中国网，2015 年 11 月 13 日，http：//news. china. com. cn/txt/2015 – 11/13/content_ 37052849. htm。

一　和谐与民族关系和谐

"和谐"是我国优秀传统文化的一部分，儒家提出"天人合一""和而不同"的思想，道家提出"不同而和"，各代王朝君臣都主张以"和"治天下，可见，以"和"为中心的思想是我国始终保持统一的内在精神，凝聚了传统中国文化的力量，也是当前我国建设面向现代化的和谐社会的精神所在。在新的历史背景下，整个社会的格局发生翻天覆地的变化，各种新挑战新任务接踵而至，由此，党的十六届四中全会提出了建设社会主义和谐社会的目标。胡锦涛同志在 2005 年《中央民族工作会议暨国务院第四次全国民族团结进步表彰大会的讲话》中提出，"坚持巩固和发展平等、团结、互助、和谐的社会主义民族关系"①，强调了社会主义民族关系的重要性。党的十八大之后，习近平总书记就民族工作的理论与实践发表了重要讲话，从党和国家层面对民族工作进行指导，也突出了新形势下民族工作的重要性。

统一的多民族国家的历史特征要求民族关系必须是和谐的，民族关系和谐不仅是历史发展的必然趋势，也是我国现阶段和谐社会构建的重要组成部分。将其作为民族关系的基本特征之一，不仅是一项重大战略决策，也是一次理论创新与突破，为民族关系的发展注入新元素，使民族关系的内容更加完整，更好地指导实践，促进民族关系长期稳定发展。加入"和谐"这一要素具有如下实践和理论意义。首先，和谐是社会关系发展的终极目标，社会建设以和谐的社会环境为基础，人的发展以人与人之间的和谐为纽带，而民族关系是社会关系的重要部分，社会关系的和谐发展离不开民族关系和谐，因此，这一决策是建设社会主义和谐社会的必然要求。其次，"和谐"是以差异为前提，注重解决不同群体之间的利益纠纷和矛盾。现阶段，民族矛盾问题依旧存在且短期内不会消失，这些矛盾直接导致民族关系的不和谐。因此，要在民族多样性的基础上，以"和谐"为指导思想来处理民族关系中的各类矛盾，促进新型民族关系的发展。最后，"和谐"特征的提出是在"平等、团结、互助"的基础上对我国民族关系的补充和完善。在各民族平等的基础上加强民族间的团结，形成互帮互助的和谐状态，进而有利于各民族共同繁荣目

---

① 参见胡锦涛《在中央民族工作会议暨国务院第四次全国民族团结进步表彰大会上的讲话》，人民出版社 2005 年版，第 9 页。

标的实现。

二　民族关系和谐的内涵

民族关系和谐就是将和谐因素融入民族关系中，不只是整体概念，也是目标概念，反映了民族关系的未来发展趋势。从和谐的目标来看，民族关系和谐是为了实现全民族的和谐发展。民族关系和谐的基本内涵包括以下四个方面的内容。

（一）民族自身关系和谐

民族内部自身和谐是实现民族关系整体和谐的前提。民族自身和谐主要是指民族内部要素间的一种协调统一状态，包括共同利益的追逐和平等分配公共财产等。民族是历史发展的产物，是有其自身存在状态和结构的客观存在，不同历史时期的民族内部所关注的重点有所区别，但大致都是围绕经济、政治、文化以及人口等。[①] 民族自身的和谐和优化关键在于民族内部各组成部分之间的和谐统一，只有各组成部分紧密联系与互相合作，才能以最小的消耗达到最大的生产力水平，从而实现民族自身的发展。如果民族内各组成部分利益冲突严重，资源分配不合理，必然导致民族间的不和谐。总而言之，对我国多民族的历史现状而言，实现各民族自身的政治、经济、文化的和谐是全国各族人民的利益诉求，也是时代发展的必然要求。

（二）民族之间关系和谐

全国第六次人口普查显示，少数民族人口比重仅占全国人口的8.49%[②]，虽然少数民族的人数相对较少，但分布地域非常广。我国一直秉承"各民族团结奋斗、共同繁荣"的原则，制定各项优惠政策，扶持少数民族发展及其团结稳定。一方面，得益于市场经济的迅猛发展，促使人们在追求经济利益时更加注重合作共赢，实现汉族和少数民族跨地域、跨语言的全方位合作，以"共同繁荣"为出发点，促使民族之间的关系呈现螺旋式上升和发展；另一方面，"和谐"是历史发展的必然产物。历史上，每次涉及民族因素的大动乱都会阻碍社会进步、扰乱社会秩序，人们的生产生活遭到极大的破坏，现在的和平状态为民族之间关

---

① 参见金炳镐《和谐民族关系与和谐社会构建》，《西南民族大学学报》（人文社会科学版）2007 年第 9 期。

② 参见马建堂《第六次全国人口普查主要数据发布》，国家统计局网站，2011 年 2 月 8日，http://www.stats.gov.cn/ztjc/zdtjgz/zgrkpc/dlcrkpc/dcrkpcyw/201104/t20110428_69407.htm。

系的发展提供了良好的环境，也有利于民族间的沟通交流。

（三）民族与社会关系和谐

民族存在于社会中，社会离开了民族就不再完整，民族与社会和谐直接为其他类民族关系提供优良的沟通交流环境。民族与社会和谐的关键在于民族与社会的共同发展，和民族相关的事务都是在社会中发生的，民族的发展与进步是社会发展的重要组成部分，因此，只有社会处于稳定和谐的良性状态，民族才能繁荣稳定发展。另外，民族的和谐稳定发展也能带动社会的全面进步，两者相辅相成、共同发展。

（四）民族与自然关系和谐

自然界是人类生存和发展的保障与基础，民族族群身处自然界之中，理应尊敬自然、爱护自然、与自然和谐共处，这是民族与自然和谐共处的应有之义，强调了自然对民族发展的重要意义。民族与自然之间的关系主要表现在两个方面：①民族依赖自然而发展，尤其少数民族聚集区地域广阔拥有丰富的自然资源，很多少数民族把这种自然资源作为主要的经济来源，这些自然资源也带动了少数民族地区的经济。②民族与自然处于对立的状态，民族自身为了发展而不顾自然的承受能力，肆意破坏自然、抢夺资源，最终导致自然灾害频繁发生。因此，需要正确对待民族与自然之间的关系，民族应该以"可持续发展"战略为指导思想，在自然可承受范围内开发资源来发展经济，从而实现民族与自然的和谐共处。①

民族关系和谐中，民族自身和谐是前提，民族之间和谐是支撑，民族与社会和谐是手段，民族与自然和谐是保障，这四种民族关系和谐相辅相成、相互影响。②

三　民族关系和谐的特征

民族问题是通过历史积累和环境变化产生的，与社会的稳定和国家的安全息息相关。民族关系和谐对我国整体发展十分重要，将和谐民族关系的特征概括为以下四个方面。

（一）尊重各民族人民的民主权利

民族区域自治制度让少数民族和汉族一起当家做主，享受公民权利。

---

① 参见金炳镐、张银花《论民族和谐发展》，《黑龙江民族丛刊》2007 年第 6 期。
② 参见廖业扬《中国特色社会主义民族关系内涵之论说》，《贵州社会科学》2012 年第 1 期。

民主权利是现代文明的显著标志，尊重各民族公民的民主权利，不仅能够缓解民族间的冲突和矛盾，还能营造良好的社会氛围，因此，尊重各民族公民的民主权利是和谐民族关系的必然要求。

（二）保证各民族人民的平等权利

民族平等强调少数民族和汉族处于平等地位，并享受平等权利，但也履行同样的义务，每个民族都能享受社会主义社会提供的一切机会，即实现法律上的平等和政治地位上的平等。

（三）尊重各民族文化的多样性和差异

诚信友爱的前提和基础是相互尊重，相互尊重就是尊重彼此的差异。多民族国家的显著特征就是文化的多元性，而彼此尊重是多种文化共同发展进步的前提条件。尊重文化多样性，不仅能够激发社会的活力，调动全社会的创造性，还能促进不同民族间的沟通交流，加强民族间的凝聚力和信任，促进各民族文化的发展，从而带动当地经济的进步。因此，在和谐社会里，尊重民族文化的差异性是民族之间诚信友爱的具体表现，也是和谐民族关系的动力源泉。

（四）用法律来协调民族间的矛盾和纠纷

和谐社会是公平正义的社会，其本质是法治社会，不仅需要良好的制度保障，还需要稳健的组织保障和广泛接受的人本法律观。因此，在和谐的民族关系中，应该积极运用法律知识，强化法治意识，借助法律手段解决矛盾和纠纷，使各民族人民受到法律的有效保护，也能让法律获得各民族的信任，宣传法治理念，实现法治社会。

和谐民族关系这四个方面的特征反映了我国民族关系的未来发展趋势，既要尊重公民的民主权利，保证各民族平等，还要尊重不同民族间的差异，在法治的基础上依法办事，解决民族问题和民族矛盾。

第二节　和谐管理理论与民族关系和谐

一　和谐预警系统

用一般系统论的语言来描述，和谐乃是指要素与要素之间、要素与系统之间、系统与环境之间的相互配合得当，以使系统要素的潜力得以合理释放，使系统整体的性能趋于最优。和谐管理理论是一门建立在系统论基础上的问题解决方法，其重点在于解决核心问题，较其他管理理论更具实践性。将整体问题划分为不同的阶段，识别各个阶段的核心所在，通过已有的机制，集中力量解决核心问题。和谐性预警系统用于监测系统的和谐性，如果整个系统是处于高度和谐的状态，则会呈现出如图 3-1 所示的和谐管理理论中的和谐及其作用。①

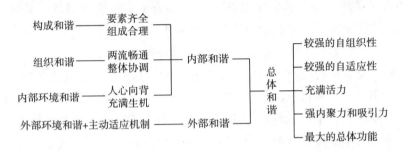

图 3-1　和谐管理理论中的和谐及其作用

通过获取内、外部和谐的关键要素最终实现总体和谐的状态，记和谐系统内各要素的强弱程度为：

$$\vec{RH} = (rh_1, rh_2, rh_3, rh_4, rh_5)$$

式中，$\vec{RH}$ 可视为系统和谐的函数。$\vec{RH}$ 内的分量与各要素之间的关系为：rh_1 表示系统自适应程度；rh_2 表示系统自组织性；rh_3 表示系统活力；rh_4 表示系统内聚力；rh_5 表示系统整体性。

（一）系统自适应性

系统自适应性即系统的可变性和灵活性，随着周边环境的变化而变化，时刻保持与环境的相适应，拥有自我调节功能。环境影响主要分为内部影响和外部影响两个方面，内部影响是由预警系统的内生因素所产生的，外部影响是由外在不确定因素导致的；和谐预警系统是否能够较快地对环境的变化做出反应、及时改变策略，这依赖于系统的自我调节功能是否完善。

（二）系统自组织性

系统自组织性即系统协调性，系统是由若干个子系统构成的，只有各个子系统紧密联系、步调一致、分工合作，才能在没有明确指令的情

---

① 参见李文明《企业高层团队和谐整合预警机制研究》，《企业经济》2005 年第 3 期。

况下正常有序地运转，并及时对外部环境变化做出响应，制定正确的战略决策，保持整个系统的协调运转。

（三）系统活力

系统活力主要表现为成员的积极性和主动性，通常情况下，系统活力主要由成员的素质、系统的文化氛围和领导者的类型等决定。

（四）系统内聚力

系统内聚力即系统的凝聚力，主要是指系统成员间的认同度和信任度，以及每个成员对系统的忠诚度。内聚力的主要影响因素包括成员与系统的一致性（如利益、追求、文化等）、各个成员之间的合作程度以及与系统有关的内外部环境等（如机会和威胁等）。

（五）系统整体性

和谐系统的最终目的是各个子系统协调运转，及时应对外在环境，做出合理预警。实现这一目标必须从整体出发，既需要保持系统自适应性和自组织性，还需要增强系统活力，凝聚系统成员的力量，这样，才能实现最终的目标。

二　和谐管理的应用

和谐管理理论的重点在于发现组织中最关键的任务，通过组织成员对内外部环境的辨识以确定和谐主题。和谐管理理论适用于特定场景的和谐主题的确立以及和谐管理，能够对实践活动指导，具有其特殊的应用价值，具体表现有以下三个方面

（一）采用整体动态视角观察问题

和谐管理理论提供了一种宏观思考、全局整合的方法，将和谐主题的和则与谐则思想及其互动耦合过程应用于组织管理中，利用全局思维来提高组织整体运作效率。[①] 和谐管理理论的核心在于辨识和谐主题，也就是组织的核心任务，核心任务也随着内外部环境的变化而有所不同，因此，和谐主题是动态变化的。这一动态过程不仅依赖组织对环境的灵敏度和判别能力，还和组织自身的规模、类型以及业务领域相关。在实际管理过程中，不同组织遇到相似问题时，常常会因为领导者的能力及组织业务的不同而提炼出不同的中心任务。在民族工作中，不同时期也

---

① 参见席酉民、尚玉钒、井辉等《和谐管理理论及其应用思考》，《管理学报》2009 年第 1 期。

有不同的工作重心，民族关系和谐管理也有不同的和谐主题；运用和谐管理理论能正确认识民族关系和谐主题辨识的动态性，用整体的动态视角思考问题，以便更加高效地解决民族关系问题，做好民族关系和谐性监测预警。

（二）强调组织自组织性与自生成性

和谐管理理论认为，"系统不单由其部分之和组成，还包含各个部分间的联系"，它更强调和则与谐则的耦合，突出各个部分间的复杂联系。针对复杂变化的环境，组织自身也在随之变化和发展，每一次变化都不是简单地拆分重组，而是一种突变，是通过组织内部间的联系"耦合"的过程，进行自组织和自生成，以实现组织的质变。组织的这一特性也为日常实践管理提供了另一视角，即加强组织内部的联系，提高组织系统的开放性，以便更清楚地理解日常管理以指导实践。

（三）运用双规则体系解释复杂的管理现象

和谐管理理论在和谐主题的基础上，采用双规则体系解决相应的问题，运用规范模式，有针对性地分析问题，判断组织是否以主题为中心进行战略布局，结合动态的和则体系和优化的谐则体系来解释复杂的管理问题。这就是和谐管理理论与一般管理理论的不同之处，也是其独特的价值所在。和谐管理理论为我国民族关系管理提供了一套系统规范的问题诊断模式，并通过和则与谐则体系有效地解决问题。

和谐管理理论不单是为组织实现特定的目标而服务，更是提供了系统分析问题，解决系统管理问题的方法和工具。民族关系和谐管理需要有一套系统的、动态的整体架构来对其进行分析，通过和谐管理理论可以更好地理解和认识民族关系和谐管理问题，从而找到问题的解决路径和方法。

三　民族关系和谐管理

民族关系和谐管理具有动态性，在不同地域和时间具有不同的特点。和谐理论的内涵就是要素与要素之间、要素与系统之间、系统与环境之间的统一以及关系的协调、力量的平衡、过程的疏通、争斗的扬弃、性能的优化。将和谐管理的相关理论应用于民族关系和谐的研究与实践中，具有较强的可行性。

首先，和谐管理理论适用于和谐民族关系的创建。从调查对象的角度来说，和谐管理理论是以内外部环境为依托，以和谐主题为中心，研究特定时间和环境条件下各个要素间的互动联系，既包括人的要素（指观念及行为等方面）也包括物的要素（物质资源的投入使用等），分析环境的变化以寻求实现目标的最有利方法。

其次，和谐管理理论以问题为导向，能够找到民族关系在特定时期与特定环境下存在的和谐性问题，有针对性地找到民族关系和谐建设的方向，并采取有针对性的措施加以调整，结合新的形势，找到民族关系新的和谐主题。和谐管理不仅适用于整个宏观系统，还适用于民族关系中的各个子系统，可以实现子系统与宏观整体系统的和谐。

最后，和谐管理强调的是从全局整体的视角出发，通过对所有人和物等资源的优化配置与分工合作，达到系统优化。并要求民族事务管理部门整合相关资源和措施，根据和谐性问题的特征，合理运用这些调控资源和政策工具，有效地促进民族关系和谐性改善和提高。

第三节　民族关系和谐调控机制

和谐管理既强调系统的整体和谐也强调各子系统内部的和谐①，其核心是充分调动各子系统的积极性，以完成核心任务，集中各方力量，实现整体目标。在建设民族关系和谐的调控机制时，一是要确定和谐主题。和谐主题是和谐管理理论的核心概念，它是指智能体②在特定发展情景下，通过对环境的分析来收集相关信息，经过过滤和判断，确定某一特定时期的关键任务和核心主题。关于和谐主题的辨识，关键的是要全面审核和分析系统所面临的环境，尤其是环境的变化趋势。二是需要厘清系统已拥有的包括后备资源在内的各类资源和能力，思考需要提高的能力。三是通过对系统能力的审核，确定未来需要解决的问题。四是基于上述分析确定和谐主题，即核心问题。和谐主题辨识最重要的步骤就是

---

① 参见黄丹、席酉民《和谐管理理论基础：和谐的诠释》，《管理工程学报》2001 年第 3 期。

② 这里说的"智能体"指的是组织中的团队、组织本身以及更大规模的由人组成的有机系统。同时，由人组成的更高层次的有机复杂系统本身也是一个智能体。参见郭士伊、席酉民《和谐管理的智能体行为模型》，《预测》2004 年第 2 期。

环境扫描①，本节将重点描述民族关系和谐的环境分析。五是通过优化、耦合及演化机制，揭示民族关系和谐性调控的作用机理。

一　民族关系和谐主题

随着经济社会的高速发展、对外开放程度的加大及互联网的普及，我国民族关系在各种内外部因素的影响下出现了一些新的变化。在复杂多变环境中，快速有效地应对内外部变化，就成为决定民族关系实现和谐性目标的关键。为了给民族事务管理部门在处理民族关系问题时提供理论及应用借鉴，根据和谐管理理论中的"和谐主题"，提出"民族关系和谐主题"的概念，通过界定辨识主题，构建民族关系和谐的和则与谐则体系，使两者有机耦合，以促进对民族关系的管理创新。

（一）民族关系和谐主题的基本含义和性质

和谐管理理论克服了传统管理理论的局限性，提高了系统应对复杂环境的不确定性的能力。"民族关系和谐主题"是基于和谐管理理论中的和谐主题提出的，是指在特定的环境下，为了维护民族关系的稳定而提炼出的民族工作重心。

党的十六届四中全会以来，中央将社会主义和谐社会的建设提到了现代化建设的全局高度。对于民族关系这一原则的意义，王希恩认为，"和谐"要素的纳入是我党对新时期民族关系的创新和发展。金炳镐等认为，和谐民族关系有利于民族团结与社会稳定。对于我国这样的多民族国家来说，民族关系和谐是社会和谐的重要方面，其核心是政治关系。此外，张银花依据马克思主义民族理论，通过对内蒙古民族发展演化的实地调查研究，提出了民族地区和谐跨越式发展战略对策。

复杂多变的内外部环境是和谐民族关系建设的主要障碍。如何快速响应环境变化并妥善处理民族关系发展中的新问题是民族事务部门首要思考的问题，和谐主题因此就凸显出来。"和谐主题"是指组织系统在某一特定阶段及某一特定背景条件下，领导者根据组织内外部环境和需求所确定的核心问题和任务，以期实现组织的战略目标。② 它是系统特定发

---

① 环境扫描是指"获取关于事件、趋势以及组织与环境关系的信息，这些信息将有助于高层管理者识别、理解战略性的威胁与机会"。参见王琦、席酉民、尚玉钒《和谐管理理论核心：和谐主题的诠释》，《管理评论》2003 年第 9 期。

② 参见王亚刚、席酉民、尚玉钒等《复杂快变环境下的整体性应变工具：和谐主题》，《管理学报》2011 年第 1 期。

展阶段内的工作重心或中心工作议题，是对系统特定时期内所开展工作的中心的陈述，是特定情景下系统发展的要害所在。

和谐管理理论以分析系统的内耗与"人的因素"为基础，基于和谐的概念解释系统的运行机制，尤其是解决不确定性和模糊性所产生的问题，对系统的管理实践具有重大的指导意义。目前，随着和谐管理理论的发展，其在实践中的应用也逐步得到发展，更加注重理论与实践的结合。因此，和谐管理理论不仅要解决实际管理问题，还具备"问题导向"的特质，能系统化且有意义地解决核心问题。

基于和谐管理理论，"民族关系和谐主题"是指在国际国内多变的政治经济形势以及民族关系不同发展阶段的背景下，民族事务主管部门为应对形势发展所提出的民族工作阶段性主题，它的基本性质如下：

（1）整体性。"民族关系和谐主题"是民族事务部门站在全局的角度对民族关系的整体把握，是实现民族关系和谐的参考标准。民族关系和谐性建设的有关事项都应与阶段性和谐主题相吻合，在"和谐主题"的指导下，保持民族关系的整体性。

（2）稳定性。在"和平与发展"的时代背景下，"民族关系和谐主题"具备相当程度的稳定性，它能为国家、区域民族关系的调控提供相应的调控原则和标准。在经济社会发展的不同阶段和不同时期，和谐主题不是一成不变的，根据维护经济社会持续稳定发展的需要，有不同的"民族关系和谐主题"。国家相关政府部门以及民族地区政府，要根据自身所处状态及环境的变化做出适当调整。

（3）情境依赖性。"和谐主题"是根据特定情景和现实环境确定的，环境的变化会使原有民族关系调控主题与新情景下的民族关系状况不相适应，这样，新的"民族关系和谐主题"也就"应景而生"。

（4）主观认知性。"和谐主题"具有主观上的认识性，有助于民族事务管理部门以及学术界对民族关系发展历史、现状以及未来趋势的认知和理解，确定民族关系的工作重点，尤其是各级政府及民族事务相关部门的主观认知。在民族关系发展演化过程中，面临着复杂多变的国际国内局势，管理问题纷繁复杂，要从已经出现的民族问题中提炼、归纳、判断出"和谐民族关系"的核心问题，以及今后民族关系协调处理过程中可能出现的问题。

（5）多样性。不同民族地区在自身内部特征基础上，受到不同内外环境的影响，民族关系和谐有着各自的特征，因此，"民族关系和谐主题"会呈现出多样性的特点，政治结构、经济结构、民族宗教、地理环境、民族文化、民族迁移、民族政策、外部影响等因素都可能成为不同发展阶段、不同区域和不同民族的民族关系和谐调控主题。

（二）民族关系和谐主题应对不确定性的基本思路

民族关系和谐主题思想打破了传统民族工作的局限性，尤其是应对不确定性所带来的民族管理问题，既包括人的不确定性，例如，领导者的能力与思维、参与者的想法与行动等，还包括物的不确定性，再如，各种资源的分配。基于和谐管理理论的相关思想，民族关系和谐性的调控路径包括：对物的要素的优化设计、对人的要素的诱导演化、以民族关系和谐主题为中心进行人物间的动态耦合。[①] 这种动态思维模式和以和谐主题为中心的耦合策略，有利于解决不确定性的民族关系问题。应对环境的不确定性和动态性特征，民族关系和谐主题具有以下五种思路。

1. 愿景导向

愿景是希望未来看到某种情景，也是对未来的一种希冀，具有一定的稳定性。以愿景为导向是民族关系和谐主题在面对不确定性时的一种重要思路。国际环境和国内环境的复杂多变使民族关系和谐面临一定的风险，这种不确定性一方面是由于民族信息多层次传递途径产生的信息失真；另一方面是由于人认知的局限性以及环境的多变性，导致未能全面认识民族关系信息所反馈的当前核心问题，更不能全面辨识影响民族关系和谐的关键要素，无法准确界定民族关系的和谐主题，以适应社会经济环境快速变化对民族事务管理工作提出的新要求。这就凸显了构建社会主义和谐民族关系的愿景和使命的重要性，这种愿景不仅相对稳定，而且为平等、团结、互助的和谐民族关系提供方向指引。

2. 主题思维

主题思维就是在复杂的民族关系变化过程中，明确民族关系和谐的核心所在，以民族工作为重心，集中精力解决核心问题，紧抓重点工作。和谐主题是在分析当前和未来环境的情况下确定的核心任务，并会随着

---

① 参见夏宁《基于和谐管理理论的企业内部控制框架研究》，《理论导刊》2013 年第 7 期。

环境的变迁而有所更新。① 应用和谐主题于民族关系，使民族事务管理者在任何时段都有较清晰的工作重心（和谐主题），并能及时对环境的变化做出反应。因此，在当前不确定性逐渐增强的情况下，和谐主题是民族关系管理的主要方向和工作中心，能有效地减少不确定性带来的危害。

3. 能动应变

能动应变就是充分调动人的积极性来解决复杂环境的不确定性而导致的各类民族问题。民族关系和谐主题不仅打破传统管理中应对不确定性问题的策略，而且承认人的积极性，充分调动人的积极性，发挥人的创造性以应对环境的变化，从而实现管理的相对确定性与动态性。这也是和谐管理理论应用的独特之处。

4. 互动耦合

互动耦合就是在面对各类不确定性事件时，要具体问题具体分析，每一个和谐主题都有与之相对应的策略方法。对于民族关系和谐主题，应选择类似和谐管理理论的和则、谐则及其间的动态耦合以解决不确定性问题。民族关系谐则体系是解决由政治经济等制度导致的民族关系矛盾纠纷，该体系通过理性的制度改进，尽可能实现各民族权益的协调均衡；而民族关系和则体系则是解决族际关系、区域关系所导致的民族问题，主张利用人的不确定性因素来消解互动关系之间产生的矛盾。民族关系谐则是在规章制度的约束下解决民族关系问题，无法对变化的环境及时做出反应；民族关系和则主要采用"人为"因素应对不确定性，其能够"智能化"地应对并解决问题。对于不同阶段、不同类型的民族关系和谐主题，应该选择谐则与和则相匹配，灵活搭配来解决民族关系问题。例如，对于程序性的结构化问题，就可以采取"谐则为主、和则为辅"的耦合机制，而对于与人密切相关的问题，则采取"和则为主、谐则为辅"的耦合机制。

5. 持续演化

持续演化是指和谐主题不是一成不变的，都会随着环境的变化而变化。民族关系和谐主题是在充分分析内外部环境的基础上，在民族事务主管部门、少数民族团体以及领域内专家的综合选择下确定下来的，不

---

① 参见席酉民、张晓军《从不确定性看管理研究逻辑及和谐管理理论的启示》，《管理学报》2010 年第 1 期。

同阶段的和谐主题会不同；同样，双规则体系及其耦合机制也会随之改变，呈现一种动态的螺旋式上升模式①，因此，民族关系和谐性是动态发展、持续演进的。

（三）民族关系和谐主题的辨识

民族关系和谐主题是和谐民族关系建设的目标和中心，它表明民族工作部门在一定时期内的整体行动意向，它为民族关系和谐性调控提供了指导原则或标准，以从整体上把握民族关系的发展。在全球一体化背景下，民族关系各要素以及这些要素之间的关系呈现出高度的复杂性。有效的民族事务管理是选择出最为核心的问题，将主要精力集中于这些问题的识别、提炼、分析与解决。

和谐主题辨识的第一步是环境扫描，对民族关系和谐系统中的物质、文化和社会等环境进行归一分类以判断环境是否与系统的状态相适应。环境对系统具有重大意义，如权变理论认为，一个系统如果能最大化满足不同环境的需求，那么就有较强的适应能力；资源依附理论则强调资源对组织或系统的重要性，尤其是那些以资源为载体的系统，这类系统对外部环境产生强烈的依赖。民族关系和谐管理首先就应该分析民族关系和谐系统所处的环境，系统所处的环境对和谐主题的辨识具有关键作用，辨识的过程应该在了解环境的基础上开展。环境扫描主要是对环境进行分类，分析其中对主题的辨识有关键作用的影响因素。王琦和席酉民等在阐述和谐主题的辨识和漂移时提到环境变量中的宏观社会环境包括政治势态、政府干预、经济周期、自然环境、风俗文化、人口结构、社会舆论、社会责任。②

和谐主题辨识的第二步是和谐系统的特征认识。环境扫描的目的是更好地了解系统内外部环境，促进系统目标的实现。在进行环境扫描的过程中，应该充分了解系统的结构和内在特征，只有与系统相结合的环境扫描，才具有针对性，才能更好地辨识和谐主题。

首先，需要对和谐系统的资源进行分析。资源对于一个系统来说是至关重要的，资源既包括有形资源也包括无形资源，资源是系统所有活

---

① 参见席酉民《"和谐管理理论"决胜未来》，《人民论坛》2011 年第 17 期。

② 参见王琦、席酉民、尚玉钒《和谐管理理论核心：和谐主题的诠释》，《管理评论》2003 年第 9 期。

动的物质基础，无形资源对于某些组织来说可能就是形成优势的关键。另外，资源的整合也很关键，拥有多少资源是系统能力的表现和象征，但是，通过何种方式将资源放在适合的位置，让其发挥最大影响力，为系统带来最大的效益才是最终目标，这对系统领导者的观察、判断以及决策能力要求较高，是实践经验积累的结果。这里所说的系统资源，不同于第一步中的环境扫描。系统内部资源是衡量和反映组织为协调民族关系提供的各种支持能力，它强调可用于协调民族关系和谐活动开展和运行的系统内部资源，而不是泛指所有的系统资源，了解和掌握系统内部资源能够合理地确定民族关系和谐主题。

其次，需要对和谐系统的惯性进行分析。系统惯性也称为系统的黏稠性，是指系统本身所固有的状态体现在系统结构和文化上，不会随环境的变化而有所变动，具有一定的稳定性。系统结构是在系统规模和活动范围不断提高的基础上形成的，具有系统自身的特殊性，因此，系统成员都会按照一定的流程活动，从而形成系统结构惯性。系统文化是组织所传达的一种工作理念、价值观以及思维模式，系统的文化氛围越好，系统成员对文化的认同感越强，系统惯性就越大。需要采用辩证思维来看待系统惯性对和谐主题的影响：一方面，系统惯性形成的强黏稠性，使系统成员的联系更为紧密，系统结构更加稳定，当内外部环境发生变化时，系统能够快速响应，提高系统对外界环境变化的响应效率，巩固系统的稳定性；另一方面，系统惯性也起阻碍作用，当系统面临新情况、新任务时，系统成员仍采用原有的思维模式和活动流程处理问题，这时可能会产生不协调问题，即无法快速掌握新任务的主题，也无法提供合适的战略指导，不利于系统的和谐。在民族工作中也存在类似情况，由于文化的积淀和历史的影响，形成独特的民族工作惯性，为了将阻碍转化为促进力量，需要分析民族工作惯性来趋利避害，以促进民族关系的和谐发展。

最后，领导者的引入。系统领导者是主题辨识的关键角色，是对系统的未来发展趋势有重大决定意义的人或部门，而主题辨识的准确与否取决于领导者的决策判断能力和认知水平，拥有不同认识能力的领导者所确定的主题也会有所区别。领导者只有对内外部信息进行整合归类，才能准确地把握系统的现状，提出适宜的和谐主题。基于上述分析，民族关系和谐主题的辨识模型中应当有环境、系统和领导①这三个必不可少的要素，民族关系和谐主题的概念模型②如图 3 - 2 所示。

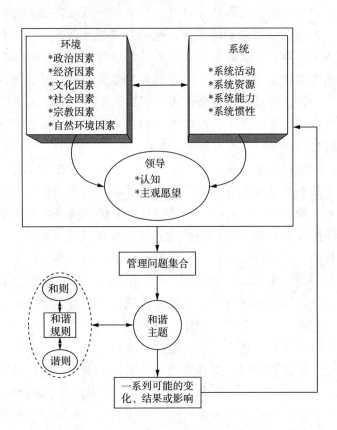

图 3 - 2　民族关系和谐主题的概念模型

图 3 - 2 表明，人们对事物的认知是一个间接过程，是在信息传递、吸收和理解的基础上形成的，这也是认知心理学的一个基本原理。③ 因此，民族关系和谐主题的辨识也是基于客观信息的一种主观认识，是客

①　领导是和谐管理理论中的概念，是对组织系统的未来发展有重大影响的人或部门，在民族关系和谐性主题辨识中，领导者特指像政府民族管理部门等具有公信力与影响的部门。

②　参见王琦、席酉民、尚玉钒《和谐管理理论核心：和谐主题的诠释》，《管理评论》2003 年第 9 期。原图是基于和谐主题辨识的概念模型，本书对其进行修改用于对民族关系和谐主题辨识的概念模型。

③　参见叶浩生《具身认知：认知心理学的新取向》，《心理科学进展》2010 年第 5 期。

观信息和主观理解分析的结合，主观分析会因为领导者的能力、偏好、经验、价值观和目标等特征的不同而有所区别。领导者的作用主要体现在两个方面：一是领导者独特思维能力，包括常规和非常规方式，非常规方式的思维能力也能带来不同的体验和想法，能促使领导者进行更深层次的思考；二是领导者独到的远见和愿望，为组织的发展提供了方向，也为和谐主题的辨识提供指导。我国民族关系和谐主题的辨识也是基于这三大要素，深刻分析当前状态下的民族关系，加强民族间的沟通合作，坚持平等、团结、互助、和谐的社会主义民族关系，为我国民族关系和谐主题的辨识提供方向。

二　民族关系和谐的环境分析

民族关系和谐管理与调控的一个关键步骤就是分析民族关系所处的内外部环境。我国历史悠久，各民族都形成了独特的文化和生活习俗。少数民族人口少而分布广，各省份都有少数民族人口，历史上人口迁移的流动使汉族与少数民族交错居住，形成今天的"大杂居、小聚居"的局面。广西、贵州、四川、湖南、湖北、云南等省份都有很多少数民族，拥有少数民族最多的省份是云南省，一共有 25 个民族。本章从政治、经济、文化、社会、宗教和自然六个方面进行全方位的环境分析。

（一）政治因素

政治因素是民族关系和谐的一个重要方面，充分保障少数民族的政治权利是民族关系和谐发展的重要条件。少数民族人大代表在全国人民代表大会中的比例逐年提高，并越来越受到全国人民的关注。平等地为少数民族群众提供机会，充分保障其参与国家管理的权利，这不仅能够激发少数民族参与国家管理的热情，还可以使政府直接倾听少数民族的想法，为其谋利益、促发展，从而形成全民族共同参政议政的民主氛围，巩固国家政治稳定。另外，改革开放以来市场经济的发展所带来的新变化也使少数民族的政治关系发生了变化，分化成多种利益群体，少数民族群体中不仅有工人、农民还有知识分子、个体商户、私营企业主、党政干部、宗教职业者等，经济越发展，这种分化程度越显著。在各个利益群体形成过程中，人们的群体意识逐步确立，并发展为在追逐利益过程中的理念支撑，通过一定的方式来实现自身利益。各个利益群体的根本利益是相同的，但是，这种相同性是在有差异的要求基础上形成的，并以此构成某种界限。不同群体政治要求不同，能够支配的政治资源也不同，各个利益群体与政治体系之间以及各群体相互之间构成各具特色的政治关系，使少数民族内部的群体政治关系趋于多样化和复杂化。

在分析少数民族政治关系时，宗教团体也起到了一定的作用。它们只有在特殊条件下，才能成为政治团体。大多数少数民族都有自己的宗教信仰，甚至有的人将其奉为行为准则，这就导致某些宗教组织容易操纵少数民族群众，通过进行一些非法行动，打乱民族地区秩序，威胁民族地区安全，例如，暴力行为、非法集会等行为，实际上形成了一种以宗教团体为主体的政治关系。

（二）经济因素

发展少数民族地区的经济不仅是我国社会主义性质决定的，也是新型民族关系的重要体现，更是实现民族共同繁荣，构建和谐社会的必然要求。我国民族地区幅员辽阔，但其经济发展水平较低，与东部发达地区相差较大。虽然国家一直都在加大扶持力度，但很多民族地区仍没有脱贫，处于落后状态。这种差距和落后的现状是由很多原因造成的，比如教育落后、科技水平低、自然环境恶劣等，无论是自然条件的差距还是后天投入不足都严重制约经济发展，这主要体现在以下几个方面。①

首先，少数民族地区生态环境脆弱，发展动力不足。我国少数民族聚居区虽然占国土面积的64.5%，但是，大多位于西北和西南地区，都是一些极寒、高原或者特殊地貌区域，有些区域甚至不适合人类居住，更别说发展经济。由于地理环境的恶劣，很多少数民族地区交通不便，形成一种"外面进不去，里面出不来"的局面，特别是少数民族地区的优质资源与外界的新技术、新思想、新理念等都无法共享。另外，由于脆弱的生态环境，随时可能发生的地质灾害影响了当地居民的正常生产生活，更严重的是还会威胁人们的生命安全。复杂恶劣的自然环境严重阻碍了民族地区的发展。

其次，少数民族思想观念落后。少数民族地区都有各自的宗教信仰，并且人们对宗教信仰的忠诚度很高。当某一项经济发展计划与他们的宗教利益发生冲突时，他们会偏向于舍弃经济发展，忠诚地维护宗教的利益。在思想观念方面，由于少数民族地区常年处于闭塞的状态，除了一些热门旅游景点，很多地区很少有外人进入；也因为交通不便，当地居

---

① 参见龙彬《少数民族地区经济发展探讨》，《现代商贸工业》2009年第23期。

民也很少走出自身的舒适区。因此，少数民族地区的居民大都思想保守陈旧、安于现状且根深蒂固，不愿接受新事物。

最后，教育水平落后，人才不足。少数民族地区教育资源有限、师资力量不足、学校基础设施不完善等原因都造成了少数民族地区的教育水平低于其他地区；西藏、云南、广西这三个少数民族聚居最多的区域文盲率远远高于我国文盲率的平均水平，其中，大部分人还处于初中文化水平，极少部分人接受过高等教育。在这样的现实状况下，少数民族地区人才供应严重不足，而经济发展的关键就是人才，因此，少数民族地区经济的发展受到人才教育的"瓶颈"限制。

（三）文化因素

我国少数民族主要集中在西南、西北地区。第五次全国人口普查资料显示，西藏、新疆、广西、云南、内蒙古 5 个地区的少数民族比例分别是 94.07%、59.39%、38.34%、33.41%、20.76%。[①] 而不同民族的生活习惯、风俗理念、民族情感等方面存在巨大的差异，导致民族间的文化背景和心理状态存在差异，若处理不好，很可能会影响民族地区的稳定与和谐。这意味着在民族地区，社会和谐已经不再局限于追求经济利益，而应该保持物质领域与精神领域的平衡。在民族交往中，常常会因为民族间的相互认同感不强，或对某些风俗习惯处理不当，使民族关系紧张。

（四）社会因素

民族问题也是社会问题，由于其需要体现民族的特性而具备一般社会问题所没有的特殊性。以少年犯罪率为例，如果某一地区的少年犯罪率在一定时期内持续增加，这属于社会问题；但若这是因为少数民族的贫困和失学引发的，那么这就是一个民族社会问题。广义上的民族社会问题是指一切发生在民族地区的社会问题，无论这类问题在整个社会是否普遍存在；而狭义上的民族社会问题则强调问题本身的特殊性，这类问题在社会上普遍存在，但是，在民族地区则更为特殊和重要，人们对其重视程度及其对民族地区的影响力都比非民族地区更明显。

社会因素分析可以从社会保障、人口等方面进行说明。尽管我国少

---

① 国家统计局：《第五次人口普查数据》，国家统计局网站，2000 年，http：//www. stats. gov. cn/tjsj/ndsj/renkoupucha/2000pucha/pucha. htm。

数民族的社会保障已经取得进步，但和经济发达地区相比仍存在较大差距，主要存在以下原因：①社会保障体系不完善，运作模式不规范。我国社会保障的内容广泛，涵盖范围大，包括社会救济、社会保险、社会福利等。但是，少数民族地区的社会保障主要集中在救济方面，其他方面的投入较少且未形成完善的运作模式。②管理体系不规范，缺乏统一标准。尤其是行政管理方面多头领导，各个体系之间较分散，联系不紧密，具体保障政策不到位，执行无统一标准流程；而且少数民族地区的管理人员的办事水平、服务态度等都存在很大问题，服务管理体系不健全。③相应法律法规缺乏针对性，落实不到位。当前和社会保障体系相关的法规大都针对全国人民颁布的，而对于少数民族尤其是农村地区来说，其特殊的实际情况导致法规无法落实，并且少数民族地区法治化程度低，人们的法律意识淡薄，也不利于社会保障制度的推行。④资金投入不足。一般情况下，少数民族地区经济落后，仅凭政府补贴不能满足当地居民的社会保障需求。

（五）宗教因素

我国有 55 个少数民族，大部分民族都有自己的宗教信仰。宗教问题牵动着千万少数民族群众，直接关系着民族地区和社会整体的稳定，同时，也与民族关系和谐存在密切联系。深入了解民族宗教情况，在充分尊重宗教的基础上，妥善处理宗教问题，有助于民族关系和谐、保持国家持久稳定和发展，有利于团结各族人民、巩固国家统一、促进全民族的共同繁荣和进步。

少数民族的宗教信仰是历史的传承，是在生产生活中逐渐形成的，已经和当地的风俗习惯紧密相连，具有较强的稳定性。少数民族宗教问题大都与民族政治与经济交织，若处理不好，很容易产生一系列社会问题；在一些宗教信仰较强的少数民族中，宗教问题对少数民族的影响已涉及方方面面，包括日常生活和工作内容，也包括物质方面和精神层面，因此，少数民族的宗教信仰具有较强的敏感性特点。另外，我国在新时期取得了巨大的进步，综合国力和国际影响力也逐步提升。在我国渐渐崛起的过程中，国际上的其他政治集团不断制造各种舆论，营造紧张的国际氛围，企图遏制我国的发展；尤其是利用民族宗教问题在我国引起混乱，制造民族矛盾，以此破坏我国的民族和谐。正确认识和处理民族宗教关系，不仅有利于少数民族地区的稳定和发展，还有利于缩小少数民族地区和发达地区的差距。

（六）自然因素

环境是影响民族关系的重要因素。我国少数民族大多聚集生活在西部地区或边疆地区，地质地貌比较复杂，由于其特殊的气候和地理环境，自然灾害多、频率高；而且这类地区居民整体生活水平较低，防灾意识弱，一旦发生灾害，就会给他们的生产生活带来极大的损失，甚至威胁到他们的生命安全。近年来，洪涝、泥石流、山体滑坡灾害呈上升趋势，地震灾害隐患十分严峻。云南省是我国少数民族最多的省份，位于印度板块和欧亚板块碰撞带的东边，地壳运动剧烈，有研究表明，云南省约有84%的区域遭受地震破坏，地震相当频繁，从而会引发更多的自然灾害，严重威胁人民的生产生活，加上人口急剧增长带来的生存压力，云南已经成为全国自然灾害和地质灾害最频繁、种类最繁多、程度最高、危害最严重的地区之一，民间曾有"灾害年年有，无灾不成年"之说。①

除了自然因素，人为因素也使民族地区的自然环境更加恶劣。少数民族地区大部分都处于边远地区，交通不利、生活不便，但拥有丰富的自然资源，包括天然的草场、森林、水源、矿产资源，珍稀的动植物以及天然的旅游资源等。这些都是大自然的赠予，理应受到全人类的保护和合理使用，但少数民族地区长期游牧生活和粗放型发展模式，造成各种资源极大的浪费，对当地的生态环境也造成严重的破坏。这种以牺牲自然环境为代价来换取经济发展的模式只能在短期看到效益，长远来看，子孙后代的自然环境被破坏、自然资源锐减，无法实现经济的可持续发展。少数民族地区资源浪费严重的关键在于资源利用率低，这是由于复杂的地质结构、恶劣的天气条件以及有限的技术导致开采难度大，浪费严重；另外，东部经济发达地区的人民渐渐认识到环境和资源的重要性，逐步将一些高耗能、高污染的产业转移到少数民族地区；虽然这种做法在某种程度上能够带动当地就业，但对于少数民族地区的资源和环境而言，却是极大的破坏。丰富的自然资源是少数民族发展的强大支撑，也是全国经济发展的资源库，需要加快转变民族地区经济增长模式，提高资源开采技术水平，减少资源浪费和环境破坏，充分利用自然资源的优势带动少数民族地区经济的发展，坚持走可持续发展道路，实现经济和环境的共同发展。

---

① 参见杨云红《云南贫困山区突发事件的应急管理》，《中共云南省委党校学报》2009 年第 1 期。

三　民族关系和谐调控的机理

在民族关系和谐性调控机制作用过程中，和谐则体系主要处理那些具体的、可物化的问题，和则体系主要处理不可物化的问题，两者分工明确，共同收敛于和谐主题，以促进整个体系内部逐渐趋于和谐。另外，也可促进整个体系与外部环境达成和谐。如果逐渐趋于和谐的状态被破坏或者阻碍，那么该体系就会产生和谐主题"漂移"现象。

（一）民族关系调控的特征

民族关系和谐调控就是针对发展过程中的不和谐因素和问题进行调控，利用各种手段，促进民族关系向和谐方向发展。针对民族关系和谐调控的特殊性，研究认为，民族关系和谐调控具有以下特征。

（1）目标具体且有针对性。民族关系和谐调控的明确目标就是促进民族关系和谐。在民族关系调控过程中，不仅需要保证民族工作的正常开展，使民族关系朝着和谐的方向发展，还需要"控制"和"掌控"；尤其需要关注民族关系的状态，若出现危机或风险的态势，则需要采取措施进行预警调控以消解风险。

（2）手段多样化。为了实现对民族关系和谐的调控，需要采用一定的方法和手段，目前的主要手段包括法律、政策、制度、舆论宣传及社会引导五个方面，必要时可以采用多种手段进行组合以完成最终的调控。

（3）主体多元化。随着民族关系和谐的内涵更加丰富深刻，涉及更多利益团体，民族关系和谐调控的主体也逐步向多元化的方向发展，不再是传统的党政机关这个唯一主体。包括企业组织、个人、群体等各种社会团体，只要能够促进民族关系和谐都应纳入民族关系和谐调控的主体中，形成多元化、多层次的主体结构。

（4）实践性。民族关系和谐调控不仅需要充足的理论支撑，还需要以实践为载体实现最终目标。通过分析民族关系影响因素、各利益团体之间的关系等来了解民族关系和谐调控的对象，有针对性地对具体的情况开展各类实践活动，既有传统实践活动中优秀部分，也有新时期、新阶段实践活动的创新，从而促进民族关系和谐目标的实现。

（二）民族关系调控的过程

对于和谐民族关系的构建，主要受到内外部等多方面因素的影响。因此，需要及时了解能够影响民族关系的各种内外部环境的变化，并运用和则与谐则两种体系，分析民族关系的发展趋势，及时对各项政策及措施做出有针对性的调整，这样，才能形成一种动态和谐的民族关系，促进民族关系健康和谐发展。民族关系和谐调控机制可分为优化、控制、耦合和演化四个步骤。①

（1）在优化机制中，主要通过各种工具对社会资源进行优化配置，以保证少数民族地区居民和非少数民族地区居民共同享受社会资源，这不仅是社会公平正义的体现，也是民族关系和谐的基础。这里的社会资源不仅包含物质资源，也包括政策和制度上的一些政治资源。在政治方面，主要保证各民族有权平等地参与各项活动，保证少数民族的参与权和发言权；在经济方面，切实保证少数民族的经济利益，真正做到少数民族地区的利益分配均衡，社会各项福利政策完善；在文化方面，要充分尊重少数民族特有的文化传统，发扬民族文化中的精髓以促进精神文明建设；在生态建设方面，加强少数民族地区的环保意识，加大资金和技术的投入，保护生态环境。

（2）控制机制的主要目的是消除民族和谐中的不确定性，把握民族关系调控的进程和发展方向。在现代化快速发展和人们的物质文明取得极大进步的今天，精神文明和政治文明也应该获得更大的发展。政府主导的政治文明建设是构建和谐民族关系的主体，只有政府发挥总揽全局、协调各方利益的主导作用，以政治文明为保障，以物质文明为基础，以精神文明为理念支撑，才有助于构建和谐的民族关系，真正做到控制全局，强化民族地区的各项建设。

（3）耦合机制主要针对特定民族问题进行各种社会资源要素的整合，在这一体系中，既要发挥和则机制的柔性管理作用，即追求一种和谐的氛围，也要发挥谐则机制的刚性管理作用，即在科学体系下的一种运作模式和规则。耦合机制强调和则与谐则两种机制相互协调、相互补充，以最终达到和谐的状态。

（4）在演化机制中，需要把握好和谐主题，实现民族关系与内部环境、外部环境相适应，实现民族关系和谐发展与可持续发展。在民族关系和谐的演化过程中，要对客观情况进行分析，采取合适的调控措施最终实现政治、经济、文化、社会、宗教以及生态的和谐。

---

① 参见淮建军、席酉民《从和谐管理理论到和谐社会的机制分析》，《西安交通大学学报》（社会科学版）2006 年第 6 期。

第四节　民族关系和谐影响因素体系

民族关系是在民族发展过程中的相互接触、融合和作用的关系总和，是属于社会关系中的一类。民族和谐受多种宏观因素的制约与影响，如国家、社会、自然、国际等。在特定的历史条件下，这些基本因素的共同作用使各民族的关系存在差别，有明显的历史局限性，应该关注具体的因素以研究影响某一特定社会民族和谐的因素。当前，社会环境与国情状况因素深刻影响着国家的和谐发展状态，并由此产生影响国家与民族关系发展的一些具体因素。我们将从经济、政治、社会、文化、宗教、心理等方面来讨论影响民族关系的主要因素，为民族关系监测与事前预警奠定基础。

民族关系的主要构成途径和形式是民族交往。民族交往是各民族生存与发展的基本方式，包括各民族之间的接触、交流和来往以及民族联系中的互动和民族关系的整合过程。这种具有民族性的社会交往必定会被许多因素所影响，通常包括社会矛盾、民族本身、社会环境、自然环境、政治、经济、文化、意识、人口和语言等因素。总体来看，民族交往包括民族自身结构和社会环境两方面的影响因素。

民族结构方面包括民族的政治、经济、宗教与文化素质结构等内容，经济结构在一定程度上影响着民族经济交往，甚至可能改变民族交往的具体内容。社会环境包括社会阶级、社会阶层构成及社会关系、国家政权性质、社会政治和法律制度及其建设、政策环境以及宗教信仰等方面的状况。民族交往被社会政治和法律制度的因素所束缚，宗教情况也对民族交往产生影响。另外，各民族交往成效的好坏取决于文化素质的高低，两者基本呈正相关关系。当民族间文化素质差距较大时，民族文化交往的动机、愿望和要求差距就较大；当民族间文化素质水平越相近时，民族文化交往的可行性就越大，成效就越好。此外，影响民族交往的因素还包括民族歧视、民族自我中心主义及民族社会意识等。

在对某行政区域的民族关系进行和谐性分析时，不应割裂该地区的社会发展与民族交往史，应从早期的民族关系发展历史来分析。由于民族交往的主要影响因素，使民族关系受到太多因素的影响，包括内外部环境、政治、经济、文化、宗教、人口等各种因素的影响。民族关系是随时间变化而动态演变的。在民族关系的演化中并非只受到一个因素的决定性影响，而是受到来自内部与外部更广泛的多种因素的影响。这其中有直接因素也有间接因素，有表面因素也有深层次的隐藏因素。在民族关系变化剧烈时，存在一个激化矛盾的主要因素，同时还伴随一些事件导致民族关系成为主要矛盾而引起社会关注。

　　根据当前我国民族关系的特征和相关的文献资料，把民族关系和谐性影响因素分为静态影响因素和动态影响因素两个方面。包括民族宗教、民族素质、地理环境、民族文化及历史、政治结构等具有静态特点的静态因素，这些因素在宏观上具有相对稳定性；如经济结构、外部影响、民族迁移、民族政策、突发事件等属于动态因素，这类因素是容易进行调控的若干微观因素，具备一定的动态性。我国民族关系和谐性影响因素静动态框架体系具体如图 3 – 3 所示。

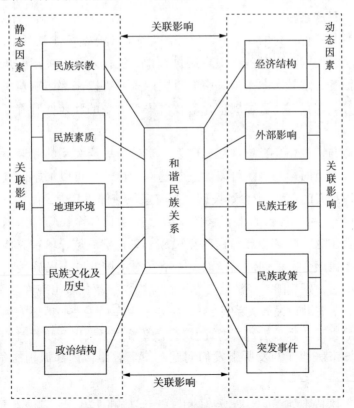

图 3 – 3　我国民族关系和谐性影响因素静动态框架体系

第五节　民族关系和谐静态影响因素

影响民族关系的静态因素内容广泛，其中民族宗教因素影响民族和睦和民族冲突，成为民族地区阻碍民族群体认同的主要因素。地理因素体现在民族地区的自然环境对民族关系的影响。民族心理及民族意识有正面和负面之分，是对本民族与其他民族的认识及意识，也包含对其他民族的偏见或歧视。民族文化是指各族群在文化、语言、习俗习惯等方面的差异，包括在族群间是否存在语言不通、生活习俗不同、价值观念不同、行为规范不同等现象。历史因素是指民族地区各民族间的交往历史及历史遗留问题等。政治结构因素主要是指民族地区的社会及政治体制等方面问题。

一　民族宗教

宗教是一种神化的社会意识形态，即人们对于现实生活的虚幻反映。中国社会各民族在漫长的历史发展进程中，彼此之间的关系经历了复杂曲折的演变，宗教问题作为其中的重要因素一直以来都影响着民族关系的和谐性。在我国社会发展中，宗教对民族关系的和谐性有着复杂且重要的影响。

民族与宗教相互影响且互相联系。宗教对民族关系的和谐发展可以起到正面或负面影响，既可以促进其趋向和谐，也可以加剧民族关系恶化。我国拥有的 50 多个少数民族，都有宗教信仰，其中云南、广西、贵州有 30 个民族有自己的土著宗教，20 个少数民族全民信仰宗教，如回族、维吾尔族、哈萨克族、柯尔克民族、乌孜别克族、塔吉克族、塔尔族等少数民族全民信仰伊斯兰教。王洁在对沈阳的城市民族关系的影响因素分析后，发现随着经济社会发展，沈阳市宗教领域出现许多新情况、新问题影响着城市民族关系发展①，主要表现在：①一些地区人为助长宗教热，热衷于"宗教搭台，经济唱戏"；②落实宗教房产政策时的遗留问题以及城市房地产开发所引发的问题，使宗教团体内部派别纷争不断，

---

① 参见王洁《试论城市民族关系的影响因素——以沈阳市为例》，《黑龙江民族丛刊》2004 年第 2 期。

从而引发宗教上层经济利益的冲突；③境外宗教势力借机渗透；④基层宗教工作力量不足。宗教信仰会使各民族的风俗习惯、素质文化以及价值观念呈现不同，为避免引起不必要的误会而影响民族团结，必须要准确地运用适当的方法与平等的态度处理民族关系。

截至目前，我国已出现许多由宗教引起的民族问题，进一步说明其对民族和谐发展有很大的影响。例如，成都市是邻近西藏少数民族散杂居的重要城市地区，周边紧邻着全国第二大藏族聚居区、最大的彝族聚居区和唯一的羌族聚居区，当地有少数民族常住人口12.69万。成都还是道教的发源地，佛教、伊斯兰教、天主教和基督教齐全，是全国宗教工作重点城市，宗教传播历史悠久。目前，成都拥有295处宗教活动场所及多个全市性宗教团体①，在这种宗教氛围浓厚的环境中，民族关系的和谐性势必受到宗教因素的深远影响。

二 民族素质

金炳镐编著的《民族理论基础教学大纲》提出"民族素质"②一词，主要从文化、思想、心理和身体四个方面界定其具体内涵。其中，文化素质具有基础性的作用，不仅直接决定其他素质水平的高低，也是国家整体素质水平高低的重要衡量依据。同时，文化素质水平在某种程度上还影响本民族成员与其他民族的交往态度、方式、状况和程度。文化素质高的民族接受和利用新事物的能力比其他民族更强，在日常交往中呈现一种优势状态，更有利于该民族的进一步发展；相反，对于那些文化素质偏低的民族而言，在交往过程中，尽管有国家优惠政策的保护，但仍处于一种劣势地位，必然影响民族关系的和谐发展。

人们的物质文化生活在民族成员的精神状态方面的表现和结果就是民族心理素质，这种素质的长期积累即可形成民族特征。一般而言，若一个民族具有良好的民族心理素质，那么他就能够虚心地向其他民族学习，客观地评价自己和其他民族，能够平等地看待其他民族，从而构建融洽的民族关系。而民族心理素质欠佳的民族往往狂妄自大，欺压或排

---

① 参见成都市民族宗教事务局《民族宗教工作年鉴》（2016），成都市民族宗教事务局网站，2017年3月22日，http：//www.cdmzzj.gov.cn/htm/detail_14516.html。

② 《辞海》把"素质"解释为："人或事物在某些方面的本来特点和原有基础。在心理学上，指人先天的解剖生理特点，主要是感觉器官和神经系统方面的特点。是人的心理发展的生理条件，但不能决定人的心理内容和发展水平。"

斥其他民族，或者自卑，有较差的进取心。我国56个民族都具有较好的民族心理素质，全民族团结一心，在党和国家的民族政策保证下，为实现中华民族伟大复兴中国梦而奋斗。

当民族素质达到较高水平时，该民族才能真正享有国家的民族平等政策，才有利于抓住适合本民族的发展机遇，使各民族在经济社会层面得到充分的发展，从而为平等民族关系的实现奠定现实基础。良好的民族综合素质对处理民族之间的利益关系与矛盾纠纷也有着正面作用。总之，民族素质的提高有利于民族平等关系的形成，民族综合素质是民族关系协调发展的保证。

三 地理环境

地理环境是指各民族生存所处的区域条件及各种自然资源，各民族所处地区的环境因素对于其与其他民族和谐发展具有较大的影响。地理环境因素一般是通过自然环境及其要素对民族关系起影响作用，包括自然地理环境、自然资源、居住格局、气候情况等。首先，地域是民族间交往的关键因素；其次，良好的地理环境为不同民族交往提供了便利；最后，各民族之间的利益关系是由地域环境形成的自然资源稀缺性差别所引起的。因此，自然环境的差异直接作用于民族关系，它在某种意义上决定着民族关系和谐性的程度。自然环境就是围绕人类生存的自然界物质基础，各民族所处的自然环境差异会通过其身体素质、孕育后代、思考方式和语言形成直接表现出来，甚至使各民族在社会环境的政治、经济和文化等活动呈现出差异。由此可以得出，自然环境和社会环境是民族与民族之间沟通和来往的物质和精神基础，若环境发生改变，各民族在很多活动层面上的交往方式或内容就会随之发生改变。

四 民族文化及历史

一个民族在历史发展的长河里表现出来的生产和生活方式、意识和思维方式，以及由此创造出来的精神财富与物质财富的总和称为民族文化。在我国56个民族中，传统文化的背景差异很大，在传统文化的表现形式、方法上都存在差异，这对民族关系的影响复杂且难以控制和协调。有学者认为，种族类型反映出更强的社会文化因素而非身体素质方面，应当把种族视为一个文化概念而非生物概念。民族的表现形式是文化，文化又被民族所承载。每个民族都有自己的文化，而民族特有的文化又是在交流中逐渐形成的。因此，通过文化交流可以使民族的意识观念等被其他民族所理解，并产生信任、认同和合作等行为。从这个角度看，民族关系是对跨民族的文化认同，包含对彼此文化的包容与接纳。在民族地区长期发展过程中，由于多民族文化间相互交流、影响和渗透，使各民族文化间存在部分共同文化。另外，由于民族独特的文化传统、宗教信仰等，各民族依然具有较强的本民族的文化认同。民族文化包含民族传统习俗、宗教信仰、生活习惯等，如此繁多的民族文化差异经常会引发民族交往问题，这也是民族交往中不和谐状态的重要表现形式。衡量民族文化传统的差异程度，可以从民族文化中的哲学、意识形态部分的差异程度入手，哲学意识形态差异程度越大的民族，在民族交往中会产生障碍、造成摩擦的可能性也越大。

汉文化中发达的物质和精神文明会对不发达的民族地区及少数民族产生较大的影响。当前，少数民族在接受汉文化方面具有有利条件，少数民族容易理解汉文化，而汉族却缺少对少数民族文化的理解，这种单方面倾斜的民族交往会使民族间交往难以长期延续下去。因此，需要从民族文化的根源着手，针对民族文化差异，加深跨民族交流的深度、强度及广度，以解决民族交往不畅导致的民族关系紧张问题。

民族关系是一种具有继承性和延续性的人类共同体关系，具有历史性与延续性。我国要接受历史上民族关系发展长期以来形成的基本格局，并继承历史所引导的民族关系走向，以新的角度和新思维来指导和维持新生的民族关系，从而产生新型和谐性民族关系。民族内部长期的共同生活方式逐渐抽象出一种固定的精神层面的东西，这就是每个民族特有的民族文化。民族文化是一个民族所特有的精神食粮，它具有地域属性，生活在不同地域的同种民族之间的支系都会产生民族文化差异，民族成员对本民族文化的高度认同，可以显著区分其他民族的精神载体。民族关系中民族文化更接近的民族更容易进行交往、沟通、认同，而文化特征相差较大的民族，在交往时发生冲突、摩擦和矛盾的可能性就较大。民族文化差异导致的民族冲突势必会影响到各民族在民族关系中的地位，因此，民族文化是影响民族关系发展的重要精神因素。

五　政治结构

政治结构因素是指一个国家政府的组织结构和管理体制，特别是少数民族群体在政治体制中的权利与义务，我国《宪法》《民族区域自治法》《城市工作条例》都对少数民族的基本权利做出了具体规定。但在当前的城市化进程中，尽管当地政府贯彻落实着党和国家相关民族政策，保证少数民族群众平等享有公民权利，参与国家事务的管理与民族自治地方事务管理的权利；但目前城市中汉民族人数居多，少数民族仍处于弱势地位。在民族地区，《民族区域自治法》的基本原则和精神得不到贯彻，民族权利难以得到保障，主要在于民族区域自治制度实践时地方民族自治地区相应配套的法律法规不齐全。在当前民族意识不断增强的情况下，如果不能保障少数民族的合法权益，就会影响到少数民族对国家政治制度的认同，助长少数民族偏激的自我民族意识，进而激化民族矛盾。如果政府长期忽视少数民族的正当权益，少数民族群众很容易产生民族不平等感和民族自卑，并导致更为复杂的问题。目前，我国政府正从政治上和配套法律法规上来保证少数民族群体的合法权利，以凝聚各民族智慧，解决核心的民族工作问题，从而实现和谐的社会主义民族关系。

第六节　民族关系和谐动态影响因素

民族关系和谐的动态因素主要是指短期、容易变化的因素，主要包含经济结构、民族迁移、民族政策、外部影响等动态因素。经济结构因素主要是指各民族的经济分工以及在资源分配中所处的经济地位。民族迁移主要是指少数民族人口的流动迁居，少数民族人口迁移已经成为民族关系的重要影响因素，尤其是对于城市民族关系。民族政策涉及各民族的法律地位和基本公民权利，直接影响到民族关系的和谐与否。外部势力包括外国反华势力及外国宗教势力等，这些敌对势力愈加成为影响我国民族关系和谐性的重要因素。民族关系具有广泛的范畴，一些包含综合性因素的突发事件会强烈刺痛民族感情，激化民族矛盾，严重破坏和谐的民族关系；这其中看起来存在"偶然性"，但实质上包含着多种动态因素和各种力量的共同作用。

一　经济结构

马克思认为："各民族之间的相互关系取决于每一个民族的生产力、分工和内部交往的发展程度。"[1] 这句话充分说明经济结构对和谐民族关

---

[1] 《马克思恩格斯选集》第一卷，人民出版社1972年版，第25页。

系发展的重要意义。民族生产力的分工和协作，体现在以经济结构为主要代表的民族内部结构，当然还包括其他因素。民族发展层次与均衡程度的重要指标之一就是经济结构，民族的经济结构指标越合理，一般表明其在民族交往过程中处于优势地位。在我国，汉族长期在民族交往史上处于主导地位，这是因为，汉族长期以来拥有先进生产力及较合理的经济结构。在当前全球国家关系中，西方发达国家长期处于强势地位，就是凭借其良好的经济实力对发展中国家的政治、经济、文化领域的全方位支配。现实中，经济落后民族难以与其他经济发达民族真正建立平等、团结、互助与和谐的关系，我国目前在加快民族地区的经济发展就是为了解决民族地区经济结构上的落后。

例如，四川的邛崃市油榨乡直台村和南宝乡木梯村是"5·12"地震后，阿坝州羌族移民的集中安置点，两村现有 179 户共 689 人，均为羌族。政府通过建立羌文化基地并发展当地旅游，带动羌族移民的经济发展。并上报推荐油榨乡直台村为全省民族团结进步的重点示范村，不仅提供专项资助、改善集中安置点特色旅游的基础设施，还组织开办羌文化讲座、邀请民族艺术专家帮助组建和创建邛羌艺术队、支持羌文化讲习所开展羌笛传承人等活动。这些做法，不但带动了当地少数民族村落的经济发展，更使地震后迁居出来的阿坝州羌族群众深切感受到党和政府的关心，感受到了成都市多民族大家庭的温暖。

"一定时代的民族经济结构，是该时代民族的政治结构、文化结构、意识结构的历史基础。民族经济结构是对民族结构有着决定性意义的因素。"① 因此，经济结构因素可直接影响到民族关系，也可作用于其他因素从而对民族关系产生间接影响。

二　外部影响

外部因素是指民族内部之外影响民族和谐发展的相关因素，主要是指国际因素，包括全球化、霸权主义与强权政治、跨界民族和世界性宗教等因素②，具体阐述如下：

（一）全球化因素

随着互联网通信技术和便捷交通的快速发展，经济全球化目前正演

---

① 参见金炳镐《民族理论通论》，中央民族大学出版社 1994 年版。
② 除此之外，其他外部影响因素还包括境外国家或组织的言行、活动等国际因素。

变为国际范围内全域全球化。然而，经济全球化不仅仅局限于影响人类的经济发展，也作用于所处国家的政治、文化、宗教甚至民族等许多方面，对于国家与国家、国家与民族以及民族之间的关系也有显著的积极性或破坏性作用。比如，强权国家为了本国利益，想尽办法倾销各种文化给其他国家，以向他国人民与民族灌输其价值观，都会影响主权国家的民族关系和谐和社会稳定。全球化因素既带来了诸如上述的不利影响，同样也带来了一些有利因素，比如，民族地区通过全球化的经济产业升级改善当地民生和生活水平，一定程度上优化了其经济结构，有利于民族关系的改善。

（二）霸权主义与强权政治因素

许多主权国家由于霸权主义、强权政治及其附庸者的干扰，正面临着更为严峻的民族问题挑战。例如，以美国为首的西方国家一手导演的科索沃战争、伊拉克战争和阿富汗战争。我国"藏独""疆独"活动正是有这些势力的支持，产生了极为恶劣的影响，严重破坏了我国的民族关系和谐。目前，我国受到国外敌对势力的影响，霸权主义和强权政治及其附庸者明目张胆地支持"台独""东突"等势力，妄图破坏我国民族关系以分裂中华民族，多起恐怖袭击事件均与这些外部因素有关。这些非法活动严重破坏了民族间的信任和交往，对我国民族关系的和谐带来较大的破坏性。

（三）跨界民族因素

跨界民族是指跨越国界的民族，属于一种特殊现实的现象。它既是历史发展的规律使然，也有殖民主义的险恶用心。当前，我国有30多个跨界民族，对于我国民族团结来说，是一把"双刃剑"：一方面，跨国家的民族本身在经济上更有利于合作，能加强国与国之间的合作，有利于改善民族地区的经济生活水平，且对于所居住国家之间的政治和文化等交流有一定积极作用，促进两国或多国的发展；另一方面，由于受到诸多因素的影响，可能会被国外敌对势力利用，一定条件下又会激化国家之间的矛盾，使国际政局不稳定。

（四）世界性宗教因素

我国少数民族信仰的宗教多属于世界性宗教，外国政府、政党和社团等组织容易利用这类宗教激发我国民族的内部问题。例如，IS组织全名为伊斯兰国，一些境外的非法势力组建的组织打着宗教的幌子，欺骗群众，其实际目的是分裂国家。一个多民族国家往往受泛伊斯兰主义、伊斯兰原教旨极端主义等影响，这些宗教因素一般伴随着各种民族分裂主义。当前，国外反华势力与国内民族分裂分子相互勾结，对我国国家统一、民族团结都带来巨大的挑战。以泛伊斯兰主义和泛突厥主义为代表的民族分裂主义近年来对我国采取很多小动作，如国际泛伊斯兰主义组织一直企图把伊斯兰革命输入中国，鼓动新疆独立，西方敌对势力也利用原教旨主义遏制我国的发展。新疆境内的民族分裂主义者与境外恐怖主义势力和反华势力勾结在一起，进行过多起暴力恐怖活动，如新疆近几年发生的多起爆炸案。当前，我国及地方各级政府尤其是民族地方政府要特别提防国际敌对势力和国内民族分裂分子的破坏，防止其对地区民族关系破坏。

三　民族迁移

新中国成立初期，中国处于计划经济体制，人口发展稳定，自由流动的人口不具规模。随着市场经济的逐渐发展，特别是在改革开放之后，社会主义市场经济体制逐渐完善；与此同时，户籍管理放宽，我国现代化和城市化水平逐步提高，劳动力在全社会自由流动。

在这样的社会环境下，城市大规模的人口流动是最为典型的时代特征，其中就包括少数民族。不同民族之间的人口流动影响着民族间的社会交往，少数民族人口流动在很大程度上影响着民族关系。相比过去，由于少数民族人口的受教育程度越来越高，使更多的少数民族到城市工作、求学、创业，原本呈现区域化分布的民族人口逐渐融入了新的民族，不同民族间的辗转流动与交错杂居，促进了广泛的民族融合。少数民族人口给城市经济文化发展带来深刻影响，同时也使民族关系趋于复杂，城市民族工作面临着一系列新的挑战和问题，包括一些新的矛盾与对立，阻碍着不同民族之间的和谐发展。比如，存在于流动少数民族中的违法、犯罪现象，这些事件又会加剧各民族之间的矛盾，久而久之会形成排异反应。

在城市生活中，少数民族的人口流动与当地管理部门和居民容易产生摩擦和利益冲突，若不对其妥善处理，就会造成新的民族关系矛盾。由于民族差异在不同群体之间得不到相互了解与理解的情况下，造成少数民族流动人口在城市工作生活中难以适应并带来一定城市社会问题，这些矛盾直接影响着城市乃至整个国家民族关系的走向。比如，成都市中心的洗面桥社区，社区现有省、市、区政府机关及街道办事处、高等院校等驻区单位22家，民族地区驻辖区单位有3个，单位宿舍区及纯居民院落31个，居民住户4140户，常住人口11036人，少数民族3285人；商家店铺270家，经营少数民族用品的36家，主要集中在洗面桥横街和武侯祠横街，洗面桥社区是成都市主要的少数民族聚居社区之一。① 随着城乡一体化的快速发展，各民族跨区域的大规模流动使越来越多的少数民族进入该社区，成为当地居民，但是，由于各民族的生活习惯、宗教信仰、文明程度和综合素质存在差异，邻里之间的矛盾纠纷难以避免，既存在于少数民族之间也存在于少数民族与汉族之间，所以，民族之间的调节工作难度较大，也是社区今后的工作重点。

四　民族政策

民族政策是针对民族社会经济发展特别制定的政策，是理论与实践的统一，对各级政府单位处理民族关系具有指导作用。政府根据民族问题，实施对应政策，在本质上体现着其所代表的阶级性质。由于社会发展阶段的变更、国家政体的改革、执政党或统治者政治理念的不同等多方面国家社会环境的影响因素，政府采取的民族政策会随社会环境而变化，对民族关系产生的影响可能是积极的也可能是消极的。

一方面，当民族地区和地方政府部门在不熟悉党的民族政策的情况下，制定当地政策时可能由于忽视对少数民族特殊性的认识，导致有的民族优惠政策名存实亡，或难以操作，从而引起政策相关的少数民族群众的失落和心理不平衡。我国的民族政策是致力于维护各民族关系融洽和谐发展的"保护伞"，但也需要对民族政策中部分不利因素进行反思，以避免因政策不完善引起民族矛盾。例如，把各民族成员区别开来的做法无疑会唤醒以及强化人们的"民族意识"，显然不利于民族之间的交往与融合，再比如针对少数民族的优惠政策，有可能增强各民族之间的隔阂和竞争。

另一方面，市场经济的发展很大程度上影响民族政策的有效实施。但其发展一般又超前于民族政策的调整，不能及时满足少数民族经济发展需要，对于和谐民族关系与和谐社会的建立都极为不利。例如，成都市民族宗教委员会在《2014年成都市在蓉少数民族群众生活状况调研报

---

① 成都市武侯区洗面桥社区相关资料。

告》中提到，四个民族的被调查群众最希望获得政府在优惠政策、法律援助、子女入学和看病就医等方面的帮助，其次是政府提供资金和贷款支持，解决廉租房或保障房。被调查学生希望得到的就业培训主要有企业详细招聘信息、就业形势分析、面试交流技巧培训、开展就业实践活动。

总之，民族政策直接作用于少数民族的社会生活和经济生活，对于调节民族关系起着至关重要的作用，必须慎重综合考虑各方面因素，结合时代发展和社会环境制定适宜的民族政策。

五　突发事件

当民族关系存在个别矛盾未能及时化解，或者民族问题的积累接近人的可承受极限时，偶发事件会伤害民族之间的感情，强化"民族意识"，使原有的冲突进一步僵化，不利于民族团结。网络时代中信息具有及时性和现场呈现性，可以快速、直接刺激人的情感，特别是突发事件涉及著名人物或者人口相当多的民族，其产生的影响范围很大，极易演变为阻碍民族团结的代表事件，而且在较长一段时期内都将影响着民族关系。分析突发事件对民族关系的影响时，首先需要了解突发事件发生的社会背景和民族历史，从主观和客观等各种角度去辨析事件的前因后果，找出规律；其次需要掌握事件所造成的具体影响和民众的直接反响和心理状态，分析其可能引起的"多米诺骨牌效应"以及突发事件在民众心中留下的"历史记忆"及民众相应的对事件的固有思维。

第四章 民族关系和谐性监测预警指标体系

民族关系监测预警的基础工作是构建民族关系和谐性评价指标体系，通过对指标体系的监控，发现民族关系和谐性可能存在的问题，从而采取相应措施以促进民族关系的稳定发展。不同阶段不同地区的民族关系和谐主题不尽相同，对应民族关系和谐性的内涵也有所区别，因此，监测预警指标体系应具有动态特征。预警指标体系的构建应以民族关系和谐性的内涵及其影响因素的分析为基础，并借鉴社会风险监测预警、和谐社会评价等现有较为成熟的指标体系，坚持科学严谨的原则，制定出满足民族关系监测预警需求的指标体系。

第一节 民族关系和谐性监测预警机制

民族关系和谐性监测预警机制是指集中各方力量，提前做好各项准备工作，科学判断民族关系和谐性的发展方向，有效预警可能发生的民族关系不和谐因素，在民族事务部门和其他相关部门的共同努力下，保障民族关系监测预警过程的顺利实施。

一 民族关系监测预警总体框架

民族关系监测预警是一个复杂的系统，由若干基础性机制所支撑，包括组织机制、信息机制、决策机制、运行机制和保障机制五个部分。组织机制是民族关系监测预警的基础，需要民族事务部门提供相应的技术、人力和财力的支持，并明确预警相关部门之间的职能；决策机制是核心，通过对信息的处理加工，采用一定的方法，确定和谐性风险的程度，正确把握民族关系的现状和未来的发展趋势以及可能存在的不和谐状态，为相关部门的决策提供借鉴和参考；运行机制的关键作用在于协同，是民族关系监测预警机制的重点，也是实现监测预警功能的途径，确保功能之间的协调；信息机制贯穿于整个民族关系监测预警的全过程；保障机制是从微观和宏观角度维护监测预警活动有效实施，保障监测预警功能的发挥。为了更好地发挥信息在监测预警中的作用，必须科学有序地管理信息，将信息的收集、传递、处理及使用等与监测预警的信息需求结合起来。总的来说，完整的民族关系和谐性监测预警协同模式如图 4 - 1 所示。①

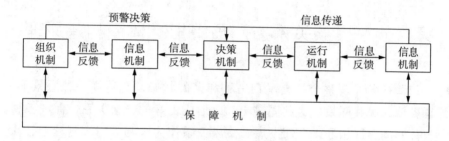

图 4 - 1　民族关系和谐性监测预警协同模式

二　民族关系监测预警的特征

民族关系监测预警具有快速性、持续性、准确性及公开性等特征，具体如下。

（一）快速性

民族关系监测预警系统的关键在"快"，尤其是对信息的处理，只有快速收集与处理，才能为民族关系监测预警所用，才能及时制订调控与应急方案。

（二）持续性

民族关系监测预警包括预警、处理和善后三个部分，贯穿于监测预警的全过程。监测预警系统必须是不间断地收集各类信息，监控和预报潜在的风险，并时刻准备应对危机；危机发生后，还需及时采取应对措施，并做好善后工作。

（三）准确性

互联网技术的发展使信息获取速度更加便捷，信息的类型也更加复杂。民族关系监测预警除了要快速响应信息，更应该准确地判断和应用

---

① 参见刘鹏《城市公共危机预警研究》，中央编译出版社 2010 年版。

信息。判断是否准确，直接影响监测预警结果的准确性。

（四）公开性

民族关系预警信息应该按照国家法律法规的规定向社会公开信息，真正做到政府和社会之间的良性互动，以提高政府部门的公信力，同时鼓励群众采取理性行为，及时反馈相关信息，参与信息收集过程。这样，不仅能改善政府和群众的关系，还能促进民族关系的和谐发展。

第二节　民族关系监测预警指标体系构建原理

和谐社会强调整个社会呈现一种和谐的状态，在这样一种愿景下，全国各族人民共同发展，共同进步，以形成良好的社会关系，促进各利益群体间的友好相处，良性发展。民族关系作为人与人、人与社会、社会内部各阶层群体以及人与自然关系的综合体，一直都是社会各阶层关注的重点，受到整个社会的高度重视。但是，对于如何建立一个比较完善的民族关系监测预警体系，学术界和政府相关部门尚未提出明确观点和系统方案，且目前民族关系研究的重点主要侧重于理论方面，如民族关系影响因素的分析，而对于微观层面的研究较少。

一　预警指标体系构建原则

（一）动态原则

和谐民族关系的构建不是一朝一夕的，也不是一成不变的，而是随着社会各方面的发展而逐步演进的过程，是在变化中发展，也是历史发展的产物。在构建民族关系和谐性预警指标体系时，需要考虑不同时期、不同区域的相关因素，体现和谐主题的动态发展过程。

（二）不平衡原则

民族关系监测预警是为了发现问题，找到问题存在的原因并寻求解决方法，以便更好地促进民族关系和谐发展。这不仅是民族工作的重点，也是构建和谐社会的关键。由于我国地理环境的差异，各地区经济发展水平不尽相同，使各个民族之间的发展存在显著差异。在经济、文化、社会、思想意识等各个方面，东部地区明显优于西部地区，因此，在对民族关系进行监测评价时，需要考虑这种不平衡性，要针对不同地区的具体情况来分析和解决问题。民族关系和谐性预警指标体系构建应体现这种空间差异，考虑不同地区之间的不平衡性。预警评价的同时也存在比较的过程，一般包括纵向比较和横向比较两种方式。① 纵向比较是指某一地区不同年份的比较，即自身比较，通过连续年份的对比发现并解决问题；横向比较是指不同地区在同一年份的比较，可用于地区之间的对比和激励。

二　民族关系和谐性的警源

民族关系和谐性监测预警的警源是影响民族关系的根源，也是监测预警系统的基础，识别影响民族关系和谐稳定的警源是政府和研究人员关注的热点。在民族关系和谐危机预警系统中，经济发展不平衡、社会动荡、各类自然灾害等均可视为警源，警源是警情产生的根源，是"火种"②，当警源数量达到某一限度时，就会产生民族关系的和谐危机。因此，只有厘清民族关系和谐性现实中的警源，才能构建符合现实情况的合理的民族关系预警指标体系，为构建民族关系监测预警系统奠定基础。

结合第三章民族关系和谐性的影响因素，分析民族关系监测预警的警源依据，主要从静态和动态角度分析，但警源依据和影响因素之间有一定差别。有些影响因素如民族历史，是民族关系和谐的影响因素，但不是监测预警的警源依据；再如，民族文化是民族关系和谐影响因素，同时也是警源依据之一。因此，并不是所有的影响因素都是警源依据，但所有警源依据都来自影响因素。民族关系和谐的影响因素和监测预警警源依据的关系可以总结如图4-2所示。

图 4 - 2　民族关系和谐的影响因素和监测预警警源依据的关系

---

① 参见徐学荣、王小婷、陈斌《和谐社会评价指标体系和评价方法研究》，《福建农林大学学报》（哲学社会科学版）2006 年第 6 期。

② 顾海兵在 1994 年对警源作此定义，参见顾海兵《经济预警新论》，《数量经济技术经济研究》1994 年第 1 期。

民族地区社会形势复杂，各种各样的矛盾交织，造成现实中的警源因素较多，表现形式复杂多样。另外，边疆地区的民族问题还交织着跨界民族问题，它们也成为影响社会稳定的主要因素。在多元民族文化背景下，边疆民族地区发展失衡是社会经济发展过程中积累的多种矛盾的外在表现，发展失衡一旦和民族问题、宗教问题搅和在一起，就很容易被国外反动势力和少数分裂主义分子操作和利用，在特定条件下，可能会导致民族矛盾激化，处置不好将给我国民族关系的和谐发展造成严重危害。这就需要我们对民族地区存在的各类现实警源依据有更为清晰的认识，掌握其规律并进行有效处置，尽可能地减少甚至避免突发事件造成的伤害。

本书将影响民族关系和谐的现实警源依据分为政治、经济、社会、文化、宗教、环境和国际七个方面，为后续民族关系和谐性监测预警评价指标体系提供理论依据。

（一）政治警源

政治警源是指政治活动中潜在的某些风险和危机，一般包括和平与暴力两种方式，如游行示威和战争等。尽管近年来我国反腐力度不断加大，但腐败问题一直是影响政治稳定的主要因素之一，我国当前的政治警源一部分是由政府官员的贪污腐败问题引起的。良好的政治环境是构建和谐社会的基本条件，因此，需要从根本上净化政治环境，营造健康向上的良好氛围。腐败问题之所以是影响政治和谐稳定的关键，主要表现在以下三点：腐败会降低民众对政府和公务员的支持力度；腐败会严重影响社会风气，容易引发道德败坏的现象；腐败问题也会导致社会财富的损失，尤其是公共财产的流失。

（二）经济警源

经济警源是指经济活动中存在的潜在风险和危机，并由此导致一些不和谐事件发生，其中失业是引发经济危机的关键因素。经济发展水平和经济利益分配的不公平会引起民族地区突发事件的发生。20世纪80年代，我国实行经济市场化改革，带动东部沿海地区经济发展，但是，对西部边远民族地区而言，各种自然和人为的限制性条件严重阻碍其经济发展，大部分民族地区的生活水平仍处于较低水平；一些由封闭走向开放、由传统走向现代的少数民族聚集地区，其各类典型问题和矛盾与过去相比更为突出复杂，例如，收入水平低，教育普及率低等。同时，经济利益分配不平衡，最终会导致民族间发展的不平衡，甚至一些民族对多元利益认识存在误区，将经济发展的不平衡归之为其他民族对本民族经济利益的"占有"，从而产生不良的情绪和偏见，引起民族间的经济纠纷，从而对和谐的民族关系产生不利影响。

近年来，在党中央的正确领导下，相关的民族政策逐步真正落到实处，各项事业也得到迅速发展。然而，在发展过程中，也出现一些因利益问题产生的冲突，如自然资源的归属、社会福利的分配等。如果这些冲突没有很好地去解决，那么极有可能上升到政治层面，严重危害社会稳定，不利于民族关系的健康发展。

（三）社会警源

社会警源主要是指社会生活中发生的一些不和谐、不安全事件所导致的风险和危机，例如，社会财富分配不均、贫富两极分化严重、社会矛盾突出等。社会风险发生的诱因较为复杂，既有来自社会领域自身，还有来自经济领域、政治领域的警源。

近几年，我国经济得到快速发展，城乡之间的差距逐渐缩小，但是贫富差距仍然存在，尤其是少数民族居住地区。国家统计局的资料显示，2016 年，我国的基尼系数为 0.465①，较 2015 年上升 0.003。近几年，我国的基尼系数总体呈现下降趋势，但仍超过国际警戒线 0.4，这表明我国收入分配差异仍较大，而且短期内下降的可能性较小。因为贫富差距而导致的各种社会矛盾逐渐浮现出来，而少数民族地区政府由于财政收入不足，无法保障人民的社会福利、社会保险以及社会救济等方面的权利，一定程度上加剧了民族地区社会矛盾，对民族关系和谐发展产生不利影响。

（四）文化警源

文化警源主要是指文化活动中潜在的风险和危机，使社会主流文化与社会主义价值观背离，阻碍社会文化的发展，例如，道德问题、诚信问题以及文化冲突等。文化警源主要体现在价值观上，以思想观点为载体对社会产生影响，这种影响具有潜移默化的特征，即通过日常活动无形地影响人们的行为。但是，由于文化警源是无形的，不像其他警源那样可以按照某种"标准"去衡量。

---

① 国家统计局的新闻发布会。参见钟庆辉《统计局：2016 年基尼系数为 0.465，较 2015 年上升》，搜狐新闻网，2017 年 1 月 20 日，http：//news.sohu.com/20170120/n479204095.shtml。

相对于少数民族文化而言，汉族文化传播广，影响深远，因此，少数民族较容易学习和接受汉族文化，而汉族较难接触到少数民族的文化和风土人情，较难理解少数民族的文化底蕴。因此，当各民族之间的文化心理不一致时，一旦对此处理不好，很可能会破坏民族关系的和谐。由此可见，民族关系和谐不仅体现政治经济的平衡与协调，还体现在不同民族文化的差异、对立以及冲突上。

（五）宗教警源

宗教警源是指由于宗教环境的复杂性和宗教的差异性导致民族关系产生的各种不和谐、不安全的风险因素，并导致民族关系危机发生。我国有相当一部分少数民族是信仰宗教的，因此，其生活的方方面面都深受宗教因素的影响，甚至有些信教地区的民族情感和宗教情感是相互交融的。特别是少数民族聚居地区的宗教信仰尤为重要，若在该地区发生某些不尊重该宗教的事件，可能会引起少数民族的反抗和抵抗，对于此类事件，相关政府部门需要提前预警，及时发现并采取相应的缓解措施，消除此类矛盾和风险。

（六）环境警源

环境警源是指在自然环境领域，导致人类赖以生存和发展的自然环境出现生态环境退化和生态系统严重失衡等现象，这其中包括各种不和谐因素，如雾霾天气、水源污染、"温室效应"等。环境危机一旦爆发，就会对自然界和人类居住的环境产生巨大的破坏，而且这种破坏是无法复原的。因此，我们需要注意并警惕生态环境警源的出现和变化，预测并防范生态环境危机的发生。

脆弱的生态环境是很多少数民族聚居地的特征之一，其对灾害的自救能力和灾后恢复能力较差，自然灾害往往使这些地区因灾返贫的问题十分突出。同时，许多地区处于山区，地质环境复杂，易发生较为严重的自然灾害，对当地居民的生产生活乃至生命都会造成威胁。特殊的生态环境和社会环境，使民族地区面临的风险较之其他地区更大，引起突发事件的因素和隐患也更多、更为复杂。

（七）国际警源

国际警源是指国际环境的变动所导致的不和谐、不安全因素，一般包括周边国家和境外敌对势力对我国民族事务的干涉和影响。我国大多数民族地区的暴力事件，基本上都有国外敌对势力支持，尤其是他们打着人权与宗教的口号，随意干预我国的民族宗教事务，支持某些民族分裂组织，制造暴力事件，使民族地区时常发生各类突发的恶性事件。与此同时，国际上的一些恐怖分子及其组织，有计划、有组织地对少数民族地区尤其是我国西部边疆地区进行渗透，并组织、策划暴力恐怖活动，破坏社会公共秩序，对民族地区的稳定以及我国民族关系的和谐形成了严重威胁。

对民族关系和谐发展有不利影响的因素远不止上述几个方面，但相比较而言，以上各方面的因素体现了民族地区的特征，因而在建立民族关系监测预警体系时需要特别考虑。

三　和谐性预警体系的构建基础

对民族关系和谐性的评价预警有助于了解民族关系发展过程中存在的问题，促进社会资源的优化配置，而指标体系是否合理决定了预警质量的高低。只有建立科学的评价体系，才能真正找出当前民族关系存在的问题，以实现和谐社会的目标。民族关系和谐是社会和谐的具体表现，因此，其预警体系的建立需要综合考虑民族关系、社会预警以及和谐社会等相关领域的研究成果，本章以这三个领域当前已建立的若干较为成熟的预警指标体系为基础，构建民族关系预警体系的指标全集。

（一）社会预警评价指标体系

预警源于危机和风险，为了应付各种社会问题而对其未来可能发生的事件及强度等进行预测，以提供政策性的指导。社会预警是指在当前社会现状的基础上，预测将来可能产生的后果，并向人们提出警示，及时做好预防工作。有学者将其概括为："根据对社会发展稳定状况的判断，来整合社会危机系统并建立社会危机的模型分析，对社会危机运行过程进行评估和预警。"[1] 社会预警最早反映在经济方面，因为经济发展水平决定社会发展状况，通过建立"预警指标"来反映经济危机可能发生的概率，包括失业率、通货膨胀率、股票价格等可衡量的指标。随着人们对社会更深入地了解以及社会上发生的各类突发事件，人们的视野更加开阔，并开始关注更多的社会问题，逐渐将政治、经济、环境等各类问题结合在一起考虑。

国外学者对社会预警的研究比国内学者更早也更成熟。20 世纪 60 年

---

[1]　参见鲍宗豪、李振《社会预警与社会稳定关系的深化——对国内外社会预警理论的讨论》，《浙江社会科学》2001 年第 4 期。

代，国外学者通过对预警指标的研究，分析社会问题，为政府部门提供相应的政策参考，但这一时期，学者普遍将预警视为预测。较典型的例子是 20 世纪 80 年代，英国区域社会研究学派出版的《区域预测》，该书通过经验数据，在研究人口、资源、城市、经济和生态环境相互作用的基础上，对社会发展趋势进行预测；罗马俱乐部希望通过研究反映社会问题的 12 个要素，包括人口、环境和教育等维度来建立社会预警研究模型。我国在 20 世纪 80 年代开始对社会预警风险展开研究，东欧剧变、苏联解体、社会动荡不安和经济发展不稳定因素使我国的社会矛盾、社会问题日渐突出，促使我国学者开始深入考虑社会预警问题。吴忠民（1996）、沈远新（1998）、宋林飞（1999）、鲍宗豪（2001）等对社会预警体系、指标体系和机制等问题进行深入研究；随着社会预警的重要性逐步为人们所认知，郭玉清（2011）、顾海兵（2014）、李新杰（2014）等分别对宏观经济、宏观资源配置与安全预警问题进行思考；一些学者从理论上对预警指标进行专题研究，并提出建立社会综合预警指标体系的设想，该体系由经济、生活质量、社会问题和主观看法四大类 40 多个主客观指标组成。本书借鉴相关研究成果，遵循前述指标体系的设计原则，关注客观指标的运行态势，结合主观指标的变动情况，分析得出社会预警指标体系主要包括政治预警指标、经济预警指标、社会预警指标、生态预警指标、宗教预警指标和文化预警指标 6 个要素。具体指标体系如表 4 - 1 所示。

表 4 - 1　　　　　　　　　　社会预警指标体系

一级指标	二级指标
政治预警指标	民族地区自治权保障指数
	万人信访次数
	基层群众对公共事务的参与度
	政府职能服务的公众满意度
	廉政指数
	信访办结率
	突发事件
	恐怖袭击

续表

一级指标	二级指标
政治预警指标	三股势力渗透
	少数民族干部人数及比例
	政协、人大会议提案数及办结率
	政务信息公开率
经济预警指标	区域发展①差异系数
	城乡经济增长差异系数
	合同违约率
	银行业主要金融机构不良贷款率
	消费者投诉率
	吸引外国投资增长率
	年人均 GDP（万元）
	恩格尔系数（农村或城镇）
	城乡居民人均收入比
	城乡财政收入比
	农作物每亩产量增长率
	第一产业占当地 GDP 比例
	第二产业占当地 GDP 比例
	第三产业占当地 GDP 比例
	城镇失业率
	外出务工人员比率
	贫困人口比例
社会预警指标	教育公平性
	公众安全感满意度（社会安定指数）
	居民对本地社会的认同感
	居民集体荣誉感
	居民幸福感指数
	流动人口公平发展制度建设
	低收入人群对社会公平的满意度
	社区归属感

---

① 区域发展是指一般在一定的时空范围内以资源开发、产业组织、结构优化为主要中心的一系列经济社会活动。

续表

一级指标	二级指标
社会预警指标	公民对社会道德水平的满意度
	社会参与度
	甲乙类法定报告传染病发病率
	应急预案每年启动次数
	人口自然增长率
	城镇人口比例
	基尼系数
	社会保障覆盖率
	人口流动率
	异族通婚情况
	刑事案件发生情况
	刑事案件结案情况
	万人受高等教育人数
	万人安全事故死亡人数
	公共服务投入占 GDP 比例
	死亡率
	每十万人社会公益组织数量
	平均预期寿命
	慈善捐款占 GDP 比例
	教育占财政支出比例
	每千人拥有医生数
	医疗占财政支出比例
生态预警指标	突发环境事件
	人们对生活环境的满意度
	环境空气质量优良率
	生活垃圾无害化处理率
	中心城公共交通出行比例
	少数民族资源保护率
	生态环保工程开发率
	万元 GDP 综合能耗
	"三废"排放量

续表

一级指标	二级指标
生态预警指标	森林覆盖率
	环境治理投资
	PM2.5 年平均浓度
	单位 GDP 二氧化碳排放
	城市绿化覆盖率
	环保支出占 GDP 比例
宗教预警指标	每十万人民族寺庙数
	民族宗教队伍年培训次数
	外族同胞对少数民族宗教信仰的尊重情况
	宗教设施建立情况
文化预警指标	民族特色传统节日保留情况
	节目活动巡回出展情况
	外族同胞对少数民族文化习俗的尊重情况
	特色品牌建立情况
	年接纳外来游客数量
	涉外旅游收入增长率
	文娱设施建立情况

（二）和谐社会评价指标体系

"和谐社会"提出后，学者开始探讨如何构建和谐社会评价指标体系，并逐步得到完善和发展。付春晖（2005）等围绕"和谐湖北"的建设重点，构建包括社会结构、社会环境和社会关系 3 个一级指标和 16 个二级指标的和谐社会评价体系。侯峰（2008）等在科学性、全面性等原则的基础上，并充分考虑和谐社会的动态性和不平衡性，建立包括 4 个一级指标、11 个二级指标和 40 个三级指标，主要包括政治、经济、社会及生态 4 个方面。宫颖华（2013）等通过分析"和谐社会"的内涵和特征，结合当前社会发展状况和评价指标的代表性及独立性特点，建立了包括 4 个一级指标、22 个二级指标的和谐社会综合指标体系，构建视角主要是从社会、经济、人际及生态 4 个方面考虑。武萌（2013）等基于可操作性和以人为本的原则，以胡锦涛对和谐社会的 6 大特征论述为理论依据，提出人与经济、环境、社会及人际和谐。汤智斌（2014）把和谐社会的指标体系分为和谐社会压力、和谐社会响应、和谐社会状态。目前对和谐社会评价指标体系的研究较为充分，指标体系的设计都是依据社会主义和谐社会的 6 大基本特征，充分反映了和谐社会的目标。本书参考其他学者的研究，并考虑到现阶段我国经济发展新常态下的变化：阶层发生变化、人口和就业结构的转变、文化和价值观念的转变等，结合现阶段的实际情况，着眼于新形势、新任务，建立的指标体系包含社会民主、社会公平、社会安定、社会制度、社会保障、社会诚信、社会发展和社会环境。具体指标体系如表 4-2 所示。

表 4-2　　　　　　　　　　和谐社会评价指标体系

总目标	一级指标	二级指标
和谐社会	社会民主	公民参政率
		政府廉洁指数
		万人社会组织数
		社区归属感
		民主权利保障指数
		政务信息公开率
		万人拥有律师数
		政协人大会议提案数及办结率
	社会公平	基尼系数
		低收入人群对社会公平的满意度
		城乡消费水平对比
		地区经济发展差异系数
		人均社会捐款额
		城乡居民收入比
		城乡居民平均受教育年限比
		城市高低收入户收入比
	社会安定	刑事案件发生率
		交通、火灾事故死亡率
		甲乙类法定报告传染病发病率

续表

总目标	一级指标	二级指标
和谐社会	社会安定	社会安全感①
		城镇失业率
		基本生活保障覆盖率
		居民生活满意度
		应急预案每年启动次数
		群体性事件发生率
		民事诉讼案件增长率
		刑事诉讼案件增长率
		公共卫生事件发生率
	社会制度	每年新颁布法律法规数
		每万人拥有律师数
		诉讼赔偿执行率
		基础设施投资增长率
		道德规范文本健全制度
		万人消费投诉案件数
	社会保障	社会保障总支出占 GDP 比例
		社会基本保险覆盖率
		最低生活保障线下人口比例
		每万人拥有医生数
		住房支出占人均可支配收入比例
		公共服务投入占 GDP 比例
		预测寿命
		婴儿死亡率
		孕妇死亡率
		平均受教育年限
		人均慈善捐款数
		失业保险金最低标准

① 社会安全感是人们对社会安全与否认识的整体反映，它是由社会中个体的安全感来体现的，安全感是反映社会治安状况的重要标志之一，也是衡量社会运行机制和人们生活安定程度的标志。

续表

总目标	一级指标	二级指标
和谐社会	社会诚信	合同违约率
		银行业主要金融机构不良贷款率
		消费者投诉率
		社会信任度
		人际友爱度
		诚信制度颁布数
	社会发展	万人发明专利数
		万人注册商标数
		人口流动率
		整体创业活动率
		创造业新产品销售收入比例
		企业注册率
		基层选举投票率
	社会环境	万元 GDP 综合能耗
		森林覆盖率
		常用耕地面积①
		环境质量指数②
		PM2.5 年平均浓度
		单位 GDP 二氧化碳排放量
		中心城公共交通出行比例
		工业废水排放达标率

（三）民族关系评价指标体系

我国民族关系自然属于社会主义性质，各民族平等、团结、互助以实现共同繁荣。这一特征概括地反映了我国民族关系整体上的真实情况。现阶段，国内已有多位学者对民族关系指标体系的构建开展了若干研究。马戎（2004）参考西方学者对民族关系评价指标的探索，并以此为基础，

---

① 常用耕地面积是指耕地总资源中专门种植农作物、经常进行耕种并能够正常收获的土地。

② 环境质量指数是指在环境质量研究中，依据某种环境标准，用某种计算方法，求出简明、概括地描述和评价环境质量的数值。

对我国民族关系进行调查，将评价指标分为语言使用、宗教和生活习俗差异和人口迁移 8 个方面。郑杭生用"民族社会关系"来代替"民族关系"，认为民族社会关系由民族政治关系、民族经济关系以及民族文化关系组成，并基于此，建立民族社会关系的十项指标，其中涵盖了经济文化社会宗教等各个方面，既充分又全面。[1] 同时，卢守亭（2007）从我国民族发展现实情况出发，提出了中国民族关系评价指标体系，尤其是考虑到我国城市化进程的发展特点，主要从五个角度来评价民族关系，并指出了民族发展在民族关系发展过程中的重要性。郑双怡（2009）等从宏观和微观层面建立民族关系评价指标体系，宏观方面包括政治、经济、文化、社会、宗教以及国际维度，微观方面包括民族地区城镇市化率、少数民族干部比率、文化交流程度以及族际通婚比例维度，从而建立一个多层级的指标体系。冯雪红（2014）等通过对宁夏生态移民地区的调查，采用定性和定量结合的方法，发现影响该地区民族关系的指标有少数民族干部比例、移民政府社会管控能力、宗教组织信任程度、宗教冲突解决程度等。综上所述，目前，学者大多从不同角度提出不同指标体系对民族关系进行多角度分析，但较少学者从民族关系和谐角度进行研究。本书借鉴之前学者的研究成果以及目前我国民族关系的现状，总结得出民族关系评价指标应该包括政治因素、经济因素、文化因素、社会因素、生态因素、宗教因素、国际因素和心理因素。具体指标如表 4 - 3 所示。

表 4 - 3　　　　　　　　　　民族关系相关评价指标

一级指标	二级指标	指标体现
政治因素	民族冲突解决效率	不满情绪、牢骚、激进言论、干群矛盾
	政治管理效率	
	民族政策法规变动频率	
	民族政策制定数量	
	民族政策实施效率	
	少数民族干部比例	
	民族地区自治权保障水平	
	民族地区公共事务参与度	
	民族地区政务信息公开率	

---

① 参见郑杭生《民族社会学概论》（第二版），中国人民大学出版社 2011 年版。

续表

一级指标	二级指标	指标体现
经济因素	民族地区恩格尔系数	人均剩余少、收入压力、就业压力、"游民化"状态
	民族地区通货膨胀率	
	民族地区城镇化率	
	民族地区人均 GDP	
	民族地区财政赤字率	
	民族地区基尼系数	
	民族地区工业企业劳动生产率	
	民族地区就业结构分布比例	
	民族地区城乡收入水平差距	
	民族地区服务业占 GDP 比例	
	民族地区非农就业人口比例	
文化因素	少数民族大学生毛入学率	文化排他主义、文化复兴主义、贬低其他民族文化、民族读物比例下降
	民俗地区文盲率	
	文化交流融合程度	
	民族地区生活习俗差异程度	
	民族文化冲突程度	
	民族地区研发经费占 GDP 比例	
	民族读物出版率	
	民族地区文化遗产保护率	
	民族地区民族语言广电覆盖率	
社会因素	民族地区医疗保障人数比率	老龄化严重、人均寿命下降、公共服务设施差、传染病发病率高
	民族地区甲、乙类法定报告传染病发病率	
	民族地区人口老龄化程度	
	民族地区人口自然增长率	
	民族地区人均寿命	
	每千人拥有床位数	
	人口流动率每千人医生数	
	民族混居比率	
	异族通婚率	
	民族地区最低生活保障覆盖率	
	民族地区人口流动率	

续表

一级指标	二级指标	指标体现
社会因素	每万人拥有律师数	老龄化严重、人均寿命下降、公共服务设施差、传染病发病率高
	诉讼赔偿执行率	
	万人安全事故死亡人数	
	公共服务投入占 GDP 比例	
生态因素	万元 GDP 综合二能耗	资源短缺、环境压力大、自然灾害发生、森林覆盖率低
	"三废"排放量	
	森林覆盖率	
	PM2.5 年平均浓度	
	单位 GDP 二氧化碳浓度	
	环境保护支出占 GDP 比例	
	民族地区农村自然灾害成灾人口	
	民族地区自然灾害得到国家救济人数	
	民族地区自然灾害导致的死亡人数	
宗教因素	民族地区非法宗教活跃程度	非法宗教活跃、宗教场所过多、宗教刊物数量过多、宗教间冲突
	民族地区反动宗教集团势力影响程度	
	宗教教徒数量	
	宗教多样化程度	
	宗教活动的参与程度	
	宗教场所数量	
	宗教刊物数量	
	非正式渠道宗教言论数量	
心理因素	媒体影响程度	心理焦虑、排他主义、干群矛盾突出
	民族意识认同度	
	价值观念差异程度	
	族群偏见程度	
	对政府满意度	
	宗教信仰自由满意度	
	对治安满意度	
	经济发展水平满意度	
	自治政策执行情况满意度	
	大民族主义思想	

续表

一级指标	二级指标	指标体现
国际因素	国外极端主义干预程度	跨国界民族问题、资源争夺、地下势力活动频繁、跨国界经济摩擦
	国外民族主义势力干预程度	
	国外恐怖主义活动干预程度	
	国外宗教极端主义势力干预程度	
	国外民族分裂主义干预程度	
	国外恐怖主义活动干预程度	

第三节　民族关系和谐性监测预警指标体系构建

民族关系和谐性监测预警指标体系是实现民族关系信息化管理的主要工具，也是监控民族关系和谐性水平的关键手段，有利于引导人们在跨民族交往过程中的行为，为政府制定民族关系政策提供参考依据。和谐民族关系的构建涉及方方面面，是一项复杂的工程，需要集中各方的力量，从不同的维度构建指标体系，既要考虑人与自然之间的关系，又要考虑人与人之间的关系；不仅包括全社会宏观层面上的整体和谐，也包括微观层面各个领域的局部和谐；预警指标体系只有准确全面地反映民族关系和谐的各个方面，才能真正为民族关系的健康发展提供指导性的建议。因此，所构建的指标体系需要体现民族关系和谐性的不同方面，将实现民族关系和谐的过程演化为不同的维度，并从不同角度评价民族关系和谐性程度。民族关系和谐性影响因素主要分为政治因素、经济因素、文化因素、社会因素、环境因素、宗教因素以及国际因素 7 个维度，且各个因素之间也存在一定的关联，具体如图 4-3 所示。[①]

民族关系和谐性的监测预警指标体系要考虑到指标的全面性、系统性、动态性、科学性，兼顾客观指标与主观指标相结合原则。客观指标主要用于评价民族关系可量化的特性，而主观指标则主要用于评价民族

---

① 参见李娅《发展失衡与社会预警》，知识产权出版社 2011 年版。

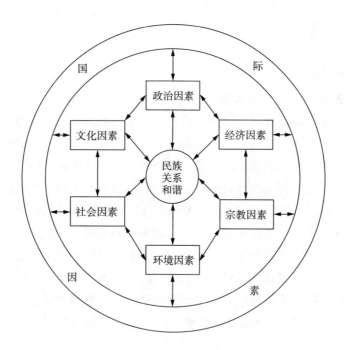

图 4 – 3　民族关系和谐性影响因素

关系不可量化的特性。总的来说，客观指标倾向于评价具体客观结果，主观指标倾向于评价民族地区群众的主观感受。通过客观指标对民族关系和谐性进行评价，主要是对评价指标进行量化的结果分析，进而比较不同区域或者同一区域不同时间上的差异。但实际上，客观指标范围广、涵盖内容多，难以精确表达，针对性较差。采用主观指标进行民族关系和谐性评价，可以对整个民族地区和谐性的主观感受进行衡量，适用的范围较广。但主观评价指标受到调查对象情绪、经验等的影响，一致性较低，进而影响最终评价结果的可信度和有效度。

　　在实际操作中，为了平衡客观和主观指标，需要针对不同地区的和谐主题，选择合适的客观和主观指标体系。具体来说，对民族关系和谐性的宏观发展趋势的评价预警，可采用较多可量化的指标，提高指标的可信性和有效性，以客观数据为导向的评价指标，即客观指标；对于民族地区群众的自我感受来说，生活受到周围环境的影响比较大，适宜采用与日常生活相关、充分反映主观感受的评价指标，即主观指标。在上述民族关系评价指标体系、和谐社会指标体系、社会预警指标体系的基础上，结合民族关系和谐性监测预警的警源依据，不仅要监测客观指标的变动情况，还应关注主观指标的变化趋势，构建如下 7 个维度的民族关系和谐性监测预警指标体系。

一 政治和谐性评价指标

政治因素是构建和谐民族关系的核心，对民族地区和谐社会的建设有着极为重要的作用。政治稳定是民族关系良性发展的基础，良好的民族关系也会促进政治的和谐稳定，因此，政治和谐与民族关系和谐之间是相辅相成的。尤其是自民族区域自治制度全面实施以来，少数民族的民主权利逐渐得以实现，民族平等、团结、共同繁荣的新型民族关系成立，各项优惠政策逐渐落实，民族地区真正实现了新发展和新进步。但同时，东西部经济发展不平衡，异教分子、暴力分子、恐怖分子的兴起又使民族关系变得紧张，不利于民族地区的稳定与和谐。政治因素指标主要包括民族地区群体性事件频数、民族地区少数民族党员比例、少数民族公民在当地人大代表中的比例、民族地区政策法规变动频繁度等，详细指标集见表 4 -4。

表 4 -4　　　　　　　政治和谐性测度评价指标集

政治和谐性	指标层	指标说明
客观	民族地区群体性事件频数	政治和谐性主要表现为与民族相关的各项政策法规的执行情况，以及民族地区的政策现状
	民族地区国家级制度文件数	
	民族地区群体性事件处理率	
	民族地区人大代表数	
	民族地区刑事案件发生率	
	民族地区少数民族党员比例	
	民族地区公务员人数	
	民族地区政策法规变动频数	
	民族地区突发事件频数	
	当地民族分裂主义活动频数	
	民族地区公务员渎职人数	
	少数民族公民在当地人大代表中的比例	
	少数民族公民在当地政协委员中的比例	
	民族地区自治条例颁布实施率	
	少数民族干部培养使用率	
	政务信息公开率	
	民族地区政协人大提案及结案率	

续表

政治和谐性	指标层	指标说明
主观	民族地区政府满意度	民族地区居民对当地政策、政府公共服务效率、干部工作等满意度
	民族地区政策满意度	
	政府民意采纳满意程度	
	政府纠纷处置满意度	
	人大代表表现满意度	
	公务员对工作满意程度	
	民族地区政策法规变动频繁度	
	政策开放满意程度	
	民族干部选拔方式满意度	
	民族干部所在部门合理度	
	民族干部担任职务满意度	
	民族干部工作满意度	
	民族干部参政满意度	
	享有自治权利的社团组织满意度	
	享有自治权利的社团活动满意度	
	民族区域自治渠道合理度	
	民族区域自治权利种类满意度	
	民族区域自治权利使用满意度	
	人大、政协民族代表比例合理度	
	人大、政协民族代表选举程序合理度	
	人大、政协民族代表选举政策合理度	
	地方社团少数民族人数合理度	
	民族自治权情况满意度	
	民族地区群众参政满意度	
	民族地区政策法规满意度	
	民族地区政策实施效果满意度	
	民族地区政府公共服务效率满意度	
	移民政府社会管理调控能力	
	民族冲突解决程度	
	民族干部岗位构成合理度	
	少数民族人口对政府的满意度	
	民族地区提案满意度	
	民族地区公务员工作满意度	
	民族地区对国家政策的满意度	
	民族地区对国家政策的执行程度	

二 经济和谐性评价指标

经济发展是社会持续健康发展的物质基础，为和谐民族关系的建设提供有力的物质保障。因此，良好的经济建设既能促进民族关系的和谐发展，也能带动和谐社会各项目标的实现。虽然经济建设只是和谐民族关系建设的一部分，但只有通过经济建设，才能快速发展生产力，人们的生活水平才能显著提高，其他领域的发展才会更有保障，这样，才能推动整个社会的持续发展，所以说，经济和谐是社会和谐的基础。然而，经济又好又快地发展并不能自动解决民族问题，因此，必须深入研究经济因素与民族关系之间的互动关系。世界上不少国家的历史经验告诉我们，经济发展带来的收益也可能引发不同程度的冲突和问题，例如，收入和资源的分配问题等。有时中央政府对不同地区经济增长期待值的高低也会引发地区之间的不和谐，更严重的情况下可能会引发一定程度的民族斗争，导致民族关系恶化。整体看来，经济因素可从民族地区经济发展程度、人均收入以及物价水平等方面来表现。具体的量化指标有民族地区人口贫困率，民族地区人均消费支出，民族地区第二、第三产业产值比重，民族地区收入水平满意度，民族地区产业结构合理度等，详细指标集见表 4 - 5。

表 4 - 5 　　　　　　经济和谐性测度评价指标集

经济和谐度	指标层	指标说明
客观	民族地区人口贫困率	经济和谐性主要反映民族地区的经济发展水平、群众的收入情况以及地区间、民族间的差异性
	民族地区人均消费支出	
	民族地区第二、第三产业产值比例	
	少数民族家庭人均收入	
	民族地区医疗保健类居民消费价格指数	
	民族地区交通类居民消费价格指数	
	民族地区消费价格指数	
	民族地区人均收入水平	
	民族地区物价指数	
	民族地区营业税征收起点	
	民族地区农村人均收入	
	少数民族职业分布的结构性差异率	

续表

经济和谐度	指标层	指标说明
客观	当地民族地区人口流动率	经济和谐性主要反映民族地区的经济发展水平、群众的收入情况以及地区间、民族间的差异性
	农村人均收入与全国平均水平比	
	民族地区城市人均可支配收入	
	国家对当地财政转移支付力度	
	发达地区对当地对口支援力度	
	区域经济技术协作项目资金增长率	
	民族地区人均 GDP	
	民族地区恩格尔系数	
	民族地区人均国民收入	
	民族地区通货膨胀率	
	民族地区财政赤字率	
	民族地区基尼系数	
	民族地区工业企业全员劳动生产率	
	民族地区研发经费占 GDP 比例	
	民族地区服务经济占 GDP 比例	
	民族地区城乡收入差异	
	民族地区行业收入差距	
	民族地区非农就业比例	
	民族地区基础建设投资增长率	
主观	民族地区收入水平满意度	民族地区居民对当地经济状况、产业发展结构、自身收入水平的满意度
	资源占有的公平感	
	民族特需用品生产销售满意度	
	各方面经济支持满意度	
	物价满意度	
	购买力满意度	
	民族地区经济状况满意度	
	民族地区工业发展满意度	
	民族地区服务业发展满意度	
	当地产业结构合理度	
	当地农业经济结构所占比重满意度	
	当地产业网络支持满意度	

续表

经济和谐度	指标层	指标说明
主观	当地产业政策和发展能力满意度	民族地区居民对当地经济状况、产业发展结构、自身收入水平的满意度
	当地产业发展状况满意度	
	当地宏观经济管理措施满意度	
	当地微观经济管理措施满意度	
	当地农业经济交往满意度	
	当地商业经贸交往满意度	
	民族地区居民生活满意度	
	民族地区居民基本生存压力	
	民族地区基础设施建设满意度	

三 文化和谐性评价指标

一方面，由于民族关系涉及方方面面，不仅包括少数民族内部、少数民族与汉族的关系，还包括宗教问题、边疆问题等，是一个相对敏感的话题，最终体现在人与人、人与社会、人与自然以及人与自身之间的关系。另一方面，思想意识决定行为决策，只有大脑发出指令，人才会实施某项行为，不存在脱离或超越意识的行为。因此，人的思想道德和科学文化水平决定民族关系和谐程度，也对和谐民族关系的实现起着至关重要的作用，还能促进我国和谐社会的实现。能够反映民族文化在构建和谐民族关系过程中作用的指标，有民族歧视与偏见等不良民族意识激烈程度、民族文字书刊出版率、教育公平满意度、非物质文化遗产数量等，详细指标集见表4-6。

表4-6　　　　　　　　文化和谐性测度评价指标集

文化和谐性	指标层	指标说明
客观	民族地区语言广播覆盖率与全国平均比	多民族国家的多元文化特质直接影响民族关系，文化和谐直接反映了我国文化的包容性
	民族文字书刊出版率与全国平均比	
	双语教学贯彻实施情况	
	民族地区文化遗产保护与全国平均水平	
	民族文化冲突发生率	
	民族地区人均受教育年限	

续表

文化和谐性	指标层	指标说明
客观	民族地区学龄教育净入学率	多民族国家的多元文化特质直接影响民族关系，文化和谐直接反映了我国文化的包容性
	民族地区高等教育入学率	
	民族地区九年义务教育完成率	
	民族地区文盲率	
	民族地区人均教育经费支出	
	民族地区在职培训参与率	
	民族地区特色文化品牌建设数量	
	民族地区星级景区数量	
	民族地区非物质文化遗产数量	
主观	民族地区教育状况满意度	民族地区居民对当地传统文化保护、继承、发展等状况的满意度
	歧视与偏见等不良民族意识激烈程度	
	对民族文化矛盾的态度	
	价值观念分化程度	
	教育公平满意度	
	民族语言文字保护满意度	
	民族地区科技发展满意度	
	民族地区文化保护满意度	
	民族地区文化传承程度	
	民族地区网络普及程度	
	民族地区幼儿教育状况满意度	
	当地普通教育及文盲扫盲状况满意度	
	民族地区职业教育状况满意度	
	民族地区高等教育满意度	
	当地科技发展水平及创新程度满意度	
	民族地区语言使用状况满意度	
	当地语言变迁情况满意度	
	当地民族文字使用及变迁状况满意度	
	当地风俗习惯保留满意度	
	当地教育培训满意度	
	民族文化保护力度满意度	

四　社会和谐性评价指标

经济快速发展并未能解决所有民族关系和谐问题，主要是由于经济建设与社会管理未能协调统一。社会事业作为社会管理的重要方面，直接决定社会公众的社会福利状况与生活满意度。当然，社会事业与社会发展的不平衡是动态的，当社会事业与对应的社会发展阶段偏离较多时，社会矛盾就比较明显，民众对国家、政府以及现行政策的抵触情绪就越强烈，特别是经济发展落后的民族地区，情况会更加恶劣；当社会事业水平接近理想水平时，社会各方面协调统一，人民生活安居乐业，人与人、人与社会、社会各阶层各民族之间利益关系得到较好的协调。因此，民族地区社会和谐性指标体系不仅包括通用指标，更包括能反映民族地区特殊状况的指标，具体包括民族地区人均住房面积、民族地区公共交通里程数、民族地区人身安全满意度、跨民族交往意愿等[①]，详细指标集如表4－7所示。

表4－7　　　　　　　　　社会和谐性测度评价指标集

社会和谐性	指标层	指标说明
客观	民族地区人均受教育年限	社会和谐性涵盖多方面的内容，包括交通、卫生、人口、基础设施等，这些都直接反映政府对民族地区民生的投入力度，若不妥善处理，极易造成不和谐的状态
	民族地区公共交通里程数	
	民族地区医疗保险投入比	
	民族地区社保投入比	
	民族地区人均住房面积	
	民族地区每年入网新增数	
	各族人口规模之比	
	居住地民族隔离程度	
	多民族构成家庭比例	
	民族矛盾、民族冲突发生率	
	每万人跨民族间纠纷数	
	少数民族人口居住、分布的分离指数	
	少数民族家庭数占当地比例	

---

① 参见肖映胜《武陵山民族地区和谐社会评价指标体系探微》，《吉首大学学报》（社会科学版）2011年第6期。

续表

社会和谐性	指标层	指标说明
客观	民族地区跨民族通婚率	社会和谐性涵盖多方面的内容，包括交通、卫生、人口、基础设施等，这些都直接反映政府对民族地区民生的投入力度，若不妥善处理，极易造成不和谐的状态
	区域发展差异程度	
	民族地区人口迁移流动率	
	民族地区人口社会流动通畅率	
	民族地区发展的结构性差异	
	民族地区人口健康指数	
	民族地区社会保障覆盖率	
	民族地区适婚男女青年比率	
	民族地区生活用水普及率	
	民族地区天然气普及率	
	民族地区每万人拥有公共厕所数量	
	民族地区大学生就业率	
	民族地区地方病、传染病发病率	
	民族地区城市化水平	
	民族地区人均寿命	
	民族地区离婚率	
	民族地区婴儿死亡率	
	民族地区互联网普及率	
	民族地区城乡居民贫困率	
	民族地区男女性别比例	
	民族地区老年人口比例	
	民族地区劳动适龄人口比例	
	民族地区甲、乙类法定报告传染病发病率	
	民族地区甲、乙类法定报告传染病死亡率	
	民族地区每千人拥有床位数	
	民族地区每千人卫生技术员数	
	民族地区失业率	
主观	民族地区人身安全满意度	民族地区居民对生活保障、幸福感、就业等社会状况的满意度
	跨民族交往的意愿	
	民族习俗尊重满意度	
	民族地区环境质量满意度	

续表

社会和谐性	指标层	指标说明
主观	民族地区社会保障满意度	民族地区居民对生活保障、幸福感、就业等社会状况的满意度
	民族间的贫富差距感	
	少数民族家庭户住房面积及设施满意度	
	民族地区居民返乡意愿程度	
	民族地区家庭幸福程度	
	民族地区住房满意度	
	民族地区互联网普及满意度	
	民族地区公共出行满意度	
	民族地区财产安全满意度	
	民族地区社会制度满意度	
	民族地区养老保障满意度	
	民族地区失业保障满意度	
	民族地区医疗保障满意度	
	民族地区就业状况满意度	
	民族地区就业类型满意度	
	民族地区就业机会满意度	
	民族地区就业渠道满意度	
	民族地区就业社会保障满意度	
	民族地区休闲娱乐状况满意度	
	民族地区婚姻状况满意度	
	民族地区人际关系满意度	
	当地衣食住行交通工具保留与变化状况满意度	
	当地社会正式组织满意度	
	当地社会非正式组织满意度	
	当地社会单位制度满意度	
	当地社会人事制度满意度	
	当地社会分层满意度	
	当地社会户籍制度满意度	

五 环境和谐性评价指标

自然环境的优良直接反映人与自然的和谐状态，是衡量和谐民族关系的标准之一。在民族地区实际发展过程中，过多地强调经济发展而忽略了自然环境的保护，更严重的情况是以牺牲自然环境来换取经济的快速发展，给人们的生存环境造成极大的破坏。从某种程度上说，民族地区自然环境的优良能够体现民族地区人们的物质生活水平以及当地居民的环保意识等。如果自然环境出现失衡状态，那么民族地区的供给矛盾会变得更加突出，这个矛盾主要是由于经济发展中的无限索取和自然环境中的有限资源造成的；而自然资源作为生存和发展中的最基本条件，应当进行合理开发、良性使用。优良的自然环境、充足的自然资源不仅是社会持续发展的基础，也是民族地区和谐发展的物质基础，同时也能为政治、经济等发展提供条件和资源。环境因素的衡量指标可从民族地区万元 GDP 能耗、民族地区自然灾害发生率、民族地区森林覆盖率、民族地区生活垃圾清运量、民族地区资源保护满意度、民族地区自然灾害发生数等指标中选取，详细指标集如表 4-8 所示。

表 4-8　　　　　　　　环境和谐性测度评价指标集

环境和谐性	指标层	指标说明
客观	民族地区万元 GDP 能耗	少数民族居住地区的环境不断恶化，成为少数民族地区发展的最大障碍。尤其是西部地区的环境生态问题，已经成为影响民族团结、民族生产、民族发展的重大问题，严重影响了民族关系和谐发展
	民族地区废水排放量	
	民族地区废气排放量	
	民族地区污染治理投资额	
	民族地区生活垃圾清运量	
	民族地区自然灾害发生率	
	民族地区"三废"处理率	
	民族地区自然灾害成灾人口	
	民族地区自然灾害导致的死亡人数	
	民族地区自然灾害得到国家救济人数	
	民族地区生态退化程度	
	民族地区环境质量指数与全国平均比	
	民族地区资源开发补偿力度	
	民族地区严重自然灾害发生率	
	民族地区公共交通出行比例	
	民族地区空气优良率	

续表

环境和谐性	指标层	指标说明
客观	民族地区单位 GDP 二氧化碳排放量	少数民族居住地区的环境不断恶化，成为少数民族地区发展的最大障碍。尤其是西部地区的环境生态问题，已经成为影响民族团结、民族生产、民族发展的重大问题，严重影响了民族关系和谐发展
	民族地区森林覆盖率	
	民族地区安全用水普及率	
	民族旅游资源保护率	
	民族矿产资源保护率	
	民族文化资源保护率	
	民族地区生态环保工程建设支出水平	
主观	民族地区资源保护满意度	民族地区居民对当地生活环境、资源开发情况等的满意度
	民族地区水质满意度	
	企业环保行为满意度	
	对自己居住状况满意度	
	对当地自然资源归属状况满意度	
	对当地自然资源开发利用状况满意度	
	对当地自然资源分配和共管程度满意度	
	当地民众自然资源开发参与度	
	民族地区城市环境卫生满意度	
	民族地区生活环境卫生满意度	
	民族地区自然灾害影响程度	
	民族地区环境保护满意度	
	民族地区环保工程建设满意度	

六 宗教和谐性评价指标

我国民族地区，特别是西部边疆地区是一个多民族、多宗教并存的区域，宗教的影响涉及当地社会生活的方方面面，该地区的宗教行为、宗教情感往往体现在民族情感和民族观念中，且这种关系随着交流频繁而日益密切。民族问题和宗教问题的相互影响、相互渗透，致使民族跟宗教密不可分，民族地区的社会和谐受到宗教的较大影响。对少数民族地区的人们而言，宗教作为一种特殊的存在方式，在某种程度上代表人们的信仰和追求，与提高该地区经济发展，实现和谐建设的目标一致。但同时宗教作为一种"巨大的保守力量"，排他和封闭特质也会阻碍西部边疆民族地区的发展，尤其是对现代科学技术和思想文化的抵触。

长期信仰某种宗教，使人们的价值观、思考方法以及生产生活方式都带有强烈且明显的宗教色彩。宗教思想对人们的行为有一定约束力，尤其对于宗教禁止的行为，受教群众更会严格遵守，不敢越雷池一步。在这样的影响下，受教群众将现实社会中发生的各种矛盾和突发事件都归结为对神灵的不尊敬而导致的，也坚信只要虔诚信仰，神灵便能解决任何问题。这种情况在民族地区更为盛行，同时也进一步强化了宗教存在的意义和基础即贫困愚昧。此外，宗教对民族地区的影响和约束作用是长远的，很难在短时间内消除，并且还会以其特殊的方式存在于民族社会生活中，潜移默化地影响人们的生产生活和思维模式。现有的研究中反映宗教因素的指标主要有民族地区宗教基础设施建设支出水平、民族地区宗教教徒数量、民族地区宗教数量、民族地区宗教发展水平满意度等，详细指标集如表4-9所示。

表4-9　　　　　　　　　宗教和谐性测度评价指标集

宗教和谐性	指标层	指标说明
客观	每十万人民族寺庙数	民族问题和宗教问题往往纠缠在一起，成为国际地区冲突、民族关系紧张的主要诱因
	民族地区非法宗教活跃程度	
	民族地区反动宗教集团势力影响程度	
	民族宗教队伍年培训次数	
	宗教设施建设费用支出水平	
	民族地区宗教教徒数量	
	民族地区宗教场所数量	
	民族地区宗教组织数量	
	民族地区宗教干预程度	
	民族地区非正式渠道宗教言论数量	
	民族地区宗教信仰变动率	
	民族地区群众宗教活动参与程度	
	民族地区宗教多样化程度	
	民族地区宗教类别	

续表

宗教和谐性	指标层	指标说明
客观	民族地区宗教数量	民族问题和宗教问题往往纠缠在一起，成为国际地区冲突、民族关系紧张的主要诱因
	民族地区宗教信仰人数	
	宗教活动年均次数	
	宗教管理部门人数	
主观	民族地区宗教发展水平满意度	民族地区居民对当地宗教活动、宗教信仰、宗教发展的满意度
	民族地区宗教活动场所合理度	
	当地宗教活动场所的财产及公益事业管理满意度	
	当地宗教活动场所与邻近寺院宫观的关系	
	民族地区宗教专职人员工作满意度	
	民族地区神职人员的宗教活动情况满意度	
	民族地区宗教活动干预程度	
	民族地区宗教信仰尊重程度	
	民族地区宗教活动参与程度	
	民族地区宗教多样化程度	
	宗教信仰自由满意度	
	宗教对当地政府、公检法、社会团体的影响	
	宗教对民族地区社会稳定影响	
	宗教对当地群众政治生活的影响	
	宗教对当地经济发展的影响	
	宗教对当地教育发展水平的影响	
	宗教对民族地区日常生活的影响	
	宗教管理自由化程度	
	宗教观教育满意程度	

七　国际和谐性评价指标

由于民族地区大都紧邻边疆，或者和其他邻国接壤，民族关系易被邻国的事件或国际事态影响。和非邻边民族地区相比来说，邻边民族地区一旦发生社会危机或突发事件，其造成危害更大，破坏力更强，负面影响也更深远。国外某些组织为了阻碍中国的稳定发展，借"人权"和"民族自决"的名号，公开支持我国某些民族分裂主义和极端分子，严重破坏民族地区的社会秩序和日常生活，给民族地区人民的财产和生命带来严重威胁。民族地区的社会环境整体表现不稳定，人们的生活精力集中不到发展致富上，也就没有特殊的优势条件吸引外部人才和资金的流入，甚至有时会因为社会的动荡使仅有的资源流失。国际环境指标主要包括国外极端主义影响程度、国外民族主义分裂势力干扰程度、国外恐怖主义干扰程度，周边国家不稳定影响程度等，详细指标集如表4－10所示。

表4－10　　　　　　　　　国际和谐性测度评价指标集

国际和谐性	指标层	指标说明
客观	国外宗教极端主义势力干扰程度	我国邻国数量最多、周边民族成分最复杂的特点，我国与其他民族之间的交往不断增多，各种思潮和活动互相影响的情况逐渐增大
	民族性冲突事件数	
	国际宗教性大型集会数	
	国外民族分裂主义势力干扰程度	
	国外恐怖主义活动干扰程度	
	周边国家不稳定影响程度	
	跨国界民族影响率	
主观	国外宗教极端主义影响程度	国际恐怖主义、极端宗教主义、分裂主义对民族地区的影响
	国外宗教极端主义势力影响程度	
	国外民族分裂主义势力影响程度	
	国外恐怖主义活动影响程度	
	周边国家不稳定的影响程度	
	跨国界民族影响程度	

总体来说，民族关系和谐性监测预警指标体系涵盖多个方面，将主观指标和客观指标相结合，从主观判断和客观数据两个角度，确保指标体系的完整。结合指标体系的各个维度和具体内容构建"弓弦箭模型"[1]，其中，弓为主要评价指标，由主观评价指标和客观评价指标组成，主要包括政治和谐性、经济和谐性、社会和谐性、文化和谐性、宗教和谐性、

---

[1]　社会稳定评估指标体系的"弓弦箭模型"。参见陈秋玲《完善社会预警机制》，经济管理出版社2013年版，第68页。

环境和谐性和国际和谐性 7 个方面，这些是民族关系和谐的具体体现；箭为民族关系和谐的标志性指标，由各项具体指标构成，包括群体性事件频率、人均消费支出、万元 GDP 能耗、人身安全满意度和教育状况满意度等。民族关系和谐性监测预警指标体系的弓弦箭模型如图4－4所示。

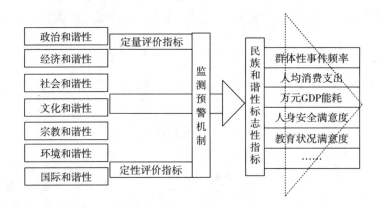

图 4 - 4　民族关系和谐性监测预警指标体系的弓弦箭模型

第四节　民族关系和谐性预警指标动态筛选处理

　　我国这样的多民族国家的民族关系在社会发展的不同时期及不同地域都有不同的特点与和谐主题，民族关系和谐性指标体系也会随着和谐主题的变迁而产生变化。同时，各个民族在同一时期所处的地理环境、人文环境、社会环境差异也较大，这种差异下应建立预警指标体系的动态筛选机制。为了保证评价结果的科学、严谨，预警信息的及时、有效，通过主客观评价指标的选择，并在民族关系和谐主题的基础上建立一个动态的评价指标体系以适应环境的变化。具体筛选及处理如图 4 - 5 所示，由图 4 - 5 可以看出，主客观指标体系在选取原则和方法的基础上，根据内外部环境的变化进行有效筛选，从而选择出合适的指标。

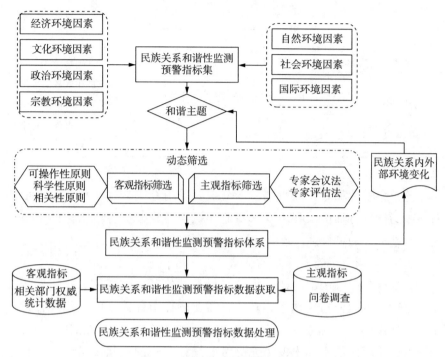

图 4 - 5 民族关系和谐性监测预警指标动态筛选及处理

一 评价指标体系的动态筛选

（一）指标体系筛选方法

无论是主观指标还是客观指标，为了保证指标的可靠性和科学性，都必须在预警指标全集的基础上基于民族关系和谐主题进行动态筛选，主要筛选方法包括专家会议法、专家评估法、主观概率法、相互影响分析法、情景预警法等，各种方法之间的优缺点比较见表 4 - 11。

表 4 - 11　　　　　　　指标筛选方法评价

指标筛选方法	优点	缺点
专家会议法	能够激发灵感，平等地表达自己的意见	易受经验和主观影响
专家评估法	不受地域范围的限制，可以根据不同地区的实际情况，采纳相关民族关系和谐性监测预警指标，并且随着时间的推移进行修正、改动，比较灵活实用；将专家的建议进行面对面、背靠背的沟通，有利于准确把握民族关系和谐性监测预警指标筛选的合理性和科学性	受制于人的经验和主观判断

续表

指标筛选方法	优点	缺点
主观概率法	可判断政治、经济等因素	易受主观经验的影响
相互影响分析法	综合了德尔菲法、主观概率法和领先指标法的优势	未能明确各类事件间的关系和相互影响
情景预警法	便于锻炼人的思维和创造性	难以对事件进行指标化处理

鉴于科学性和专业性原则，本书主要采用专家会议法和专家评估法对各项指标进行筛选，利用专家专业知识和经验分析各个指标的重要程度，判断指标的可行性，最终确保所选指标的合理性。

（二）指标体系筛选原则及方法

指标就是通过一定的评价规则来反映评价对象的特征。构建民族关系和谐性监测预警指标体系，首先，需要确保指标体系的适用性，设计出真正实用的指标体系，为各项法规政策的制定提供参考依据。其次，指标的构建应该从实际出发，充分考虑统计工作的现状，尽量采用易于获取数据的指标，提高指标体系在实际应用中的可操作性，确保可获得指标的原始数据。最后，制定的指标还需要按照一定的标准来分析，并对指标进行量化处理。建立民族关系和谐性监测预警指标体系应遵循一定的科学方法，科学系统地设计体系的内容和框架，以确保指标体系能够全面客观地反映民族关系的现状，准确地评价民族关系的稳定性以及未来的发展趋势。同时，需要通过严谨的科学方法，确定各项指标的权重，保证结果的准确性。

1. 专家评分法

现有文献中，一般采用专家打分法来确定预警指标，优点在于操作简便且实用，但结果易受专家主观经验和知识背景的影响。首先，邀请相关专家对民族关系和谐性监测预警客观评价体系进行评分；其次，筛选出具有权威性和代表性的指标。直接评分的专家有若干人，一般采用所有专家打分的平均值来反映最后的指标值，综合反映全部专家的打分情况；但也不能避免由于专家经验和阅历的不同而导致最终结果的偏差，不能很好地反映真实情况，降低指标的可靠性。因此，需要对专家可信度①进行衡量。

专家可信度，也称为专家的权威性，用 α （$0 \leqslant \alpha \leqslant 1$）表示，$\alpha = 1$ 表示某专家最值得信任，$\alpha = 0$ 表示某专家最不值得信任。在预警指标的动态筛选中，借鉴相关文献的做法，将专家可信度评判标准分为职称、学历、工作性质和专业。具体评价结果如表 4 - 12 所示。

表 4 - 12 专家可信度评价标准分类

类别		评分区间
职称	高级	[8, 10]
	中级	[4, 7]
	初级	[1, 3]
学历	博士	[8, 10]
	硕士	[7, 10]
	本科	[3, 6]
专业	民族学	[6, 10]
	社会学	[6, 10]
	宗教学	[6, 10]
	经济学	[6, 10]
	管理学	[5, 9]
	其他	[3, 9]
工作性质	科研	[6, 10]
	政府	[6, 10]
	企业	[4, 9]
	其他	[3, 9]

用 g_i（$i = 1, 2, 3, 4$）分别表示专家职称、学历、工作性质和专业的判定分数，那么专家可信度 α 表示为：

---

① 参见刘鹏《城市公共危机预警研究》，中央编译出版社 2010 年版，第 174 页。书中指出，在城市公共危机综合评价中，对评价指标中定性指标的确定采用了专家打分法。但是，由于参与评价的专家的知识水平、阅历、权威层次的差别使得到的指标值有失偏颇，所以，引入了专家可信度的概念。本书借鉴专家可信度的概念用来判断专家的权威性。

$$\alpha = \frac{\sum\limits_{i=1}^{4} g_i}{40} \tag{4.1}$$

上式的意义是：α 越接近 1，表示该专家可信度越高，所做的判断越值得信任；反之，则表示专家可信度低，不值得信任。

设参与评价的专家为：B_1，B_2，B_3，$\cdots$，B_n，其可信度为：b_1，b_2，$\cdots$，b_n，令（$i = 1$，2，$\cdots$，n），γ_i 为专家 β_i 对评价专家组 B_1，B_2，B_3，$\cdots$，B_n 的综合可信度，也称为专家 B_i 的综合信度。称 $\gamma = \dfrac{(b_1 + b_2 + \cdots + b_n)}{n}$ 为专家组 B_1，B_2，B_3，$\cdots$，B_n 的综合可信度，式中的 γ 表示评价专家组的权威程度，其计算公式为：

$$\gamma_i = \frac{b_i}{\sum\limits_{k=1}^{n} b_k} \tag{4.2}$$

设 A 为评价对象，A_1，A_2，A_3，$\cdots$，A_m 为 A 的 m 个指标。对 A 有 n 个专家参与，每个专家通过百分制形式对每个指标进行打分，得到最终得分，具体如表 4 – 13 所示。

表 4 – 13　　　　　　　　专家打分表

专家因素	分数			
	B_1	B_2	$\cdots$	B_n
A_1	C_{11}	C_{12}	$\cdots$	C_{1n}
A_2	C_{21}	C_{22}	$\cdots$	C_{2n}
$\cdots$	$\cdots$	$\cdots$	$\cdots$	$\cdots$
A_m	C_{m1}	C_{m2}	$\cdots$	C_{mn}

表 4 – 13 中，$C_{ij} \in G$（$i = 1$，2，$\cdots$，m，$j = 1$，2，$\cdots$，n）即 C_{ij} 为有理灰数[①]，对因素 A_i 专家打分为 C_{i1}，C_{i2}，$\cdots$，C_{in} 专家综合可信度为 α_1，α_2，$\cdots$，α_n，则指标 A_i 的综合得分公式为：

---

① 灰数是指只知道大概范围而不知道其确切值的数，一般是指在某一个区间或某一个一般的数集内取值的不确定数。

$$C_i = \sum_{i=1\alpha}^{m} jc_{ij} \tag{4.3}$$

2. 基于相关性分析的筛选

主观筛选法是在个人实际经验基础上所做的决策，具有较强的主观性。在相关性原则的基础上计算两两指标间的相关系数，以判断指标所反映的内容信息是否相似，若相关系数较大，则需要进一步筛选，尽量减少重复指标，提高指标的代表性和准确性。详细计算分析步骤如下：

（1）计算两两指标间的相关系数。指标体系中共有 K 个指标，记 r_{ij} 为第 i 个指标和第 j 个指标间的相关系数；I_t、J_t 分别为第 i、j 个指标的观测值（t = 1，2，…，n）则 r_{ij} 的计算公式为：

$$r_{ij} = \frac{n\sum I_t J_t - \sum I_t \sum J_t}{\sqrt{n\sum I_t^2 - (\sum I_t)^2}\sqrt{n\sum J_t^2 - (\sum J_t)^2}} \tag{4.4}$$

（2）令临界值为 M(0 < M < 1)，若 $|r_{ij}| \geq M$，则表明这两项指标反映的内容相似性较高，这种情况下，应再考虑其他原则以做出正确的判断；若 $|r_{ij}| < M$，则表明该两项指标所反映的内容相似性较低，不应删除。一般临界值设为 0.9，即 M = 0.9。

相关性分析的作用在于精练指标数量，删除相似性较高的指标，以提高指标的针对性，保证最后分析评价结果的准确性。基于相关性分析的指标筛选是一种客观的指标筛选方法，不受评价人员的主观影响，但相关性分析需要大量的基础数据，才能保证筛选结果的效度。

二 指标数据获取与处理

（一）客观指标数据的获取

客观指标数据的来源包括统计部门的数据、统计年鉴以及各个民族地区当地有关部门发布的数据信息，其中统计年鉴以《中国统计年鉴》为主，参考《中国环境统计年鉴》，各省份及地方政府编辑的统计年鉴等。另外，还有一些指标数据需要实地调研后计算获得，有的指标还需要估算。一般来说，民族关系和谐性的宏观趋势监测预警需要采集多年的序列数据，才能发现和谐性的变化规律，但是，由于历史数据获取较为困难，因此，在和谐性的宏观预警实施的初期，规律性并不十分明显，需要不断地积累数据。

（二）主观指标数据的获取

客观指标并不能完全取代主观指标，主观指标也很重要。关于主观指标的测量，西方学者尤其是心理学家研究时间较长，经验丰富，但到目前为止，还未出现一种主观指标的测量工具被社会普遍接受。另外，由于中西方文化背景和社会现状的差异，以及我国独特的民族特性，使中西方学者对民族关系和谐性的理解存在很大差异。因此，在阅读相关文献资料的基础上，结合不同地区民族关系的特点以及专家咨询的结果，制定特定的调查问卷。再通过实地调研，深入民族地区考察，对居民、组织进行问卷调查和专家咨询调查，并通过深度访谈等方式获取主观指标评价的原始资料，确保数据的准确性。

（三）指标数据的处理

1. 缺失数据处理

在实际调查过程中，由于种种原因，收集的资料中有些数据可能会缺失，针对这种情况，已有相关研究提出相应的处理方法。本书在前人研究的基础上主要采取以下三种数据缺失处理办法：

（1）加权方法。就是将缺失数据剔除后，重新给非缺失数据赋予相应的数据，即将赋予缺失数据的权重分配给非缺失数据。

（2）填补方法。就是寻找另外一个合适值来替代缺失值，也称为"替代值"，传统的填补方法有删除法、均值填补法以及回归填补法。

（3）参数似然法。与前两种方法相比，这种方法能产生更好的估计值，但需要提前了解具体的参数模型。

2. 数据标准化处理

（1）正向指标标准化。正向指标是指民族关系和谐性呈现正相关的指标。正向标准化后的数据记为 x_{ij}，具体计算公式为：

$$x_{ij} = \frac{v_{ij} - \min_{1 \leq i \leq m}(v_{ij})}{\max_{1 \leq i \leq m}(v_{ij}) - \min_{1 \leq i \leq m}(v_{ij})} \qquad (4.5)$$

（2）负向指标标准化。负向指标是指和民族关系和谐性呈现负相关的指标。负向标准化后的数据记为 x_{ij}，具体计算公式为：

$$x_{ij} = \frac{\min_{1 \leq i \leq m}(v_{ij}) - v_{ij}}{\max_{1 \leq i \leq m}(v_{ij}) - \min_{1 \leq i \leq m}(v_{ij})} \qquad (4.6)$$

式中，x_{ij} 是第 j 个评价对象的第 i 个指标标准化值；v_{ij} 为第 j 个评价对象的第 i 个指标值；m 为评价对象数。

第五节　民族关系监测预警评价方法

关于监测预警的评价方法，不同领域会采用不同的方法。本书主要在指标动态筛选的基础上，针对筛选过程、各项指标权重的确定以及环境的不确定性等方面来确定相应的评价方法。本书提出的民族关系和谐指标所涉及的指标项较多，有必要对各个指标赋予权重，以判断其重要性或优先性；将各项指标对民族关系总体和谐性测度的重要性转化为计量值，以便于理解和计算。下面主要根据层次分析法计算各个指标的权重，并将其与模糊综合评价法相结合，进行指标体系的综合评价。另外，鉴于民族关系内外部环境的高度不确定性，本节介绍了运用突变理论①来解释民族关系和谐发展中不确定性因素的方法。

一　模糊综合评价法

运用模糊综合评价法对民族关系和谐性监测预警主观指标进行评价，一般步骤如下。

（一）确定主观评价因素集

设影响民族关系和谐性主观感受的主要因素有 m 个，分别用 u_1，u_2，u_3，…，u_m 表示，将因素集记为 $U = \{u_1, u_2, u_3, …, u_m\}$。

（二）确定评价等级集

首先对主观指标的等级进行划分或者赋予相应的评语。例如，将认同度划分为非常认同、认同和不认同 3 个等级；将满意度划分为非常满意、满意、一般、不满意和非常不满意 5 个等级。若有 n 个等级，用 v_1，v_2，v_3，…，v_n 表示，则民族关系和谐性评价等级或者评语集为 $V = \{v_1, v_2, v_3, …, v_n\}$。

对于主观指标集中的每个指标 u_i（$i = 1, 2, 3, …, m$），分析每个主观指标对所划分的评价等级的隶属度 r_{ij}，得到第 i 个因素的单因素评价结果：

$$r_i = (r_{i1}, r_{i2}, …, r_{in})$$

一般情况下，需要对 r_{ij} 进行归一化处理，使 $\sum r_{ij} = 1$。

---

① 突变理论是指用形象的数学模型来描述连续性行动突然中断导致质变的过程。

（三）建立评价矩阵

针对 m 个主观指标，在单个指标完成评价后，将 r_{ij} 作为第 i 行，形成一个综合了 m 个指标 n 个评价等级的模糊矩阵 R：

$$R = \begin{bmatrix} r_{11} & r_{12} & \cdots & r_{1n} \\ r_{21} & r_{22} & \cdots & r_{2n} \\ \vdots & \vdots & & \vdots \\ r_{m1} & r_{m2} & \cdots & r_{mn} \end{bmatrix}$$

（四）确定权向量

一般情况下，反映民族关系和谐性的各个主观指标的重要程度并不一样，需要根据其贡献程度赋予相应的权重。如果记主观指标 u_i 的权重为 w_i，那么对应的指标集 U 的权重向量为：

$$W = (w_1, w_2, \cdots, w_m)$$

对于权重 w_i，要求 $w_i \geq 0$ 且 $\sum w_i = 1$。

（五）进行模糊合成

在确定评价矩阵和权重向量后，对矩阵进行模糊合成，得到民族关系和谐性各项评价指标的隶属程度。模糊合成后的评价结果一般表示为 S $= (s_1, s_2, \cdots, s_n)$，由上文可知，综合评价的结果是在模糊矩阵和权重向量的基础上合成的，模糊算子为：

$$S = W°R \tag{4.7}$$

式中，$W°$ 为模糊算子符号，不同算子符号对应的模糊综合评价模型也有所区别。通常使用较为频繁的算子符号包括 S 算子、加权平均算子、有界算子、取最大乘积算子、有界和乘积算子、爱因斯坦（Einstein）算子、Hamacher 算子和 Yager 算子等。确定模糊算子并对最后的结果做归一化处理，使 $\sum S_i = 1$。

（六）做出决策

观测得到的模糊综合评价结果向量 S $= (s_1, s_2, \cdots, s_n)$，$S_i$ 表示民族关系和谐性隶属于评价等级 V_i 的程度。其中，S 最大的 S_i 对应的等级 V_i，即以该等级为标准来衡量民族关系和谐性的评价结果。

二　层次分析法

20 世纪 70 年代，萨蒂（Saaty）提出层次分析法（Analytic Hierarchy Process，AHP）并用于系统分析。通过 AHP 法设定两两因素的相对重要性，形成判断矩阵；再经过一致性检验和因素权向量确定，可以获得不同指标的权重。下面介绍如何使用 AHP 法实施权重分配。

（一）构造判断矩阵

为了避免主观因素，对隶属于同一指标范畴的指标因素，用 1、3、5、7、9 表示两两因素之间的相对重要度（2、4、6、8 表示重要度介于某两奇数之间）。设 a_{ij} 表示 i 因素和 j 因素间的相对重要性，例如，数字"1"表示同等重要，数字"9"表示极端重要，其余数字就以此类推表示各类重要程度。且 a_{ij} 满足反对称阵关系，即：

$$a_{ij} = \frac{1}{a_{ij}} (i, j = 1, 2, 3, \cdots, n)$$

根据以上方法，通过对指标体系中同一子指数范畴内各因素进行两两比较，形成若干个判断矩阵 G－C，C_i－P(i=1, 2, $\cdots$, n)。

进一步求判断矩阵 G－C 的因素权重，并检验其一致性。即采用求根法，按下式求得 R_i：

$$R_i = n\sqrt{\prod_j a_{ij}} \tag{4.8}$$

接着，对 R_i 进行归一化处理，获得 W_{G-C}，此为矩阵 G－C 的特征向量值：

$$W_i = \frac{R_i}{\sum R_i}, (i = 1,2,3,\cdots,n) \tag{4.9}$$

（二）一致性检验

计算判断矩阵 A 的最大特征值：

$$\lambda_{max} = \frac{1}{n} \sum_i \left[\frac{(AW)_i}{w_i} \right] \tag{4.10}$$

求判断矩阵 A 的一致性指标 C. I. ：

$$C. I. = \frac{\lambda_{max} - n}{n - 1} \tag{4.11}$$

$$C. R. = \frac{C. I.}{R. I.} \tag{4.12}$$

式中，R. I. 为平均随机一致性指标，具体的值可以通过查表获取。

当 C. R. ＜0. 1 时，表示判断矩阵 G－C 一致性成立。

同理，做判断矩阵 C_i－P(i=1, 2, $\cdots$, n)，获得符合一致性指标的评价因素权重。

（三）计算各因素权重

通过计算，获得所有评判因素的合成权重向量为：

$$W_{G-C-P} = W_{G-C} \cdot W_{C-P} \tag{4.13}$$

三　突变模型的应用

民族关系和谐性变化是不连续的、突发的、定性的突变和飞跃过程，这个过程不能依靠简单的数量关系来表达，需要引入恰当的数学工具来描述它们的数学模型。将突变理论引入民族关系和谐性监测预警研究中，建立民族关系和谐性在不确定性环境下的监测预警机制。突变理论主要研究突发状况和不确定事件，通过建立数学模型来反映不连续事件的变化过程。在民族工作领域中，也经常发生一些突发事件，这也属于一种突变现象。因此，运用突变理论来解释民族工作中的突发性危机事件，具有一定的借鉴意义。突变理论最常用的初等突变模型如表 4 – 14 所示。① 表 4 – 14 中，突变函数 f(x) 为状态变量 x 的势函数，其系数 a、b、c、d 表示该状态变量的控制变量，突变芽就是生成突变现象的幼芽，也就是说，突变芽是系统产生突变现象的前因。

表 4 – 14　　　　　　　　　初等突变模型

突变类型	控制参数	突变芽	突变函数
折叠突变	1	x^3	$f(x) = x^3 + ax$
尖点突变	2	$\pm x^4$	$f(x) = x^4 + ax^2 + bx$
燕尾突变	3	x^5	$f(x) = x^5 + ax^3 + bx^2 + cx$
蝴蝶突变	4	$\pm x^6$	$f(x) = x^6 + ax^4 + bx^3 + cx^2 + dx$

对于势函数 f(x)，得到 f'(x) 突变平衡曲面方程及分歧方程，如表 4 – 15 所示。②

表 4 – 15　　　　　初等突变模型的突变平衡曲面方程及分歧方程

突变类型	曲面平衡方程	分歧方程
折叠突变	$f'(x) = 3x^2 + a = 0$	$f''(x) = 6x$
尖点突变	$f'(x) = 4x^3 + 2ax + b = 0$	$f''(x) = 12x^2 + 2a = 0$
燕尾突变	$f'(x) = 5x^4 + 3ax^2 + 2bx + x = 0$	$f''(x) = 20x^3 + 6ax + 2b = 0$
蝴蝶突变	$f'(x) = 6x^5 + 4ax^3 + 3bx^2 + 2cx + d = 0$	$f''(x) = 30x^4 + 12ax^2 + 6b + 2c = 0$

① 参见陈秋玲《完善社会预警机制》，经济管理出版社 2013 年版。

② 同上。

$f''(x)$ 为各个突变类型下的分歧方程，由曲面平衡方程获得，反映状态变量和各个控制变量之间的关系，如表 4 – 16 所示，对分歧方程进行推导变化，可以获得不同突变类型下的归一公式。通常情况下，主要控制变量和次要控制变量按照先后顺序排列。

表 4 – 16　　初等突变模型的突变分解形式的分歧方程及归一公式

突变类型	突变分解形式的分歧方程	归一公式
折叠突变	$a = -3x^2$	$x_a = \sqrt{a}$
尖点突变	$a = -6x^2$，$b = 8x^3$	$x_a = \sqrt{a}$，$x_b = \sqrt[3]{b}$
燕尾突变	$a = -6x^2$，$b = 8x^3$，$c = -3x^4$	$x_a = \sqrt{a}$，$x_b = \sqrt[3]{b}$，$x_c = \sqrt[4]{c}$
蝴蝶突变	$a = 20x^3$，$b = -15x^4$，$c = 4x^5$，$d = -10x^2$	$x_a = \sqrt{a}$，$x_b = \sqrt[3]{b}$，$x_c = \sqrt[4]{c}$，$x_d = \sqrt[5]{d}$

采用突变理论对评价对象进行全面分析，对不同突变类型下的控制变量进行归一化处理，并转化为可以相互比较的状态。同时，通过运算公式对归一化处理后的控制变量进行量化处理，得到该状态下的突变值，并以此作为综合评价的依据。通常情况下，系数 a、b、c、d 表示的控制变量能够反映其对状态变量的影响，由于存在正向和负向影响，因此，需要按照"互补"与"非互补"原则对突发事件进行评价。"互补"原则主要针对那些相互间影响较大的控制变量，这时应采用各控制变量均值的方法来表示非常规突发事件的总突变值，即：

$$x = (x_a + x_b + x_c + x_d)/4 \tag{4.14}$$

"非互补"原则主要针对那些相互间影响不大的控制变量，这时需要根据其影响方向来区别对待。若属于正向影响，则选择各控制变量中最小突变值当作总突变值，即：

$$x = \max(x_a + x_b + x_c + x_d) \tag{4.15}$$

若属于反向影响，则选择各控制变量中最大突变值当作总突变值，即：

$$x = \min(x_a + x_b + x_c + x_d) \tag{4.16}$$

基于以上分析，对突变模型的类型进行如下二维分析，具体如表 4 – 17 所示。[①]

---

① 参见陈秋玲《完善社会预警机制》，经济管理出版社 2013 年版。

表 4 – 17 基于"互补"与"非互补"原则的突变类型二维分析

控制变量间关系突变类型	尖点突变	燕尾突变	蝴蝶突变
互补关系	互补尖点突变	互补燕尾突变	互补蝴蝶突变
非互补关系	非互补尖点突变	非互补燕尾突变	非互补蝴蝶突变

基于突变模型理论,可以应用时间序列数据来分析基于不同主题的民族关系和谐性发展趋势。首先,对各个指标做标准化处理并在归一公式的基础上进行量化递归运算,找到控制变量间的联系;其次,在"互补"和"非互补"基础上找出总突变值以及在归一公式的基础上综合分析突变隶属值,取得民族关系和谐性监测预警总体风险度。根据现有关于风险度量标准的规定,结合风险度量结果,对其未来趋势进行监测预警。

第三部分

民族关系监测预警中的信息管理

第五章 民族关系监测预警信息
需求及其来源可供性

民族关系监测预警通过监测影响民族关系的和谐性指标集，并预测可能出现的民族问题，提出应对方案。整个监测预警过程需要依托于完整、详细且可靠的监测预警信息。在如今信息爆炸的资讯时代，除纸本信息资源之外，网络信息资源已成为重要参考资源，政治、经济、文化、社会等各方面的信息繁多冗杂，满足监测预警要求的信息资源需要运用各种科学手段进行采集、组织、检索、分析而得到。本章从民族关系监测预警信息需求、监测预警信息存在形式、监测预警信息来源可供性等方面进行研究，并就民族关系监测预警信息采集提出对策建议。

第一节 民族工作信息化建设现状

各级民委工作部门现代化程度的高低取决于信息化水平。随着社会文明的发展，我国民族事务工作信息需求也在不断扩大，在《国家电子政务"十二五"规划》和《民委信息建设规划（2011—2015）》的指导下，我国民族工作信息化已在基础建设、核心业务应用系统信息化以及民族工作信息化体系等方面取得了一定的成果，这为民族工作信息化建设的进一步发展提供了宝贵的实践经验。

一 国家民委信息资源管理不断完善

国家民委作为我国民族事务主管部门，不仅担负着执行党和国家民族政策的重要任务，而且对促进少数民族及民族地区政治、经济、文化、教育、科技等领域的发展有着不可或缺的作用。因此，国家民委的信息化程度直接代表了我国民族工作信息化的水平。早在 2006 年国家民委信息中心就会同教育科技司发起了"国家民委信息化专项科研计划"，提出了富有战略意义的《民族事务管理信息化建设专项科研大纲》，正式将信息化建设工程纳入民族工作日程。

在国家民族事务信息需求不断扩大的同时，民族事务信息资源体系建设也逐步趋于完善。在国家民委网站建设初期，国家民委网站信息资源目录主要由新闻中心、民族工作、民族经济、社会文化卫生、民族教育科技等23个板块组成，而在对民族事务不断深化了解的过程中，网站的信息资源目录不仅在内容上进行了扩充，而且在整体架构上也变得愈加清晰。国家民委基于民委门户网站升级改造的需要，设计了国家民委门户网站信息资源目录新体系，提出了基于国家电子政务标准的原有网站目录体系的改造方案，为国家民委网站结构设计提供了具有实际应用价值的结构设计方案。国家民委网站信息总体结构如图5-1所示。

政府门户网站的信息资源目录体系是根据相关政府部门和行业的统一标准和规范，并以发布、发现和定位政务信息资源及各类交换服务目录为目的的建立的信息组织体系。设计其框架体系时，需要在充分考虑社会公众与政务人员信息服务和在线业务需求的基础上，将相关政务信息资源依照网络信息组织原理编目，构造出公共信息资源的目录体系架构，政府门户网站的主要功能是服务社会公众和政务人员能实时获得准确的政务信息。"以人为本"，建设"透明、服务、民主"的政府是我国政府职能转变的发展趋势，而不断加强政府网站建设，勤于创新，始终坚持"政务信息公开、在线办事和公众参与"的三大功能定位，是一切政府网站工作的出发点和落脚点。

国家民委在"十一五"信息化规划中明确指出：以国家民委门户网站为中心的民委系统网站集群，提供各类信息服务、功能服务和交互服务，开展民族团结进步的宣传教育，构建民族工作部门履行社会管理和公共服务职能的平台。建设信息审批发布系统，支持政务公开全过程管理，满足公共信息需求；开展网上职业培训、就业指导、急难救助、法律援助、流动人口管理等功能服务，为各族群众提供"一站式"网上服务；增强网站的交互功能，支持在线交流和信息调查，拓宽群众与政府的沟通渠道。

二　民族工作信息化基础设施建设不断完善

完善的信息化基础设施是民族工作信息化发展的前提条件，也是民族

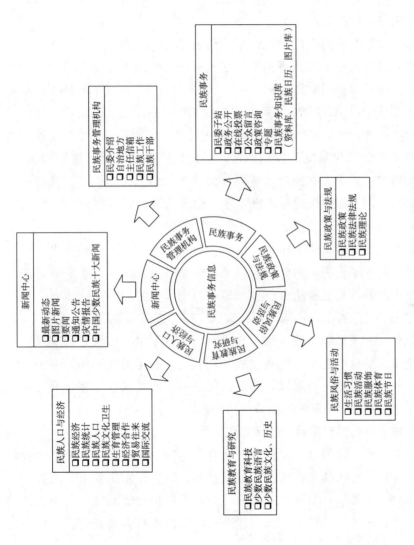

图 5 - 1　国家民委网站信息总体结构

资料来源：《国家民委门户网站信息资源目录体系设计研究报告》，国家民委信息中心，北方民族大学，2007 年。

工作信息化建设的重要内容。随着办公自动化和重要业务系统信息化的全面推进，计算机和网络普及应用在民族工作系统中已基本完成，民族工作部门基础硬件设施建设已达到国内先进水平。国家民委自推进电子政务网站建设以来，选取了有条件的省份开展市级民委及县级民委接入国家电子政务外网的试点工作。

2016年10月，国家民委舆情中心为进一步加强民族工作信息化，公开招标国家民委民族事务治理信息化工程——云数据中心基础建设一期建设项目，项目招标额度高达800多万元。同年6月，云南省民族工作信息化业务系统建设项目以70万元完成招标工作，预示着云南民族工作信息化将再上一个台阶。2016年11月，福建省莆田市为了加强民族工作部门对民族宗教信息化系统的运用，召开了民族宗教信息化系统培训班，认真贯彻落实了党中央在新形势下发展民族工作信息化的政策，从统一思想、提高认识、加强领导、提升水平、形成合力、确保时效等方面对民族宗教信息化系统建设提出了建设性的指导。[1]

信息时代传统的民族工作方式已不能满足实际情况，需要借助民族工作信息化政务平台将资源集中，以便快速高效地处理民族事务。信息化政务平台对外首先需要服务少数民族，对内又需要服务工作人员，通过数据挖掘、资源共享、协同工作和决策支持等方式提高部门工作效率。民委信息化政务平台包括统一的门户平台、接入平台、信息资源交换平台和安全支撑平台。在平台框架完成的基础上，制定民族工作的有关业务流程，并构建信息应用系统，然后利用各系统的关联进行整合开发利用，以集成各种适应实际问题的事务应用系统。

三　核心业务应用系统全面信息化

民族工作信息化的重点是业务信息化。目前，国家民委系统电子政务外网的应用平台搭建工作已经完成，已建成的有国家民委电子商务外网信息门户、政务信息报送管理系统、互联网舆情收集系统、安全支持系统和系统软硬件平台环境等，为建设民族工作决策咨询和应急指挥系统奠定了根本基础。

---

① 参见张元坤《做好民族宗教系统信息化工作　不断提升民族宗教工作新水平》，福建省莆田市民族宗教网，2016年11月1日，http：//www.ptmzj.gov.cn/xwzx/gzdt/20161102/82600004.sht-ml。

民族工作部门实现业务信息化支撑表现在部门内实现信息化办公和部门间实现信息资源网络传输。相对于其他传播渠道而言，门户网站具有较明显的优势即信息公开的充分性、完整性和及时性。它以现代信息技术为工具，互联网为载体，可随时随地不受任何影响向社会公众公开政务信息。国家民委及各级民委政府网站自 2013 年以来，一直加强网站建设，先后增加了通知公告、新闻中心等其他信息发布栏目，对中央民族工作有关政策和新精神进行详尽、权威的解读，并在此基础上围绕民族工作的实际需求和热点话题开展专题栏目以公开信息，深化了信息公开的力度。2014 年 12 月，阳泉市民宗局建立了"阳泉市民族宗教工作信息化管理平台"[1]，以帮助该市民族事务工作人员全面了解各民族及其成员的基本状况，及时掌握民族发展动态，提高管理效率和工作水平。

四　民族工作信息化体系逐步形成

经过多年的信息化建设，全国民委系统逐步推广信息门户系统，从信息展示、提供资源入手，建立了调研报告库、法律法规库、信息刊物库、外购资源库等信息资源。2014 年，国家民委对云南省民族工作信息化建设进行调研，并对云南省民族工作信息化建设取得的成绩予以肯定。调研组认为：①当前全国民委信息化基础比较薄弱，云南省民委在信息化建设中结合实际，做出了许多有益的探索，取得了很好的成效；②全国民委工作要形成一盘棋，要有一套标准规范的机制，实现全国民委系统的资源共建共享；③希望云南省民委认真总结经验和做法，做好成果推广，充分发挥试点示范作用。[2] 2014 年 8 月，山东省青岛市民宗局、市电政办有关人员组成城市社区民族事务治理体系建设技术指导组，联合市区、街道，深入社区实地查看民族工作专题网站建设情况，协助社区完善民族工作服务管理电子信息平台，帮助社区解决民族工作信息化网络建设中存在的困难和问题，不断夯实城市社区民族事务治理体系基础。[3]

---

① 参见山西省民委《山西省阳泉市建立民族宗教工作信息化管理平台》，国家民委门户网站，2014 年 12 月 18 日，http：//www. seac. gov. cn/art/2014/12/18/art_ 36_ 221287. html。

② 参见云南省民宗委《国家民委对云南省民族工作信息化建设进行调研》，云南民族网，2014 年 4 月 18 日，http：//www. ynethnic. gov. cn/pub/ynethnic/gzdt/yw/201404/t20140418_ 1587. html。

③ 参见青岛市民宗局《青岛市完善社区民族工作专题网站搭建社区民族事务治理体系信息平台》，国家民委网站，2014 年 8 月 21 日，http：//www. seac. gov. cn/art/2014/8/21/art_ 36_ 211317. html。

随着社会信息化的不断深入，民族工作、学习和生活等许多层面都渗入了网络应用。它不仅是民众发表言论的大型网络平台，也是舆论的汇集地，具有互动性，还为政府查探民意开拓了便捷的新渠道。而对于民族工作部门来说，互联网信息采集技术能够高效、快速、准确地获取网络舆情信息，并将其运用到民族关系和谐性监测中，以促进民族工作的信息化发展。

第二节　民族关系监测预警信息需求

如第二章所述，民族关系监测预警的范畴界定根据其预警内容的不同而有不同。本书主要以民族关系和谐性为监测预警对象，从宏观趋势方面进行预警，其预警信息主要针对监测预警指标来进行收集，通过监测指标的动态变化测评当前民族关系的和谐性。但除宏观层面的和谐性预警以外，还有针对具体矛盾、危机事件的预警，这些监测预警属于微观层面的监测预警，虽然微观预警不是本书研究的主要内容，但这一类预警也需要各种各样的预警信息。本书若不特别说明，民族关系监测预警信息需求均包括以上两类信息，不再区分。

一　民族关系监测预警信息的内涵

对信息需求预警是对其信息进行管理的基础，即相关部门和工作人员必须具备一定的信息管理知识，以便于顺利地完成预警工作的各环节。预警信息主要包括以下五个特点。

（一）准确性

真实准确是信息的生命，决策的正确性主要依靠信息的真实性和可靠性。虚假错误的信息往往会让决策者做出错误的决策，造成严重的不良后果，因此，监测预警信息的准确性是政府制定一系列决策的基础。信息技术部门通过获取、整理、辨析、归类监测预警信息，并对信息资源进行筛选，以此确保信息的准确性。

（二）广源性

预警信息涉及我们生活的各个方面，很多领域都可能成为预警的敏感领域，不仅会涉及我国内部的政治、经济、文化、社会、宗教等方面，而且还涉及国外的政治、经济、军事等领域。因此，我们要对社会中各个方面的预警信息进行广泛收集，以保证预警信息的全面性。

（三）真实性

无论信息是基于客观指标收集还是来自主观调查问卷，都需要保证信息来源的真实性，以真实地反映民族关系的客观状况。对于主观信息的来源，由于个人的立场和角度有所差异，在某件事或政治态度上每个人都会有不同的想法，并且可能会存在对立的情况。这就要求我们要考虑预警信息中来自不同看法的信息，充分尊重监测预警信息的真实客观性。

（四）时效性

突发事件发生后，一般会在短时间内对社会产生不利影响，因此，民族工作部门对信息的及时把握是非常重要的。这就要求预警信息工作者要及时获取准确的信息，并提供相应的解决方案，同时，也要把握有效性和时效性的平衡。

（五）预见性

一般来说，不同时期的预警信息需求是有区别的，尤其是突发事件的预警信息差异更大。因此，在对不同的预警信息进行分析时，既需要从实际需求出发，又还需要具备一定的预见性，突发事件的爆发一般具有一个潜伏期，如能通过预警信息对其进行预测，在事件处于潜伏期时找准其主要矛盾并予以解决，这样，就能提前预见进而控制危机事件的进一步发展。

课题组曾就上述问题在若干地区对民族关系预警信息需求展开相关调研，发现不同民族地区对民族关系预警信息重要性的认识不尽相同。例如，成都市武侯区的民族事务部门清楚地认识到民族关系监测预警信息对民族关系调控工作的有效性，并积极开展监测预警活动，详细了解民族关系信息需求各个阶段的特点等，而阿坝州理县的民族工作者则对民族关系监测预警信息需求的内涵和特点了解薄弱。由此可以看出，在民族工作中，预警信息需求是真实存在的，但由于个人认识存在一定的差异性，其信息需求的程度也有所区别。

有关监测预警信息需求的部分调研问题总结归纳如表 5 - 1 所示。

表5-1　　　　　　　　有关监测预警信息需求的部分调研问题

编号	问题	选项
1	您单位建有信息化系统吗?	A. 有　　　　　B. 无
2	当地是否有开展民族关系监测预警相关工作?	A. 有　　　　　B. 无
3	您单位信息化系统建设重点是什么?	A. 网站　　　B. 数据库　　　C. 应用软件 D. 操作系统　　E. 硬件终端　　F. 其他
4	民族关系监测预警涉及的信息需求分为预警前、预警中和预警后。您觉得哪个环节的预警信息需求最为重要?	A. 预警前　　B. 预警中　　C. 预警后
5	在民族关系监测预警工作中,您觉得所需的基础信息有哪些?	A. 空间信息　　B. 单位或区域信息　　C. 人口信息 D. 经济信息　　E. 其他信息
6	在民族关系预警工作中,您觉得所需的预警综合支撑信息有哪些?	A. 预警知识　　　　　B. 预警预案　　　　　C. 预警案例 D. 相关预警法规　　E. 文件和工作动态 F. 专家支持信息　　G. 其他预警信息
7	民族关系预警信息需求具有动态性,近期贵地的动态性体现在哪几个方面?	A. 国家特定时期的主题　　B. 当地特定时期的主题 C. 当地民族特征　　D. 独特的区域文化氛围 E. 专家或民众意见的采纳实施
8	在实践中,您认为民族关系监测预警中所需的信息有哪几种表现形式?	A. 文本类信息　　B. 数据类信息　　C. 案例类信息 D. 网络信息　　　E. 其他信息
9	关于建立民族关系预警信息管理保障机制方面,您觉得哪些举措比较可行?	A. 建立完善的民族相关信息上报制度 B. 建立已发生的民族关系案例事件库 C. 建立全方位的民族关系预警监测网络 D. 建立各部门之间相关信息共享机制 E. 完善相关民族事务管理政策 F. 其他方面

二　民族关系监测预警信息分类

对知识信息进行归类处理形成整体性系统框架结构是有效利用信息的前提条件。无论是信息载体还是对用以表征载体的信息线索,都可采用分类处理，使之得到有序控制。在图书馆信息管理领域，长期以来，图书馆员设计出了许多不同的分类体系，但大多以哲学家所创立的知识体系为基础。目前，西方国家的主流分类方法是在杜威十进分类法（DDC）第5版基础上建立的国际十进分类法（UDC）。印度著名分类专家和图书馆专家阮岗纳赞创立了冒号分类法（CC）①，并采用"分面"来表示一个完整分类号的各个组成部分。虽然常用的图书信息分类方法在组织有形实物信息体方面作用明显，但在组织互联网资源方面却缺少合适的用途。在实物排列中，用户可以清晰地看到分类和浏览的关系，但在网络环境下，信息分类与网络资源的关系并不明显。因此，网络信息的分类组织必须适合浏览的特性，支持在各种环境下查询各类信息，而用户无须看到任何分类标志，就可以利用等级或封面的排列结果来查询相关信息。另外，还须保证用户在浏览时可随时扩大或缩小检索范围。

民族关系监测预警信息要素一般包括两个内容：①事件共有信息要素，即全部种类的预警事件都含有相同信息要素；②事件专项信息要素，即同一种类的预警事件具有特定信息要素。从民族关系监测预警生命周期视角来看，可将预警信息需求分为预警前信息、预警中信息和预警后信息，而从预警信息系统角度来看，可分为以下四类。

（1）基础信息。事件所处区域内的空间信息②、单位信息、人口信息和经济信息等。

（2）预警保障信息。科技支撑及专家支持、通信资源、公共基础设施、医疗卫生、交通运输、基本生活保障等。

（3）预警综合支撑信息。主要包括预警知识③、预警预案、预警案例、相关的预警法律法规、民族事务文件和民族工作动态等。其中，预警知识主要包括案例知识信息和专家知识信息，案例知识信息主要是已发生的预警事件信息，可通过案例推理的方式总结相关信息，以便为同

---

① 冒号分类法是指在基本类下按照不同分类标准同时列出多组单独概念，形成若干分面，在分类文献时，根据文献主题因素，在各分面中选取对应概念，然后将代表这些概念的标志符号按预先规定的分面排列次序组配成代表该文献主题的分类号。

② 空间信息是指反映地理因素特征、结构、变化规律及其分布的各种信息。一般分为图像空间信息、数字空间信息和文件信息等。

③ 预警知识是指案例知识信息和专家知识信息。案例知识信息是指已发生的预警事件信息，可通过案例推理的方式总结相关信息，以便为同类事件提供决策支持；专家支持信息包括各领域的专家学者具有的专业技术知识。

类事件提供决策支持，专家支持信息包括各领域的专家学者具有的专业技术知识。

（4）突发事件信息及应急业务处理信息。与预警过程直接密切相关的信息，贯穿于民族关系监测预警的整个生命周期。

在课题组调研过程中，我们从对民族关系监测预警信息需求调查中发现，除以上分类的信息外，人口流动信息、来访和外访信息、外地务工信息等是民族工作部门人员在从事民族工作时尤为关注的信息。另外，通过访谈还发现，这些需求信息在民族关系监测预警中，必须综合考虑，特别是在应对突发事件时，要准确发现并追踪这些事件的关键信息。

三 民族关系监测预警信息需求分析一般流程

预警信息需求分析主要表现为需求识别过程，大致分为七个阶段，具体概括如图5-2所示。

第一阶段：监测预警需求调查。根据实际情况，对预警过程中的各环节的需求进行调查，这一步骤的调查方法主要有社会调查法、规范分析法等。

第二阶段：监测预警信息需求的定义。在调查的基础上，分析出各环节在应对突发事件所需的信息，有关部门或工作人员对其描述并分类。

第三阶段：监测预警信息需求确认。把控需求的关键在于需求确认。确认需求主要表现在两个方面：一是政府通过和相关机构沟通，筛选掉与实际需求不符的需求信息；二是双方需要对达成统一意见的需求进行确认，并给予承诺。

第四阶段：监测预警信息需求评审。评审工作需严谨对待，要由权威人士或有社会学、民族学等知识的专业人士对需求进行审核与评价，排除不可行的需求。

第五阶段：监测预警信息需求输出。将已经通过需求评审所得出的需求按照一定的结构和格式输出。

第六阶段：监测预警信息需求跟踪。由于事件是处于动态发展的，在完成需求输出后，需要追踪预警信息需求，了解实际与预估的差异，及时调整以确保信息服务能解决现实问题，为政府的决策支持提供依据。

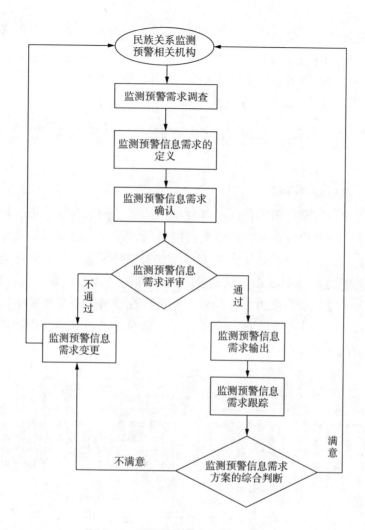

图 5 - 2　预警信息需求分析一般流程

第七阶段：监测预警信息需求变更。在分析预警需求信息的过程中，不容忽视的环节就是需求变更控制。由于相关机构和部门所在的现实环境及所面临的实际任务是不断变化的，故预警信息需求也需要变化。预警信息的提供方应紧紧抓住政府预警信息需求的变动势态，做到随时处理。

预警信息需求具有动态变化的特性，因此，仅经过一次循环的需求分析是不充分的，只有通过反复的循环，才能完成需求分析的完整流程。

同时，时效性也是政府预警信息需求的特性，所以，结束一个完整的需求分析过程的时间是非常有限的。此外，在进行预警信息需求分析过程中，我们需要重视底层信息的获取质量和获取渠道的维护。

第三节　民族关系监测预警信息需求框架分析

一　需求框架分析

预警事件完全是由不相同的各种情景组成，情景会直接影响预警处置的结果。文献研究得出，预警事件的情景、任务、能力和信息需求必然相关：首先，设置预警任务的依据是预警事件情景，最大限度地要满足基本的能力目标的需求，以期使突发事件的负面影响最低化；其次，经过拆分预警任务与能力目标，从而分析出在预警过程中所需的预警信息，经过分类排序生成目录，这就是预警信息需求。上述四个部分的具体关联情况见图5－3。①

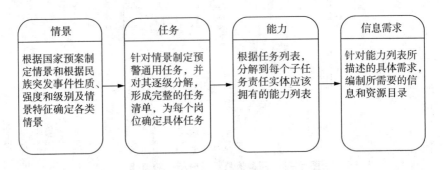

图 5 - 3　预警情景到预警信息需求的映射关系

首先，在分析实际监测预警情景的基础上，确定任务。这是因为，情景与任务是相互关联的，只有合理地设置预警任务，才能进行良好的监测预警处置。在对所处情景进行详细分析后，即可快速准确地在案例库中查找出与类似的历史情景以及其相关信息，包括处理办法与结果。

---

① 参见金志敏《基于情景的应急信息需求分析研究》，硕士学位论文，暨南大学，2013年。

其次，根据查询得到的有利于该情景的信息要点，预判事件可能出现的后果，制定相应任务，帮助领导者从容地应对突然事件，并使其拥有充足时间根据实际情况的变动调整任务，积极调动各部门的应急能力以协同工作，做到扬长避短，进一步降低损失，从而达到整体利益最大化的目标。

基于预警情景的预警信息需求总体框架大致如图 5-4 所示。

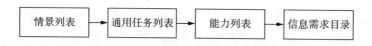

图 5-4　基于预警情景的预警信息需求总体框架

根据情景、任务、能力和信息需求间的映射关系描述，预警信息需求的确定主要经过四个过程：①先明确所处的情景中可能引起负面影响的要素，构建出当前预警事件的情景；②根据已构建的情景，与以往的相似情景进行对照，明确所处情景必须实施的任务；③依照对情景预测的结果，再结合设置的任务列表定义具体操作；④根据前面的描述确定操作所需要的各种资源和信息目录。

基于上述预警信息需求的确定过程，除在预警工作环节获取信息外，还需要基层工作人员在实际工作环境中对所积累的工作经验和事件处置办法进行整理。我们在调研中发现，各地区对于民族关系监测预警信息需求具有一定的动态性，例如，在国家特定时期的主题、当地特定时期的主题、当地民族关系特征（诸如社会生活、风俗习惯）、独特的区域文化和专家或者民族意见的采纳等方面都会在一定程度上影响民族关系监测预警信息需求变化。而这些都可以作为预警需求分析中的重要因素，并根据其信息需求的动态性进行灵活处理。

二　预警情景构建

对于预警情景构建，首先必须熟悉"情景—应对"模式，搞清楚预警在动态变动的情景中所处的地位及作用。由于情景的动态性，监测预警的每个环节都必须适时合理地变动应急方案。一般突发事件中的情景是随着事件的发展而变化的。换句话说，情景是分阶段的，组成每一阶段的要素有所不同，但相互关联，其发展过程可大致分为三个阶段。

第一阶段：初始情景。这一情景在预警过程中占主要地位，会影响其他情景，主要是结合已显现出的突发事件信息及其相关载体，并依照历史事件构造的。

第二阶段：决策阶段情景。该情景往往容易被应急工作人员的行为所影响，即预警过程的每个阶段具体某件事件的处理情景，包含预警行为及其执行状况，还有反馈这些信息对后续工作的影响。

第三阶段：最终情景。即事件经过决策阶段情景的不断演变后已定型，组成这一类情景的各部分一般不再被其他因素影响。

上述三个阶段的情景—应对模式如图5－5所示。① 第一个阶段是在预警事件发生后，最开始获得的信息被决策者利用，结合收集到的各类信息与历史相似情景的信息，共同构建初始情景；第二个阶段在初始情景的基础上，确定阶段情景的应急任务与目标，时刻跟踪反馈事件演变的信息，帮助决策者构建新的情景以及时调整决策；第三阶段即在上一阶段的反复操作后，情景已经充分贴切实际，所有与情景相关的内容不再变动，达到最终情景。

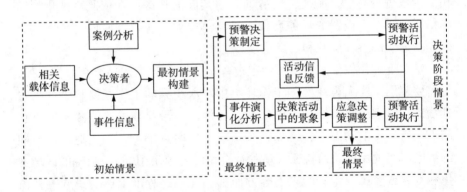

图5－5　预警决策的情景—应对模式

（一）初始情景构建

初始情景构建的三个主要依据是：事件信息、相关载体信息和历史情景案例。事件信息和相关载体信息可以根据事件的具体情况获得。通过了解事件的详细过程，可以得到构建初始情景所需的事件信息和相关

① 参见金志敏《基于情景的应急信息需求分析研究》，硕士学位论文，暨南大学，2013年。

载体信息，而历史情景案例是根据历史事件构建的。对于所有类型的突
发事件，都能在历史事件中找到相似事件，至少会在某个情景或要素与
过去存在一定联系。新发生的民族突发事件与历史情景往往是相互关联
的，只有找出事件中存在的联系，才能在短时间内模拟出与当前民族突
发事件相似的历史情景。在面对民族突发事件时，不仅要尝试构建历史
事件的情景，也要分析当前事件在未来所存在的风险与机会。民族突发
事件历史情景案例库构建可以分为三个主要阶段，见图 5 - 6。①

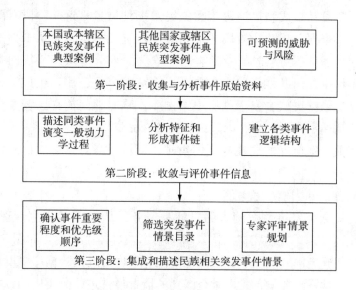

图 5 - 6　历史情景案例库构建

第一阶段：收集与分析事件原始资料。历史情景信息在录入案例库
时，要注意具体描述事件情景的前因后果、相关决策、演变历程和次生
事件等信息，并总结经验教训。通常案例库的原始资源主要来源有：
①境内民族突发事件，即国内各类典型的常规和非常规的民族突发事件，
最好是近十年的事件；②境外民族突发事件，即国外类似的典型民族突
发事件；③民族突发事件可预测的威胁与风险，根据国内外典型事件经
验、社会和自然的发展，通过相关理论假设分析，并利用先进的信息技
术解析事件，收集可预测的负面因素。

_____

① 参见金志敏《基于情景的应急信息需求分析研究》，硕士学位论文，暨南大学，2013
年。

　　第二阶段：收敛与评价事件信息。借助相关技术或工具，对第一阶段采集的大量原始资源进行整合，以便评估分析。这一阶段可以分三步进行：①解析引起同类事件演变、次生或耦合事件、对应决策任务及效果等状况的驱动力；②通过聚集同类情景事件，总结归纳它们所具有的共同特征点和区别，依照这两类要素在案例库中形成事件链，用以辨识未来民族突发事件；③梳理各类事件的逻辑顺序和结构，更好地评估未来不确定因素，为进一步仿真事件做好铺垫。

　　第三阶段：集成和描述民族相关突发事件情景。这一阶段有两个主要任务：①根据上述两个阶段的信息对事件进行分类，并从事件的复杂程度、破坏强度、持续时长、影响范围等层面划分等级；②从同类型同等级的事件中找出共性强的少数典型民族突发事件，用以生成突发事件情景目录。依据民族突发事件历史案例库，政府部门能在预警事件任何时期快速构建出初始情景，以达到仿真事件的效果。

　　民族关系案例库的构成应高度重视，依据情景进行归类，对国内外的民族突发事件的典型事件进行分析，并按照一定格式存入案例库，为之后的应急事件当作参考案例。

　　构建民族突发事件案例库的目的是服务民族关系的应急管理部门，有利于快速准确地找出相似的情景案例信息，具体查询流程如图 5-7 所示。首先，确定民族突发事件类别与界限；其次，查询数据库中出现过的民族事件的具体预警情景，再对查询到的情景事件进行分类归纳，并对其中的关系进行分析，找出与当前预警情景相似程度较高的情景；再次，将这些相似情景信息罗列出来，筛选出与所处情景重叠部分的信息；最后，整合这些信息并模拟构建与所处情景相似的初始情景。

　　情景作为预警事件的基本组成单位，是对预警事件信息分析的基础。甚至可以说预警事件的处理结果取决于情景构建的成败，一个完整情景构建的必备条件有三个：①在所有相似案例构建的情景中，该情景与实际案例事件相似度最高；②情景案例必须包含事件中所有已经发生的情况，同时要评估风险；③情景案例必须对事件所处的社会与自然环境进行描述，跟踪事件相关载体信息的演变，直到情景发展为终止状态，即最终情景得到确定。

　　在完成初始情景的构建后，再次根据相似事件，预测情景的未来走向，以制定当前及后续的预警任务。

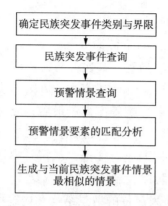

图 5－7　民族突发事件案例库查询流程

（二）情景结构和内容

　　情景结构和内容与其过程中各个环节所承担的任务量与实际完成情况密切相关。因此，需要明确任务的目标，并及时根据事件的类型与发展进行调整，但事物都存在一般客观规律，民族关系案例事件也需要一个大致框架内容，这样，才能在统一应急响应文件下进行管理。具体情景结构和内容见图 5－8。

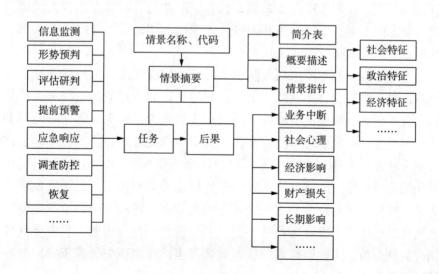

图 5－8　民族关系案例事件的情景结构和内容

　　在大量情景案例进行管理时，应用编码方式可以避免重复性描述。同时，情景摘要除了基本的事件简介与概要描述，还包括当时的政治、经济、社会等客观条件的描述。其次，对完成应对情景任务产生的一系列后果，制订解决负面后果的任务方案，方案内容应包括业务中断、经济影响、社会心理和长期影响等方面。最后，应对任务分为前馈控制和反馈控制，前者属于突发事件情景前期措施，包括预测、预警、预防，后者是在情景发生中后期的应对任务，从情景中期评估、应急响应到减轻影响，再到后期调查防控、经济社会的恢复。

　　从图 5 - 8 中民族突发事件的情景结构和内容可知，情景案例与预警任务之间有直观的联系。情景摘要所涵盖的相关信息会映射出多种可能的演变情况，甚至可根据这些已知信息制定对应的预警任务，减少突发情景引起的不良后果。相应地，任务的完成程度又对情景发展的动态后果有一定影响，但预警任务的目标始终是减少或消灭民族突发事件情景的不良后果。

三　预警任务列表

　　通过制作预警任务清单或一览表方式来设置预警任务。预警通用任务一览表根据民族突发事件的情景，详细设立了各部门及个人该完成的任务与职责，并为每项任务都设定目标。除此之外，需要保持关键组织原有状态的不变，尽量避免其因事件的变动而变动，各部门及个人都应负担相应职责，完成既定任务。

　　预警通用任务主要包括预防任务、应急响应任务、保护任务和共同任务四类。结合能收集到的当前情景信息，设立该情景的总任务，将其纵向分解到各个岗位，明确各部门及个人的职责，确保最终任务的顺利实施。通过对突发事件预防、准备、响应和恢复这些必要的操作环节进行划分并设置通用任务，以提高单位或个人工作能力，完成相应目标。通用能力清单是一个能解决预警任务各项能力的归纳集，是评价预警任务的重要标准，并且决定了预警任务的具体完成情况。虽然情景是参照通用任务框架，但实际问题并不会与其完全相对应。因此，仍需要具体情况具体分析，实时调整通用任务设置清单，在调整中仍需按纵向分解原理划分子任务。

四　目标能力确定

　　设置好任务列表后，需要确定目标能力。由于事件的突发性，若想成功地应对事件，必须在前期就储备必要的知识与技能，并在突发事件中不断完善能力。因此，针对各部门及个人的任务与职责，需要有针对性地制定其所需具备的能力，即设置通用目标能力。它是指那些执行所有任务都应具备的素质能力，一般指一些基本能力。除了应急任务，各政府部门及个人还有一系列其他职责，所以，也要具备预防、保护、响应和恢复能力。

明确事件现阶段所处情景之后，对照历史相似事件的发展趋势分析该事件后期发展态势，这是设置目标能力的重要参考依据。这样设定是为了保证目标能力与应急任务尽可能相符合，优化应急方案，使突发事件发生概率和损失最小化。

在民族关系突发事件预警过程中，通常以通用目标能力为主，预防、响应、保护和恢复能力为辅，两者结合解决突发事件。由于各民族之间的差异等原因造成民族突发事件各有不同，故对这些能力的具体要求也会有所不同。前一节所介绍的通用能力内容是用以应对常规民族突发事件，但各部门及个人并不需要掌握所有能力，只需根据分工内容与自己的职责充实对应的能力，即以各司其职为原则，完善适合自身的能力。结合历史相似事件的信息与当前突发事件的具体要求，制定目标能力列表，这比之前的通用任务框架更贴切事件的实际需求，为后面描述信息需求目录奠定基础。

提前设置目标能力列表，可保证各部门及个人在明确所在岗位职责的基础上，能有所准备。还可以对目标能力进行优先级排序，对各部门及个人的能力目标进行绩效考核等。

五　信息需求目录

信息需求目录在民族突发事件处置过程中起关键作用，尤其是在调用和处理数据时，对于提高民族突发事件处理的效率有显著作用，还能帮助决策者及时获得有用的信息，制订适时精准的方案以应对事件。

从任务层中对任务信息的详细描述和具体分析，获取任务所需信息的全部需求，对其进行分类汇总分析，并按照一定原则进行排序，以编制出各项任务对应信息需求的资源信息目录。其中，资源信息目录内容主要包括基础信息、预警信息、预案信息和案例处理信息四大类。预警工作主要基于对已有民族关系信息数据库的数据进行分析，以监测出可能发生的潜在民族突发事件，为应急管理决策提供支撑。图 5-9 表明，要明确每项任务对应的信息需求目录，必须分析信息层、能力层、任务层以及情景层之间的关系和对应的映射结构分解图。另外，根据能力层中对能力要求的详细描述和具体要求，得到能力层对应的全部信息需求，并通过与应急管理人员进行沟通，剔除不切实际或不符合要求的需求目标，进而确定真实需要的信息需求，以编制出各项能力对应信息需求的资源信息目录。

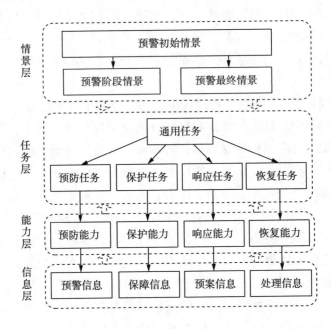

图 5–9　情景、任务、能力以及信息需求之间的映射结构分解

第四节　民族关系监测预警信息的存在形式

一　信息的相关概念

一般来说，信息是事物存在的方式和运动状态的表征，世间万物都离不开信息，信息论①之父香农（C. E. Shannon）指出，"信息就是有新

---

① 信息论是将信息的传递作为一种统计现象来考虑，给出了估算通信信道容量的方法，来源于百度百科词条。

内容和新知识的消息"。在了解和改造世界的过程中，人类需要借助信息这一媒介，但它并非传统意义上的能量或物质，在现实生活中的形态也是多种多样的，经常以信号、情报、消息和数据等方式存在并传播。信息具有普遍性、无限性、共享性、传递性、存储性、时效性、可加工性、可伪性等特点。

信息虽然在人类社会中普遍存在，但并不表示信息就是资源，因为信息仅在人为加工和整合后，才能成为信息资源。也就是说，信息只有在一定的条件下才能转换成信息资源，即信息资源是与人类需求相关的信息，属于信息的子集，但其并不是无限的。相对于其他非资源性信息，信息资源还具备突出的有限性和智能性。尤其在当代社会，信息已成为企业的关键战略资源，它与能量和物质共同发展成社会发展的三大支柱，信息资源已成为社会经济发展必要的推动力，这也是人类社会进化发展的必然结果。随着科技的发展，社会信息化程度越来越高，通常人们所说的"信息"均是加工整合后的，所以，"信息"与"信息资源"之间的界限已经非常模糊，本书所指的"信息"均为"资源化信息"，即已具有价值的信息资源。

二　信息传递渠道

信息传递渠道多种多样，有基于传统媒介传递的，也有基于新兴互联网技术传递的。基于互联网的信息采集模型，民族关系信息可以通过横向和纵向两个方向的渠道来传递信息[1]：

横向信息渠道属于同级之间的信息传递，是国家民委同国务院其他部委合作、共享信息。例如，国家民委可从文化部获取相关文化信息用以研究，对于经济方面的信息可参考内部经济发展以及财政部的权威报告数据。

纵向信息渠道有两种传递方式：①传统的间接信息传递方式。各民族地区先报送给上级地区，再由上级地区整合、统计、分析后向更上级地区相关部门报送，直至传递到国家民委。比如县级部门将信息传给市级部门，再由市级部门把信息整理后传给省级，最后由省级分析后传给国家民委。显然，这样间接的信息传递方式耗时长，且存在误差，最终

---

① 参见郑双怡、张劲松《民族关系评价指标体系构建及监测预警机制研究》，《民族研究》2009 年第 1 期。

传至国家民委的信息是不完整的，信息传递效率较低。②直接的信息传递。通过对社会群众、各类专家学者、企业或其他集体进行问卷抽样调查、实地现场调研、访谈、举报，统计得到相关信息和数据，筛选出有效信息，并通过互联网媒介直接向国家民委的相关统计部门传递。

将这些收集到的信息保存在国家民委的信息库中，用以分析各类事件。此信息采集模型基于互联网，利用横向渠道达到共享，并与间接的纵向渠道交互信息，以增强信息的准确性和有效性。

三　民族关系监测预警中的信息分类

通过对知识或情报信息进行分类处理，使信息整体结构系统变得更加有序，也便于之后使用。因此，无论是信息载体，还是信息本身，都可采用分类方法对其进行管理。鉴于社会预警理论和我国民族关系的特点，并对比典型社会预警体系中的信息需求，可以将民族关系监测预警中所需信息分为文本类信息、数据类信息、案例类信息、舆情类信息、网络类信息和网络舆情类信息6种。

（一）文本类信息

民族关系文本类的信息资源主要包括图书、期刊、会议文献、学位论文、调研报告①等。图书是发展较为成熟的正式出版物，内容知识结构比较健全、可信，但其编辑出版的周期过长，传递信息的速度较慢，一般可以分为普通图书和工具书。像学报、年报、年鉴及丛书等定期或不定期发行的连载刊物就是广义上的期刊，这类刊物发行数量广且种类繁多，内容的信息量大和创新性较高，并且编辑出版的耗时少，信息资源传播的速度相对较快。会议文献往往包含围绕同一主题的各学科中的最新发现及研究成果，反映具有代表性的观点，如每届民族工作会议产生的讲话稿、调研报告等都是通常总结了我国全年的民族工作，概括了新一年的工作重点，可以反映我国民族关系发展的实时动态信息。

随着信息化技术的迅速发展，我国各级民族事务管理机构也都设立了专门网站，主动公开大量民族工作信息，还有诸多专家学者对其进行专门研究并发表了相当多的民族关系文献。因此，文本类民族关系的相

---

①　调研报告是对某一情况、某一事件、某一经验或问题，经过在实践中对其客观实际情况的调查研究，揭示本质，寻找规律，总结经验，最后以书面形式陈述出来。因此，调研报告的针对性强，有充分的事实依据，可作为民族关系监测预警的重要信息来源。

关信息较容易获得。但民族关系文本类信息种类众多，数量庞大，所表现的包含零次信息、一次信息①等各层次信息，其中，以零次信息和一次信息为主，但这些信息需要我们做进一步整理，才能体现其丰富内涵。文本类信息往往蕴含民族关系发展中各个历史时期、各个领域的信息，对于民族关系监测预警而言，这些信息是防控预警以及决策最原始、最基本的依据。

（二）数据类信息

数据类信息一般指数值性数据和非数值性但可用数值表示的（可量化的）数据（如颜色、形状等）和事实。数据类信息往往直接来自观测、调查过程或文献资料，是信息内容的高度浓缩物。民族关系数据类信息一般以宏观统计数据为主，例如，我国政府每年都会公布民族自治地方经济社会发展主要指标及其占全国的比重。数据类信息可以直观地反映民族关系运行，间接地体现一些民族关系警情、警源和警兆，具有很强的实用性，但必须根据科学、具体的指标体系来进行组织、分析和处理，才能系统地反映民族关系监测预警所需的信息。

目前，数据类信息多来自政府部门相关的调查统计机构，我国每年出版各类统计年鉴，其中包含有许多反映民族地区政治、经济、文化、宗教、语言和教育的各类数据类信息。

另外，国家民族事务委员会网站上还公布历年全国少数民族和民族自治地方国民经济社会发展统计公报，以及民族自治地方国民经济与社会发展主要指标及占全国的比重。数据类信息可以直观地反映出民族关系各方面的情况，并清楚地判断出民族关系各方面的临界值，因此，数据类信息是民族关系监测预警不可或缺的主要部分。

（三）案例类信息

案例类信息是一类特殊的信息表现形式，它一般需要文本类信息和数据类信息综合体现出来。通过对民族关系案例的分析研究，可以得到影响民族关系的经济、政治、文化和宗教等各方面因素，进而反映出民族关系警情、警源和警兆。另外，值得一提的是，民族之间各方面原因

---

① 从信息理论来讲，零次信息是信息直接获取者获取并成为原始记录的信息或直接通过信息直接获取者的表象形态传递的原始信息。零次信息是一次信息的来源，一次信息是零次信息处理的结果。

导致的冲突常常会引发突发性群体事件，对我国社会稳定和经济发展造成极其不利的影响，但是，通过分析以往由民族问题导致的突发案例的产生、发展和解决过程，可以为避免、防控和解决类似事件提供有力的帮助。因此，民族关系案例类信息在民族关系监测预警体系中也是一类不可或缺的信息，我们需要采集、整理、剖析相关案例，用以支持民族关系监测预警体系的运行和使用。民族关系案例的相关信息大致如图 5 - 10 所示。

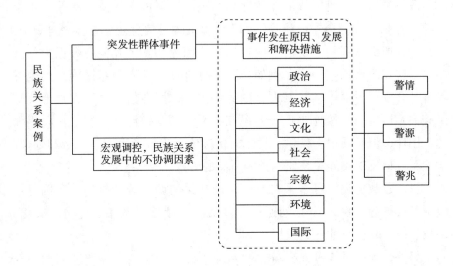

图 5 - 10　民族关系案例的相关信息

（四）舆情类信息

舆情是指社会个体民众基于某个社会热点问题，在特定的社会范围内，对该热点问题的发生和发展状况所持的观点及看法，也就是个体和群体对某个社会焦点表达自身的看法。舆情具有自由性、交互性、多元性、偏差性和突发性特点。从民族突发事件的角度来看，舆情信息存在一定的阶段性特征。①

1. 事件潜伏期舆情信息

每个突发事件在发生前，都会有一段潜伏时期，在这一时期中，人

---

① 参见王来华《论群体性突发事件的舆情信息汇集分析机制》，《理论与现代化》2007 年第 4 期。

们就社会上某类热点事件表达与政治有关的消极态度信息，这就是事件潜伏期所表现的舆情信息。

2. 事件突发期舆情信息

当事件在潜伏期积累到一定量时，会突然爆发，并迅速扩散。因此，这一时期的舆情信息量非常大，信息传播速度极快，可能还存在假信息。尤其是在发生了某些较严重的突发事件，其舆情信息内容会扰乱社会秩序，使周围群众产生恐慌。

3. 事件持续期舆情信息

突发事件爆发后，相关部门即使第一时间采取解决措施，也无法在短时间内消除所有影响，此时事件就进入持续期，这一时期的舆情信息量仍然很大，真假信息共存。突发事件的有关舆情信息在不同时期会呈现不同的状态。其发展进程和相关部门制定和实施的政策性规章制度等都会改变民众对该事件所持的社会政治态度。除此之外，"经济人"假设人都是"实利人"，民众会因自身利益关系等因素的变动，而改变对事件表现出的社会政治态度。

4. 事件结束期舆情信息

随着突发性事件的进展，相关部门会采取相应的措施进行控制，以减少舆情信息的数目，降低社会关注度，进入最后收尾阶段。然而，对于那些有强烈认知、情感和意志的群众而言，他们对社会政治的态度已经成为一种精神方面的舆情信息内容，深深烙印在人们的记忆深处，不会轻易被磨灭。这种绝对不会消失的社会态度可能会发生转变和迁移，如果在其他时间受到一定社会因素影响，那么这种社会态度会与另一种社会事件的政治态度共同构成新的舆情信息。

（五）网络类信息

信息技术和互联网的高速发展，已经渗透到人类社会生活的各个领域。网络上关于社会科学类的信息资源也显著增加，网络信息资源已经成为纸质信息资源以外的重要来源资源。无论研究哪一类社会科学问题，都需要结合网络资源进行研究，仅仅依靠纸质资源上的信息已不能涵盖所有的问题。因此，在以后建设信息资源库时，需要着重关注网络信息资源库的构建。

无论是传统信息还是网络信息都体现了经济、政治、文化、社会、生态等各领域的发展动态。但是，两者之间在很多方面仍然存在较大的区别，如表 5 - 2 所示。

表 5 - 2　　　　　　　　　　　传统信息与网络信息的区别

区别	传统信息	网络信息
发布者	出版社、报社等正规机构	所有人
规范程度	经审批编辑的信息有严格范式	信息没有统一标准的描述和外部特征
载体形式	印刷物、实物载体	互联网、虚拟载体
信息状态	静态	动态
排列方法	线性存储与阅读方式	非线性打开方式
关联方式	参考文献、引用注释	超链接
开放程度	受主观和客观因素制约	完全互动式开放

　　从信息的源头看，传统信息主要来自相关机构的专业人员经过精心编辑和严格审批后的正式出版物，而网络信息是所有人都可以利用互联网来发表自己的观点，不需要任何人审批。因此，传统信息的规范程度和信息质量较高，而网络信息由于没有统一标准的规定，也就没有一个规范的外部特征，故网络上信息资源的结构和内容复杂多样，信息质量良莠不齐。

　　从信息的传递过程看，传统信息与网络信息有以下四个方面的差异：

　　（1）信息载体不同。网络信息是通过互联网这一虚拟载体以数字化形式存储信息，以文本、音频、视频等多种多样的形式存在。传统信息绝大多数是通过印刷物传播，是实物载体。虽然网络信息的载体不同于传统载体，但涵盖的内容是相同的，所以，在管理网络信息资源时，可利用传统图书管理方法使网络信息资源能得到有效的使用。

　　（2）信息状态不同。由于互联网是一种动态载体，其网站和网页的数量不是一成不变的，而是根据用户需求的变动而有所更新。因此，网络信息属于一种动态信息，而传统信息的固体物质载体决定了其信息的静态性。

　　（3）信息排列方式不同。互联网的超链接决定了网络信息的非线性特征，而传统信息由于其固定载体决定了其线性存储和阅读方式。

　　（4）信息关联方式不同。相比传统信息的参考文献与引用标注两种关联方式，网络超链接使信息关联更具有立体交互性，操作更便捷。

从信息的传递效果看，两者的开放程度不同。传统信息不仅受载体容量等客观因素制约，还存在主观影响因素，比如采编人员偏好与水平。互联网是对所有用户开放，每个用户能超链接到任何网页，并能与其他任一个用户发生信息互动，这是传统信息不能实现的，所以网络信息是完全开放式的互动。

（六）网络舆情类信息①

网络舆情作为构成社会总体舆情的元素之一，通过网络汇聚、形成和表达舆情，即各类不同情绪、态度、认知与意见的集合体，其表达途径多种多样，比如，新闻公告、跟帖评论、各大论坛帖文、QQ、微信、博客、微博等社会媒体。网络舆情的基本特征可概括为自由性与可控性、互动性与即时性、丰富性与多元性、隐匿性与外显性、情绪化与非理性、个体化与群体极化性。

（1）自由性与可控性。根据历史经验，新媒体的产生使信息传播面更宽泛，群众言论更自由。而作为新兴媒体，网络不仅使人类可以快捷地获取海量信息资源，还能提供多种多样的信息发布方式，从传统的"推式"升级为"拉式"。② 对于信息的传递方和接收方的界定越来越不明确，一个人既可以是传递者，也可以是接收者，通过即时通信工具、社交软件、电子邮件等方式实现信息的互动自由性。在低成本和简单操作的基础下，人们甚至能拥有自己的网站，发表研究成果和看法，"出版"著作或报刊。

网络世界虽然自由，但并不是独立于现实外存在的空间，仍然受相关法规的约束和管理，尤其是针对互联网用户的行为，相关政府部门正在逐步完善相关法律法规，即人们也需要为自己在网络中的行为承担相应责任。所以，网络舆情传播的自由性不是绝对的，这种自由伴随着约束性。

（2）互动性与即时性。由于互联网载体的交互性，使网络舆情呈现显著的互动性，主要包括以下三个方面。

---

① 网络舆情是现实民族关系在互联网上的反映，网络舆情也可作为民族关系监测预警的重要信息来源。虽然网络舆情信息本质上也属于网络类信息，但为了突出网络舆情分析，本章仍将网络舆情信息作为单独一类来介绍。

② 参见田荣《试论网络舆情对国家政治安全的影响及对策》，硕士学位论文，复旦大学，2012年。

①网民与国家管理者的互动。现阶段政府纷纷建立电子政务网站与社会民众直接交流，听取民众反映的舆情信息，并将这些信息进行反馈，为管理者提高决策支持，及时调控国家政策，有利于我国民主政治建设。

②网民和网络媒体的互动。例如，某媒体在其官方微博平台发布舆情新闻，网民可以在下方"评论"框中，就舆情事件进行提问和点评，媒体便能在短时间内了解民众意见与情绪。

③网民间的互动。网络的舆情互动性不仅促进了其在民众间的形成，也加快了其在人群中的传播速度。网民之间可在QQ、微信、微博等社交媒体上随时随地发起两人或两人以上的焦点讨论，也可在贴吧论坛上就某一个专题发文，甚至可就别人的评论发表自己的看法。

信息通过电台、广播、电视、报刊等传统媒体传播时，需要经过各部门的加工、审批、上报，才能得到民众的反馈信息，周期较长，且数量较少、质量较差。而网络信息具有高时效性的特点，因为舆情信息在互联网平台上的更新速度较快且能及时反映群众的态度和意见。

（3）丰富性与多元性。网络舆情信息涵盖面非常广，包含社会各个层次的问题，且传播渠道多样，呈现方式丰富多元。每个网站或论坛都有二级、三级甚至四级目录，民众在网站上发表的内容主要包括社会、政治、经济、文化、环境等民众关注的焦点问题，这些言论正是民众的心声。以新华网论坛为例，下设发展论坛、统一论坛、城市论坛、生活论坛、文化论坛、军事论坛、体育论坛、电脑网络、摄影贴图、影视娱乐、音视频论坛、网友俱乐部等多个分论坛，每个分论坛下又划分成若干不同专题。

（4）隐匿性与外显性。① 互联网上个人信息能通过不同的信息加密技术实现不同程度的隐私保护，使用户在网上发表舆情相关信息时，都有不同程度的隐匿性，即网络舆情的隐匿性。现实交往中，由于各种外部因素的影响，人们不会直接表露内心的情绪、态度和意志。但在网络中，由于个人信息的隐匿性，相比现实交流，人们更愿意用更直接的方式发表自己的真实看法，这就是网络舆情所体现的外显性，通过其表达的信息可以推测其真实的态度。

---

① 显性对应于隐性，外显性是与"隐匿"相对的，在网络舆情中，准确地讲是与舆情的"内隐性"相对的。

（5）情绪化与非理性。人类"自我"主义在网络中得到明显体现，网络上所表达的民众情绪、态度和意志是未被加工过的。这一类舆情信息带有情绪化、非理性因素，但民众舆情客观上属于理性和非理性的混合体。就缺少理性因素的网络舆情来讲，在偏激情绪达到一定规模后，会影响社会的和谐稳定，带来不可估量的负面冲击，因此，需要及时对非理性网络舆情采取相关引导措施。

（6）个体化与群体极化性。网络舆情虽然借助了互联网载体，但与传统舆情的主体都是民众，舆情的表达内容与形式往往受主观因素的影响，主要包括民众情感、认知与意志等。每个人都是与众不同的个体，都有其自身的独特性，因此，通过网上个人的言论可以判断个人的性格特征。同样，也有一些志同道合的群体，当这些团体朝着某个方向继续进行时，极易形成极端的观点，群体极化特征在论坛这类传播媒体中表现得尤为突出。

第五节　民族关系监测预警信息来源可供性分析

如前所述，民族关系监测预警的信息表现形式多元化，其来源也多种多样，且信息来源可供性也各有不同。下面将从不同角度讨论民族关系监测预警信息的来源。

一　文本类信息来源可供性

民族理论研究中有一个重要分支是"民族文献研究"，其研究对象是民族历史文献，研究所涉及的领域不仅包括政治和经济，还涉及各少数民族生活的方方面面，包含历史和教育背景、文化传承、地理位置和宗教信仰等。民族文献主要包括用汉文记载的有关民族问题的文献、用少数民族文字记载的文献、用简易图形符号记载和代代相传、具有史料价值的口碑文献等。这些"民族文献"是民族关系监测预警文本类信息的重要来源之一。民族文献的研究由来已久，我国现已建立多个民族文献图书馆并积极完善民族文献电子图书馆的建设。据不完全统计，在5个自治区、30个自治州、72个自治县的各级图书馆、民族研究机构（所、室、处）及高校中，收藏丰富的民族文字资源及相关信息，因此，我们可以较方便地获得这些民族文献资料。①

随着信息管理技术的日益发展，CNKI 中文期刊全文数据库、万方知识服务平台和中文维普科技全文数据库已经成为国内学术研究的主要参考信息来源，我们可以从三个数据库中查阅到大量期刊文章、学位论文和调研报告等文本类信息。按照主题检索方式，分别采用关键词、题名和摘要三种检索途径，对 2000—2010 年的文章以主题词为"民族关系"进行检索可以得到的文献数量如表 5－3 所示。

表5－3　　　　　　　　　　　　民族关系文献数量统计

	关键词	题名	摘要
CNKI 中文期刊全文数据库	2634	692	2145
万方知识服务平台	842	732	2329
中文维普科技全文数据库	990	691	1969

另外一种重要的文本类信息来源是政府公开信息，我国大部分政治经济方面的信息资源都掌握在政府手中。政府相关部门是信息量最多的生产者、发布者以及拥有者，因此，政府公开信息是民族关系监测预警信息的重要来源之一。虽然自 2007 年《政府信息公开条例》通过与施行以来，我国各地政府、各单位积极贯彻《政府信息公开条例》要求，高度重视政府信息公开工作，不断探索信息公开工作的办法和渠道，完善配套措施，但是，在科学立法到严格执行《政府信息公开条例》的过程中，国内政府公开信息工作的相关法律法规制度仍会遇到许多障碍，面临诸多挑战和问题，所以，该信息来源渠道具有一定的限制。民族关系监测预警文本类信息还可以通过各类媒体的新闻报道获得，这类信息时效性强且数量庞大，获取容易但整理、分析工作量大，而且其主观性较强，难以客观地反映民族关系发展状态。

综上所述，文本类信息可以通过民族图书馆、各类学术文献数据库电子平台、政府公开信息等途径获得且效率高，但是，由于文本类信息的渠道多种多样使信息的采集、整合工作量庞大且复杂，同时存在大量

---

① 参见龚剑《我国民族地区信息资源公共获取的障碍因素分析》，《现代情报》2009 年第3 期。

重复冗余的现象，因此，可以采用数据挖掘、文本分析等技术手段对其进行专门处理，以获得能为监测预警所直接使用的信息。

二　数据类信息来源可供性

与文本类信息相比，数据类信息一般集中来自政府公开信息和相关的统计信息产业，例如，人口普查公报、全国各地、各级政府的统计年鉴及各种相关白皮书、蓝皮书等，这些信息一般都经过初步的分类和整理，我们很容易获得符合条件的信息。数据类信息来源渠道较为有限，但其相对集中的特点可以帮助我们更容易获得该类信息，考虑到我国政府信息公开工作和统计信息产业的发展现状，该类信息虽然较易获得，但效率不高。因此，为了更好地开展民族关系监测预警，完善我国信息公开制度、发展信息服务产业可提高数据类信息来源可供性。

三　案例类信息来源可供性

案例类信息一般表现为文本类信息和数据类信息的有机组合，通常从政府公开信息中的一些文书档案、相关的民族文献和期刊论文、相关的新闻报道等途径获得。对于案例类信息，我们重点关注的不只是单纯的民族关系案例，而是基于民族关系监测预警的主题对案例进行分析，即通过专业的信息组织分析技术和方法对案例信息进行再次加工处理，以获取所需资源。同时，需要注意的是，在互联网时代，信息来源呈现多元化趋势。相对于政府内部系统这一渠道，社会上的某些群众组织、社会团体等也可能提供案例类信息。同时，国内外的政治、经济、科技、文化、市场、贸易等方面的案例类信息都是预警系统决策的基础，因此，案例类信息资源应以整个社会的信息资源为基础，充分利用各类资源，提高资源利用效率。

民族关系监测预警的案例信息来源主要包括各级地方政府公开信息、民族文献、学术论文、新闻报道等渠道。[①] 理论上说，各类民族关系监测预警信息可以从多个途径获得，但实际上由于之前对该类信息的忽视，使民族关系案例的分析和研究较少，对民族关系案例往往只停留在陈述层面，没有深入探讨其所表现出的深层意义。因此，获取案例类信息的

---

① 民族关系预警案例主要是历史案例的收集整理，特别是案例所述事件发生时的各类警兆指标数据。这些案例主要为各级政府及民族事务相关部门所掌握，另外一些案例散见于相关文献及档案。

概率较低，提高对案例类信息获得的概率和效率将成为满足民族关系监测预警信息需求的一个重点研究方向。案例推理①（CBR）作为新兴的机器学习和思维方法，不失为一种有效、可操作性强的模式。为了更好地获得案例类信息，可以在案例推理的基础上构建民族关系监测预警机制。

四　网络信息来源可供性

互联网信息资源，即从计算机网络获取的各类信息资源的总和，其信息资源发布限制条件少、速度快，搜索、访问和浏览效率高，时效性高，资源种类多、内容丰富且呈动态性趋势。信息化是这个时代最明显的特征，社会各个领域充斥着不同的信息，人类社会生活的方方面面都可以在互联网上体现出来，其中就包括民族关系相关信息。

民族关系相关的信息网站主要包括各级政府机构、学术机构、传统媒体、营利机构、非营利机构、个人或集体。除部分非营利机构和个人或集体网站外，有些网站综合实力较强，且信息的发布和流动量较高，因此，被认为是主流网站。根据这些主流网站发布民族关系信息的侧重点和表现形式不同，可将其分为如下三类。②

（1）附带性的网络民族相关信息。主要是指政府或部分商业网站发布的政策及活动的公告、新闻中包含的民族相关信息。例如，中国资讯网、新浪网和人民网等网站常常附带有关民族方面的信息。再以旅游与服务产业为例，像中国旅游网、网易旅游频道及华夏旅游网都会用民族地区的特色和风景吸引客户。

（2）专门性民族类网站。大多是由中央及地方政府机构、事业单位、出版社、媒体机构、学术研究所等组织建立的，因此，发布的信息具有一定的专业性。例如，国家民委门户网站、云南省民族宗教事务委员会创办的云南省民族宗教网、民族出版社创办的东方民族网、中国社会科学院民族研究所网站、民族文化宫创办的中国民族网。同时，也存在社会公众为宣传民族文化而创办的专门性网站，通常该类网站会受到专业机构的支持，比如中国民族博物馆支持中华民族文化网的建设。

（3）特定民族类网站。网站上的民族信息目的明确且唯一，创办目

---

① 案例推理是指通过寻找与之相似的历史案例，借鉴利用已有经验或具体案例来解决新问题。

② 参见周竞红《网络信息与民族关系》，《民族研究》2003 年第 2 期。

的只是为了发布一种特定的民族信息，属于一种特殊的专门性网站。这些网站可能是由当地政府机构、个人或集体，甚至可能多个机构联合建立，但其目标是宣传特定的少数民族，以达到内外部紧密联系的目的。比如西藏民族自治区创办的西藏网、多家涉藏单位联合建立的中国西藏信息中心、西北民族大学创办的回族人网等。

国内互联网上关于民族相关的信息资源非常多，在民族历史、文化、风俗、教育、宗教等方面都有涉及。就当前来讲，专门性网站因有其他网站不具备的高专业知识水平，故在我国主流网站中占有主导地位。这类网站资源丰富、实力强大，拥有一批具备专业知识的信息采编人才，网站信息的可信性、权威性较高。且该类专门性网站在发布信息时有严格的流程与规则，更进一步保证了信息质量。另外，这类网站为了使公众更方便地接触民族文化、历史、地理等方面的知识，不仅设置了静态的信息页面，还不断更新动态的实时信息。除了对网站信息质量和种类的严格把控，也对其传播面进行了拓展，开发了多语言版本的网站，有利于各民族文化的交流和民族关系的发展。例如，中国西藏信息中心，它是由多家涉藏机构于 2000 年合作创办的，目的是发布与西藏相关的历史、政策、文化、经济、教育等信息，支持中文与藏文两种语言浏览。

网络信息有利于各民族文化相互加深了解和少数民族优秀传统文化的传播，另外，网络信息特别是网络舆情信息会对民族关系稳定的发展产生一定影响。

五　舆情信息来源可供性

由偶发性事件产生的网络舆情继承了互联网和移动终端设备的特点，较为随意且更加隐蔽，加剧了片面或偏激言论的产生。在如今 Web2.0 时代，公众逐渐从传统媒介向新媒体舆论平台转移，民众获得信息的渠道包括网络论坛、网络贴吧、博客、新闻网、维基百科、直播平台等多种信息交互模式的舆论新媒体。

从形式上看，媒体信息主要包含平面媒体信息、电波媒体信息和网络媒体信息。尤其是网络媒体信息作为新兴的媒体信息，由于较少受到干预，省去了像报纸、电视等其他媒体所需要经历的层层审批环节，传播速度较快，揭露问题也较及时深刻。特别是像微博这种新兴自媒体，以每秒更新的速度呈现在我们面前，从中能发现许多有价值的舆情点。在借助媒体这一媒介平台收集舆情信息时，需要对不同舆情事件进行区别对待：①由中央及当局政府的决策、下发的文件以及社会重大事件所引发的舆情，应以权威性报刊、电台等主流媒体为准，同时需要结合自身对事件的态度，以及公众评论；②对于社会及网络上的热门话题，需要将注意力集中在发布舆情事件信息网站上的跟帖及豆瓣、知乎等论坛；③对于舆情相关的社会思想、道德，应从媒体"理论版""言论专栏"着手，收集并分析舆情信息，并对学术性网站或论坛上的言论进行跟踪。

网络舆情信息的来源包括网站新闻评论、论坛与社区 BBS、聚合新闻 RSS、QQ、MSN、博客、微博、微信公共号、新闻移动 APP 等。这些来源是民族关系监测预警的主要舆情信息提供者，目前抓取源信息的主要工具有专门的舆情监测系统。除此之外，部分舆情信息的来源与在境外的相关民族类网站。

第六节　民族关系监测预警信息采集的障碍和对策

民族关系监测预警信息是政府信息工作的重要内容之一，是民族团结、国家统一、社会稳定和经济发展的重要资源。充分认识新时期民族关系预警信息工作的特殊地位和重要作用，努力开发和利用民族关系信息资源，对努力做好政务信息工作，促进民族关系和谐，具有十分重要的意义。

一　民族关系监测预警信息获取障碍

在收集民族关系预警相关信息时，我们发现，无论是文本信息、数据信息、案例信息还是舆情信息，在很多时候都存在一定的获取障碍。例如，在指标数据的收集中，由于各种因素，并不是所有的数据都能快速获取。另外，对于互联网舆情方面的信息，在收集过程中需要从多个渠道进行，这就需要相关工作者能较好地掌握信息收集的渠道等。

（一）　民族相关信息资源开发利用层次较低

当代世界各国的首要任务是国家信息化建设，而对信息资源的整合、开发和利用是信息化建设的重要内容。例如，少数民族地区都保存大量的少数民族文献资源。但是，对这些文献的使用大多局限于表面阅读，没有更深层次地开发挖掘，特别是没有充分利用这些文献知识来解释当前我国民族地区的民族关系发展演化的深层次原因。

（二）民族相关信息的传递方式与渠道不完善

社会的发展，一方面为信息的传递提供便利，丰富了信息传递的内容和方式；另一方面也对信息的报送产生某种程度的阻碍，尤其是舆情信息的上报，有些舆情信息即使在相同等级范围内传送，也需要考虑是否属于传送范畴。实际上，舆情信息工作的流程需要经过相关负责人或上级的层层审批。然而，通常情况下，舆情信息在层层报送过程中，由于审批环节过多、相关负责人或上级的其他议程较多、工作机制规章不明确等原因，会耽搁舆情信息的报送，最终导致信息丧失最重要的时效性。如何紧跟时代的脚步，突破这些难题，保持舆情信息的时效性，是当下需要研究的重要课题。

（三）监测预警信息采集没有形成完整体系

当前，无论是整体组织架构的建设还是信息的上报、采集、共享机制，均未能形成比较科学统一的管理体系，这在很大程度上阻碍了民族关系监测预警信息的采集工作，主要体现在以下四个方面。①

（1）基层信息机构未能有效建立。中央及省级政府的信息管理机构绝大多数已实现有效工作，但基层的市、区、县级机构并没有完全建立信息机构。尽管上级政府为获取基本信息，已在基层地区设置了直报点，但未引起足够重视。

（2）科学的信息报送体系尚未完全形成。对基层事件、本地现象及民众情绪的关注不够，特别是对大众的社会政治态度缺乏关注，过于片面地重视报送程序化和一般化信息，而并未探索引发这些问题的深层原因，也未能持续跟踪事件的后续发展，无法实现利用信息预测、监控局势的目的。

（3）主动式预警信息获取仍未实现。相关部门只注重报刊、传统媒体、网络上发布的新闻信息和群众评论，仍然停留在浅层次的信息归纳与整合上。事实上，民族关系预警信息采集要求参考较为成熟的调查工具、方法和体系，需要主动积极地调查和分析群众的显性态度和隐性情绪。大多情况下，民众并不会在网络、报纸、电视等媒体上公开表露自

① 参见王国华、方付建《我国舆情信息工作体系建设：现状、困境、走向》，《图书情报工作》2010 年第 6 期。

我的认知、评判与情感，这就需要利用调查、测试方法深度挖掘有价值的信息，即改变舆情采集工作和事件应对的方式，化被动为主动。

（4）预警信息的内部共享机制未有效构建。信息工作体系的构建在许多机构或部门已完成，比如不仅有宣传部的信息工作系统，在教育部和新闻办也建立了自己的信息工作体系。从工作机制的视角看，政府各部门的信息系统都单独运作，缺乏相互联系，没有实现信息资源的共享，不能有效地发挥整体效益。尽管多元化工作机制有益于各部门的信息互动汇集，但不可否定的是，这种工作机制不仅会增加成本，重复采集、分析和上报等冗余工作的弊端也会显现出来，并加大了政府高层机构与领导的工作量。

二　提高民族关系监测预警信息可供性的若干措施

民族关系监测预警信息可以通过多种渠道、多种技术获得，但是，各类途径和技术的效率存在明显区别，总体来说，在获得民族关系监测预警信息的过程中，既存在有利条件也受到诸多约束。为了提高民族关系监测信息的获得效率，可以从以下四个方面开展探索。

（一）设立监测预警信息管理的专门机构

设立专门的预警信息管理机构，组织专业人才进行信息管理工作，这不仅有利于信息的收集、整理和进一步分析，实现高度的预警信息集成；而且有利于形成涵盖范围广、顺畅的信息传递机制，满足各部门出于各种目的的信息需求，最大限度地改善信息共享水平。

（二）通过技术工具对民族相关信息进行深层次挖掘

民族关系预警信息的来源众多，其信息量非常大。应充分利用这些信息，使之为民族关系监测预警与决策支持服务，有必要对这些民族相关信息进行深度解析和深层次挖掘，例如，大数据技术在民族关系监测预警中的应用。大数据价值不在于数据或信息本身，而是通过相关技术去收集并分析网络舆情，对舆情趋势进行预测，即大数据可为监测预警提供技术支持。要想发挥大数据技术在民族关系监测预警中的作用，必须建立海量的民族关系信息资源库，并利用技术模型对其进行分析。例如，可在关注网民言论的同时，统计持此意见的人群数量；在解读网民言论文字内容的同时，计算网民互动的社会关系网络数量；对于网民情绪的变化，可通过量化的指标进行标志等。

（三）构建民族关系监测预警信息网络

构建民族关系监测预警信息网络为信息的整合提供了可能。我国有完整的、职能分明的民族事务管理体系①（见图5－11），这为构建民族关系监测预警信息网络提供了有利条件和基本框架。

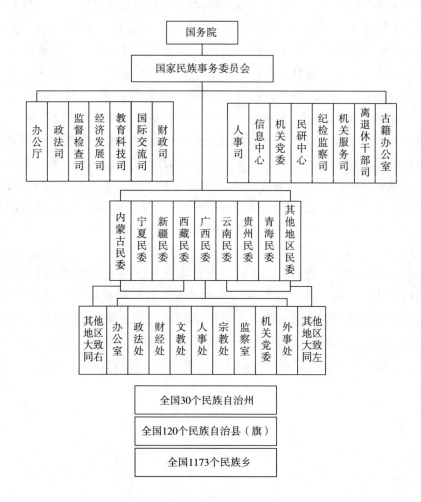

图5－11　我国民族事务管理体系

————————

① 国家民委是我国民族事务管理的主要部门，因此民族关系监测预警体系依赖于我国民族事务的管理体系。参见阎耀军、张美莲、王樱《论我国民委系统民族关系预警机制的构建》，《中南民族大学学报》（人文社会科学版）2009年第6期。

　　民族关系监测预警信息网络由众多节点及信息传递渠道构成，这些节点并不仅仅是图5－11中的民族管理体系中各个部门，还包括其他相对独立的信息管理系统和一些图书馆、信息咨询机构、信息统计机构等。在整个信息网络中，以国家民委为终点，由下自上传递信息。网络的最终目的是将信息网络中的节点尽可能涵盖各种信息来源，并通过数据挖掘及数据仓库等技术加以组织、分析，形成覆盖全国经济、社会、教育、文化、宗教等各领域的信息网络，构建完善的民族关系信息资源库，支持民族关系和谐性预警决策。

（四）建立科学有效的预警信息获取和监测体系

　　在对预警信息进行收集的过程中，需要从群众对重要政策、方针及事件的看法、评价和认知等显性因素上进行把握，并对人民群众的态度进行跟踪及意见反馈。由于很多信息并不会在公众媒介上公布，若想掌握完整的信息资源，必须借助民意调查统计思维、工具、方法和技术，对群众意愿采取有依据的正确调查、评测和剖析，以提高信息获取的效率。与此同时，仍需加快信息资源的上报、共享机制建设，提高信息资源的整合利用，有必要构建一个可共用信息资源管理系统，以达到预警信息资源共享的目的。利用现代信息技术代替传统人工操作，降低重复性的工作，为更加顺畅的互通信息创造了条件。针对舆情信息的共享，可在原有监测预警信息和决策支持系统的基础上，构建共享决策与应急机制。即通过不同属性的部门工作者的意见反馈，帮助政府机构或其他单位制定和推出更完整高效、符合实际情况的、协调各部门的制度政策。

第六章　民族关系监测预警中的知识管理

民族事务部门经过多年民族相关问题的处理工作，积累了大量民族问题案例知识。从中央到地方，有相当多的民族问题专家有丰富的民族问题处理经验，这些知识都是进行民族关系监测预警的宝贵财富。将这些知识运用到民族关系监测预警当中，能够使预警过程更加高效、预警方式更加智能、预警结果更加准确。

目前，将知识管理理论与民族关系预警机制有机结合的研究较少，大多是采用客观指标体系对民族关系进行量化综合评价，然后确定预警指数和等级，难以对问题进行精确定位和处置。这样，在民族关系面对重大危机时，还是运用以往的操作模式，不能同民族关系知识有效地结合起来，很难高效地进行民族关系预警活动。本章从知识管理和危机预警、基于知识管理的民族关系预警、民族关系预警知识管理体系、民族关系预警知识表示、基于知识的民族关系预警过程、民族关系预警知识管理实施进行论述。

第一节　知识管理和危机预警

民族关系知识的本质内涵是民族关系发展演化过程中的内在规律以及历史经验的总结，它为民族关系矛盾和危机事件的预警处置提供了智力支持。信息虽然是开展民族事务工作的必要条件，但并不能直接指导实践活动。信息经过加工得到的知识，就可以直接用于指导人们现实生活中的实践活动。因此可以说，知识是经过进一步加工而得到的抽象化和普遍化的信息，能够有效地指导实践活动。知识管理有助于加强知识信息在预警过程中的重要作用，为民族关系矛盾和危机事件的预警处置提供支持。知识管理在民族关系和谐性预警过程中的应用，将推动预警过程智能化。由于危机预警管理是一项时效性非常强的管理活动，所以，这些变化带来的影响无疑是巨大的。

随着危机监测预警研究的不断深入，研究领域和边界不断扩大，信息和知识之间的问题日益突出。一方面，从最初的公共管理领域关注危机管理，发展涉及工商管理领域，包括国防军事、自然环境以及食品能源等方面；另一方面，随着危机管理的不断发展，各领域学者研究的不断深入，危机管理已经是一个涉及管理学、经济学和社会学等的多学科交叉相融的概念，它也逐渐搭建起了自己的理论框架，逐渐成为一门独立的学科，而这个方向的研究与知识管理是紧密联系的。危机管理是一个国家、民族或团体内部和外部的相关知识在危机事件上的运用，会涉及信息、指标和决策等管理问题，这就要运用知识管理了。由此可见，知识管理与危机管理息息相关。

一　知识管理在危机预警中的作用

从组织角度出发，知识管理是通过对组织内的知识及其无形资产的审计、获得、生产、吸收、应用和保护等一系列过程的综合管理，以实现增强组织知识创新能力、提高组织核心竞争力和保证组织可持续发展的目的。危机预警是定性方法和定量方法相结合，通过监测和评估危机发生前的征兆，找出诱导危机发生的原因，并进行警报，其过程包括危机监测、危机预测和危机警报。危机监测是指通过对组织内的各种信息资源进行分析，并对现实情境进行评估，从而找到危机征兆；危机预测是指对危机发生的征兆进行监测研究，找出导致危机发生的可能因素，并对之后可能造成的结果进行分析，进而预测；危机警报就是对预测出的各种情况进行预报并进行相应的对策研究。

基于知识管理的危机预警过程中包含两种类信息：一类是由危机监测获得，并通过显性知识表达的危机信息；另一类是不易掌握的由隐性知识传递的危机信息。[①] 危机监测预警是危机管理的重要组成部分，知识管理和危机管理是民族关系和谐性监测预警的两个重要支柱。知识管理是对民族关系长期发展演化规律的总结，而危机管理则代表着民族关系存在的问题。知识管理与危机管理的层级结构关系如图 6-1 所示，表明

---

① 参见彭宁波《面向危机预警的知识管理模式与策略》，《情报理论与实践》2013 年第 2 期。

不同层次的知识用于解决不同层次的危机。

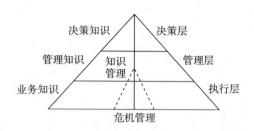

图 6 - 1　知识管理与危机管理的层级结构关系

在危机决策中，知识管理实践是指能够及时发现危机并运用相应的知识做出解决问题的方案。知识管理能使在危机预警系统中的人员之间的知识交流更加便捷有条理，并且人们通过知识管理可以很方便地获取和利用知识。知识的利用关系到决策的成败，因为人们采取任何的行动和决策都是基于一定信息的，知识管理不仅能够为人们提供相应的信息，并且在信息的流转过程中，知识管理也起到了监督作用，所以，知识管理能够帮助决策者更好地进行正确有效的决策。

二　支持危机预警的知识管理模式

支持危机预警的知识管理模式如图 6 - 2 所示。[1] 该模式中，通过知识获取、知识管理、知识分享和知识创造四个过程，结合危机监测、危机预测和危机警报三个过程[2]解决危机事件。通过这一模式，决策者可以在危机发生前，及时获取危机事件发生的前兆特征，并且根据危机的征兆获取相应的知识，能够准确地预警危机事件，使决策者能够制定出最快、最合适的应对方案。

三　支持危机预警的知识管理框架

（一）危机预警知识管理系统构建

在上节所述的危机预警系统中，以知识管理为主体的核心便是危机预警的知识库，它是将与危机预警相关的各种信息进行整合，形成知识管

---

① 参见彭宁波《面向危机预警的知识管理模式与策略》，《情报理论与实践》2013 年第 2 期。

② 参见张小明《公共危机预警机制设计与指标体系构建》，《理论与改革》2006 年第 6 期。

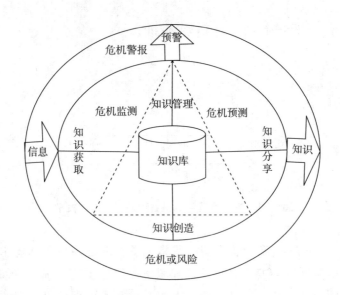

图 6 - 2　支持危机预警的知识管理模式

理所需要的知识基础。知识库的内容涵盖以下五个方面：①危机基础知识库，是指普适性知识，这种知识是应对大多数危机事件的模糊性知识；②危机事件案例库，是将以前发生的危机事件作为案例存储在案例库中；③危机预警管理经验库，是指人们在过去应对危机事件时获取的经验性知识，这种知识是通过日积月累而不断丰富的，其实践性很高；④危机应对方案库，是指将过去成功解决危机事件的应对方案吸收到应对方案库中，再遇到相似的案例，可以从中直接获取可供参考的解决方案；⑤辅助知识库，包括协助危机认知和危机预警的相关知识。若出现风险征兆或突发事件，与危机相关的组织或人都可以从知识库中获取、交流和共享危机知识。

（二）危机预警知识管理的一般过程

在前文中，危机预警知识管理包括四个方面的内容。

（1）知识获取。危机知识获取是危机预警过程的第一步，知识内容包括危机监测预警的显性知识和隐性知识。知识获取的关键在于知识识别，需要做的就是识别对解决危机事件真正有用的信息，并确定知识的来源以及取得权威知识的途径。

（2）知识管理。按照危机知识内在的逻辑规律，对获得的知识进行整理，就如同整理书架一般，经过组织、整理、存储和控制等一系列的操作，便于之后对知识的各种操作应用。

（3）知识分享。知识共享主要是指知识的传授、传播等，知识利用主体之间通过某些渠道或方式，使知识能得到最大的利用，并传递和转移危机预测的结果。

（4）知识创造。危机知识的创造，就是对知识的创新，结合现有知识，通过推理、开发或者演绎等，获得新的有用的知识。知识创造可以借助数据挖掘工具等相关技术，找出潜在的危机警兆与风险之间的联系。

第二节　基于知识管理的民族关系预警

民族关系预警系统往往需要集合多方的智慧、经验和技术于一体，而不是仅仅靠某一个或某几个人完成整个预警过程。我们可以把民族关系危机事件分为两类：一类是已经发生的事件。这类事件的特点就是事情已经发生，能够充分地了解事件的真实状况，所获得的信息都是既定的事实，错误率较低。另一类是可能发生的事件。判定民族关系事件是否会发生，主要是依靠预警指标来分析事件发生的可能性。这两类事件之间，已经发生事情的相关信息可以存入案例知识库，作为预测危机事件的知识依据，同其他类型的民族关系知识一同构成民族关系预警知识库。

一　民族关系预警的基本内涵

民族关系的影响因素众多，包括政治、经济和文化等方面，根据这些影响因素可以分析民族关系矛盾事件产生的原因。民族关系危机事件在发生之前、发生过程中以及事件结束均会表现出许多征兆，可以把这些征兆中出现的一些特征指标和数据提炼出来，将其作为建立民族关系和谐性评价指标体系的参考依据。民族关系监测是预警的前提条件，没有监测就不可能及时收集和发现预警信息，更谈不上进行预测和制定应急处理预案。但是，由于民族关系危机事件具有突发性、紧急性和不稳定性等特点，加上其预警征兆可能不太明显，很容易被忽略，因此，民族关系的预警难度仍然较大。

民族关系预警包括状况监测和危机预测两个方面。状况监测是指对可能引起矛盾事件的各种因素及其征兆进行持续观察；危机预测是指对未来可能发生的民族关系事件的类型及其危害程度做估计。民族关系危机事件从产生到爆发都会经历一个过程，这个过程一般包括孕育期、潜伏期、发展期、爆发期和休眠期五个阶段，每个阶段都有不同指标和数据。利用民族关系预警指标评价危机的预警等级，对不同等级事件采取不同的应对措施进行调控防范。民族关系在其发展过程中积累了大量有关民族关系危机事件的相关知识，管理这些知识有助于预警工作实施。因此，面向预警过程的知识管理机制是民族关系预警工作的重要基础，应当充分利用以往民族关系调控处理的丰富经验，提高预警过程的科学性和准确性。

二　民族关系预警知识的范畴

在民族关系监测预警中，知识管理起着非常重要的作用。知识管理是一个系统性的过程，它与民族关系的数据和信息紧密相关。一般而言，数据是原始且没有联系的事实，而信息是被给予一定意义和关系的事实。数据是形成信息的基础，也是信息的组成部分，数据只有经过处理后建立相关关系，并赋予明确的意义之后才能形成信息。知识则是对信息的推理与验证而得出的系统化规律、概念和经验，民族关系预警知识是开展民族关系相关管理工作的基础。智慧则是知识的外在表现，通过智能化系统对知识进行处理，可以得到更为准确的信息，为民族关系预警的过程提供数据与信息的有效支持。从数据到信息到知识再到智慧，是一个人类认知层次逐步加深的渐进过程。数据、信息、知识和智慧之间的联系和区别如图 6-3 所示。

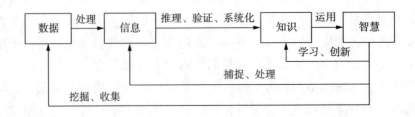

图 6-3　数据、信息、知识和智慧之间的联系和区别

民族关系预警知识包括显性知识和隐性知识。显性知识是指已经形成稳定结构性的知识，易于表示，即所有人都可以学，都可以掌握，例如书本、电子书等；隐性知识是指个人内化于心的，通过自身的经历或者理解的独到知识，一般不易于人们所获取和学习，例如个人经验。民族关系变化面临的挑战可以分为有规律的持续性变化和无规律的突发性变化。对于有规律的持续性变化，可以采用程序性的预警决策；对于无规律的突变性变化，可以根据经验和先例知识，将以往某些类似的预警案例知识进行梳理，整理分析以在一定程度上实现预测目的。

在有效的知识管理体系中，预警机制应采取主动的预防性方式去发现问题，而不是当问题发生后才采取对策。知识管理体系中的显性知识可以通过工具和手段来完成，而隐性知识的转化和表述则需要进一步探讨。民族关系发展中，有很多信息都是没有条理的，因此，民族关系预警才会显得较为复杂，这类信息通常用隐性知识来表示。著名知识学学者野中郁次郎认为，隐性知识具有非结构化、难规范化的特点。突发性事件产生的原因就是信息的突然性变化，但这些突然性的变化其实也是由于事件内在的某些因素而变化，长期不为人知的变化最后导致了严重的后果。由于民族关系预警的重点就是应对突变的、规律性不强的变化，而这些变化正是诱发危机事件的重要因素，因此，隐性知识对民族关系预警过程至关重要。①

综上所述，有效的知识管理体系能够使民族关系预警做到防患于未然。这不仅需要相关的知识、经验、技巧、制度和判断，还需要不断地挖掘和认识隐性知识，将其显性化，然后按照一定的规则将隐性知识吸收到知识管理的体系当中。本章将民族关系案例和应急预案作为隐性知识显性化的主要载体，而对于其他显性知识，例如民族关系领域的专家知识，经过提炼总结后采用预警规则来表达出来。通过案例对隐性知识显性化后，可以利用技术手段对其进行管理，使之更容易作用于预警过程。

三　危机预警知识管理中的知识表示

有关知识管理的定义基本有以下几种：①知识管理是对知识及人力、物力和财力的管理；②知识管理就是对信息的管理；③知识管理既是对

---

① 为了使民族关系预警知识能够采用技术手段进行管理并用于预警过程，既需要将隐性知识显性化，又需要将显性知识规范化，例如表达成规范化的预警案例和推理规则等。本章后续部分主要讨论规范化的民族关系预警知识的相关内容。

人力资源的管理，也是对信息的管理。① 这些相关研究都强调了以知识为核心和最大限度地利用知识。以上研究从广义和狭义两个方面对知识管理的范围进行了界定：狭义的知识管理的对象只限于知识或信息；广义的知识管理的对象并不局限于此，与知识相关或者能够运用到知识管理的技术抑或其他领域的资源等。

　　知识表示理论是人工智能领域的一个关键性技术，知识表示就是以一定的方式对信息进行结构化表示，将所有信息以统一的结构存储到计算机当中。知识表示理论中的知识一般包括事实、规则、控制和元知识等。② 目前，知识表示法主要有产生式规则表示法、谓词逻辑表示法、语义网络表示法和框架表示法四种。③

　　（一）产生式规则表示法

　　产生式规则是指将知识以一定的逻辑形式表示出来，这样，所有知识表示出来的整体形式基本一致，其核心就是逻辑连接词，通过逻辑连接词能够清楚地表达出要素之间的逻辑关联关系，这种方法尤其适用于表达专家启发式知识。产生式规则可分为正向规则和逆向规则。

　　1. 正向产生式规则

　　如果〈条件〉则〈结果〉（IF the promise THEN the condition）

　　或

　　如果〈情况〉则〈行动〉（IF case THEN action）

　　正向产生式规则中，逻辑连接符"and"或"or"是连接不同"条件"和"情况"的逻辑符号，一种条件只能触发一种"行动"或者"结果"，并且每种"行动"或者"结果"都只能对应一种"条件"或者"情况"，如果以上条件不符，则停止运算。比如：

　　如果〈民族关系和谐性测度低于设定阈值〉

　　则〈启动相应地区民族关系和谐性预警〉

　　2. 逆向产生式规则

　　〈结果〉如果〈条件〉

---

① 参见储节旺《企业应对危机的知识管理问题研究：能力、体系、机制与技术》，博士学位论文，南昌大学，2006 年。

② 参见李乾鹏、方家骐《基于 RBR 和 CBR 规划中的知识表示方法研究》，《计算机工程与设计》2009 年第 22 期。

③ 参见年志刚、梁式、麻芳兰、李尚平《知识表示方法研究与应用》，《计算机应用研究》2007 年第 5 期。

与正向逻辑过程相反，结果和条件被互换位置。比如：

〈民族关系和谐性启动预警〉如果〈民族关系和谐性测度低于设定阈值〉

由上述内容我们可以发现产生式规则表示法具有以下特点：产生式规则的逻辑表示与人们的思维判断模式相符合，比较容易为人所接受。产生式规则的逻辑连接点一目了然，知识信息的表示十分整齐，便于人们整理知识数据。因为多种情景的条件是用 and 或 or 连接起来的，所以，产生式规则的模块性比较强，因此，人们能够很方便地修改或者补充条件模块。由于产生式规则表示法与人类的思维判断模式相符，因此，传统的专家咨询系统更喜欢用这种表示法。由于产生式规则表示法在形式和逻辑上都较为单一，当需要表示大量数据信息时，这种方法就显得不太适合。

（二）谓词逻辑表示法

知识谓词逻辑表示法是一种基于表示形式的知识表示方法。知识谓词逻辑表示的一般步骤有：①确定谓词及其定义；②谓词赋值；③谓词表示。谓词逻辑表示法表示知识数据时就如同说明的形式，非常自然流畅，容易让人接受并理解。虽然谓词逻辑表示法同产生式规则一样都比较简单，但是，谓词逻辑表示法更加具有普适性，能够较为精确地表达知识。同样，谓词逻辑表示法也具有模块化，方便知识库进行存储，但是，谓词逻辑表示法的数据处理能力较低，一些简单、数据量不大的知识一般还可以表达出来。若数据量偏大，其推理过程就会变得十分漫长，不仅在表示本身过于繁多，还会严重降低逻辑推理的效率。

（三）语义网络表示法

语义网络表示法的思想是从心理学中一种人类的联想记忆方法演变过来的，它是 1970 年由西蒙（Simmon）提出来的。语义网络就是网络图的方式，表示复杂数据之间的逻辑结构。如图 6-4 所示①，语义网络法的网络知识包括节点和连接弧，节点指代的是事件的相关属性例如事件名称，连接弧是一个有向的线，用来表示事件属性之间的关系，可以通过给节点、连接弧赋值，来表示事件属性之间关系的强弱。如果需要对事件属性之间的关系进行解释，可以用"指针"。语义网络图通过图和解释说明的形式，能够描述清楚事件的知识逻辑关系，也能够清楚地表达出

---

① 参见徐建《网络舆情危机预警的案例推理方法研究》，硕士学位论文，哈尔滨工业大学，2014 年。

信息量较大的逻辑，但是，由于网络图只给了三种标志，对于画图的方式并没有严格的标准，只要能表达清楚结构即可，不同的人画出的图各有不同，因此，运用此种方法来管理和维护结构复杂的数据知识比较困难，不利于案例推理。

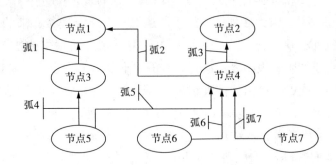

图 6 - 4　语义网络知识表示

（四）框架表示法

框架理论最先是由美国人工智能学家明斯基提出的，框架理论是模仿人的记忆过程产生的，从最开始认识一个事物，然后将事物的信息和自己的理解存储到大脑中，需要用的时候再提取出来。其认为，人类都是在一定的知识框架下完成这一过程，并且不断地进行补充。正如其名，框架表示法就是提供一个固定的框架，将知识按照一定的结构，就好像知识是带有标号牌的，进入自己对应的框架部位，最后把知识整合成一个有意义的整体。

框架表示法包括槽名、侧面名和侧面值三个属性：槽表示事件的不同属性，侧面是对事件不同属性具体的描述，每个侧面还有具体的数值来对其进行量的度量，如表 6 - 1 所示。框架表示法能够将知识有条理地全面地表达出来，也能够将事件的各个方面都展示出来，层次清晰，结构清楚，也便于修改和存储，对于案例推理，这是一个合适的方法。

相对于前两种知识表示方法，框架表示法和语义网络法能够更好地表达信息量大、结构复杂的事件知识，而产生式规则和谓词逻辑法对于信息量小、结构简单的事件处理起来更加方便，四种方法优劣不同，但都很重要，我们要根据不同的情况而灵活运用。

表 6−1　　　　　　　　　　知识的框架表示方法

槽名	侧面名	侧面值
槽名 A	侧面 A1	A11
		A12
		……
	侧面 A2	A21
		A22
		……
	……	……
槽名 B	侧面 B1	B11
		B12
		……
	侧面 B2	B21
		B22
		……
	……	……
……		
约束条件		约束条件 1
		约束条件 2
		约束条件 3
		……

四　基于知识管理的民族关系预警框架

知识管理与民族关系预警作为两项不同的管理活动，彼此联系紧密。在民族关系和谐性预警中，通过显性知识表达的民族关系信息较容易监测和获取，而通过隐性知识表达的民族关系信息则难以掌控。因此，民族关系监测需要利用知识管理工具和技术来收集与民族关系相关的信息，构建民族关系和谐性预警的知识管理体系。同时，运用知识管理实现显性知识和隐性知识之间的转化，将民族关系和谐性信息转化为民族关系和谐性知识，从而可用于分析预警民族关系的和谐状态。一旦获得预警结果，便可传递民族关系的风险警示，并提出民族关系的应对预案，实现民族关系有效调控。

　　基于知识管理的民族关系预警总体框架大致如图 6-5 所示。民族关系知识管理是预警过程的基础，从监测信息的处理到应急预案的产生都离不开知识管理的支持。知识管理环境下的预警过程，首先要对民族关系和谐性监测信息进行处理，并在预警规则的支持下确定预警等级。若达到危机预警等级，则需要依据案例库进行案例推理，即查找与当前状态指标信息相同或相似的案例：若找到相应案例，则导出民族关系的应急预案；若没有找到匹配案例，则将该案例作为新案例加入案例库中。同时，在新案例处理完成之后，可以将其解决方案加入民族关系预警方案库中，以便之后使用。

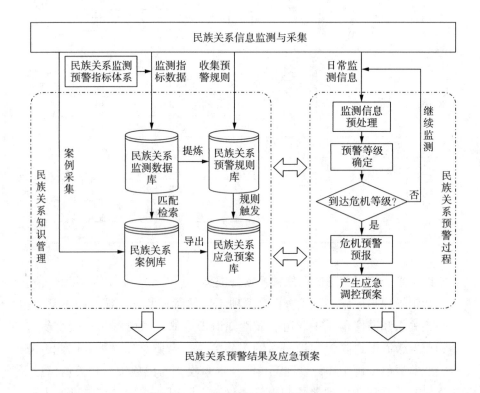

图 6-5　民族关系预警总体框架

　　知识管理技术是指知识管理过程中使用的计算机信息技术，目的在于提高知识管理的工作效率，并减轻工作人员负担。数据和信息传递的管理是实现知识管理的重要内容，开发一个知识管理系统所必须的基础设施应当包括数据库管理系统、网络技术、通信系统等其他信息技术。在底层技术的基础上，知识管理系统还需要一些其他知识管理技术。

（一）知识仓库

知识仓库属于数据仓库的一种拓展，它能够对不同类型的显性知识和隐性知识进行收集、存储、编码、组织和分析，是知识管理系统的重要组成部分。知识仓库通常包含多个知识库，它并不是单纯的数字化和有序化的信息集合，而是把无序的信息按照一定的结构方式组织整理起来。知识仓库不仅包含知识的内容，还存储着与其相关的其他信息，比如知识的使用记录与来源线索等信息。知识仓库通常存储了各种经验、技术解决方案和决策所需知识，减少了未来重新获取知识的成本。另外，知识仓库将知识同其他既有内容和未知状况进行匹配以进行知识创新。因此，在决策支持系统中引入知识仓库的概念和内容，能够优化决策支持系统，实现它和知识管理系统的结合。

（二）知识地图

知识地图是布鲁克斯（B. C. Brooks）最早提出的概念。知识地图与知识搜索类似，都是给人们提供与知识相关的各种东西。人们普遍认为，知识地图是一种图形化的知识管理技术，它将知识库管理技术同互联网技术结合起来，以更直观的方式给人们提供所需知识。

（三）群件

群件是一种网络软件，一般包括电子邮件、管理文档和工作流应用等部分，它能够让不同群体协同工作，促进群体之间的沟通交流和信息共享，从而提高工作效率，更好地完成工作。基于协同工作的理念，即使是时间、地点和文化都不相同的群体也能为同一任务共同努力，合作前进。因此，群件不仅能带动群体间的协同合作，还能促进信息的共享共用。

（四）智能代理

智能代理是近年来人工智能领域的一个研究热点，它是分布式人工智能的研究成果。它能够在用户没有提供具体要求的情况下，或者说用户根本就没有明确的要求下，根据用户的实际需求推测用户的目的，帮助用户进行各种复杂的工作，以确定、修改和完成工作计划。智能代理是一种能够代替用户进行高级处理工作的智能软件。

第三节 民族关系预警知识管理体系

民族关系预警知识管理体系构建的总体目标是在民族关系预警中各个阶段运用相应的知识进行高效管理，通过这种科学方法，使民族关系的危机管理更加合理，确保预警工作顺利进行。我国制定的《知识管理国家标准框架》中确定知识管理的重要指导原则是业务驱动，知识管理的工作应当同其相关的业务工作联系起来，而不能将知识管理作为一个独立体系，民族关系预警知识管理体系也不应独立于民族关系预警管理系统之外。

一 预警知识库

预警知识库应当把与预警相关的事实和知识经过归类、整理和程序化后存储在计算机中。知识库具有高效性和实用性等特点，它能将各个专业领域的经验知识经过分析、浓缩和归纳等操作后整理出来，形成某种特定的形式规则，系统地运用到实践中去，并产生巨大的经济效益。

（一）知识库与数据库的关系

数据库是存储和管理数据的，而知识库是存储和管理知识的，两者既有联系又有区别，两者的工作对象、内容和操作方式都有差别。数据库主要是对数据信息进行管理，能有效地存储大量的数据，对其操作主要有数据的录入、输出、增加、修改、删除和查询等。知识库主要是对智能信息进行管理，高效地实现对各种复杂或粗略等一般较难处理知识的表达和推理。在规定的条件约束下，对问题空间进行启发式搜索，以获得最佳结果。

知识库和数据库在实现方面是紧密相关的。对于知识库中的案例知识库，可以参考数据库中较为成熟的技术，例如，查询优化技术、多级存储技术、存储方法的接口技术和并发控制技术等。事实上，数据库一般可以当作知识库的子库，知识库中的事实库与数据库的概念基本同等。知识库与数据库的比较见表6-2。

知识处理的对象不仅有大量的数据，还有人们在社会实践中积累下来的经验和知识。虽然知识库中有许多规则，但对大量的数据还无法做到高效的搜索和管理，而这恰恰是数据库所擅长的；相反，数据库没有处理和表达知识的功能。因此，数据库与知识库两者相辅相成、相互补充，这样，就能实现高效地演绎和推理。

表 6 - 2　　　　　　　　　　知识库与数据库的比较

类型	知识库	数据库
存储	存储大量事实、规则和约束条件	存储大量数据
复杂性	结构复杂、数据类型多	结构简单、数据类型少
可操作性	一般工作人员即可操作	知识工程师或者专家
修改程度	不精确、不经常修改	精确、频繁修改
推理能力	推理能力强	推理能力差
数据状态	动态数据，既有历史又有现在	历史数据、静态
搜索方式	支持受控制的搜索	不支持受控制的搜索
功能	管理事实、完整性约束、规则	管理事实

（二）预警知识库的构建

推理机①工作的重要基础就是知识库，知识库里知识表达的合理性直接影响推理的效率，知识表达得越合理，系统推理起来就更加快捷。因此，知识库的关键应当是如何正确地表示和管理知识，对于不同类型的知识，应当采用适合的知识表示方法来表示知识。

知识库的建立应该符合以下三点要求：

（1）各领域的知识都能完整且准确地表达出来，如需修改或补充时，可以恰当的方法高效完成；

（2）知识库的核心就是知识的表达和管理维护，这就要求知识库的结构合理得当；

（3）知识库还得保证系统推理的高效无误，这就要求知识库各部分在逻辑上保证完整性、同一性和简洁性。

（三）预警知识库系统的构成

知识库系统包括以下七个主要组成部分。

1. 方法库

方法库中的方法是经过编程化的，将数据的处理方法程序化，这些方法以过程形式让规则进行运用。

---

① 推理机是专家系统中实现基于知识推理的部件，是基于知识的推理在计算机中的实现，主要包括推理和控制两个方面，是知识管理系统中不可缺少的重要组成部分。

2. 规则库

在预警知识库系统中，规则库以目标为依据，又分成多级子规则库，这样，每个子规则库就会对应一个或多个相似的目标；由元知识[①]利用推理机制选择规则，使每个规则对应不同层次的知识；再按知识的不同层次依次启动推理机，这样的推理算法更加简洁、高效。

3. 知识管理模块

搜索、管理并学习专业领域的知识，将原始事件信息输入系统，记录推理过程，得出结论并实现数据的转换和维护。

4. 模糊性处理模块

按照一定的逻辑关系，将知识库中的文本知识和数据关联在一起；并通过模糊概念、模糊判断和模糊推理等非精确性的方式进行处理。

5. 推理机制

系统会根据事件的内容，筛选出与事件匹配的知识用来推理，然后把推理出来的结论或对策建议供用户参考利用。

6. 数据挖掘模块

利用数据挖掘技术，如决策树、神经网络等，从数据库中挖掘知识或规则，并载入知识库中；同时，管理维护知识库中的知识，保持知识库的同一性。

7. 用户界面

用于服务用户，将用户输入的信息通过一定的规则进行转化后，向用户介绍系统的推理机制及解答相关问题，最后将系统分析结果以简单明了的形式呈现给用户。

二　民族关系预警知识管理过程

在面对民族关系不和谐事件时，需要采取不同的应对措施，并展开不同的知识管理活动。民族关系预警管理过程分为准备、监测预警、处置、响应终止与评估四个主要阶段。[②] 由于民族关系演变发展的变化性，这四个阶段并不完全相互独立；每个阶段都以前一阶段的内容为基础构建的两两之间的交集就是关键内容，前后阶段紧密联系，共同形成民族

---

① 元知识是指设计大型专家系统时，有时把知识分为知识集及控制知识集（知识的知识）两个层次，后者称为元知识。

② 参见常玲慧《知识管理在突发公共卫生事件应急决策系统中的应用研究》，硕士学位论文，太原理工大学，2013 年。

关系预警管理流程，具体情况如图 6-6 所示。

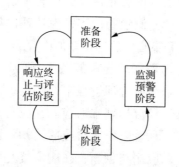

图 6-6　民族关系预警管理流程

（一）准备阶段

针对危机或风险的发生开展有针对性的准备活动，例如，收集资源信息，整理相关部门发布的民族关系政策、法律法规等。在准备阶段，要把所有资料、信息都整合起来，进行分类，这就是构建知识库，以便在民族关系和谐性发生变化时启动预案程序，为相关决策提供依据和支撑。

（二）监测预警阶段

从当前监测系统中发现与民族关系不和谐的现象和信息，要严格对获得的所有信息进行核实，确认信息的真实性后进行分类。接着，分析监测信息，利用事先制定的规则和规定来判定事件，如果事件达到预警的规定标准，就进行警报。在这一阶段中，需要充分收集相关信息并进行分析评估，尽快识别危机事件在潜伏期的征兆，以帮助决策者及时发现问题，并制订预案。

（三）处置阶段

处置阶段是指在民族关系危机事件爆发后，采取一定的处理措施，包括启动预案、分析决策等。前期的监测预警工作都是为了预防民族关系的不和谐，而一旦民族关系真正出现问题，对危机事件的快速反应和有效决策就显得十分关键。因此，处置阶段十分重要，同时该阶段需要借助知识管理工具辅助决策，处理危机事件。

（四）响应终止与评估阶段

在危机事件得到控制后，需要对发生的不和谐现象进行总结处理，例如应急恢复、事件调查和吸取经验等，尽快修复民族关系并进一步加以改善。通过分析应急事件的影响因素，综合评价采取的措施效果，并由此不断完善应急预案和监测预警内容，为处理民族关系的不和谐问题积累更多的经验，更新和丰富应急知识库的内容。

　　民族关系预警中的知识管理与民族关系预警过程具有密切的联系。知识及其流动贯穿于整个预警管理过程中，所表现出的一连串知识管理活动，与民族关系预警管理流程基本对应。在应急准备阶段，对应的是知识整合与分类；在监测预警阶段，对应的是知识获取与共享；在应急处置阶段，对应的是知识应用与创新；在响应终止与评估阶段，对应的是知识更新与完善。民族关系预警中的知识管理过程如图6-7所示。

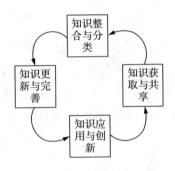

图6-7　民族关系预警中的知识管理过程

第四节　民族关系预警知识表示

一　民族关系预警规则表示

　　民族关系领域内专家经过多年的工作积累了很多处理民族问题的经验，这些经验有的可以采用预警规则来表示，在寻求如何解决民族关系问题时，利用它们模仿专家进行关联推理。预警规则主要用于表达预警事件与其他事件之间的关联，或表达某个警兆特征与民族关系事件之间的关联。在民族关系预警过程中，预警规则可用于如下三种情况：①根据民族关系状况的综合评价确定预警等级；②当在案例库中匹配不到案例时，调用预警规则进行规则推理，并得到可能发生的危机事件集；③把新案例纳入原案例库中时，验证新案例是否满足相应约束条件和规则。民族关系预警规则可表示为：

IF condition THEN conclusion

式中，$condition \subset \{event_1, enent_2, \cdots, event_m\}$，$enent_i (i = 1, 2, \cdots, m)$表示某案例事件的发生或某预警指标达到某阈值水平；$conclusion \subset \{result_1, result_2, \cdots, result_n\}$，$result_j (j = 1, 2, \cdots, n)$表示某案例事件的应对或某应急预案的匹配。

二　民族关系预警案例知识特征

现有研究表明，案例知识表示包括问题描述、解决方案描述和解决方案效果描述三个基本要素。具体来说，问题描述就是描述案例的基本特征，例如案例名称、时间地点等，它是用来区别于其他案例的；解决方案描述是对案例中的问题解决方法进行表示，是问题的解决过程；解决方案效果描述是对案例问题的解决效果进行评估，为以后更好地解决问题提供参考和经验教训。

案例知识表示除需要了解案例的基本要素，还需要结合案例各个方面的信息资源，对案例进行准确描述，并使用有效的方法整理出有用的信息。下面主要介绍案例知识特征以及案例知识推理所需要的信息。

（一）案例知识表示的适用性

每个案例知识表示方法都有其适用的范围，将案例研究的特征及其表示方法的特点结合起来考虑，选择最合适的方法。这里讨论的案例知识表示应满足以下要求：

（1）尽可能涵盖案例相关信息。在案例库中寻找相似案例的过程就是以案例间的相似度进行区分，这就要求案例库中，每个案例信息的表示需要尽可能明确且全面，表现出案例本身的特点，从而增强案例之间的区别性。否则案例库中的案例区别性不大，会导致目标案例在匹配时，与案例库中多个案例有相似之处，这样，就无法检索出相似案例，也就无法进行案例推理。

（2）便于提高案例检索效率。案例推理是利用计算机进行推理运算的一个人工智能过程，因此，案例库知识需要以固定的结构来表示，从而提高案例检索效率。

（3）满足案例库自我学习要求。除需要以固定的结构表示来提高案例推理计算的效率外，案例库的知识还需要在进行案例推理的同时，根据新案例的解决情况来扩充案例库中的内容，以实现案例库的自我学习。

（4）实现案例库的吐故纳新。案例库中的内容知识除需要不断地进行增补以达到案例库自我学习的要求外，还应及时剔除与民族关系现状不相符的一些知识信息，这也可以看作案例库知识长期维护的过程。

关于案例知识表示方法，本章第二节已有详细介绍，这里不重复。

（二）案例属性特征描述

在民族关系预警案例库中，一个案例被称为一个元素，不同的案例由不同的属性特征组成。每个案例都是依据属性特征来区分的，通过比较属性特征来判定案例的相似性。图 6-8[①] 为危机突发事件案例的属性特征示意图。对于危机案例来说，案例的属性特征应该包括案例发生的时间、地点、类型、主体和危害程度等。由此，案例库可以表示为 Casebase = $\{C_1, C_2, C_3, \cdots, C_n\}$。其中，$C_i$ 表示案例库中的各个案例，基于属性特征的概念，各案例又可表示为 $C_i = (F_i, S_i)$。其中，F_i 和 S_i 分别表示案例的属性特征集和解集，$F_i = (f_{i1}, f_{i2}, \cdots, f_{in})$；$S_i = (s_{i1}, s_{i2}, \cdots, s_{in})$。

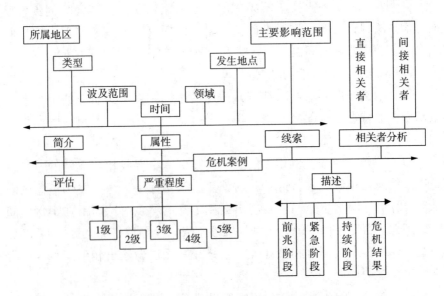

图 6-8　危机突发事件案例的属性特征

① 参见徐建《网络舆情危机预警的案例推理方法研究》，硕士学位论文，哈尔滨工业大学，2014 年。

三　民族关系案例框架表示

针对已经发生的案例事件，需要从中吸取经验知识并分析整理，不仅有利于指导工作和解决问题，也是提升我们管理决策水平的重要途径。因此，加强民族关系危机案例的积累与管理，对降低民族关系危机事件发生概率，增强对民族关系危机的管理和决策能力具有重要意义。

当案例库拥有相当数量的案例时，如何表示案例库的知识数据也是一大难题。因为民族关系危机事件案例大多是以文字和图表的形式表示的，而且结构一般也不易被计算机所识别。因此，需要将案例库中的信息按照一定的结构表示出来，让计算机容易识别，这样，便于进行案例检索、学习以及案例库管理。针对案例库中的案例，运用知识框架表示法对案例的属性特征进行分解，从而更加具体地表示案例。

关于框架表示法，本章第二节已做了详细解释。对于民族关系危机案例来说，槽值就是民族关系案例的属性特征值，侧面就是对属性特征的详细表示，按照这种方式，民族关系危机案例就可以按照统一的结构表示出来，槽越多，侧面也越多，案例之间的区分度也可能更大，这些对案例推理和案例库管理都十分有利。

通过以上分析，我们采用框架表示民族关系的危机案例库，如表6-3所示。

表6-3　　　　　　案例推理模型中案例知识的表示框架

槽名	侧面名	侧面值
危机标志 A	危机编码	A1
	危机类别	A2
	危机领域	A3
	危机行业	A4
	关键词	A5
危机警兆 B	政治指标	B1
	经济指标	B2
	文化指标	B3
	宗教指标	B4
	国际指标	B5
	社会指标	B6
	其他指标	B7

续表

槽名	侧面名	侧面值
危机时间 C	发生时间	
	潜伏时间	
	响应时间	
危机地点 D	发生地点	
	影响空间	
危机主体 E	相关者个数	
	涉及民族情况	
	涉及主体个数	
	主体最高级别	
危机损失 F	死亡情况	
	受伤情况	
	经济损失	
危机级别 G	预警级别	G

案例是民族关系知识的一种重要形式，它把描述性的专家经验进行结构化处理，并将其通过数据表现出来。框架表示法在框架理论的基础上，模仿人类认识事物的过程，以一定的结构来描述事物之间的从属关系和表达事物的内部结构。当人们遇到新的问题需要解决时，总是从自身记忆中寻找与该问题相类似的信息，这个步骤就是在"记忆"中寻找合适框架的过程，然后在此基础上将新问题的详细信息补充到所选的框架中，从而逐步加深和完善人们对新问题的认识程度。在民族关系预警案例中，描述的主要内容①包括以下 7 个方面。

（1）案例编码。案例在案例库中都有唯一的编号，这样，能够准确地提取出目标案例。

（2）案例类别。为了更加高效地检索案例，案例在案例库中应当以一定的属性类别进行存储，这样，可以根据案例类别进行搜索。类别可以根据地域范围、诱发原因和处置手段等进行划分。

（3）警兆特征。根据民族关系预警指标体系建立的警兆特征属性，也就

---

① 参见刘双印、徐龙琴、涂超等《案例推理在果树病虫害诊断与防治专家系统的研究》，《计算机技术与发展》2007 年第 9 期。

是将案例发生时的民族关系指标数据记录下来，便于在以后预警过程中进行相似度的匹配。若监测到的状况能够匹配到相似案例，意味着该事件很可能会发生。警兆特征是否合理直接取决于民族关系预警指标体系的完善程度。

（4）案例属性。一部分属性是对案例类别的进一步细化，有利于案例推理进行，与推理结果之间存在因果关系；另一部分仅仅用作对案例信息全面完整的描述。

（5）发生频率。是指该案例在案例推理中被匹配的次数，案例发生次数多的可视为常用案例。

（6）案例结果。表示该案例采取相应应急预案所产生的结果描述。

（7）应急预案。表示该案例发生后采取的处置方法与措施。

民族关系案例框架结构如图 6 - 9 所示，采用框架来表示民族关系预警案例。从框架理论来看，知识的基本单位是框架，当把某个案例的细节信息按照一定的规格填入框架后，就可以得到该框架的具体实例；当把若干个相关的实体框架连接起来，就可以形成框架系统。随着民族关系监测预警工作的不断进行，会不断地产生新的案例，案例库内容会变得越来越丰富，如果检索策略在设计时不够清晰明确，那么案例的检索效率和系统的反应时间就会受到严重影响。根据案例的使用频率，将案例分为常用案例和非常用案例。检索时优先在常用案例库中匹配相似案例，若无匹配案例，则在非常用案例库中寻找。

四　常用案例相似度检索模型

（一）案例检索模型

案例推理效果的关键在于最终检索的匹配程度，这是为了凸显检索技术的重要性。案例检索可分为案例区分度和案例匹配度算法：案例区分度要求相似案例数量不宜过多，以便更有效地区分各类案例，提高案例查找的精准度；案例匹配度则以案例相似度为依据，以事先设定的阈值为基准。若设定的阈值太低，则会降低匹配程度，阈值是根据案例大小、实际案例相似度和案例的知识表示方法来设定的。

考虑到案例预警过程中实际的可操作性，本书将主要介绍最近邻算法、归纳索引法和改进 TC 检索三种案例推理检索模型。

1. 最近邻算法

最近邻算法是一种常用的案例推理检索模型，其一般分为两个步骤：第一步：先要得到案例的局部相似度，然后根据案例属性特征值计算属性

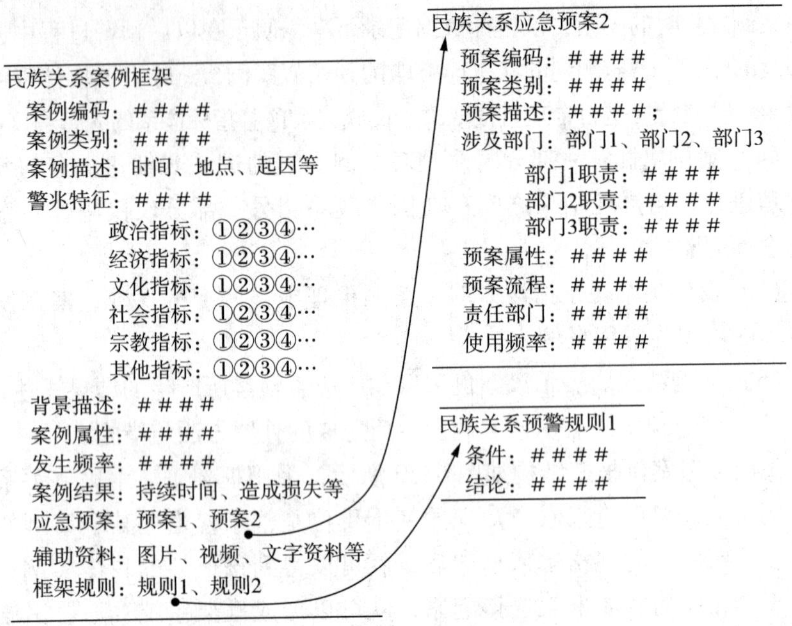

民族关系案例框架
　　案例编码：＃＃＃＃
　　案例类别：＃＃＃＃
　　案例描述：时间、地点、起因等
　　警兆特征：＃＃＃＃
　　　　政治指标：①②③④…
　　　　经济指标：①②③④…
　　　　文化指标：①②③④…
　　　　社会指标：①②③④…
　　　　宗教指标：①②③④…
　　　　其他指标：①②③④…
　　背景描述：＃＃＃＃
　　案例属性：＃＃＃＃
　　发生频率：＃＃＃＃
　　案例结果：持续时间、造成损失等
　　应急预案：预案1、预案2
　　辅助资料：图片、视频、文字资料等
　　框架规则：规则1、规则2

民族关系应急预案2
　　预案编码：＃＃＃＃
　　预案类别：＃＃＃＃
　　预案描述：＃＃＃＃；
　　涉及部门：部门1、部门2、部门3
　　　　部门1职责：＃＃＃＃
　　　　部门2职责：＃＃＃＃
　　　　部门3职责：＃＃＃＃
　　预案属性：＃＃＃＃
　　预案流程：＃＃＃＃
　　责任部门：＃＃＃＃
　　使用频率：＃＃＃＃

民族关系预警规则1
　　条件：＃＃＃＃
　　结论：＃＃＃＃

图 6 － 9　民族关系案例框架结构

距离；第二步：确定出两个案例之间的各属性特征值的权重，再根据属性特征值的权重对两案例的局部相似度进行加权求和，得到两个案例之间的全局相似度。

　　最近邻算法的具体公式如下：

$$Sim(C_i) = \sum_{j=l}^{m} w_j \cdot Sim(C_{i,j}) \tag{6.1}$$

　　式中，$Sim(C_i)$ 表示目标案例与案例库的第 i 个案例的全局相似度；w_j 表示案例间第 j 个属性特征值的权重，所有权重加起来等于 1；$Sim(C_{i,j})$ 表示案例属性特征间的局部相似度，局部相似度的计算方法应视情况而定。最近邻算法中的案例属性特征被看作相互独立且互不影响的，这样，确定权重就比较方便，案例的知识表示也比较容易。

　　2. 归纳索引法

　　归纳索引法改进了最近邻算法中属性特征固定的计算，基于信息增益[①]的思想，通过一定的计算判定来选择属性。在计算信息增益时，我们

――――――――――――

　　① 信息增益最大的问题在于它只能考察特征对整个系统的贡献，而不能具体到某个类别上，这就使它只适合用来做所谓"全局"的特征选择。

首先要引入信息熵的概念，信息熵是数学上的一个抽象概念，我们可以把它理解成某种特定信息出现的概率。也可以说，是对一个系统有序化程度的度量。即系统越是有序，信息熵就会越低；反过来，系统越是混乱，信息熵就越高。[①] 信息熵的计算公式为：

$$H(v) = \sum_{i=1}^{n} p(u_i) \log_2 P(u_i), P(u_i) = \frac{|u_i|}{|v|} \tag{6.2}$$

式中，v 表示案例集合，$P(u_i)$ 表示某属性值出现的概率，$|u_i|$ 表示包括某属性值的案例个数，$|v|$ 表示案例集合 v 中的案例个数，n 表示某属性的取值个数，则某一特征属性 a 在案例集合 v 中的信息增益的计算公式为：

$$Gain(v,a) = H(v) - \sum_{s \in value(a)} \frac{|v_s|}{|v|} H(v_s) \tag{6.3}$$

式中，a 为案例的某一特征属性，$value(a)$ 是属性 a 的取值集合，v_s 表示 a 的值为 s 的案例集合，$|v_s|$ 表示 v_s 中的案例个数。该方法找到信息增益最高的属性值，并以此为基础，尽可能地获得属性特征最小数目的分类。

3. 改进 TC 检索

改进 TC 检索模型是在 Tversky 方法的基础上改进得到的，其公式如下：

$$S_{nk} = \frac{\sum_{i=1}^{m} [w(n,i) \cdot w(k,i) \cdot v_{nk}^i]}{\sum_{i=1}^{m} [w(n,i)^2] \cdot \sum_{i=1}^{m} [w(k,i)^2]} \tag{6.4}$$

式中，S_{nk} 表示案例库中第 n 个案例和案例库中第 k 个案例间的全局相似度，$w(n,i)$ 表示 n 中第 i 个属性的权重，$w(k,i)$ 表示 k 中第 i 个属性的权重，v_{nk}^i 表示 n 和 k 中 i 的局部相似度，m 指 n 和 k 间所有属性数量。

综合以上三种案例推理检索模型，根据框架表示法的特点以及实际应用性，框架表示法中案例的各属性特征之间相互独立，并且案例检索要求案例属性特征和权重的一致性，本书选择以最近邻算法为例，对目

_____

① 参见侯玉梅、许成媛《基于案例推理法研究综述》，《燕山大学学报》（哲学社会科学版）2011 年第 4 期。

标案例进行检索。

（二）案例相似度度量方法

下面介绍最近邻算法中的局部相似度计算方法。案例相似度计算是案例检索最基本的一步，需要从案例库中寻找与目标案例匹配最佳的案例，并对其进行案例推理，找到类似案例的解决方案应用于具体实践过程中。选择合适的检索算法是相似度检索的重点，从而制定具体的检索方法，然后从案例库中匹配最相似的案例。前面已经介绍了最近邻算法的步骤，下面介绍如何设计局部相似度计算方法和确定各属性特征的权重。

1. 局部相似度计算

在计算属性特征的局部相似度之前，需要按照一定的计算规则来确定属性特征值的表示规则。对于本书的民族关系危机案例库来说，大致有字符型和数值型两种类型的案例属性。其中，字符型是指无法直接进行计算的，例如，危机名称、时间地点等；数值型则是指可以直接用于计算的，是可以衡量的。属性特征之间的相似程度则用独立枚举法来规定，各属性特征用模糊隶属函数来表示。其公式表示为：

$$Sim(A_0, A_1) = \begin{cases} 0, & if(A_0 \neq A_1) \\ 1, & if(A_0 = A_1) \end{cases} \tag{6.5}$$

式中，A_0 表示目标案例的某一属性特征值，A_1 表示案例库中某一案例的这个属性特征的值，$Sim(A_0, A_1)$ 是目标案例的这一属性特征与案例库中某一案例的同一属性特征的局部相似度。

对于数值型属性特征值，有多种计算向量距离的算法可用来计算局部属性特征值，一般有如下几种可供选择：

（1）海明距离：

$$D_E = \sum_{k=1}^{n} w_k, (a_{xk} \neq a_{yk}), Sim = 1 - \sum_{k=1}^{n} w_k \tag{6.6}$$

（2）欧式距离：

$$D_{xy} = \sqrt{\sum_{k=1}^{n} w_k (\alpha_{xk} - a_{yk})^2} \tag{6.7}$$

（3）曼哈顿距离：

$$D_M = \sum_{k=1}^{n} w_k |a_{xk} - a_{yk}|, Sim = 1 - \sum_{k=1}^{n} w_k |a_{xk} - a_{yk}| \tag{6.8}$$

2. 属性权重的确定

属性特征权重一般采用主观赋权法和客观赋权法来确定权重。因此，合理的属性特征权重的确定方法能够避免取值过程可能存在的偏差，最终提高相似度的准确性。具体权重确定方法如下：

（1）主观赋权法。主观赋权法基于人们的主观经验对各个属性进行权重赋值，主要由该领域的专家给出赋权建议，然后经过实际统计分析后，对专家的建议进行综合评估，最后得出权重分配。例如层次分析法，它就是将案例的属性特征让 n 个专家进行赋值，然后 n 个值相乘之后再开 n 次方根得到待定权值，最后将所有属性的待定权值一起进行整理，得到最终的权值。它是一种典型的主观赋权法。

（2）客观赋权法。客观赋权法采用一定的数学模型和分析方法，通过挖掘属性特征之间的联系和对总体的作用力等进行属性特征的权重赋值。它不包含任何主观因素，因此，具有客观性和真实性。但客观赋权法主要依赖于数学模型和分析方法的准确性，因此，数学模型和分析方法的适用性决定了赋权的有效性。在实际操作中，可采用回归分析模型对各属性特征进行赋权，具体操作为：用多元线性回归分析法分析案例库中所有案例数据，将各属性的标准系数作为待定权重，将所有属性的待定权值放在一起按总体贡献率进行归一化处理，并最终得到各属性的权值。

（3）全局相似度计算。案例间的全局相似度采用最近邻算法检索到案例所需的最终数据，根据前面所说的局部相似度的计算和属性的客观赋值方法，全局相似度可以表示为：

$$D_{pq} = D(C_p, C_q) = \sum_{j=1}^{n} \left[W_j \cdot \frac{|X_{pj} - X_{qj}|}{\max(X_j) - \min(X_j)} \right] \tag{6.9}$$

式中，D_{pq}、$D(C_P, C_q)$ 为案例 p 和案例 q 的全局相似度；W_j 是案例库中第 j 个属性特征的权重值，X_{pj} 为案例 p 中属性 j 的值，X_{qj} 为案例 q 中属性 j 的值，$\max(X_j)$ 为案例库中属性 j 的最大值，$\min(X_j)$ 为案例库中属性 j 的最小值，n 是属性的总量。

五　民族关系案例推理与案例获取

（一）案例推理原理

基于案例推理（CBR）是对美国教授罗杰·香克（Roger Schank）的动态记忆理论的实际应用和扩展延伸，作为知识管理的一种重要技术，它是一种基于经验知识进行推理的人工智能技术。其备受关注是因为它具有简化知识获取、提高问题的求解效率、改善求解质量和进行知识积累等优点。作为民族关系事件处置经验的表达汇总，案例库在民族关系预警过程的关键作用是不可忽视的，它具有很强的可扩展性、可移植性和自主学习能力，在法律案例、医疗领域和故障诊断等方面都有广泛的应用。案例推理包括出现新问题、检索案例、匹配案例、修改案例、案例学习和存储案例六个阶段。一般来说，案例可以表示成三元组：＜问题描述，解描述，效果描述＞。从认识方法论的角度来看，案例推理通过重新采用或修改过去相似问题的解决方案来解决新的问题，能够有效地缓解知识系统中获取知识的"瓶颈"问题。

影响民族关系的因素复杂多变，利用案例推理方法进行民族关系应急预警是可行且必要的。在民族关系预警过程中，使用案例推理只需要提供一些模糊状态信息①，然后在案例库中检索得到满足预先设定相似度阈值的匹配案例（有时匹配案例有多个），由此可预测出即将发生的矛盾事件和应急处置预案。根据相似度的计算得出即将发生事件的概率，然后根据相应的预警规则得到预警结论。在案例推理过程中，案例相似度是案例匹配的基本标准，不同的相似度测度方法对于案例的匹配结果会产生不同的影响。

（二）民族关系危机事件案例信息的抽取

当决策者面对海量的数据或信息时，如何筛选出真正有价值的信息，并保证数据的准确性和全面性，这是信息抽取过程中的需求难题。事实上，应急决策系统的关键在于及时准确地决策，并保证成本尽可能低，数据尽可能精确，速度尽可能快。

在这个信息化时代，网络是人们获取信息和服务的主要来源，但目前网络页面的设计重点在于满足人们的视听需求，并不能被计算机直接识别其内容及其关联关系。另外，当前计算机的信息检索仍有很大的缺陷：检索信息过多而内容相关度不大，检索的只是相关的信息而不是知识，检索只是零散地进行匹配关键词，无法满足人们的更多需求。

针对上述问题，人们提出了语义网的概念。利用语义网和本体的概念，可以进行精确的概念搜索而不是单纯的关键词匹配，这样，就可以准确地搜索出所需的案例信息，从而为案例库添加应用于民族关系应急决策的案例资源。在现有信息抽取模式的基础上，有文献提出基于本体

---

① 案例推理提供的模糊状态信息，指的是这些信息并不是一个完整案例的所有信息。

知识表示的应急案例的信息抽取方法：先利用本体论对概念、关系和关键字等定义，并表示应急案例领域知识，对事件定义信息抽取的规则；然后再对句子进行语法与词法预分析处理，将分析结果与先前生成的抽取规则相匹配，并继续按照完整事件模式重新匹配，抽取完成后更新案例库。①

第五节　基于知识的民族关系预警过程

一　民族关系预警的推理技术

（一）基于案例推理

案例推理过程实际上是模仿人类大脑认识问题、根据经验或知识分析问题、做出决策并从问题中吸取知识经验的过程。在案例推理过程中，以往案例的解决方法和经验同案例一起存储在案例库中。案例推理循环模型如图 6 - 10 所示，当新问题出现时，从案例库中检索与新案例相似的案例进行匹配；如果匹配到相似案例，则将案例库中案例的解决方法作为参考方案，结合新问题的实际情况进行整理优化后，得出新问题的拟解决方案；案例库中检索到的解决方案经过实际测试、评估和修改后得到新案例的正式解决方案；最后，将新案例和新案例的解决方案纳入案例库当中，以保证案例库的不断更新和自我学习。

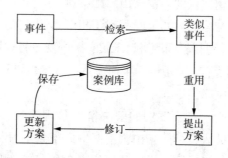

图 6 - 10　案例推理循环模型

---

① 参见周慧《基于应急案例本体的信息抽取的研究及应用》，硕士学位论文，太原理工大学，2007 年。

1. 案例推理过程

案例推理包括案例检索、案例重用、案例修正和案例保存等案例推理的四循环过程（4R 过程）。这是案例推理历史发展中的一个关键的标志性事件，但不是说4R 过程就是案例推理发展的终点或者最好的方式。随着研究的不断深入，案例推理也会不断完善，变得更加成熟。案例推理工作流程如图 6 – 11 所示。①

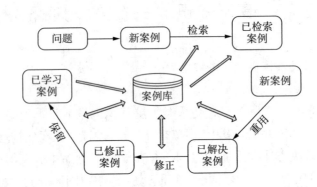

图 6 – 11　案例推理工作流程

综合多方面的研究成果，本章将案例推理过程及其描述展示如下：

（1）案例表示：使用框架表示法，表示新的危机问题，形成目标案例。

（2）匹配检索：运用事先设计好的相似度计算方法，计算目标案例与案例库中的案例相似程度，检索出匹配案例。

（3）案例使用与修改：如果匹配到了相似案例，则从案例库中导出匹配案例的解决方案并对目标问题进行求解；否则修改目标案例，继续求解。

（4）案例使用反馈：案例库案例重用后，观察目标案例的解决情况，并将信息反馈到案例库当中。

（5）新案例存储：把新案例的解决情况整理之后，将新的解决方案同目标案例一起，纳入案例库当中，使案例库得到学习和更新。

案例推理过程就像做题一样，若目标案例能在案例库中找到类似的，便可直接参考；若目标案例在案例库中没有找到可匹配的，这就代表出

---

① 参见徐建《网络舆情危机预警的案例推理方法研究》，硕士学位论文，哈尔滨工业大学，2014 年。

现了一项新题型，需要自我摸索，不断探讨并形成经验，这样，之后碰到类似的问题就能有所参考。案例推理就是这样一个不断循环往复、积累经验的过程。

2. 案例推理的特点

（1）由案例推理过程可得到，案例库可以不断地吸收新的案例信息，不断丰富自己的内容，所以，案例推理不会受到知识欠缺的阻碍，它自身会随着案例推理过程而不断地丰富自己。

（2）案例推理技术这一人工智能方法能经受实践检验，是因为它本身就是通过大量数据信息的积累，使自己变得越来越智能，实际应用得越多，它的功能则越强大。

（3）案例库是案例推理的知识基础和保障，但是，在案例推理过程中，最关键的便是相似度计算的算法，因为它直接影响所匹配的案例，也就影响到给目标案例提供的解决方案的准确性和适用性。

（4）案例库除需要不断地学习新的案例、获取新的知识，还需要不断地维护、及时地修改经事实检验有缺陷的方案，清除冗余的数据信息，这样，才能保证案例库的效能。

（二）基于规则推理

基于规则推理是指在一定规则下，一个初始事件按照规则寻求达到目标条件的求解过程。在该知识系统中，规则通常用于表示具有因果关系的知识，其一般形式为：

前事件→后事件

或者表示为：

IF 前事件 THEN 后事件

用 BNF 范式严格描述为如下形式：

＜规则＞∷＝＜前事件＞→＜后事件＞

＜前事件＞∷＝＜简单条件＞｜＜复合条件＞

＜复合条件＞∷＝＜简单条件＞and＜简单条件＞

［（and＜简单条件＞）……］

｜＜简单条件＞or＜简单条件＞

［（or＜简单条件＞）……］

＜后事件＞∷＝＜事实＞｜＜操作＞

＜操作＞∷＝＜操作名＞［（＜变元＞……）］

前事件即前提条件，后事件即结论。前事件和后事件均由"and"或"or"连接起来。具体所想表达的意思就是，在进行推理时，首先要掌握事件的各方面的信息，例如时间、地点和性质等，然后根据一定的规则推理出事件可能发生的状况等。前事件所掌握的信息越多，则对于推理后事件越有利，后事件所得出的结果更加精确。

（三）混合推理方式

本章预警过程中采纳基于案例推理和基于规则推理的混合推理方式。其中，案例推理是一种模仿专家解决问题的思维模式，通过不断学习和经验的积累，丰富自己的知识储量，然后在遇到问题时，通过对以往经验的总结，与案例库里的案例进行对比，找出一个最优的解决方案。而规则推理则适用于对问题领域有较为充分的认识，能以产生式规则表示领域知识的场合，具有自然灵活、便于结构化和模块化的特点。将规则推理和案例推理结合起来，充分利用两种知识表达方式的优点，可以更好地进行民族关系的知识管理。

二　民族关系预警的案例推理

案例推理作为一种具有自我学习与成长的方法，提供了一种循环认知的模型，有利于帮助人们解决问题，其案例库的案例数量和质量决定了推理的效果。构建基于案例的民族关系预警系统，首要问题就是如何搭建起一个案例容量足够丰富的案例库。案例检索过程是基础性步骤，也是案例推理的第一步，目的是根据相似度要求，查找与当前警兆指标状态或警兆事件相吻合的民族关系案例及其应急调控预案。

案例修正是案例推理中最复杂的环节。一旦检索到匹配的案例，预警系统就需要判断是否对这个匹配到的案例及其预案进行修正。若民族关系新状况和检索的案例有差别，则需要根据这些差别对预案进行修正。如果修正后的预案应用到目标案例后发挥出了良好的效果，那么在经过有关专家评估后，可将其添加到案例库中，供以后的案例进行参考。

案例检索是案例推理的关键步骤，它是得到案例推理结果必不可少的一步。其实，案例检索就是进行案例的匹配，通过比较新案例与案例库中的案例属性特征，来进行筛选。一般要经历两步：第一步，根据索引进行筛选，每个案例都有自己的类别或索引，通过对比新案例和案例库中案例的索引或类别，来初步筛选出相似案例，这个步骤执行较为简单，并且可以减少大量工作。第二步，根据相似度计算的方法，计算筛选出来的案例集合同新案例的相似度，若相似度达到一定的阈值，则认定其是相似案例。最后得到一个或多个匹配案例，根据匹配案例的解决方案为解决目标案例提供参考方案或指导决策建议。

案例推理的目的是在民族关系案例库中检索出目标案例的相似案例，从而为目标案例提供参考方案和经验。由于案例的存储结构具有层次性的特点，案例的相似性比较是按照自下而上的思想进行的，具体步骤为：首先对民族关系案例基本属性之间的相似度进行计算，然后计算元素对象的相似度。[①] 元素对象是由属性构成的，并占有一定的权重，各属性按照权重将基本属性的相似度加总求和，便是元素对象的相似度，具体如式（6.10）所示：

$$S(O_b, O'_b) = \sum_{j=1}^{n} W_j \times S(O_{b,a_j}, O'_{b,a_j}) \tag{6.10}$$

式中，$S(O_b, O'_b)$ 表示基本对象之间的相似度；W_j 表示基本属性 a_j 的权重，$0 \leq W \leq 1$，且满足 $\sum_{j=1}^{n} W_j = 1$；$S(O_{b,a_j}, O'_{b,a_j})$ 表示两个基本对象的基本属性 a_j 之间的相似度。以此类推，将最底层的对象分别进行加权求和，得到所属上级对象的值，反复操作，直至获得最终的相似度，将达到阈值的案例按照相似度值从大到小排列输出。但是，在系统案例还不丰富的情况下，检索到的案例通常不能直接满足用户解决案例问题的要求，因此，就需要运用工具将检索到的匹配案例集进行整合和改写，评估后才能得到最终的解决方案。

Minkowski 方法提供了一个公式来计算案例之间的相似度：

$$D(C_i, C_j) = \left(\sum_{k=1}^{n} |c_{ik} - c_{jk}|^r \right)^{\frac{1}{r}}$$

其中，$r \geq 1$。 \hfill （6.11）

式中，C_i、C_j 为案例 i 和案例 j，C_{ik}、C_{jk} 为案例 i 和案例 j 的第 k 个属性，n 为案例属性的数量。当 $r=1$ 时，得到曼哈顿（Manh）距离函数；当 $r=2$ 时，得到欧几里得（Eucl）距离函数。当案例第 k 个属性权重为 W_k 时，则公式可表达为：

$$D(C_i, C_j) = \left(\sum_{k=1}^{n} w_k^r |D(c_{ik}, c_{jk})|^r \Big/ \sum_{k=1}^{n} w_k^r \right)^{1/r} \tag{6.12}$$

① 参见曾纪刚《基于 CBR 的营销危机预警系统设计》，《桂林航天工业学院学报》2008 年第 1 期。

　　根据这个公式，在通过 AHP 层次分析法确定了影响民族关系的因素权重之后，计算出案例之间的相似度。

　　民族关系案例推理的核心是案例匹配。在实际操作过程中，对当前民族关系案例与案例库中的案例属性特征值进行比较，计算案例之间的相似度，并最终得到满足要求的匹配结果。因此，整体案例的匹配是建立在局部属性匹配之上。由于案例的复杂性，一个单独的案例中会包含多种不同类型的属性①：

　　（1）有序枚举型属性。这种属性是在一定的数据集里取值，而且这些数据集具有等级性。例如，居民收入、国民经济发展水平和政府投入等，这些可以取值为 1 级、2 级、3 级、4 级、5 级，这样，每个级别都有一个具体数值的范围。这类属性的相似度计算公式如下：

$$D(c_{ik}, c_{jk}) = 1 - \left| \frac{c_{ik} - c_{jk}}{m} \right| \tag{6.13}$$

　　式中，$D(c_{ik}, c_{jk})$ 表示案例 C_i 和 C_j 在第 k 个属性上的相似度，m 表示属性 k 的取值个数。根据公式计算的相似度值介于 0—1，$D(c_{ik}, c_{jk})$ 越接近于 1，则表明 C_i 和 C_j 在属性 k 上越相似；越接近于 0，则表明 C_i 和 C_j 在属性 k 上越不相似。

　　（2）无序枚举型属性。这种属性也是在一定的数据集里取值，但这类数据集中的值不存在某些特定的关系。例如，政治秩序、政治制度、政治活动参与积极性等，这些值实质上相当于一个符号（有或无、好或坏等）。因此，一般只有两种结果，要么相同要么不同。当相似度为 1 时则相同，当相似度为 0 时则不同，因此，这类属性的相似度计算公式为：

$$D(c_{ik}, c_{jk}) = \begin{cases} 1, & \text{若 } c_{ik} = c_{jk} \\ 0, & \text{若 } c_{ik} \neq c_{jk} \end{cases} \tag{6.14}$$

　　式中，$D(c_{ik}, c_{jk})$ 表示案例 C_i 和 C_j 在第 k 个属性上的相似度，其结果为 0 或 1，等于 1 表明 C_i 和 C_j 在属性 k 上相同，等于 0 表示 C_i 和 C_j 在属性 k 上不同。

　　（3）数值型属性。这类属性用数值表示。比如，涉及少数民族干部人数比例、男女比例等属性的时候会使用到这个类型的属性。这类属性

---

　　① 参见王天戎《基于案例推理的应急预案管理研究》，《现代计算机：专业版》2008 年第 7 期。

的相似度根据属性值之间的距离就可计算得出，相似度计算公式为：

$$D(c_{ik}, c_{jk}) = 1 - \left| \frac{c_{ik} - c_{jk}}{\max(k) - \min(k)} \right| \tag{6.15}$$

式中，$D(c_{ik}, c_{jk})$ 表示案例 C_i 和 C_j 在第 k 个属性上的相似度；$\max(k)$ 和 $\min(k)$ 分别表示属性 k 的最大值和最小值。计算所得的相似度值在 0—1，值越接近于 1 表明 C_i 和 C_j 在属性 k 上的值的距离越小，即越相似，值越接近于 0 表明 C_i 和 C_j 在属性 k 上的值的距离越大，即越不相似。

鉴于每个案例都涉及多个属性特征，而每个属性特征对于案例总体的影响程度不同。因此，为了保证案例检索的准确性，就需要给每个属性特征赋予一定的权重，对总体影响力越大的权重自然更高，影响力小的权重自然就低；权重设置越合理，则案例检索的准确性就越高。对于属性权重的确定，可以采用萨蒂的层次分析法。

在案例属性的相似度计算完成之后，可以使用 Minkowski 提供的公式对待匹配案例与现有案例库中的案例进行匹配。在一个民族关系案例中有多种不同属性的属性值，利用上文提供的三种相似度计算方法（有序枚举型属性、无序枚举型属性、数值型属性）计算出待匹配案例与现有案例之间的相似度。在案例属性相似度以及属性权重计算完成之后，可以使用式（6.12）计算当前状态与案例库中案例间的相似度。

将当前有关民族关系的状态与案例库中的案例逐个进行局部相似性比较（比较 m 个特征属性），并将比较结果记录成一个向量：

$$S_i = [S_{i1}, S_{i2}, \cdots, S_{im}] \quad (i, j = 1, 2, \cdots, n)$$

式中，n 表示案例库的案例的个数，S_{ij} 表示当前民族关系事件与第 i 个案例在第 j 个属性上的相似度。并将各属性的权重记作向量：

$$W = [W_1, W_2, \cdots, W_j, \cdots, W_n]^T \quad (j = 1, 2, \cdots, n)$$

式中，n 表示案例属性特征的个数，W_j 表示案例中第 j 个属性特征的权重。设当前民族关系状态与案例库中案例的相似度为 S'，则 S' 的计算公式为：

$$S' = S_i \times W \tag{6.16}$$

记 S′ 是案例库中第 i 个案例（已解决）与当前民族关系状态的整体相似度。根据案例的整体相似度 S′ 的值，在案例库中选出其中 S′ 值最大的 1 个或几个案例作为案例检索的结果输出，为决策者提供参考。

三　基于混合推理的预警流程

民族关系预警过程主要是包括事件监测、事件匹配和事件预警。首先，检测出可能发生或已经发生的民族关系事件，将事件的信息按照民族关系案例的框架结构表示出来，这就是目标案例；其次，进行案例推理，即案例匹配；最后，根据所得到的匹配信息和目标案例的实际情况进行预警。

具体到本书的研究，基于案例推理的民族关系预警过程如下：

（1）按照民族关系案例的框架表示要求，获取即将发生或已经发生的民族关系危机信息，将其填入固定结构的案例框架中，并形成目标案例；

（2）把案例库中的案例按照索引筛选与目标案例相似的案例集；

（3）将此案例集同目标案例一起按照某种框架结构表示，并用一定的案例推理方法进行检索，计算案例集中每个案例与目标案例的相似度；

（4）将案例库中个案例与目标案例比较计算出的相似度与事先规定的阈值进行比较，达到阈值则认定为目标案例的相似案例；

（5）相似案例可以是一个或者多个。如果是一个相似案例，则根据该相似案例的相似度和危机等级判断目标案例的危机等级，对目标案例进行相应预警。

民族关系危机预警的最终结果，对还没有发生的危机来说，可以根据案例推理的结果，对民族危机进行控制并发出警示，报告危机的危害程度，引起相关人员的重视，并及时采取措施，实时跟踪危机的信息动态变化，直至危机被解决或消失。

在运用案例推理循环模型进行案例检索时，单纯地利用案例推理循环模型是很难找到令人满意的匹配案例的，因此，一般需要其他检索方法协助检索。本章介绍的混合检索主要是：首先在案例库中检索，如果没有相似案例，则对目标案例进行规则推理；如果找到了相似案例，则对相似案例进行约束检查①；如果相似案例并不符合约束条件，则进行规则推理。基于混合推理的民族关系预警过程如图 6 - 12 所示。

---

① 每个事件都会有一定的特征，将其作为判断的约束条件。此处所述的"约束检查"即按照此约束条件检查相似案例与实际事件是否匹配。

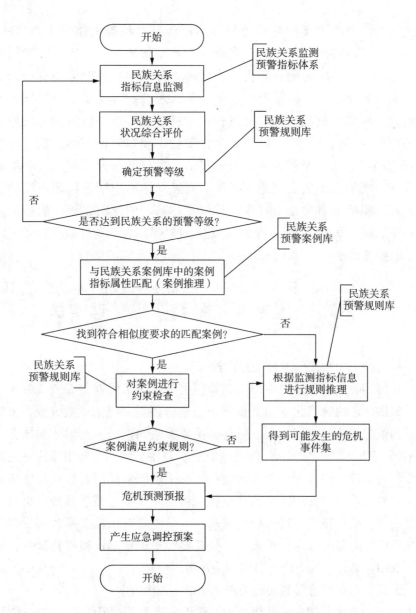

图 6 – 12　基于混合推理的民族关系预警过程

民族关系的预警机制并不只是在民族关系危机事件发生之后用来分析的，其最主要功能还是在于监测预警。在民族关系危机事件发生前，预警机制可预知其发生的概率，从而降低危机事件对民族关系稳定的影响。根据上文的分析可以得出民族关系预警机制的主要步骤：首先，收集以往所有发生过的案例存储在案例库中。其次，通过框架结构分析，将一个案例分解为多个监测指标。在这些监测指标中，有一些属于普通指标，例如时间和地点等，还有一些属于这个案例特有的指标，例如案例起因和发展过程等。再次，把这些监测指标按照一定的规律存入知识库中，这样，就在案例库和知识库中间形成了一种知识关联。如某个民族地区通过收集信息发现某些异常现象，并将此类信息与案例库中的案例进行对比。通过知识库中特征值相似度的计算，从而确定两者的相似程度，相似度越高，则说明在所输入的信息条件下，该类民族关系危机事件发生的概率越大。这样就实现了民族关系的监测预警。

第六节 民族关系预警知识管理实施

一 基于预警工作流程的知识管理实施

在民族关系预警过程中，知识管理主要对未来民族关系危机或风险预警提供一定的智能化支持，特别是在危机预测和应急预案方面，民族关系知识起着重要作用。如上所述，民族关系知识的主要形式包括案例（隐性知识）和产生式规则（显性知识），其中，案例主要用来表达民族关系预警实践中的若干经验，而这些经验很难用常规的产生式规则来表达。民族关系知识管理的实施并非仅仅依靠一个信息技术系统，更重要的是，要兼顾预警工作对知识的需求：一是需要对民族关系预警过程中的知识应用情况进行详细分析；二是需要对知识管理过程进行规范化管理，其中包括知识的生产、分享和应用等规范化。

民族关系知识管理的实施关键在于以下四个方面。

（1）民族关系案例的收集整理。作为民族关系知识的重要组成部分，案例收集是知识管理实施的关键环节。民族关系案例的存在形式较多，案例整理的工作也较为烦琐。民族关系案例库越完善，预警结果就越准确。案例整理的核心是建立案例的属性集合，也就是基于民族关系预警指标体系，确定每个案例的具体指标取值。

（2）民族关系预警规则的挖掘。预警规则的作用，一是根据监测结果分析得到民族关系预警等级，二是当案例库中不能找到与当前民族关系状况匹配的案例时，需要采用预警规则进行推理，从而得到可能发生的危机事件集以及相应的应急预案集。预警规则的获取可以利用数据挖掘工具，也可来自民族关系专家的建议。

（3）民族关系应急预案库的建立。应急预案是民族关系调控的方案，根据监测预警得到的结果，采用案例推理和规则推理得到相似案例，并由此得出调控预案，预案库与案例库之间存在一定的对应关系。

（4）建立规范的民族关系预警流程。民族关系知识管理的目的是为预警过程服务，规范的预警流程有助于知识管理的实施。首先要分析预警流程中每个阶段对知识的需求，其次建立相应的知识模型和知识库。

基于案例推理的民族关系预警系统工作原理，如图 6 – 13 所示[1]，主要包括知识表现子系统和案例推理子系统。[2] 知识表现子系统主要是对案例库数据进行挖掘工作，并将案例知识以某种形式表示出来。案例推理子系统就是一个描述输出过程，通过检索，调整各环节以得到新的案例。

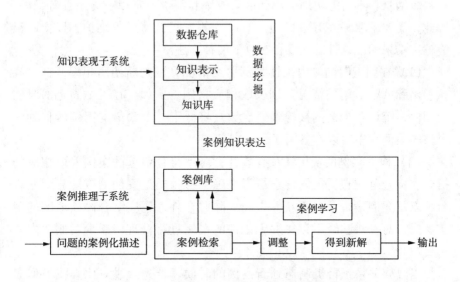

图 6 – 13　基于案例推理的民族关系预警系统工作原理

---

① 参见徐建《网络舆情危机预警的案例推理方法研究》，硕士学位论文，哈尔滨工业大学，2014 年。

② 参见黄亦潇、邵培基《基于案例推理的客户分析系统构建方法研究》，《昆明理工大学学报》（自然科学版）2005 年第 6 期。

大数据时代，互联网上存在大量与民族关系相关的数据信息，而这些数据很大程度上可能就是解决民族关系危机问题的关键。知识表现子系统对互联网上的海量数据进行收集、选取和分析，并按照一定的知识表示方法表达，再以特定结构存储起来构成案例库，为民族关系危机管理及预警提供有效的知识基础。

二 民族关系预警知识库的更新维护

知识库作为整个民族关系预警机制的"智慧中心"，其作用不言而喻。知识库中知识量的多少直接决定后期民族关系预测的准确性，知识库中存储着所有发生过和已经记录下来的案例。知识库与案例库的区别在于：案例库中只记录所发生过的案例，而知识库是将不同类型的案例分开存档，然后给出类似案例的解决方案。民族关系案例库中的案例数量随着新的案例问题不断地得到解决而逐渐丰富，一定程度上提高了整个案例库系统的能力，这也是基于案例推理方法的一大优点。虽然在前期录入案例的时候使用了专家筛选的方法，但是，由于民族关系案例呈指数级增长，不可避免地会降低检索效率和案例质量以及冗余性等问题，因此，需要采取一些有效措施，对民族关系案例库进行维护，以提高最终输出结果的准确性。主要存在以下两种方法。

（1）在固定时间段内统计案例引用情况，以判断使用频率，针对高频引用和低频引用的情况分别采取相应措施。例如，在一个固定的时间周期内，统计各个案例被检索的次数，将低于一个阈值的案例转移到一个新的案例库中，以作备用。

（2）检查案例的实用性及有效性，对不符合要求的案例采取相应的措施。检查范围有：案例搜索是否准确、各种类型案例的数量分配是否合理以及案例是否及时更新等方面。除此之外，还应结合民族地区的现实情况，对一些已经不存在发生条件的案例进行处理，减少案例库内的条目。

当民族关系预警机制遇到新案例的时候，首先通过对比查找类似案例，若没有找到相似案例，则将其视为新案例，案例库和知识库需要同时学习该新案例。案例库在学习新案例后，就可以继续其他比对工作；而对知识库来说，还应该继续记录案例发生之后的解决方案和解决效果，为今后的监测预警工作做准备。

案例库推理学习过程与人类的学习过程类似，都是在已有认识的基础上不断地增加自身的认识和经验，以充实案例库的内容。这也是知识库持续更新的关键之处。推理学习过程主要包括成功学习和失败学习两个方面，也就是推理成功与失败以及自身学习存储的过程，主要强调以下两点内容：一是从案例库中搜索出来的案例与目标案例的匹配程度；二是针对目标案例的解决方案来判断是否有资格入选案例库。

三　民族关系预警知识管理保障机制

政府作为职能部门，需要从不同的渠道，采集各种信息，其中需要强化的是实地数据采集工作，并建立完善的信息上报制度，加强上下级部门间信息的沟通和交流。各地区的地方职能部门应及时将已经发生的民族关系案例事件上报给相关直属部门，交由上级处理。针对以前发生的事件，应将其整理成册，以便于专家对其进行筛选并及时录入案例库。对于已经发生并产生不良后果的事件，应该不加隐瞒并及时上报。

在民族关系监测方面，政府部门应该积极建立全方位的民族关系监测预警网络，提高案例库的更新速度和监测预警的效率。监测可以同时采用实时监测和定时监测。实时监测是在民族关系信息收集并整理完成后，立即使用案例库进行匹配，推测出民族关系是否属于预警范围内，并针对相应的状况采取对策。例如，在某个时间段内某地区民族关系危机案件发生，上报之后，有关部门应及时汇总相关信息，并及时深入基层，从各个不同角度去调查分析案件发生的原因。定时监测是在每年的固定时间，由政府部门派出调查小组，对于民族关系案件高发的地区进行实地考察，预防瞒报事件的出现。实时监测有利于应急事件的处理，便于及时得到反馈信息；定时监测有助于政府部门深入监控民族区域的民族关系问题，对影响民族关系的每个环节进行细致的检查和监测。在监测预警及应急操作方面，各部门应明确监管责任，在问题没出现之前加强防范，一旦出现问题或者有问题的征兆，应该立即制定相应策略并予以解决。

第七章　民族关系信息资源库构建

民族关系的相关信息是民族关系预警及调控决策的基础，民族关系在不断演进的过程中，会形成各式各样的信息资源，并在一定程度上真实地反映了民族关系的发展历程和趋势。在分析得出民族关系发展的基本规律基础上，利用采集到的民族关系信息资源构建科学、统一、功能完善的信息资源库，不仅可以为监测民族关系发展的潜在危机和未来方向提供数据及事实依据，而且也有助于后续民族关系预警调控工作的开展。本章从民族关系信息资源库构建的意义及可行性、资源库框架、民族问题信息资源库、民族关系知识库、网络舆情信息库、信息资源库系统设计等方面进行深入探讨。

第一节　民族关系信息资源库构建的意义

一　民族事务管理工作的需要

由于民族地区整体上较东部发达地区，在经济、文化、环境等方面仍存在较大差异，民族间相互理解、合作、包容程度不够，民族之间的矛盾问题仍然时有发生。要全面掌控民族关系动态变化情况，做好民族事务相关管理工作，有必要构建反映民族关系演化进程和规律的信息资源库。

如何集成各分散系统内的应用系统和数据资源，建构一个统一的民族关系信息资源库来实现资源共享，成为提高民族事务管理工作信息化整体应用水平的关键。民族关系信息资源库建设的目标，是将民族关系信息资源应用并服务到民族事务现实管理工作中，充分利用民族关系信息资源的显著优势，提升民族事务管理工作的有效性和科学性。

二　民族关系监测预警的需要

民族关系监测预警是在民族关系监测—评估—预警—调控理论①基础上，利用数据库、知识库和互联网信息技术，构建统一完善的民族关系信息资源综合管理平台，以达到信息资源共享共用的目的；在此基础上监测民族关系发展趋势并做好前期预判，再通过启动应急管理措施及时消除危机或降低危机造成的损害程度。对于民族关系监测预警而言，数据信息是保障其有效运作的前提和基础。没有及时可靠的民族关系信息资源的支撑，民族关系监测预警就失去了其应用价值。因此，对民族关系信息资源进行收集、整理、分析，制定统一的信息交换协议，规范信息数据存储标准，并对其进行科学分类管理，是使所构建的民族关系监测预警体系能够高效、规范运行的重要基础。

三　民族关系应急决策的需要

构建民族关系信息资源库不仅是为了全面收集、存储民族关系信息资源，更重要的是监测民族关系发展态势和可能存在的问题，为应对民族危机事件、制定科学决策提供依据。为了提高民族突发事件的应急处置能力，将历史事件作为一种信息资源进行描述和管理，分析总结民族关系相关问题产生的规律，对民族关系相关事件进行动态跟踪，对提高民族关系应急决策能力具有重要意义。

四　民族事务信息化的需要

构建民族关系信息资源库，是民族工作信息化的现实需要。进入信息化时代后，民族事务信息化工作应提升到一个新的高度，以满足新时代民族事务管理的新要求。加强民族关系相关信息管理工作，能够加快民族关系方面的信息流动，使纵向（国家民委与民族地区民族事务管理部门）和横向（国家民委与国务院其他部委）之间的民族关系信息传递更加及时、有效、真实，使民族事务部门能够及时、全面地掌握我国民族关系现状及未来发展趋势，通过基于信息资源及时开展民族关系监测预警，进而采取有效的调控措施以保证民族关系的和谐发展。

---

① 参见王慧、阎耀军《信息技术在民族关系危机预警管理中的应用》，《延边大学学报》（社会科学版）2009 年第 5 期。

第二节　民族关系信息资源库构建的可行性

一　政策可行性

在国家层面，政府和民委部门都曾明确表示，支持民族事务信息化和民族地区信息化建设工作，并给予其政策上的支持。2012 年，国务院颁布实施的《少数民族事业"十二五"规划》，曾多次提及要加强民族地区信息化建设工作，提高民族事务部门工作效率和服务水平。在 2014 年的"国家民委委员全体会议暨全国民委主任会议"上，作为民委委员单位的工信部表示：将通过民族地区工业和信息化协同推进机制推动民族地区经济社会发展。① 2016 年，《少数民族事业"十三五"规划》中也明确指出，加强民族地区信息化建设，加快信息基础设施建设。在具体建设措施上，已经建设完成的有少数民族传统文化信息资源库、新疆少数民族文化资源库等。

二　理论可行性

目前已有大量理论研究成果可用于指导民族关系信息资源库的构建。陈德容（2003）基于国内网络环境视角，分析了我国民族关系信息资源的特点和现状，并从宏观上对民族地区信息资源网络化建设与发展进行了探讨。李永宁（2011）提出了创建一个多元文化资源库的框架和思路：以时间和民族为主线，包括古代、现代各民族的语言、文学、艺术、哲学等人文科学知识。苏云（2013）、康平（2013）以东乡族为例，在系统分析东乡族文化资源库数据源和目录结构的基础上，提出了该文化资源库的建设方案。王小林（2014）、陈军（2014）从文献资源基础、民文数字处理技术及网络信息基础三个方面分析了基于异构网络的民族文献特色联合数据库的构建条件和构建策略。综合民族关系和资源库构建相关研究成果和理论知识可知，构建一个全面、科学的民族关系信息资源库系统在理论上是可行的。

三　技术可行性

以互联网为代表的信息技术的高速发展，为民族关系信息资源库奠

---

① 参见《以工业化、信息化促进民族地区的繁荣和发展》，国家民委政府网，2014 年 12 月 22 日，http://www.seac.gov.cn/art/2014/12/22/art_ 8237_ 221432.html。

定了很好的技术基础。各类计算机技术、数据库技术层出不穷，这些技术的广泛应用使信息收集、处理速度变得高效快捷。同时，处理海量信息在一定程度上也促进了大数据技术的发展。大数据技术与信息数量这种互促互进的关系极大地促进了信息技术的发展，也为民族关系信息资源库的建设打下了坚实的技术基础。数据仓库和数据挖掘①是从海量的信息资源中发掘潜在关联和规律的技术，很适合于民族关系信息资源库的建设。

第三节　民族关系信息资源库框架

一　民族关系信息资源库结构

民族关系信息资源因民族问题的复杂性而呈现多元化特征，是构建民族关系监测预警体系的基础和关键。民族关系信息资源库结合数据库设计和基于本体构建知识库的一般方法，对民族关系信息资源的相关内容进行分类存储与查询管理。同时，构建民族关系信息资源库，应当将国家民委及其他地方民族管理部门处理民族关系事件的历史经验包含其中，民族关系领域的研究成果也应当是该资源库的重要组成部分。本节依据数据库和本体库建设的规范，设计了民族关系信息资源库的内容结构，该结构需要考虑民族关系监测预警对信息资源库的需求，也应利于民族事务管理工作者对民族关系信息资源进行管理。

本书所提及的民族关系信息资源库存储方式均为数据库②存储方式。本书以实现民族关系监测预警功能为目的，所构建的民族关系信息资源库包括以下三类。

（一）民族问题信息资源库

民族问题信息资源库涵盖涉及民族问题各个领域、各个阶段、各种形态的信息资源，是科学分析民族问题的症结和特征的数据基础，是民族关系监测预警体系指标的信息来源。

---

① 数据仓库（Data Warehouse）是一种面向主题、集成性、稳定性和时变性的与数据存储相关的技术；数据挖掘（Data Mining）通过从系统内部的大量数据中分析获取出新的信息，以更好地支持决策者做出决策。

② 数据库是按照数据结构来组织、存储和管理数据的仓库，是依照某种数据模型组织起来并存放二级存储器中的数据集。

（二）民族关系知识库

民族关系知识库基于本体概念和知识建模理论，将错综复杂的民族关系信息形成完整统一、结构层次清晰、高效便捷管理的知识库。它能对民族关系知识进行合理推理并得出一定的分析结果，为民族事务管理部门开展工作提供有益参考。

（三）民族网络舆情信息库

民族网络舆情信息库是收集不同传播媒介来源的民族舆情信息，再按照一定标准进行专业分类和存储处理，并通过专业舆情信息分析技术处理后，分析出较为可信的预测结果，进而辅助民族关系监测预警分析和做出决策。

运用 Oracle、Lotus、UNISQ、HTML① 等多种信息处理技术完成异构民族关系信息数据转换和同步，构建民族问题信息资源库、民族关系知识库、民族网络舆情信息资源库等多种数据库；在满足基本的信息存储、查询、管理等功能基础上，通过推理功能模块和监测功能模块，对所收集信息资源进行挖掘分析，最终为民族关系监测预警体系提供支撑服务。整个资源库是一个相互联系的有机整体，通过与民族关系信息资源库系统中相应的功能模块建立联系，资源库内部的各个功能模块之间交叉连接、协同处理，极大地提高了资源库的使用效率。民族关系信息资源库结构如图 7 – 1 所示。

二　民族关系信息资源的组成

民族关系信息资源库是民族关系监测预警体系运作的核心和基础，资源库设计的基础目标就是保证信息资源录入的科学性、准确性。该信息资源库将利用 Oracle10g 数据库对 XML 和 WebService② 的支持，提供了一个涉及民族关系各类信息资源、实现民族事务管理部门和其他职能部门之间信息资源交流分享和动态管理的综合平台。另外，严格要求各级民委部门和民族事务组织机构遵循统一的构建标准，规范构建行为，共同建立一个统一完整、功能齐全、统筹兼顾的综合民族关系信息资源库，满足民族管理工作信息化的现实需求。

---

①　Oracle、Lotus、UNISQ、HTML 等都是数据存储或数据转换技术。

②　XML 是可扩展标记语言，是一种用于标记电子文件使其具有结构性的标记语言；Web service 是一种可编程的 Web 应用程序，可使用开放的 XML 标准来描述和配置，用于开发分布式互操作应用程序。

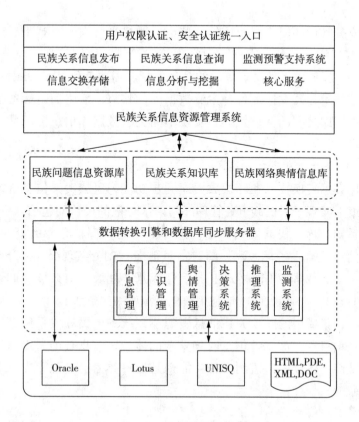

图 7 - 1　民族关系信息资源库结构

（一）标准数据库

民族问题信息资源库、民族关系知识库和民族网络舆情信息库可利用 Oracle10g 数据库提供的强大的数据集成功能，基于 XML、PDF、DOC 等文件，为包括国家民委在内的各级民族事务管理部门收集的各种民族信息资源设定"数据标准转换引擎"功能。在实现信息资源库之间数据快捷交换的同时，通过一整套数据标准和交换标准，将不同类型的信息资源通过"标准化"处理；实现各种数据信息可自动入库、分类管理，并具备信息管理、知识管理以及推理系统、决策系统和监测系统等内容模块，从而建立起高效的信息资源库。

（二）异构信息数据库同步访问

民族关系信息资源有些内容是无法进行量化或"具体化"的，这些信息属于"异构"资料，无法按照统一化标准进行存储管理。另外，各级民族事务管理部门正在使用的一些电子网络平台大多是基于异构数据处理技术搭建起来的。因此，为实现统一管理、协同管理、规范管理、合作管理的民族关系信息资源库的管理目标，需要使用基于 Oracle10g 数据库构建技术，开发适配各种主流数据库的接口，使之满足标准数据库和异构数据库之间的互访互通，实现不同类型数据库信息资源共享共用的目的。

（三）分散信息库功能集成

利用数据转换技术和异构数据库同步功能，民族关系信息资源库在一定程度上实现了对民族事务管理部门内部分散的民族问题信息资源库、民族关系知识库、民族网络舆情信息库等不同类型信息库的全面集成，破除了信息资源"各自为政"的"信息孤岛"的分散现况；把分布在不同领域、不同载体、不同格式上的信息资源"片段"有效联合起来，实现资源共建共享，最大限度地利用信息资源库中的资源。

其中，集成后的民族关系信息资源库系统中，民族关系信息发布是民族关系信息资源库系统信息收集整合的体现，信息查询是资源库系统的基础功能，民族关系监测预警功能则是在各类信息资源库支持下实现的核心服务。

第四节　民族问题信息资源库

民族问题在世界范围内都是一个十分严峻的问题，特别是在中国这样社会结构复杂、文化习俗多样、民族种类繁多的国家，更是一个关键且影响面大的社会问题。民族问题历史发展周期长、类型变化多、潜伏程度深、影响范围大，若对此置之不理或不予重视，将会演化为非常严重的民族冲突事件，造成无法估量的损失。民族问题信息资源库的建立就是从技术上管理好民族问题信息，监测民族问题发展趋势，从多方面分析、找寻解决民族问题的方案和方法。

民族问题信息资源库是针对我国民族发展现状，考虑我国民族问题的特点和数据类型的复杂多样性，为满足信息资源库存储、查询、管理、应用等功能目的设计的。本节将从民族问题资源库概念特点、构建过程和构建要点等角度进行阐述。

一　民族问题信息资源范畴

党的十九大报告指出，我国社会主要矛盾已经转化为人民日益增长的美好生活需要和不平衡不充分发展之间的矛盾。现阶段，我国民族问题也体现在少数民族和民族地区物质文化需求同现实落后的发展水平之间的矛盾。但民族问题的错综复杂性，使其既涉及民族与民族之间政治、经济、文化、社会、宗教、环境、国际等方面的综合内容，又涉及语言、地域、传统习俗和心理状态等诸多方面，这是当前我国民族问题的主要特点。民族问题的复杂性使民族问题信息资源呈现多元化特点，因此，本书所提及的民族问题信息资源，是指所有与少数民族或民族地区相关的信息，无论其是何种表现形式，均包含在民族信息资源的范畴内。

二　民族问题信息资源库构建过程

民族问题信息资源库的最终目的是为民族关系监测预警分析提供信息数据支撑。因此，该信息资源库除具备存储、查询等基础功能外，同时也应做到信息资源的实时更新和逐步完善，保证信息资源库丰富完整。

结合民族问题信息资源实际特点，构建一套体系完整、功能齐全、内容丰富的民族问题信息资源库，使其包含民族政治、经济、社会、文化、宗教、环境、国际等方面问题信息。实际建设工作中，务必要做到宏观上统筹部署和合作共建，微观上保证分工明确和及时反馈。由此，我们希望建设一个多层级、多结构、多功能的民族问题综合信息资源库。通过对各类相关信息资源的分类、梳理，提高民族问题信息资源的管理和应用，使各级民委组织和民族地区地方政府部门对当地民族的自然资源状况、交通便利性、历史文化背景以及风俗习惯等方面更加了解。通过实时更新的民族信息，及时分析发现潜在的民族危机问题，并采取相应措施，及时处理、有效疏导、化解危机，进而引导各民族和睦共处，培养和谐的民族关系，最终实现民族之间的和谐发展。

（一）资源库具体的实施步骤

（1）调查：①制作多种内容形式的民族问题调查问卷；②根据各个民族地区的特点，筛选出最具代表性的地点；③深入民族地区展开实际调研工作，了解民族地区的真实状况。

（2）分析：详细分析实际调研获得的信息资料，主要有以下几点：①导致民族问题发生的关键因素有哪些？②确定民族关系信息资源库的具体内容，选择最突出、最重要的关键问题信息；③对民族问题在不同民族地区的具体表现及其差异进行分析。

（3）搭建平台：根据收集信息资源的特点和资源库平台要求，集中相关领域专家，围绕民族问题信息资源库构建原则进行规划。

（4）具体实施：在国家民委、各民族地区政府相关部门的领导下，以高等院校、研究所以及专业信息技术企业为依托，运用高新信息处理技术，构建一个包括信息收集、筛选、录入、查询、分析等多功能的民族问题信息资源库。

（5）反馈与完善：信息资源库初步构建成功后，投入试验运行阶段。将用户对信息库的反馈信息予以收集分析，并不断对信息库相关漏洞和不足予以改进和完善。

（二）资源库的内容

资源库的使用对象主要是民族事务管理的工作人员，服务对象是少数民族地区的广大群众，因此，为了提高信息资源库的使用效率，应该将其操作界面设计成双语模式，以便于工作顺利开展。值得注意的是，信息资源库实际上是一个信息查询平台，以时间、地点、分类、关键词等字段为依据来搜索相关内容，强调资源全面丰富，检索便利有效。信息源的分类标准应该以国家民委"中国民族分类标准"以及民族问题信息种类特征等相关类目，民族问题信息资源库分类结构如图7-2所示。

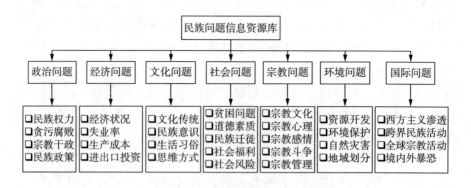

图7-2 民族问题信息资源库分类结构

民族问题信息资源库可以细分为民族政治问题、经济问题、文化问题、社会问题、宗教问题、环境问题和国际问题7个子类信息库。不同的子类信息库由于其属性不同，所存储的信息内容也有所不同；因此，需要对每个子库进行独立设计，并对七大子库作进一步的划分。

1. 政治问题信息库

民族政治问题主要是指由于政治因素引起的民族地区政治危机问题。在我国部分少数民族地区，仍然存在国家制定的民族政策①未能得到有效落实，少数民族群众无法享有应有的公民权利，民族群众相关的政治权益得不到根本保障。在部分民族地区，甚至出现政府公务人员的贪腐、不作为等违法乱纪行为，严重侵害了当地少数民族的合法权利和利益，进一步激化了该民族地区矛盾问题。另外，在分析少数民族的集体政治关系时，不得不提到民族宗教团体的政治作用问题。某些非法宗教组织通过控制宗教信徒的思想，以干预政治生活，开展民族非法分裂活动，引发民族民主政治问题。十四世达赖喇嘛成立的所谓"西藏流亡政府"就是一个典型的案例。

2. 经济问题信息库

相对于东部发达地区，西部少数民族集居地多属于欠发达地区，经济发展程度相对落后。同时，大部分少数民族地区由于自然条件约束，基础设施落后、交通不便等因素，阻碍了当地群众与外界的沟通，很多少数民族地区处于一种落后的状态，其整体生产力仍较为落后，总体经济发展速度缓慢，发展动力不足，具体表现在经济萎缩、失业率高、基础设施落后、生产成本居高不下、进出口收益减少、产品竞争力低等方面。另外，由于民族地区经济发展水平和经济利益分配上存在差异，民族地区极易由于利益冲突而引发各类突发事件。

3. 文化问题信息库

民族文化问题主要是由民族文化的差异所导致的，各个民族地区的群众在交流中，由于沟通不畅、理解不到位等原因所造成文化冲突问题。民族文化是各民族在长期生活习性中自然形成的，因此，其文化传统、生活习俗具有各自本身的特点，具体表现在其民族生产生活方式、意识思维方式等方面的不同。

4. 社会问题信息库

民族社会问题是一般社会问题的有机组成部分，因为其特殊的民族

①　此处的"民族政策"主要是指"民族区域自治制度"等相关规定少数民族合法权益的法律、法规及制度。

属性、地域属性和其他相关属性，所以，除具备社会问题的一般属性（包括道德素质、社会福利、社会风险等）以外，还包括民族特征独有的社会问题。例如，由于民族大规模迁徙、民族联姻等形式所引发的民族融合问题。由于我国少数民族主要集中生活在西部边远落后地区，经济条件相对比较落后，突出的民族贫困问题也是较为严峻的民族社会问题。

5. 宗教问题信息库

我国是一个民族众多的国家，而且大部分民族都有自身的宗教信仰。少数民族的宗教信仰主要是在长期的生活、生产中逐渐形成的，具有长期性；而由此形成的宗教文化、宗教习俗、宗教心理也具备各自宗教的独特性。在涉及民族宗教信仰问题中，由于民族宗教管理工作不当或者民族宗教信仰冲突等因素影响，宗教信仰不同的民族之间极易发生各类民族冲突事件，从而引发不良后果。

6. 环境问题信息库

少数民族多生活在西南部边远地区，地域广袤、人烟稀少、地理环境复杂，生存环境较为恶劣，气象、地质灾害种类多，给少数民族群众生产生活带来严重不便。同时，由于民族经济发展动力不足，资源开发利用不当，民族地区蕴含的丰富自然资源并未充分利用；部分民族地区还引起了较为严重的环境污染问题，进一步阻碍了民族地区社会经济的发展。除此之外，民族地区之间由于生活习俗、宗教信仰、族群意识等方面认识不同，极易发生民族排斥、民族敌对等情况，最终反映在地域上会形成民族领域划分的争斗问题。

7. 国际问题信息库

国际问题信息库主要是管理影响民族关系的国际问题因素。西方社会不断推行其自身的"普世价值观"和"民主制度"，这在一定程度上对世界不稳定地区的政治局势造成严重影响。同时，"普世价值观"催生所谓的西式民主直接或间接导致一些国家地区民主斗争频发，我国"藏独""疆独""台独"势力的形成都有其幕后操纵的影响。另外，基于"同一民族"和"同一宗教"的认同感，部分少数民族群众极易受到蛊惑，加入一些所谓的"全球民族性"① 或"全球宗教性"② 的组织；而这些组

---

① "全球民族性"是指世界范围内，文化习俗特征类似的同一民族。
② "全球宗教性"是指世界范围内，宗教信仰相同或相似的信徒。

织机构一旦被境内外非法分子掌控，利用民族影响力或宗教影响力来开展破坏性的暴力活动和恐怖活动，将会对民族关系的和谐造成不可挽回的恶劣影响。

（三）资源库的体系结构

民族问题信息资源库包括资源管理平台和服务平台。一般资源管理平台由建库者负责平台的管理维护，包括信息的更新审核和调查用户的使用情况；资源服务平台主要为建库者和决策者服务，建库者可以通过筛选信息，有选择地上传资源，同时对所收集信息资源进行分类管理，并提供信息分析的结果以帮助决策者做决策。

三　民族问题信息资源库构建要点

基于民族问题信息资源的多样性、无序性和不平衡性特点①，构建民族问题信息资源库时，需要结合实际构建工作中的需求，找准构建工作要点，有针对性地开展资源库构建工作。因此，构建民族问题信息资源库需要注意以下四点。

（一）选择准确完整的信息来源

信息资源库的完整、准确主要取决于所获取信息源的完整、准确程度，对信息源进行严格、规范、标准化的筛选，使其更加符合信息资源库存储的要求。例如，运用网络爬虫和大数据处理等技术对所收集的信息进行识别、清洗和分类，剔除无关冗余信息，实现高效的存储管理。

（二）设定信息资源筛选选取的标准

民族问题信息资源涉及领域较多、范围较广、种类繁杂。因此，在筛选信息资源进行分类存储时，应当根据资源的特点，按照信息资源的类别、维度不同来进行有效区分，并设计科学可行的数据库框架结构。同时，应避免出现信息过多处理的现象，以保存客观完整的民族问题相关信息资源。

（三）建立民族问题信息资源库的分类标准

为了实现资源库信息的规范性和可读性，必须将收集到的信息进行合理分类和存储管理。因此，通过参考以往文献资料中设置的相关分类

---

① 参见孟桂荣《论我国民族地区信息资源的开发与利用》，《黑龙江民族丛刊》2013 年第 4 期。

标准，结合民族问题信息资源实际特点，建立一套适合民族问题信息分类的综合标准，将其应用于构建资源库的层次结构模型中，从而实现不同类型、不同形式的民族问题信息分布显示，使民族问题信息资源分类存储更加合理。

第五节　民族关系知识库

一　民族关系、本体论与知识库

（一）民族关系

民族关系也是一种社会关系，但是，由于其是各民族之间在政治、经济、文化、宗教和语言等方面交往联系而客观存在的相互关系，使这种交往关系具有民族性。因此，民族关系可以定义为民族与民族之间的社会交往关系中有关民族性内容的社会关系，由各民族之间的政治关系、经济关系、文化关系和社会发展关系等构成。它的每一个过程都相互联系且能自我发展。本质上，它所涉及的民族事务方面主要包括民族这个社会共同体的地位和待遇、民族这个社会利益群体的权利和利益、民族及其成员的民族意识和感情的社会关系问题。

（二）本体论

本体是指对知识的概念进行描述，以将知识清楚地表达出来，人们对知识的理解能够更加深入和轻松，有利于知识分享，这样，对知识库的管理也十分有利。"本体"的概念起源于哲学领域，后来，信息科学领域慢慢引入进来。在计算机领域里，斯坦福大学格鲁伯（Gruber）于1993年给出的定义是："本体是概念化的明确的规范说明。"用概念化的形式结构 < D，R > 表示本体，其中，D 是领域，R 是 D 中相关的关系集合，该定义能够很好地表现出本体的本质特性。①

（三）知识库

知识库是近年来流行的有效的知识管理工具之一，它是在需要解决某一领域的问题而将这个领域相关的知识收集起来，并且按照一定的知

---

① Gruber, Thomas R. , "Knowledge Acquisition, A Translation Approach to Portable Ontology Specifications", Vol. 5, No. 2, 1993.

识表达方式，将这些知识集合结构化地存储到计算机当中，以便使用和管理。这些知识集合包括某一领域中相关的理论概念、专家的知识、相关人员的实践经验等。知识库的具体特点包括：①知识库中的知识是根据它们各方面的特征形成并便于利用结构统一的组织形式。②知识库中的知识从低到高分为最底层"事实知识"、中间层"控制知识"和最高层"策略知识"三层结构。"事实知识"指的是基础的知识，"控制知识"主要是对"事实知识"的控制，"策略知识"是对"控制知识"统筹。③知识库中可以有一种不只属于某一层次的特殊形式的知识——可信度（也称信任度、置信测度等）。对某一问题，有关事实、规则和策略都可标志为可信度。④知识库中还有一个部分叫作典型方法库，这是对于那些解决方法比较确定和固定的问题，将这些解决方法存储到知识库当中，用以解决这类问题。

本节中的民族关系知识库正是基于本体构建的思想，将民族关系知识视为一种特殊形式的本体信息，来进行知识建模，以反映民族关系的根本特征。

二　民族关系知识库构建原则

民族关系知识本体的构建是民族关系知识库的关键。在构建民族关系知识本体时，为了提高在使用本体时的工作效率，应当按照一定的规则构建。由于不同知识的特点或者结构等都存在差异，并且不同的人对同一种知识的需求可能不一样，因而民族关系知识本体的构建可能不尽相同。通过分析民族关系知识库和本体的关系，并与其他类型本体知识库进行对比，本节概括出基于本体的民族关系知识库构建应遵循的三项原则。

（一）明确性和客观性

本体所阐述的定义和关系应尽量清晰以避免描述语义的模糊。无论采用哪种描述性语言，都应该保证语义的准确性。民族关系知识应该都是客观现实的内容，对这些知识的描述应该使用更专业化的术语；并且，民族关系知识的本体资源应该是能够清楚地表达知识的概念和内涵的。

（二）一致性

一致性是保证知识库实现共享共用的重要基础。在结合语义推导工具时，推导出来的新的民族关系知识本体的概念应当与原来的本体概念保持一致，逻辑清晰。

（三）可扩展性

本体论认为，"表示"就是对现实自然世界的最贴切描述，绝对的"真实"是不可能存在的。因此，本体在不同应用表述的情景中具有不同的特点。民族关系知识本体本身就是为了更好地共享知识，为语义检索提供基础；民族关系知识库需要不断地进行更新，随着时间和历史进程，这个库应该不断得到完善，因此，构建一个民族关系知识库是一个复杂而又漫长的过程。民族关系相关领域的专家，应当在现实中不断积累经验和知识，在保持知识本体基本概念的情况下，对知识本体不断地进行丰富和扩展。

三　民族关系知识库的功能

民族关系知识库是一个集中管理民族关系知识的综合平台。由于知识库在某种程度上是数据库或信息库的延伸，因此，知识库也具备数据库所拥有的查询、更改、删除等基本功能。另外，它还具备数据库所不具备的知识推理功能模块，借助收集到的历史信息和实时信息，可以对信息对象进行短期的合理推理和预测。故此，民族关系知识库应当具备的功能包括以下四个方面：

（一）民族关系知识库应当同数据库一样，能够对信息进行修改查询、有效管理

民族关系知识库是民族关系信息库的拓展，知识库也包含大量的民族关系信息资源，因此，本书所构建的民族关系知识库兼具数据库存储管理的全部功能。

（二）兼有知识结构化存储功能

民族关系知识涉及领域大、范围广，知识类型复杂多样，结构化知识库的构建使不同类型的民族关系知识能够层次化分布、有序化展示，节省了各级用户知识获取的时间，使知识库信息资源共享共用更加便捷。

（三）具有关键的推理功能结构

民族关系知识库所包含的推理功能模块，能完成对民族关系知识的预处理，并通过特定算法和数据分析方法，对所收集的知识内容进行一定分析，并实时将分析结果反馈给知识库使用人员。

（四）存储并管理适量的事实和规则

民族关系知识库在存储知识时，应当有所筛选和清洗，剔除知识中无关信息，节省存储空间，使之更符合知识库存储的需要。

上述四个方面是对知识库功能的一般性描述，在设计特定的知识库过程中，应当根据具体对象的具体特征做一些适当的修改和补充，使设计的知识库更加符合实际需求。

四 民族关系知识库构建方法

本体的构建是民族关系知识库构建过程中的关键一步。本体构建不好将会对知识库中知识的规范性和统一性带来不便。另外，依据不同标准、不同需求构建的本体彼此间也难以实现互通共享的统一管理，因此，选择合适的本体构建方法对民族关系知识库的构建至关重要。目前常用的本体构建方法有骨架法、企业建模法（TOVE 法）、Methontology 和七步法。① 这些方法原本主要用于企业知识的建模，也可借鉴用于民族关系领域的知识库构建。

骨架法主要用于表达同一领域中企业间的术语和相关定义的本体。骨架法仅仅提供了企业本体开发的基本指导思想，并未给出本体具体的表示方法以及本体构建的步骤。其流程如图 7 - 3 所示。

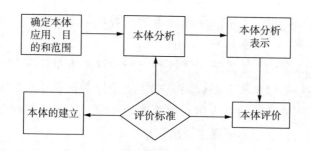

图 7 - 3 骨架法流程

TOVE 法又称 Gruninger & Fox 评价法。这种方法最早被多伦多大学企业集成实验室用来建构虚拟企业本体，将企业非形式化问题转换为形式化问题，以利于企业知识的表达。TOVE 本体库涵盖了设计本体、工程本体、计划本体和服务本体。② 其流程如图 7 - 4 所示。

---

① 参见李慧、万静、任雪原《基于本体的博物馆知识库构建方法研究》，《电子设计工程》2011 年第 12 期。

② 参见王众托、吴江宁、郭崇慧《信息与知识管理》，电子工业出版社 2014 年版。

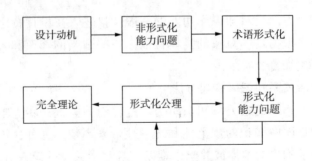

图 7－4　TOVE 法流程

Methontology① 本体开发方法最早由马德里理工大学人工智能实验室提出，被用于马德里大学工艺分校开发人工智能图书馆的本体。这种方法构建本体时，分为三个阶段：①管理阶段，包括规划任务进度、分析需要资源、设定质量保证等问题；②开发阶段，包括规范说明、执行维护；③维护阶段，包括进行知识获取、系统集成、系统评价、文档说明、配置管理等。

七步法是斯坦福大学医学院提出的一种领域本体的构建方法，其主要有 7 个步骤。

第一步：明确本体的应用领域和范畴。根据本章第五节中本体的构建原则、本体的概念和关系，明确本体的应用领域，尽可能缩小本体的范围，确定本体的作用和应用对象等内容。该步骤同时贯穿于整个本体设计过程中，相关内容可逐步做出调整。

第二步：尽可能利用已有本体。若待构建系统与其他应用系统存在交互，而这个系统平台具有自己的本体，那么重用这个本体是最高效和经济的方法。

第三步：列出本体中的重要概念或术语。在建立领域本体过程中，首先将领域中的全部概念或术语标注出来，此时，对于概念之间的重复等问题可暂不考虑。

第四步：定义类和类的等级体系。确定概念之间的层次关系，本步骤虽然较烦琐，但在构建本体过程中至关重要。

第五步：定义类的属性。当定义了本体中类及其关系以后，需要对

---

① Methontology 是一种本体开发方法，与软件工程的开发方法类似。

相应的类添加相应的属性值。

第六步：定义属性的取值说明。属性的分面就是属性取值的类型、范围、个数及熟悉取值的其他约束信息。

第七步：定义类的实例。选定具体的某个类，为该类添加具体的实例及实例的属性信息和约束条件，为后期语义推理提供支持。

综上可知，七步法相对于其他几种方法而言，具备更为成熟的构建技术，在领域本体对象构建上也更具优势，构建方法适用性较强，但其构建过程和方法仍然显得颇为烦琐。

五　民族关系知识库构建过程

民族关系知识库的建立，是为了让民族关系信息资源能够更进一步地应用、集成、维护与映射以及实现版本化，更好地为民族关系监测预警工作提供技术、数据支持。本书所提到的民族关系知识库是基于本体思想提出的，是一个支持开放存储、标识和版本化的信息库。该知识库的知识建模可以分为领域层、推理层和任务层①三个层次（见图7-5）。领域层包括知识库描述特定领域本体的概念和知识信息；任务层是将知识库不同任务需求进行划分，并拟订不同执行方案完成目标；推理层则通过分析现有的知识信息，结合具体问题特点，提供问题解决方法。

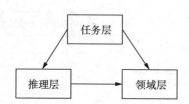

图7-5　基于本体的民族关系知识库的知识建模

图7-5描述的是一个循环过程，可以看出，对于本体的构建，需要经过反复推敲才能得出，需要一个循序渐进的过程。上述本体构建方法都存在一定的优点和缺点，且应用条件和范围也会有所差异。但是，在某个具体领域或行业进行本体构建时，这些方法还是过于复杂，不能直

---

① 参见王文璞、林木辉《基于本体的领域知识库构建方法研究》，《福建电脑》2008年第8期。

接使用。鉴于此，应该综合考虑这些方法的优缺点及适用范围，以构建民族关系知识库的知识本体，主要包括以下五个步骤。

第一步：确定民族关系知识本体的领域与范畴。民族关系知识同样是一个非常庞大的概念，如民族成分、民族分布和具体的民族特征等方面都是需要考虑的内容。因此，为了保证本次研究的全面性和科学性，民族关系知识本体将从民族政治、社会、经济、文化、宗教和环境关系知识六个方面进行构建。

第二步：列出民族关系知识领域的重要术语。由于上一步已经确定了民族关系知识本体将从政治、经济、文化、社会、宗教、环境六个角度进行构建，因此，需要结合民族地区实际情况，以及民族关系知识研究领域专家的建议，列出民族关系知识的重要术语。

第三步：对民族关系知识的概念进行分类、分层。为了构建层次清晰、分层合理的民族关系知识，结合所收集的民族关系知识特点，考虑知识库构建要求，本书将采用平行独立的方式对民族关系知识进行分层。具体来说，民族关系知识资源分层设计如图7-6所示。

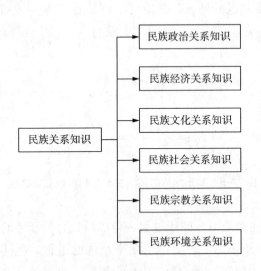

图7-6　民族关系知识资源分层设计

第四步：民族关系知识本体的表示。当以上步骤完成后，通过网络本体语言（OWL①）对民族关系知识本体进行形式化表示，借助 OWL 的强大语义表示功能，建立规范的民族关系知识本体体系。

　　第五步：民族关系知识本体的优化。当民族关系知识本体形成以后，需要对民族关系知识中本体的概念以及概念之间的关系进行优化，尤其是对概念之间的关系进行优化。当然，本节所说的民族关系知识本体在某些方面是不完善的。因此，需要在该本体后期使用中逐步优化和完善。

　　依据上述流程和要求，构建基于本体的民族关系知识库结构的具体情况如图 7 - 7 所示。

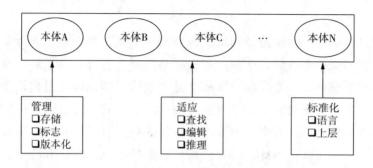

图 7 - 7　基于本体的民族关系知识库结构

　　管理模块的主要内容包括存储、标志和版本化。② 存储主要针对信息数据的存储保存，标志是对不同分类信息的有效识别措施，而版本化是对知识库升级与更新的重要基础。另外，基于 Protégé 软件③自带的一致性检查功能，对民族关系知识库进行一致性检查和标志。

　　知识库适应模块的主要功能内容包括查找、编辑和推理。查找功能主要满足知识库使用人员进行信息搜寻和检索的基础功能需求；编辑功能是帮助知识库维护人员对信息数据的更新、修改和删除等操作；推理功能主要面向决策管理人员，通过对现有信息的数据分析，依靠推理机

---

　　①　OWL 全称为 Web Ontology Language，是 W3C 开发的一种网络本体语言，用于对本体进行语义描述。

　　②　参见谢茜茜《基于本体的分布式数据挖掘系统构建》，《企业技术开发》2011 年第 20 期。

　　③　Protégé 软件是斯坦福大学医学院生物信息研究中心基于 Java 语言开发的本体编辑和知识获取软件，或者说是本体开发工具，也是基于知识的编辑器，属于开放源代码软件。

制对现况进行预判和评测，为民族事务管理人员做决策提供事实依据。

标准化要求民族关系知识按照既定的存储准则实行标准化存储和管理工作。标准化是实现民族关系知识信息化、网络化、共享化的必备条件。知识库标准化体系包括数据格式标准化、描述语言标准化、标引语言标准化、通信协议标准化、安全保障技术标准化、数据管理软件及硬件标准化等。[①]

第六节　民族网络舆情信息库

我国正处于社会经济结构重大转型的关键期，各领域、各行业都在经历较大的变革和升级，这在一定程度上引发了各种社会矛盾。与此同时，海量的信息交织造成舆情在网络上的快速传播，极易引起社会舆情事件的发生，进而对社会稳定产生影响，危及社会安定。由于民族地区信息沟通相对闭塞，真实与虚假的信息未能得到有效识别，网络舆情事件的发生概率较大。因此，研究民族网络舆情信息的概念和特点，构建民族网络舆情信息库，是构建民族关系监测预警体系必不可少的一部分，也是当下民族事务管理工作信息化、加强民族沟通工作的迫切需要。

构建民族网络舆情信息库，首先要对民族网络舆情信息的来源及舆情信息的要素进行归纳总结，然后根据舆情信息库建设需求，结合网络舆情实际特点，对民族网络舆情信息库进行总体设计。构建民族网络舆情信息库的最终目的，是让国家政府以及民族工作管理部门可以在突发情况下，及时准确地了解当前民族地区舆情发展的状况及其变化的规律和趋势，同时对民族地区范围内的网络舆情发展态势进行及时有效的监测控制，制定有效的应急措施，以引导民族网络舆情向积极方向发展，降低民族冲突事件发生的概率。

一　民族网络舆情概念及特点

舆情是指公众对于某个事件或者现象的价值取向、态度和行为倾向的集合，是一种抽象的主观表达，无法直接被测度和分析。国内部分舆

[①]　参见包和平、王学艳《中国少数民族文献数字化建设研究》，《情报杂志》2002 年第 2 期。

情研究领域的专家,将舆情的外延划分为舆情主体、舆情客体和中介性事件,使其便于研究分析。舆情的主体是民众,舆情的客体是国家统治者,舆情的内容就是民众围绕中介性事件对国家统治者的政治态度。另有学者从"舆情是借助民众表达意见"的视角将其定义为"社情民意"。[①] 网络舆情就是公众对互联网上传播的某个热点事件的看法和价值取向的总和。

我国民族分布呈现多群居、少杂居的居住特点,民族之间既有交融又各自独立,形成了多元化、特色化的民族区域文化,各种民族相关话题也应运而生。而网络的发展,拓宽了信息传播方式,加快了信息传播速度,人们能够通过网络,随时获取信息并传播意见,由此便形成"网络舆情"。得益于发达的网络系统,舆情传播渠道较之以往更加多元化。舆情信息也呈现新的时代特点,具体表现在以下四个方面。

(一)民族网络舆情的复杂性

由于我国民族种类众多,各民族的文化差异性、生活习俗、宗教信仰等都各有特色,民族之间的频繁交流形成的信息流量也较大。民族网络舆情的信息来源除一般的自然灾害事件和涉及衣、食、住、行等日常生活相关事件,还涵盖有少数民族特殊的文化和宗教信仰等方面的内容。这些掺杂不同因素的民族舆情事件,若不合理处置,势必会逐步演化成民族冲突事件,破坏民族团结稳定。

(二)民族网络舆情传播渠道多元化

由于民族网络舆情的复杂性特点,舆情信息的分布也复杂多样,信息载体各有不同。另外,网络技术的高速发展使不同类型的舆情信息交流更为频繁,传播更为广泛。通常舆情信息的传播途径包括电话、短信、广播等音像的电视传播,还包括新闻、论坛、微博等移动媒体的网络传播。此外,还涉及跨境、跨国、跨民族等多形式的传播形式。

(三)民族网络舆情容易产生"蝴蝶效应"

民族之间的一些小摩擦在网络的"发酵"下极易由小变大、由弱变强,进而导致民族冲突事件发生,这就是网络舆情的"蝴蝶效应"所在。敌对势力和非法组织利用其设在境外的服务器和网站通过对境内民族政策、民族新闻、民族事件等信息的过度解读、恶意抨击,形成民族话题

---

① 参见张克生《舆情机制是国家决策的根本机制》,《理论与现代化》2004 年第 4 期。

的舆论，并别有用心地引导民众在民族问题上往冲突方向发展。2009 年乌鲁木齐"7·5"暴力事件和恐怖事件就是一个典型的"蝴蝶效应"案例，境外媒体故意炒作，恶意夸大事件影响程度和严重性，误导群众和舆论观点走势，导致一宗简单的民事纠纷案演化为震惊世界的"恐怖事件"。

（四）民族地区网络舆情传播具有"群体极化"特征

网络上按民族成分、宗教信仰、文化习俗形成的民族"抱团取暖"现象，加剧了不同民族之间的矛盾，使民族间的正常交流受阻，"群体极化"表现明显。特别是涉及民族问题，"群体极化"现象更为突出；一些性质简单的民事纠纷，可能因为涉及民族生活习惯、民族宗教信仰等因素，在"群体极化"的影响下，更容易发展为民族冲突问题或民族突发事件。

二　民族网络舆情信息库构建原则

民族网络舆情信息来源广泛、内容多样、数量众多，并且一直处在不断更新的状态中，因此，网络舆情信息库的构建应当是一个动态过程，这样，才能保证舆情信息的时效性。网络舆情发展态势对民族关系发展走向有一定的影响，构建民族网络舆情信息库就是为了保证民族事务管理部门能够及时有效地监测民族网络舆情发展态势，引导民族网络舆情朝着良性、和谐的方向发展，使网络舆情得到有效管控，尽量避免民族间因简单生活纠纷在网络上发酵形成民族冲突问题。基于以上构建目标，民族网络舆情信息库的构建原则包括以下三个方面。

（一）高效的信息查询和搜索能力

网络舆情信息库的基本功能即是对舆情信息的存储管理和查询，高效的信息查询和搜索能力，对于舆情决策者及时了解舆情发展情况甚为重要；同时也有助于决策者采取有效的应对措施，处理突发情况。

（二）信息库功能的可扩展性

民族网络舆情信息来源广泛，种类繁多且复杂。构建民族网络舆情信息库时，应当充分考虑所收集信息的复杂性，同时也要意识到网络舆情信息具有时效性和动态性。因此，所设计的民族网络舆情信息库，除基础的存储查询功能外，还应具备一定的扩展性，以便于网络舆情信息库的管理与维护。

（三）实现共建共享原则

共享是指部门或机构之间共同分享网络舆情信息。共建是指各层级部门加上领导共同参与制定一体化的综合舆情信息库建设规划，并统筹配置各级各部门的人力、物力、财力资源，使民族关系网络舆情信息库高效实施。

三 民族网络舆情信息库功能

民族网络舆情信息库是构建民族关系监测预警体系工作中的关键部分，信息库的功能一般包括信息查询功能和信息管理功能两个内容，由于网络舆情信息与知识库、问题资源库有所不同，在设计舆情信息库功能时，应结合舆情信息实际特点。本章正是基于资源库的两项基本功能，结合民族网络舆情信息特征设计了舆情信息库应当具备的一些功能需求，具体内容有两个方面。

（一）信息查询功能

（1）民族网络舆情事件查询。对网络舆情信息的基本查询和搜索。通过基本舆情信息查询，可以了解不同舆情事件的概要信息（5W1H 六要素①），以及与该类舆情事件的相似案例。通过查询舆情事件信息，能从整体上了解舆情事件发生情况。

（2）民族网络舆情信息查询。主要包括与民族话题、民族事件相关的新闻报道、微博评论、论坛回帖及其他网络媒体信息的查询。对民族舆情信息的查询，能够帮助我们了解网民、媒体和社会大众对特定事件的关注情况和持有态度，并从中了解网络舆情发展过程。例如，在 2009 年"新疆'7·5'事件"中，可以查询到新闻报道事态发展对应舆情信息的详细描述，包括对应事态编号、标题、URL、发布媒体、发布者、发布时间、发布内容等。

（3）网络舆情延伸信息查询。延伸信息是指除事件本身外的关联信息，包括与舆情事件相关的人、起因、发生背景等信息。通过对延伸信息的进一步挖掘，有助于我们更全面地了解民族网络舆情事件其他重要的信息线索，便于深度分析网络舆情事件发生的根本原因。2009 年的"新疆'7·5'事件"中，与事件本身所相关的延伸信息包括事件发生的背景、人员伤亡情况、政府部门对事件处理的情况等。

---

① 5W1H 六要素：一般包括何时（When）、何地（Where）、何人（Who）、何事（What）、何故（Why），后来增加了一个要素，即如何（How），用英文字头简称"5W1H"，被人们称为六要素。

（4）借鉴舆情事件案例查询。借鉴舆情案件的信息包括与民族网络舆情事件具有同质性、相似性的舆情事件信息，根据事件关键字的搜寻类似案件信息进行对比，便于快速了解民族网络舆情事件自身情况。在2009年"新疆'7·5'事件"中，与之性质相似的事件有2009年"新疆针刺事件"，通过查询该事件的详细信息和处理方案，有利于更全面地了解"新疆'7·5'事件"。

（5）网络舆情应急处理知识查询。舆情应急处理知识包括在以往类似案例中政府部门及其他相关部门对事件处理的方案和备案资料，这些资料涵盖了事件的处理流程、处理方案、援引法规条款、案件评估等信息。在2009年"新疆'7·5'事件"中，应急处理知识就包括当地政府部门处理事件流程、处理事件应对方案、处理事件援引法规等信息。

（二）信息管理功能

信息管理功能是舆情信息库的基础功能，也是信息库的核心功能，只有做好信息管理工作，才能为后续的民族关系监测预警工作提供科学依据。一般而言，信息使用对象应当包括信息库管理人员与决策层人员。决策层人员基于优秀的信息管理工作来做出判断决策；信息库管理人员则需要维护和管理知识库，包括对舆情信息的添加、修改和删除等基本操作，另外还包括网络舆情事件管理、网络舆情事件延伸知识管理、网络舆情应急处理知识管理、相关法律法规管理等。

四　民族网络舆情信息库构建

基于上述民族网络舆情信息库的构建需求，本章所说的舆情信息库以录入存储民族网络舆情信息为主，并提供舆情信息查询、延伸信息查询、应急处理知识查询等功能，再通过推理机对舆情进行分析，为决策者提供民族网络舆情应急处理方案。民族网络舆情信息库的构建主要包括网络舆情信息类型划分、舆情信息库逻辑结构和舆情信息库数据结构三个方面。下面对这三部分逐一做出介绍。

（一）网络舆情信息类型划分

一般舆情的基本要素就是传播主体、媒介载体和舆情内容。因此，网络舆情的三要素就是网民、社交媒体和舆情内容。其中，网络舆情内容主要包括舆情事件要素、舆情信息数量、舆情信息态度和倾向等资料。本书借鉴相关文献，对网络舆情信息从舆情的媒介、内容和信息数量等关键要素进行分析，并将它们划分为两个维度，再进一步根据不同标准进行细致分类，网络舆情类型划分情况见表7-1。[①]

表 7-1 网络舆情类型划分情况

类别		舆情主体	舆情行为	影响因素
网络舆情类型划分	网络舆情事件主体	政府类主体	政府公共决策	决策本身问题
				决策程序问题
				实际效果问题
			官员个人行为	违法犯罪问题
				作风修养问题
				意外伤亡问题
				任职责任问题
			职能部门行为	权限问题
				执行问题
			弱势群体维权	医疗教育纠纷
				上访诉讼纠纷
				社会保障纠纷
				邻避效应[②]纠纷
		非政府类主体	社会组织行为	违法犯罪
				言行不当
			企业组织行为	违法犯罪
				言行不当
				重大变动
			特定群体行为	"官二代"行为
				"富二代"行为
				"拜金族"行为
			网民参与度	论坛、博客、微博等平台的帖数
				帖文评论、转发数量

---

① 参见王国华、冯伟、王雅蕾《基于网络舆情分类的舆情应对研究》，《情报杂志》2013年第5期。

② 邻避效应是指居民或当地单位因担心建设项目（如垃圾场、核电厂、殡仪馆等邻避设施）对身体健康、环境质量和资产价值等带来诸多负面影响，从而激发人们的嫌恶情结，滋生"不要建在我家后院"的心理。

续表

类别	舆情主体	舆情行为	影响因素
网络舆情类型划分 网络舆情传播路径	个体传播	参与网民影响力	意见领袖人数
			意见领袖发帖数
			意见领袖帖文评论和转发数
			官方微博数
			官方微博发布帖数
			官方微博帖文评论和转发数
		线下活跃度	线下活动次数
			线下活动规模
	媒体传播	传统媒体参与度	新闻报道数
			评论文章数
			系列专题数
		境外媒体参与度	新闻报道、评论文章等数量

民族网络舆情信息库的资源内容包括网络舆情事件的主体如政府、社会、特定群体、个人等相关信息。在民族网络舆情事件中，政府是舆情事件发生的重要"当事人"和"管理者"，无论该事件背景是否牵涉政府机构，其造成的影响势必会对政府和社会带来重大影响；特定群体作为社会中不可忽视的重要成员，其组织或个人行为所引发的舆情信息也会给整个社会带来重大冲击。此外，舆情信息库应包括网络舆情传播路径的相关信息。舆情传播通常包括个体传播和媒体传播。在媒体传播方面，网络媒体是网络舆情爆发、扩散的重要载体；其次是一些电视、广播等形式的传统媒体。个体传播方面，主要是一些明星、网红、大咖等具有一定影响力的社会公众人物对舆情产生、传播有重要引导作用。

（二）网络舆情信息库逻辑结构

民族网络舆情信息库中舆情事件本体信息是信息库重要组成部分，其他信息均是围绕舆情事件本体来展开的。本章所构建的民族网络舆情信息库主要包含舆情主题库、舆情信息库、延伸信息库、借鉴案例库、应急知识库等子库以及推理机制，其中，各信息子库既相互独立又相互关联，形成一个统一又单独管理的网络舆情信息总库。舆情信息库逻辑结构如图7-8所示。

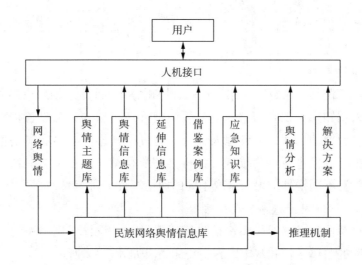

图 7 – 8　民族网络舆情信息库的逻辑结构

1. 舆情主题库

舆情主题库主要围绕"主题"信息内容进行存储，主题信息包括主题名称、类别、关键词等。舆情主题库对舆情主题进行较为详细的阐述，并通过舆情主题中的"关键词"对舆情事件进行归类，以便与其他相似事件进行关联管理。

2. 舆情信息库

舆情信息库是在舆情主题库基础上的进一步补充。包括舆情主体、发生时间、发生地点、引发后果等舆情事件相关的基本信息。舆情信息库更为详细的信息有助于管理人员对舆情事件有更为清晰的认识。

3. 延伸信息库

延伸信息库是对舆情信息库存储的基本信息的进一步扩展。延伸信息库包含内容涉及舆情事件发生的背景、其他相关人员、发生原因等，延伸信息库一般与舆情信息库的基本信息关联。

4. 借鉴案例库

借鉴案例库是存储与舆情主题事件类似或相似的舆情信息库，其主要内容包括借鉴案例的基本信息、延伸信息等。将借鉴案例与实际参考案例进行对比，可以分析总结得出处理实际事件的有益经验。

5. 应急知识库

应急知识库是基于舆情风险控制理论和以往舆情事件、借鉴案例处理经验的知识所构建的，其应急知识主要包括政府相关部门对事件的处理流程、处理方案、援引法规、经验总结、处理效果等知识。

6. 推理机制

推理机制是一组程序，用来控制、协调整个系统。[1] 推理机制主要功能包括根据知识库现有信息通过分析整理推理出新知识和设置推理进行的顺序。舆情信息库中，管理人员可以通过不同维度对现有舆情信息按照不同推理顺序进行合理推理，并将推理所得结果进行分析，结合现实因素，针对不同推理结果，采取不同的舆情事件应对策略。

（三）网络舆情信息库数据结构

本章节根据上述网络舆情信息库逻辑结构，设计了网络舆情知识库不同子库的主体结构和基本内容，具体情况如表7-2所示。

表7-2　　　　　　　　　　　民族网络舆情信息库结构内容

对应的库	表中文名称
舆情主题库	舆情主题表
舆情信息库	新闻表
	微博表
	博客表
	其他论坛表
延伸信息库	地域延伸信息表
	个人延伸信息表
	企业延伸信息表
	政府延伸信息表
	特殊群体延伸信息表
借鉴案例库	领域专家参与资源表
	法律法规参与资源表
应急知识库	应急案例管理表

1. 舆情主题库

舆情主题库主要存储了与舆情事件"主题"相关的信息，主题信息

---

[1]　参见吴扬俊《管理信息系统基础》，电子工业出版社2007年版。

包括主题名称、类别、关键词等。舆情主题库将不同类型的"主题"舆情事件进行筛选分类并分布存储，以便于对特定主题的舆情事件信息进行高效查询，保证在较短的时间内获取舆情主题相关信息。

2. 舆情信息库

舆情信息库是在舆情主题库内容基础上的进一步扩展，包括与舆情事件相关的更为详细的基本信息，如舆情主体、发生时间、地点、事件后果情况等。当前，网络舆情主要以微博、新闻、博客等网络媒体形式呈现和传播。舆情信息库中微博信息表包括微博发布编号、微博发布地址、关键字、发布人、发布时间、发布编号、发布内容、转发数和点赞数、评论数等基本信息。新闻信息表主要包括新闻发布编号、新闻发布地址、新闻发布平台、新闻内容、关键字、新闻来源、新闻时间和评论数量及内容。博客信息表主要包括博客发布编号、博客发布地址、博客发布时间、关键词、博主信息、博客内容、博客评论内容、转发数和评论数量等基本信息。

3. 延伸信息库

延伸信息库是对舆情信息库存储基本信息的进一步扩展。延伸信息库包含的内容涉及舆情事件发生的背景、其他相关人员、发生原因等。延伸信息库包括地域延伸信息表、个人延伸信息表、企业延伸信息表、政府延伸信息表和特殊群体延伸信息表等。其中，地域延伸信息表包括地域编号、地域名称、地理位置、人口情况、民族类别等信息；个人延伸信息表包括个人编号、姓名、职业、教育、简介等基本信息；企业延伸信息表包括企业编号、企业名称、类型、地址、简介等基本信息；政府延伸信息表包括政府编号、政府名称、政府地址、政府职能简介等基本信息；特殊群体延伸信息表包括特殊群体编号、特殊群体名称、特殊群体类别、特殊群体职业、特殊群体教育等基本信息。

4. 借鉴案例库

借鉴案例库是存储与舆情主题事件类似或相似的舆情信息库，其主要内容包括借鉴案例的基本信息、延伸信息等。借鉴案例库包括领域专家参考资源表和法律法规参考资源表。领域专家参考资源表包括专家编号、姓名、性别、研究、单位、联系方式等基本信息；法律法规参考资源表包括文件编号、文件名称、文件类型、文件简介、发布时间、关联事件等基本信息。

5. 应急知识库

应急知识库既存储了民族网络舆情事件主要信息，也存储了舆情事件应急管理的相关知识，应急知识库包含应急案例管理表。应急案例管理表包括案例编号、案例名称、案例类型、案发地点、涉及人物、涉及事件、案例主题、应对措施等基本信息。

需要说明的是，民族网络舆情信息库的构建主要是为了舆情监测分析和应急管理决策提供信息支持。因此，舆情信息库的主要功能还包括推理机制和数据分析能力。舆情事件的信息具有突发性和动态性，在收集舆情信息时，应当持续采集、监控、分析这些信息，并利用推理机制和数据分析，对现有信息进行综合分析，为决策人员提供有用信息。

第七节 民族关系信息资源库系统设计

民族关系信息资源库系统设计是民族关系监测预警的信息支撑和重要组成部分，具备信息管理、信息查询、监测分析、应急处理等基本功能。民族关系信息资源库系统是一个集中统一的综合管理系统，既收集各种形式的民族关系数据，又对数据进行清洗、分类和存储。另外，民族关系信息资源库系统将构建民族问题信息资源库、民族关系知识库、民族网络舆情信息库等子库来实现对民族关系信息资源的综合管理。民族关系信息资源库系统的设计，对于建立和健全功能齐全、反应灵敏、高效运转的民族关系监测预警体系，预防和应对民族冲突、民族问题、民族矛盾和民族网络舆情危机，提供了可供参考的应急处理知识方案，对推进民族事务工作信息化具有重要意义。

一 信息资源库系统的构建要求

民族关系信息资源库系统是实施民族关系监测预警的一部分，并且在民族关系监测预警中起基础而又至关重要的作用。它为民族关系监测预警提供了科学准确的数据支持，提高了监测预警分析结果的准确性。本节所构建的民族关系信息资源库系统，主要从系统构建角度进行阐述，其主要功能模块由以下五个部分组成。①

（一）用户层

用户层主要是面对用户进行设计，其所包含的功能应该有信息搜索、信息展示、信息管理等。信息展示的窗口一般包括网站网页、移动端、电视、杂志等形式。

（二）应用层

应用层包括民族问题信息资源库、民族关系知识库、民族网络舆情信息库以及民族关系信息资源库系统。② 本层的应用对象主要是政府领导、各级民族事务管理部门管理人员。应用层的主要功能是对各类民族关系信息资源的高效存储管理。通过信息技术，对所收集的信息资源进行分类处理，并通过各个信息库对资源的整合分析，为民族事务管理决策人员提供全面翔实的信息资料，为决策的制定提供参考。

（三）应用支撑层

应用支撑层将不同结构的功能模块聚集起来，提供一个支持信息流通的集成化环境，使数据资源结构化、文件非结构化，并实现各系统跨数据库、跨平台的无缝对接，完成个性化的开发应用。

（四）数据资源层

数据资源层主要处理的是各类与民族关系相关的信息数据、借鉴案例数据、应急处理知识数据、结构化和非结构化数据的管理和存储。在内容上，运用数据库构建技术，将不同类型的信息数据分类并构建民族问题资源信息库、民族关系知识库、民族网络舆情信息库等资源子库。

（五）基础支持层

基础支持层是民族关系信息资源库系统所具备基本功能的集合，涉及信息系统硬件、软件和网络方面，主要包括物理计算机设备、网络通信系统等。③

民族关系信息资源库结合前述理论研究，采用数据库技术对民族关

①　参见杨翠彬《省级应急管理信息系统的分析与设计——以山东省应急管理信息系统为例》，硕士学位论文，山东大学，2009年。

②　参见徐天伟、甘健侯、李金绪等《基于e‑Science的民族教育信息资源服务平台研究》，《现代教育技术》2012年第1期。

③　参见周璀、王颖、张贵《省级森林火灾应急资源管理平台研建》，《湖南科技学院学报》2012年第8期。

系信息资源进行管理与应用，提高民族关系信息采集效率和准确性，辅助民族事务管理工作人员对民族关系信息进行监测预警。其功能应包括民族关系信息采集、自动研判、自动分类、数据传输化、管理现代化等目标。总体上看，本节分析民族关系信息资源库系统的信息管理平台构建，以及总体的物理结构和逻辑模型，对民族事务管理相关工作单位实施民族工作信息化管理提供借鉴。

二　信息资源库系统的设计思想

使用民族关系信息资源库的主体为国家民委和各级民族事务管理单位工作人员，为使民族关系信息资源库系统能够较好地为用户服务，资源库系统的设计应遵循实用性、标准化、可伸缩与可扩展性、易维护性原则、安全可靠、简单性与开放性等原则。本节将结合民族关系监测的特征，深入探讨民族关系信息资源库系统的设计思想。具体设计内容如下。

（一）着眼于民族工作的长远发展需求

民族关系信息资源库的设计不仅要考虑当前民族工作需要，也要考虑到民族工作未来发展的需求，在系统设计上，坚持与灵活调节相结合，使系统方案更加符合民族工作未来发展和变化的要求。

（二）应符合民族工作信息化规划的目标和要求

民族信息资源库实施的主要目的是实现民族工作的信息化、智能化、高效化。因此，信息资源库需满足不同层级的目标需求，以实现对民族关系信息资源的统一管理，满足民族关系监测预警对信息资源的需求。

（三）要注重信息集成

信息资源库系统的设计与开发应追求全面的信息集成功能，实现信息共建、共享、共用；尽量减少冗余的功能模块，缩短整体工作流程，提高民族工作信息收集和处理效率。

（四）系统要具有开放性

信息资源库系统的体系结构需要具备一定的开放性，实现功能模块化，以适应不断动态变化的民族关系信息资源需求。

三　数据库设计

数据库技术是构建民族问题信息资源库、民族关系知识库、民族网络舆情信息库的关键技术，也是民族关系信息资源库系统有效运行的重要手段；数据库结构设计不仅关系到各类信息资源库的存储访问效率，也对数据完整性有一定影响。其设计要遵循实用性、合理性、安全性、可扩展性和兼容性原则。① 即以人为本，从用户角度出发，并能满足各个数据库的有效调用、有效连接等基本功能属性，从全局统一的角度来设计数据库，既要保证数据库存储信息的安全可靠，匹配应急补救功能属性，又要对基础功能进行补充，为系统预留接口，便于未来根据不同实际需求予以增删补改。

（一）数据库设计过程

数据库设计通常包括如下五个阶段：

第一阶段：需求和数据分析。该阶段主要根据现实情况，包括当前信息资源库系统实施现状、短板问题、系统安全、效率高低等情况，了解相应职能部门对数据库的真实需求。

第二阶段：概念设计。该阶段主要将数据信息转化成用户能够理解的概念，一般用 E—R 图②表示数据库的概念结构。概念设计通常包括概念结构设计和概念视图设计，概念结构设计要求对应用对象进行分类研究，并将其根据不同标准进行合理划分，形成一定的层次结构；概念视图设计是基于结构设计，综合考虑用户接受程度和理解程度，对层次结构进行视图的转化。

第三阶段：逻辑设计。将数据库的概念结构设计转化为概念视图过程中，其所设计的关系结构与相关逻辑理论体系即为数据库的逻辑设计。

第四阶段：数据库物理设计。数据库物理设计既是对数据库物理环境变量的设计，也是数据库设计的关键阶段。设计和实施数据库存储结构、存取方式的具体工作环境是数据库物理设计的主要内容，数据库物理设计需要对时间效率、空间效率、经济效益和用户需求等各方面进行权衡，进而选择一个更为合理的物理结构。具体设计流程如图 7 – 9 所示。

（二）数据库结构设计

在民族关系信息资源库系统的数据库设计中，首先要对系统所属数据库进行分析，分析各数据子库之间的关系，画出它们的关系结构图。设计一个完整而又功能强大的数据库体系并非一蹴而就，它的设计过程

---

① 参见李庭春《管理信息系统开发特点及原则分析》，《现代计算机：专业版》2008 年第 5 期。

② E—R 图也称实体—联系图（Entity Relationship Diagram），提供了表示实体类型、属性和联系的方法，用来描述现实世界的概念模型。

通常是上述六个阶段的循环往复。数据库设计要同数据处理的设计相互参照、相互补充，不能单独脱离出来进行设计。

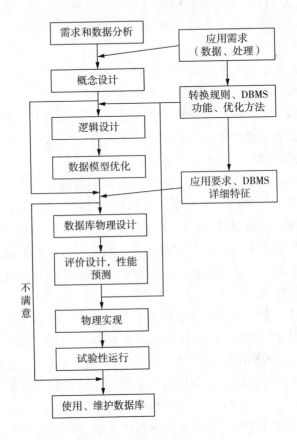

图 7-9　民族关系信息资源库设计过程

第八节　民族关系信息资源库实施

民族关系信息资源库实施是将上述包括民族问题信息库、知识库、舆情信息库在内的民族关系信息资源库付诸实践。从一般资源库构建的生命周期来看，资源库的实施是资源库建设应用的后期工作，它将结合资源库构建模型的理论知识与实际工作中的操作要求，从信息收集、信息处理、信息分析以及信息存储维护等角度出发，提出不同阶段工作中的实践操作要求。

基于本体论和知识库的民族关系信息资源库的实施，在宏观层面上，需要国家民委、中央其他部委、地方政府和各级民族事务管理部门之间的相互配合，统一部署，协调分工，使资源库建设工作能够有条不紊地开展实施。在微观层面上，需要各部门、资源库管理人员在实际工作中做到实时交接、及时反馈工作进度和问题、合作共享。只有这样，才能保证民族关系信息资源库的有效实现，达到民族关系监测预警的目的。以下是民族关系信息资源库实施要注意的四个方面。

在信息量方面，要加大民族关系信息资源的数量。将大量的民族关系信息有选择地汇集成动态的数字化信息，为用户提供信息的选择范围和取舍空间。同时，各民族信息网站应相互连接成为一个由上而下、由弱到强的民族信息保障体系，使信息资源库的使用，不仅满足协调分工，也利于宏观规划。

在信息收集方面，应该建立信息上报制度。民族事务管理部门应该及时、真实地上报有关民族关系信息，加快民族关系信息的流动速度，同时不得隐瞒甚至不报可能影响民族的警兆因素。通过制度化，开展常态化的工作模式进行民族关系信息的收集，不断丰富民族工作信息资源库内容。

在信息分析方面，需要由专职机构和专业人员进行。信息分析要求人员需要具备一定的数据分析技术背景，这项工作需要由政府或民委机构统筹安排，由专职研究机构负责并辅以社会研究组织，对所收集的民族关系信息进行有效的分析，并将分析结果反馈到民族关系监测预警体系中，为决策者制定方针政策和应急处理方案提供数据支撑。

在信息资源库的维护方面，需要保护信息资源库的质量。因为民族关系发展是一个动态变化的过程，民族关系信息量会不断增多，所以，信息资源库的构建必须围绕"民族关系"主题，不断对其内容进行扩展和完善。另外，对于一些年限较为久远的民族事件案例信息，应加以识别后将其剔除。这样，才能保障信息资源库中数据的实时性和动态性。

第四部分

民族关系监测预警调控的实施

第八章 民族关系和谐性监测预警的实施

民族关系和谐性监测预警的实施是以社会风险预警理论为基础，并通过监测预警过程来预测危机，达到对民族关系问题进行防范与调控的目标。民族关系监测预警指标体系建立之后，可用于和谐性监测预警的实施。为了体现一定的民族关系和谐性主题，首先需要进行和谐性预警指标的动态筛选，实施过程直接决定后续管理调控机制的有效性。近年来，我国正处于改革发展的关键时期，民族间的交往日益频繁，民族关系的复杂性逐渐增强，实施民族关系和谐性监测预警的必要性和迫切性愈加凸显。

第一节 监测预警实施的理论基础和主要原则

民族关系监测与民族关系预警在整个监测预警体系中处于核心地位，通过收集重要指标信息的数据，来获取民族关系的发展趋势，并能为后续的主动调控机制奠定基础。民族关系监测预警的基本流程如图 8-1 所示。

一 理论基础

（一）民族关系监测预警的民族学基础

民族关系监测预警是针对民族关系展开的，而民族关系是民族学的主要研究领域，少数民族是民族学的主要研究对象，因此，民族学为民族关系的研究提供了丰富的理论支持及案例参考。在监测预警指标体系构建中，民族学理论提供了众多民族地区的和谐性指标，涉及经济、政府、法律、国际和历史文化等多个方面。

（二）民族关系监测预警的社会学基础

社会学认为，一个国家的社会结构、社会政策和内外环境等都是影响社会稳定的重要因素，而影响国家和谐关系的社会风险是可预测并存在

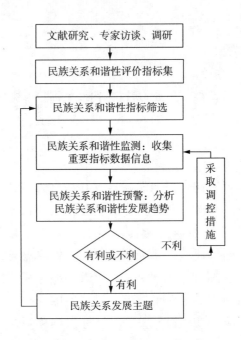

图 8 - 1　民族关系监测预警的基本流程

一定规律的。民族关系是一种特殊的社会关系，民族关系问题也是一种特殊的社会风险，尤其在我们这样的多民族国家，其发展规律是可被监测预警及主动调控的。因此，民族关系和谐性监测预警的研究过程离不开社会学理论的发展。尤其是全球化发展和社会经济转型所带来的贫富差距、就业失业以及社会安全等问题，若不及时妥善处理，就会直接影响民族关系的和谐发展。

　　（三）民族关系监测预警的管理学基础

　　社会预警是公共管理学的重要研究内容。民族关系和谐性监测预警过程可参考社会预警过程，民族关系和谐性指标体系构建可以借鉴若干社会预警指标，民族关系和谐评价等级也可以参考社会预警。因此可以说，民族关系和谐性监测预警也是以公共管理学理论为基础的。民族关系问题是一种特殊的社会风险，遵循社会风险的量变与质变规律，如果对我们国家所面临的民族关系和谐性问题不去管理而任其发展，势必会造成民族地区动荡，加剧社会矛盾，破坏民族地区的经济社会发展，因此，应将社会预警理论与公共管理的一般理论应用于民族关系和谐性监测评估中，以实施民族关系监测预警，进而对民族关系进行主动调控。

二　主要原则

社会预警要有规律性和目的性，并且真实地反映事物的内在联系。同时，预警活动也要保证预警主体的需求价值取向一致，既要科学监测危机的发展进程，又要符合人类社会的道德规范，承担相应的社会责任。因此，为了保证民族关系和谐性监测预警的有效实施，必须要遵循科学性、动态性与敏捷性原则。①

（一）科学性

进行民族关系和谐性监测预警的第一个原则是科学性，这是一切社会预警的基础。科学性首先要求遵循"客观性"原则，主要表现在以下三个方面：

（1）内容的客观性，即民族关系监测预警的依据来源都是客观事实。

（2）过程的客观性，即在民族事务管理部门对民族关系进行预警时，要求参与者具有高水平的科学文化素质，如详细了解民族学、社会学、公共管理学、社会预警以及大数据等方面的知识，还需合理搭配其他部门人员，减少个人意愿的主观影响，以增强民族关系和谐性监测预警过程的客观性。

（3）数据的客观性，即监测预警过程中的数据信息，需要保持科学性，如采用大数据技术挖掘的数据，要保持知识的内在关联性，以保证信息的客观真实。

总之，科学性原则是民族关系监测预警的基础，也是进行有效监测预警评价的基本保证。

（二）敏捷性

敏捷性原则是民族关系监测预警的重要特征。从监测预警的有效性来看，需要对潜在的民族关系危机事件保持高度的灵敏，及时对变化波动做出反应。同时，在选择预警危机事件和确定和谐性预警指标时，需要划定对象群体的可操作范围，然后在该群体中选择能反映危机事件风险的关键事件、危机风向的真实状态。民族关系和谐性预警过程包括警情发现、警源寻找、警兆分析和警级确立，整个过程是连续流动的，每一个子环节都要及时响应并足够敏捷。因此，敏捷性是民族关系监测预警的核心所在，只有保证预警的及时性，才能减轻危机风险的发展势头，减少民族关系和谐性问题带来的冲击损害。

———————

① 参见王银梅《社会稳定及预警机制研究》，法律出版社 2009 年版。

（三）动态性

遵循动态性原则是保证民族关系监测预警科学性的必要手段。首先，应对民族危机事件，一定要从多角度出发，多方位观察。其次，预警系统、预警评价指标体系和预警措施需要根据环境的变化而实时修改和不断完善，特别是依据和谐主题动态调整预警指标体系，以应对复杂的民族关系和谐性危机问题，同时也要紧跟时代步伐，采用新技术、新方法，如大数据的分析、处理、挖掘和可视化等技术，以保证预警的准确性与可靠性。最后，民族关系和谐性监测的结果并非一成不变，需要根据新的环境、新的条件对这些理论成果进行实时更新。总之，在如今网络舆情泛滥、信息更新速度不断加快的情况下，民族关系监测预警的动态性显得更为重要。

三　现实意义

改革开放以来，我国社会经济变革过程中不断涌现出的新矛盾，一定程度上助长了民族关系的不和谐性。尤其是经济全球化和网络经济时代的到来，整个世界范围的民族问题显得尤为突出，民族主义势力抬头，严重影响我国民族关系和谐。这从客观上要求我们在当前形势下，应当结合经济国情、社会国情和国际环境，对民族关系和谐性监测预警深入研究，以应对民族关系的动态发展趋势，为民族关系预警及调控提供决策支持，为民族关系维护提供理论依据，为构建社会主义和谐社会奠定坚实的基础。同时，实施民族关系和谐性监测预警，对促进少数民族和民族地区繁荣发展，维护民族团结、社会稳定和国家安全等方面，具有重要的现实意义。

第二节　民族关系和谐性监测预警目标

民族关系和谐性监测预警的目标主要包括民族关系发展过程监测、民族关系和谐性危机预警、民族关系问题防范与调控、民族关系问题应急处理四个方面。

一　民族关系发展过程监测

经济的高速发展虽然带动了民族地区经济的发展，但也给民族关系带来极大的挑战。特别是随着各族人民对外交往日益频繁，民族关系也不可避免地受到外部不和谐因素的影响。民族关系发展过程监测是民族关系和谐性预警的首要步骤，也是民族关系和谐性预警与调控的主要内容，更是政府相关部门和国家民族事务部门进行主动调控决策的依据。因此，其作为民族关系和谐性监测预警的目标是至关重要的。

二　民族关系和谐性危机预警

民族关系和谐性危机预警是指通过对客观现实状况进行监测分析来预测民族关系和谐性的危机状况、未来趋势及对相关部门提出相应的警示，使其提前做好防范工作。危机预警的重要功能在于动态把握危机事件的状况，了解危机事件的发展动向。因此，对民族关系和谐性进行危机预警，能够减少危机事件带来的风险损失，并且能帮助相关部门制定合理的调控措施，极大地减轻和消除危机风险的影响。

三　民族关系问题防范与调控

防范民族关系问题，并对相关问题进行调控是民族关系和谐性监测预警的主要目标之一。在对危机事件进行预测后，可制定民族关系问题的防范与调控措施。防范是社会预警的主要职能，其功能在于提前预知危机事件状况及其后果，根据警情特征，制定合适的防范措施或根据风向程度动态调整原有措施，在民族关系问题发生或恶化之前，对不和谐行为进行防范或纠错，这样，才能及时遏制危机事件的进一步发展。

四　民族关系问题应急处理

应急处理是民族关系和谐性监测预警系统的基本功能。在民族危机事件处于不可调和的时候，需要一套应急措施来处理事件。民族关系问题应急处理应当科学化、政策化和规范化。

首先，民族地区相关部门在危机事件出现后，应及时协调民委、公安、医疗及下级地方政府部门共同处理危机，避免危机事件带来的冲击继续扩大影响范围。

其次，民族关系应急处理应结合信息资源库中各类民族关系危机事件案例，选择恰当的案件作为参考，以制订应急方案。

最后，需要完善民族关系信息资源库的构建，包括民族基本信息资源库、舆情信息资源库和民族关系知识库等建设。①

---

① 参见张劲松《民族关系监测预警的实践策略和保障机制研究》，《贵州民族研究》2010年第4期。

第三节 民族关系和谐性监测预警内容

民族关系和谐性监测预警的主要内容大致可分为监测预警基本框架、监测预警信息系统、应急决策机制、危机预警预案和系统功能模块的建立五部分。

一 监测预警基本框架

民族关系和谐性监测预警建立在社会风险预警机制的基础上，其整体框架构成应该包括民族关系和谐性指标体系、和谐主题指标筛选、信息采集管理、信息处理管理、知识库管理、警情预报和民族关系和谐性预警调控方案等模块。这样的一套框架体系，只有包含指标集合、筛选、数据处理以及危机预报，才能保证民族关系和谐性预警机制的顺利运行。参考社会风险一般预警机制，并结合民族关系管理的特殊问题，民族关系和谐性监测预警基本框架大致如图8－2所示。

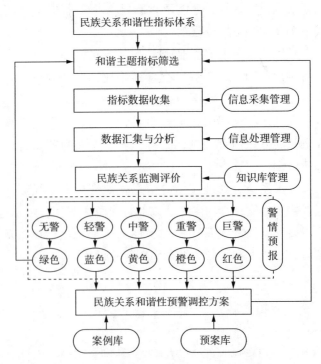

图8－2 民族关系和谐性监测预警基本框架

二　监测预警信息系统

在民族关系和谐性监测预警机制中，监测预警信息系统作为重要手段和工具，是开展监测预警工作的物质基础。民族关系监测预警信息系统，不但包含民族资源信息库和民族舆情信息库，还包含专家库、知识库、本体库等知识挖掘与知识管理等内容。另外，该信息系统还包括预警发布与危机预测等子系统，便于政府部门管理与控制。

三　应急决策机制

危机应急决策机制的建立是民族关系监测预警的重要组成部分。对于民族关系问题，最理想的是能找出民族关系问题和危机发生之前的征兆，并将其解决在发生之前或是初始阶段。能否妥善化解民族关系问题，关键在于民族关系监测预警应急决策机制的制定。就目前的发展状况来看，发达国家在处理民族关系问题与突发事件等方面的应急决策机制相对成熟，形成了良好的应对突发事件的应急决策机制，我们可以借鉴其中的很多方法和手段，并根据国情进行合理的优化。处理我国民族关系问题需要以下三个方面考虑的问题：首先，成立民族关系问题应急决策领导小组，并建立民族关系问题应急决策中心，保证危机出现之时各相关部门在中心的指导下迅速进入应急状态，高效处理突发事件。其次，在监测预警信息系统中，建立民族关系预案库，用以辅助应急决策方案的制订，提高危机应变有效性。最后，在预警信息的传递过程中，应及时向社会公布预警信息及相关政策措施，加强新闻舆论管理，引导舆论发挥正向宣传作用。

四　危机预警预案

危机预警预案是指在模拟危机发生所需要采取的措施。按照危机级别及形式的不同，制订不同的应急预案，并将这些预案保存在监测预警信息资源库中，一旦危机发生，便可及时采取有效措施，化解危机，而不至于束手无策，导致危机蔓延。在预警预案制订过程中，应根据不同的问题类型及问题的严重程度，制定对应的应急措施。选择预警对象，要坚持宽窄适度，科学全面，具有较强的针对性。

五　系统功能模块

民族关系和谐性监测预警机制模型主要由信息采集管理、信息处理管理、知识库管理、监测评价管理以及危机预警与预警信息发布五个功能模块组成①，各模块之间信息流动畅通，责任分配明确。

（一）信息采集管理

主要功能是根据前文收集总结的警源指标对系统进行设置，并能随指标的变动而实时更新。通过信息采集模型，收集民族关系警源与警兆信息，将这些信息按照特定的指标体系进行划分，并存储到信息仓库中。

（二）信息处理管理

主要功能是对信息进行预处理，通常是人工处理。数字化加工处理设置主要包括数据挖掘建模、数据标准化和元数据②加工等，当警情出现时，可以检索相对应的警源信息。

（三）知识库管理

主要功能是在信息处理过程中将数据库中的信息进行加工，最后以知识的形式存到知识库中。同时，存档时要求对案例进行特征描述，并以统一的格式将已发生的案例存入知识库中，例如已发生的民族冲突与群众游行示威等，方便用户快速检索所需信息。

（四）监测评价管理

主要功能是结合民族关系和谐性指标集，利用信息资源库和大数据等技术，根据民族关系问题的具体特征，动态筛选出该问题下的民族关系和谐性评价指标并进行评价，按照监测预警模型的评级标准给出警情报告，进而根据当前的警情报告，并结合信息资源库中所包含的知识、案例和专家意见，得到该民族问题的应对措施。

（五）危机预警与预警信息发布

主要功能是根据评价产生的警情等级，快速进行危机预警的动态监控和预警信息发布，以控制危机的扩散，控制警情的进一步发展。这两个模块虽然是辅助性的功能，但对于支持政府决策和危机的控制能发挥较大的作用。因此，需要将这两个模块集成到预警监测信息系统中。

六　监测预警实施须注意的问题

（一）宏观规划与分步实施相结合

民族关系和谐性监测预警是一项复杂的系统工程，需要做好民族关

①　参见张劲松《民族关系监测评价模型及其信息处理研究》，《中南民族大学学报》（人文社会科学版）2010 年第 3 期。

②　元数据（Metadata）主要是描述数据属性的信息，用来支持如指示存储位置、历史数据、资源查找和文件记录等功能。

系和谐性监测预警实施的整体规划。在制定整体发展规划时，监测预警涉及的多个部门成员以及相关专家需参与进来，站在全局的角度，宏观考虑多方影响因素。这样，才能保证监测预警规划的顺利施行。在实施过程中，要统筹规划、循序渐进、由点到面、逐步实施，避免重复建设，少走弯路。初始阶段，需要制定统一的预警技术标准，重点进行民族关系基础信息的建库工作。其次，在此基础上，研制开发监测预警的相关应用模型，并研究监测预警系统的关键技术。在具体实施过程中，应遵循"以需求为导向"的原则，也就是选择最重要的需求和最需要的地区对民族关系进行监测预警。

（二）充分利用已有信息资源库

目前，我国虽然没有专门的民族关系监测预警系统，但是，从 20 世纪 80 年代开始，各个省市县在电子政务和社会治安管理等政府信息化领域都建立了相应的信息系统，并已经取得了一定的成效。民族关系和谐性监测预警应该充分利用已经取得的成果，特别是已经建立的各种信息资源库，避免重复建设。由于现有的信息资源基本上是在各个部门内部流通，所以，部门间缺乏互联互通。因此，民族关系和谐性监测预警，不仅面临着新的信息系统建设任务，而且还面临对已建的资源库进行整合和搭建互通桥梁的任务。在监测预警系统建设实施过程中，要逐渐与其他各个分离的信息资源库，以及各类的政务信息化支撑系统进行融合，最终成为一个比较完整的政务体系的一部分。另外，在监测预警信息技术支持和维护能力方面，也可以充分利用外部信息技术资源，对非核心工作内容进行信息技术外包。

第四节　民族关系和谐性监测预警实施过程

前文针对民族关系和谐性监测预警，研究了预警指标体系、知识管理体系和信息资源库等。根据上述理论及相关方法，本节进一步探讨民族关系和谐性监测预警的具体实施过程。

一　监测预警概念模型

民族关系监测预警机制模型实现了对各地区民族关系进行实时监测和定时监测的目的。监测模型中最重要的部分是民族关系信息资源库包括民族问题信息库、民族关系知识库、舆情信息库等，整个监测过程都是以它们为中心来完成的。知识库存储了监测所需的专门知识、经验和方法，由指标评价模型、信息规则库和推理机制所需要的民族关系和谐度规则库组成。数据库存入监测地区的民族关系信息，其主要为信息处理模型的输出结果。监测处理时的中间结果也存放在数据库中。预警推理过程则是根据数据库中的民族关系信息，利用知识库中的知识并结合专家的建议，推出监测结果。

（一）民族关系监测实施方式分类

1. 实时监测与定时监测

以即时性为依据，将民族关系监测评价模型的监测功能分为实时监测和定时监测两种实施方式。[①] 实时监测是指利用民族关系监测预警系统，把已收集到的民族关系信息输入系统，预警系统的知识推理模块就可以根据信息资源库的知识推理得到民族关系状况。例如，当某个民族地区某一时刻出现游行示威、破坏社会秩序、宗教教派冲突、政治观点对立或各民族之间经济贸易停止等民族关系严重恶化的警兆时，利用大数据网络爬虫技术，收集各地区的警兆信息，通过输入系统存入信息资源库中的民族关系知识库，再结合专家意见和民族关系知识库中的民族关系和谐度规则，实时监测各地区的民族关系综合状况。根据这些警情报告、专家建议和知识库，就可以生成警情解决方案。民族关系和谐性实时监测，有助于地方民族部门及时发现并解决各种民族突发危机事件。

定时监测分为横向监测和纵向监测，是指按特定的时间间隔对民族关系和谐性进行监测，如一个月或一个季度监测一次等。结合民族关系和谐性预警指标体系，基于监测到的数据，得到民族关系和谐性测度并预警可能存在的问题，这是横向监测；结合民族关系和谐度规则，将同一民族地区不同监测时间的数据进行对比，以此监测出当前民族关系状况，这是纵向监测。定时监测属于长期监测，统计过程漫长，但它是一种较准确的评价方法，有助于准确地了解民族关系的变化规律。

2. 静态预警与动态预警

从监测预警动态变化来划分，监测预警模型可以大致分为静态预警

---

① 参见郑双怡、张劲松《民族关系评价指标体系构建及监测预警机制研究》，《民族研究》2009 年第 1 期。

和动态预警。当前研究中，静态模型主要是收集指标数据进行统计分析，但在监测的时间点上有较大的局限性，不利于对民族关系运行过程的监管和评价。静态模型中，定性分析法的灵活性比较大，在实际监测预警中，应根据对象的不同特点进行相应的调整，但评价者的个体特征容易影响评价结果。如果将定性和定量方法相结合，不仅能弥补单一方法的缺陷，还能通过这种多维度的分析研究思维，弥补研究方法上的缺陷，获得更好的效果。动态预警模型是在现有静态预警体系和机制的基础上进行改进的监测预警系统，具有自适应反馈功能，具备自我学习功能和对风险形成过程进行适时监管控制的功能，而且能够通过对风险形成过程的适时监管，及时提出对风险的干预措施和政策建议。

（二）民族关系监测预警动态实施模型

本次研究广泛地收集了民族关系评价及预警指标，基于该指标集合，提出指标筛选的动态方法，通过大数据环境下的信息资源库的信息累积，构建了民族关系和谐性监测预警的实施模式。按照传统的风险评估模式及风险预警方法，结合本书研究的内容、理论和方法，提出了宏观视角下民族关系和谐性预警的实施概念模型，具体如图8-3所示，以下简要地阐述本概念模型的主要内容。

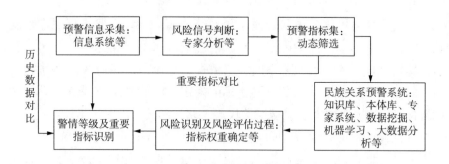

图8-3　民族关系和谐性预警的动态实施概念模型

1. 预警信息采集

预警信息采集包含信息资源库的内容，如民族问题信息库、知识库及民族舆情信息库等，还包含大数据分析技术、专家系统和数据挖掘等机器学习方法，以便充分挖掘民族关系信息，不再局限于传统的民族关系数据，还具有智能推导预测等功能，同时也体现预警模型的动态性。

2. 风险信号判断

风险信号判断需结合专家的判断及信息系统的支持，如决策支持系统，针对民族关系问题，需要拥有丰富的民族关系专家库和信息库，通过多轮德尔菲法等方法对民族关系中的风险因素进行识别，以便后续评估和预警展开。

3. 民族关系预警系统

民族关系预警系统一般与信息资源库中的信息系统相结合，提供一种自适应的预警系统，充分利用当前大数据背景下信息资源的再利用性质。民族关系预警系统主要包括知识库、专家库和本体库等内容，也包含数据挖掘、机器学习、数据分析和大数据分析等技术方法，在预警中起到风险预警与决策支持的作用。

4. 风险识别及风险评估过程

在民族关系预警系统的基础上，对具体的民族关系问题进行预警及评估，并开展风险识别，预警民族关系中的风险程度。如在民族关系和谐性监测预警中，可以结合具体问题所筛选的指标体系，利用一定的定量评估方法，如层次分析法或模糊综合评价等方法，对民族关系风险进行风险识别及风险评估。

5. 警情等级及重要指标识别

警情等级是民族关系和谐性监测预警的落脚点，重要指标识别也就是确定该风险的重要影响因素。基于信息资源采集、动态指标筛选以及风险识别，根据传统民族关系的历史数据、专家意见以及民族关系核心指标的选择进行警情等级及重要指标的确定，以明确具体民族关系问题的警情等级以及何种指标是影响该民族关系问题评价的关键指标。

该预警过程的概念模型每个部分的内容都离不开信息系统的构建，民族关系信息系统需要建立信息收集子系统、信息处理子系统、信息决策子系统、预警发布子系统和专家咨询子系统等。在具体实施中，各子系统相互关联，每个子系统都会影响预警系统的具体实施，如信息汇集、信息分析、警情预判、警情等级发布和应急管理等，都要贯穿到相应职能部门中，如民委系统从地方到国家的政府组织系统，这样，才能协同运行并达到民族关系的预警作用。根据图 8-3 的概念模型，可提出更具体的预警实施过程。

二　监测预警要素分析

在对民族关系和谐性监测预警一般流程分析之前，需要对其预警中的主要元素进行分析。根据社会预警理论，把民族关系和谐性监测预警的要素分为警情、警源、警兆、警限和警级。①

（一）民族关系和谐性警情

民族关系和谐性问题发展到一定程度被各种负面因素影响而呈现出的外在表现，称为民族关系和谐性警情。在民族关系和谐性监测预警过程中，有一些和谐性指标直接与民族关系负面相关。这类指标在民族关系和谐性监测预警研究中的不佳表现体现为警情，经常以这些指标的数值来衡量，或者定量或者定性，当指标数值超过一定的阈值时，就会出现警情。民族关系和谐性警情无疑会引起民族关系的不和谐发展，在进行民族关系和谐性监测预警评价时，首先要明确民族关系和谐性警情。

随着互联网信息技术的发展，当今社会的许多问题越来越受网络的影响，包括论坛、微信、微博和QQ等。民族关系问题也不例外，尤其是网络舆情的传播速度，增加了警情的出现频率和扩散范围，因此，需要对警情保持警惕和预防的态度，特别是要警惕民族关系网络舆情，以降低警情传递速度，减少负面影响。

（二）民族关系和谐性警源

导致民族关系和谐性警情产生的根源即是民族关系和谐性警源，它是整个民族关系和谐性监测预警的起点。民族关系警源产生的原因有外生警源，如国际政治、国际经济及文化关系等，不佳的政治经济文化关系会严重影响民族关系的和谐性。此外，还有内生警源，如民族群体总量及结构、民族间的利益冲突等。

需要警惕的是，警源也可能源于虚假信息的扩散，如民族关系问题的网络谣言。如今，越来越多的群体性事件的警源源于网络舆情扩散，有的网络舆情是客观的，有的则是虚假的，加之民族、文化和宗教等内在警源的影响，使这两类信息的扩散面更广，传播速度更快，从而引发民族关系问题，甚至是激烈对抗的民族群体性事件。因此，需要对网络舆情进行深入研究，对政府的舆情管理和民政管理都提出了较高的要求。

---

①　参见阎耀军《论社会预警的概念及概念体系》，《理论与现代化》2002年第5期。

（三）民族关系和谐性警兆

民族关系和谐性的各种现象中最先出现的现象，是民族关系警源转化为警情时的外在表征即警兆。在民族关系和谐性监测预警评价指标体系中，有一些指标是表征警兆的指标，是对和谐性的初始现象的提炼而成的，警兆指标也称为先行指标。民族关系和谐性警兆发生在警情之前，对警兆的分析可以预测民族关系的警情，警兆既可能是扩散后的警源，也可能是警源导致的其他衍生现象。分析警兆是民族关系和谐性监测预警的重要一环。

警兆是警情的先行和预示，一般认为，所有警情都是有警兆的。多数民族关系问题具有明显的警兆，但也有部分民族问题无明显警兆，但深入观察总能发现蛛丝马迹。民族关系问题的警情并非只是由个别因素引起，也有长时间的历史积累，因此，有一些警情看起来仿佛并无警兆，但深入研究会发现"积怨已深"，累积到一定程度直至"压倒最后一根稻草"。针对此类警兆，对政府部门的监测预警系统提出了较大的挑战，所幸的是，在大数据时代，可采用更多的机器推理和数据挖掘技术来探索预测警情乃至警兆的可能。政府的民族管理部门需要对警兆更为重视，并针对警兆提出可能的预防措施，这样，才能将民族关系问题的影响减少到最低。

（四）民族关系和谐性警限

民族关系和谐性监测预警中的警限是警情的临界值，也就是警戒线，超过警限便处于危险状态。从警源到警情，再到警情的爆发直至超过警限，既是一个量变到质变的过程，也是民族关系危机事件发展的过程。一般通过定性与定量方法确定警限，判断危机事件的危机程度，并对其划分。警限也并非是一成不变的，不同民族不同地区的警限也会有所不同，需要根据历史数据与当时的情况科学确定。因此，在民族关系和谐性监测预警中，各类警限的确立具有一定难度，不仅因为其在技术上存在挑战，还因为它要能更好地服务政府相关部门，这对政府部门也提出了较高的要求，政府需要建立更智能、更完善、更应景的警情监测预警系统，以便更好地确定合理的警限。

（五）民族关系和谐性警级

警级是更具体化、直观化的警限，不同的警级对应不同的策略，为监测预警相关政策的制定提供依据。警级可采用定性、定量或两者相结合的方法来确定。通常采用和谐性等级对不同程度的危机事件进行划分，以确定预警等级，即和谐性监测预警评估的最终结果，常把预警等级划分为轻度、中度、重度和严重。参照上述类别，民族关系和谐性警级可分为五类，如Ⅰ级、Ⅱ级、Ⅲ级、Ⅳ级和Ⅴ级五类警情。在民族关系监测预警的定量评估中，一般需要有明确的指标值范围，并且这种分类也要参照以往警情事件的评价值来确定，还要参考专家组的意见，以产生符合实际的警情等级。另外，针对不同民族问题的警级，政府民族管理部门需要制定具有明显差异且恰当的应对措施，如果针对不同的警级，政府的应对措施相同或相近，则说明该警级的划分存在一定的问题，并不符合真实状况。因此，警级的划分不单纯是一个数值的问题，还需要深入研究，以保证真实有效且具有针对性。

　　民族关系和谐性监测预警中的警源、警兆、警情、警限和警级五个主要元素的关系如图8-4所示，其中，警源、警兆和警情是民族关系问题的三个阶段，由于民族关系问题的警源导致警兆，从而引起更大影响的危机风险警情，并结合警限值，可对警情严重程度进行划分。在图8-4中，由轻至重我们将警级划分为绿灯区、蓝灯区、黄灯区、橙灯区和红灯区五个等级，针对不同的等级采取不同的措施，如绿灯区可能并不需要过多关注，而红灯区则需要采取严厉的措施来应对该危机风险。对于民族关系预警的每一个具体问题，都需要首先辨析这五个元素及其关联关系。

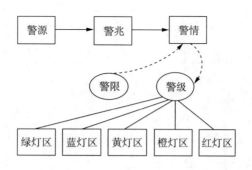

图 8 - 4　监测预警要素关联

三　监测预警的一般过程

　　基于上述预警概念模型及预警要素的分析，并借鉴国内外对预警体系的研究，从定性、定量和定时的统一角度，分析民族关系和谐性预警机制包含的要素、结构和功能等，从而提出具体民族关系监测预警实施的一般过程。本书第四章基于政治、经济、文化、社会、环境、宗教和国际七个维度建立了一套民族关系和谐性评价体系，基于国内外相关文献的系统分析，建立民族关系和谐性监测预警体系，将预警的主要要素与预警概念模型结合起来，刻画出民族关系和谐性监测预警的具体实施过程。该监测预警的一般过程如图 8 - 5 所示，图中详细描述了民族关系和谐性监测预警的流程，并将具体的民族关系问题应用于具体实践中，以下简单介绍预警实施过程中的具体步骤。

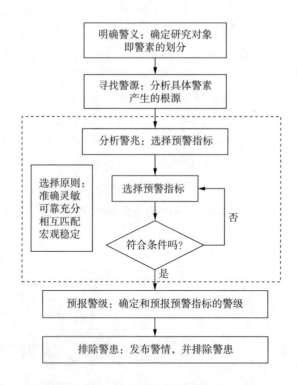

图 8 - 5　民族关系和谐性监测预警的一般过程

（一）明确警义

明确警义是民族关系监测预警的第一步骤，这一阶段高屋建瓴且统筹全局。针对影响民族关系和谐性的具体因素和问题，确立研究对象，包括该问题可归类为何种民族关系问题，需要明确该民族关系问题的内涵和范畴，根据上述对预警要素的分析，需要对预警中的具体要素进行定义及阐述，明确阐述该具体问题的警情、警源、警兆、警限和警级，为后续步骤提供可实施的运行基础。

在具体民族关系问题中，不同维度的警情和警源存在一定的差异，使后续警情的评价指标也会有所不同，需要针对实际问题，展开具体分析，这也体现了民族关系问题评价的"动态性"，而且不同的指标集也会对警限值与警级的划分产生影响。通常采用定性和定量相结合的方法确定警限与警级，如调查问卷、信息资源库及专家组意见等。明确警义，即勾画出民族关系预警中的具体问题和研究范畴，制定有针对性的应对措施，以促进监测预警工作的顺利实施。

（二）寻找警源

警源为警情的根源之处，正如第三章的分析，民族关系和谐性影响因素包括经济、政治、文化、宗教、历史和国内外环境等方面。针对具体的民族关系问题，其监测预警的警源也多种多样，主要基于经济、政治和文化等宏观方面。因此，可根据实际问题，并结合专家组的意见与信息资源库中的历史事件，综合考虑具体民族问题可能的警源。另外，警源的选择应该基于一定的标准，并逐渐细化、缩小范围，直至确定最终的核心警源因素。

（三）分析警兆

基于所确定的警源，可进行警兆分析。警兆是警情的初期阶段，分析警兆能有效地动态地预测警情的发展过程。由于不同的警兆对应不同的指标集，因此，需要对具体的民族问题进行广泛而深入的分析，了解前因后果，正确分类。

另外，值得注意的是，该指标集合也是一个反复迭代且逐渐优选的过程，在准确灵敏、可靠充分、相互匹配和宏观稳定的原则基础上进行选择，不断考察综合指标全集里的每个指标是否符合上述选择原则，以此来判定是否为所要选的该警兆下的指标。

（四）预报警级

在筛选出合适的指标集基础上，通过信息资源库检索、问卷调查、专家组评分等手段，对该民族关系问题的警情进行综合评价，利用定量的综合评价方法，如层次分析法与模糊综合评价法等，得出该警情的风险分数，根据已确立的预警阈值即警限来确定预警的等级。对于这一阶段指标的计算，需要注意以下三个问题：

首先，以定量分析为主，提高预警的准确性及科学性；

其次，预警等级的确立需要参考信息资源库中已有历史事件的信息；

最后，不同警兆对应不同的评价指标，且指标间的权重也存在差异。

因此，在有些情况下，不同警兆下评价数值相似，但预警等级的划分却存在较大差异。

（五）排除警患

这一部分涉及政府相关部门的策略及应对措施。通过民族关系监测预警系统，政府相关部门获得民族问题警情的等级，可对公众、地方政府或政府的其他民族事业部门发布预警信息，并采取有效的应对措施，以预防风险警情事态的进一步扩展，并能动态地观察警情的发展状况。

此阶段政府需要设置警情发布系统与警情危机预测系统来排除警患。警情发布是民族关系评估体系的输出系统，是普通公众正确认识民族关系的直观呈现，其具体形式是将民族关系的预警警情级别与预警信号一一对应。判定民族地区民族关系的级别（如Ⅰ级、Ⅱ级、Ⅲ级、Ⅳ级、Ⅴ级等），并发布预警信号（红色、橙色、黄色、蓝色、绿色），对警情风险级别较高的地区和部门进行紧急干预，向专门的应急管理部门进行汇报。警情危机预报系统的职能在于：根据警情危机评价的结果，对存在高风险的组织发出警报，提前注意并采取预控措施。由于民族关系冲突的发生与发展具有高度的不确定性，应急部门所获得的信息也是瞬息万变的，专家的经验和学识也千差万别，及时获取准确信息的情况下也可能做出错误的判断。在发现事态变化和信息变动后，应及时调整预警级别，因此，预警级别常具有动态变化的特征。

地方政府民族警情应急管理体系如图8-6所示，通过民族关系警情监测评价系统得出警情等级的预警信息，在警情等级较严重时，需要上报民族地方行政首长，并接受行政首长的指挥和领导，采用警情发布系统公布警情，并酌情考虑通过民族地区政府应急办的新闻发言人对外界正式公布。同时，充分协调公安、消防、医疗、交通、红十字会等机关，对市、县、区、镇、村等各级行政机关部门进行迅速调整部署，紧急召见新闻媒体、意见领袖、党员干部等发挥先锋影响作用的群体，以应对警情严重的危机。

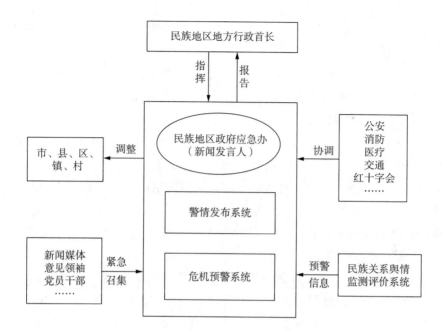

图 8-6　地方政府民族警情应急管理体系

四　预警阈值的确定

预警阈值在预警系统运行过程中至关重要，当民族关系和谐性指标体系中的某一指标偏离其正常水平并超过某一阈值时，就认为民族关系出现了不和谐状态，并发出预警信号。根据指标的具体数据，可直观地得出民族关系和谐性出现的问题，进而采取相应的措施。预警阈值的确定必须采取多种方法及多种信息源。根据当前收集到的关于客观预警指标的预警评判标准设定，归纳起来，有以下六种方法。[1][2]

（一）世界通行标准法

根据联合国、世界卫生组织、世界贸易组织等组织和机构制定的世界通用标准，以动态性、可比性和本土化为原则，将世界通行标准进行适当调整，得到适应各民族地区的指标标准。如联合国公布的恩格尔系数、

---

[1]　参见薛玉春《我国金融风险评价指标体系与预警机制研究》，硕士学位论文，上海大学，2008 年。

[2]　参见陈秋玲、薛玉春、肖璐《金融风险预警：评价指标、预警机制与实证研究》，《上海大学学报》（社会科学版）2009 年第 5 期。

人均国民收入和基尼系数等，按照世界通行的标准确定通货膨胀率、高等教育毛入学率、社会老龄化程度、性别比、平均预期寿命和死亡率等指标；以及世界卫生组织制定的关于自杀率和心理、精神病患率等国际性指标。①该方法为民族关系和谐性阈值的确定提供了参考和借鉴。

（二）国内文献综述法

对国内相关参考文献及研究报告进行梳理，选取合适的指标标准。对于文献的参考，考虑到期刊的影响力，主要选择权威期刊或者被引用次数较多的期刊。当前国内文献对预警阈值确定的原因并没有做详细阐述，但文献中给出了基于实践操作的预警阈值，为民族关系指标阈值的确定提供借鉴意义。

（三）极值—均值法

将目前国内外相应指标的极大值、均值以及极差值作为评价刻度，进行阈值的分类，然后依次划分为五级警戒评判标准。但也不能生搬硬套此方法，此类阈值标准还需要通过历史数据的检验。

（四）专家经验判断法

专家经验判断法常用于一些缺乏历史经验数据的指标，如社会保险覆盖率等。在实际的调查中发现，大多数民族关系指标值的阈值都属于此类情况，需要选定领域内的专家组来确定该阈值范围。

（五）综合分析法

综合分析法就是把各类方法和资料结合起来，通常综合世界通行标准、历史经验数据和专家评判等方法，对一些有中国特色的预警指标进行综合分析。如评价就业状况的指标，失业率是世界通行的标准，而我国类似的评价标准是城镇失业率，对此指标即采用综合分析法。

（六）类推法

类推法是以其他替代性的指标为基础，类推得到预警评判标准指标的方法，如参照我国国情，根据失业率警戒线，来类推农村剩余劳动力转化率。

本书研究基于国内外相关研究文献的系统分析，分别给出民族关系社会预警客观指标和主观指标的五级评判标准。民族关系和谐度本身就

---

① 参见陈秋玲、肖璐、曹庆瑾《社会预警指标体系设计及预警评判标准界定——基于社会稳定视角》，《公共管理高层论坛》2008 年第 1 期。

是一个非常模糊的概念，涉及许多复杂要素。因此，预警阈值的确定需要借助国际公认标准、历史检验、专家意见并结合具体国情与经济运行的实际情况综合确定。在明确了各类警区的警限基础上，可以观察警情指标的实际值及其区间，监测其警情和警级的发展变化。由于目前指标数据不能被完全获取，应根据民族关系监测预警的系统需求来统计数据，并根据国际国内环境实时更新。以下以经济和谐性的部分主客观指标为例介绍预警判断主客观性指标阈值标准（二级指标层参考第四章经济和谐性客观指标体系中的部分指标），具体如表8-1和表8-2所示。

表8-1　　　　　　　　预警判断客观性指标阈值标准

准则层	指标层	I	II	III	IV	V
经济和谐性测度	民族地区贫困人口率	≥20	15—20	10—15	5—10	≤5
	民族地区农村人均收入（万元）	≤0.5	0.5—1.0	1.0—1.5	1.5—2.0	≥2.0
	民族地区城市人均可支配收入（万元）	≤0.6	0.6—0.8	0.8—1.0	1.0—1.2	≥1.2
	民族地区人均GDP（万元）	≤1	1—2	2—3	3—4	≥4
	民族地区恩格尔系数	≥0.6	0.5—0.6	0.4—0.5	0.3—0.4	≤0.3
	民族地区基尼系数	≥0.5	0.4—0.5	0.3—0.4	0.2—0.3	≤0.2

注：指标的阈值标准既可以用于单项指标的预警，也可用于对客观指标具体取值的量化评分（指标值落在相应区间则给予相应评分），用于基于客观指标的和谐性测度计算。

表8-2　　　　　　　　预警判断主观性指标阈值标准

准则层	指标层	I	II	III	IV	V
经济和谐性测度	民族地区收入水平满意度	<1	1—2	2—3	3—4	≥4
	民族地区经济状况满意度	<1	1—2	2—3	3—4	≥4
	当地产业政策和发展能力满意度	<1	1—2	2—3	3—4	≥4
	当地商业经贸交往满意度	<1	1—2	2—3	3—4	≥4

基于表8-1中的阈值可进行"经济和谐性测度"的计算，具体过程为：对指标层中某项指标的客观统计数据进行平均计算，将所得数据与表中不同范围的阈值（五个等级：I—V）对应，并赋予其不同得分（1—5分）。例如，在指标层"民族地区贫困人口率"中，根据其统计数据计算得出均值"≥20"，则对应等级I，并赋予其指标得分1分；若在

"15—20"，则对应等级Ⅱ，并赋予其指标得分2分；"10—15"以内，赋予得分3分；"5—10"，赋予得分4分；"≤5"以内，则赋予得分5分。以此类推，其他客观指标的阈值确定和赋予得分皆运用该量化方法。在表8-2中，经济和谐性指标层的满意度评分标准，借鉴了"顾客满意度理论"领域的"顾客满意度评级"五分评比法的研究成果；其中，各项指标综合得分越高，指标满意度就越高，也表明民众对该项指标的情况越满意。

五 预警等级的设定

危机风险管理中，关于预警等级的设定，主要有单阈值预警模型和分级预警模型（也称为多阈值预警模型）两种方法。

（一）单阈值预警模型

单阈值预警模型是指在模型中只有一条警戒线，警戒线对应的警情值即为阈值，超过阈值表示危险，未过阈值表示安全。单阈值预警模型在预警系统中比较少见，但由于其易用与易辨的特点，在现实生活中十分常见，甚至人们习惯从分级预警模型中剥离某条预警线，从单阈值预警模型角度分析，以此说明风险变化情况。

单阈值预警模型要求直接明了的警示风险。现实生活中，单阈值预警方法经常得到使用，如基尼系数、人均饮用水量和贫困线以下人口等。在有些情况下，单阈值模型与分级预警模型是可以相互转化的。以饮用水为例，联合国教科文组织规定的标准是：人均占有水资源低于3000立方米为轻度缺水，低于2000立方米为中度缺水，低于1000立方米为重度缺水，少于500立方米为极度缺水。[1] 这是一个明显的分级预警模型。但在实际应用中，人们往往只关心饮用水缺或不缺的情况，于是人均占有水资源在3000立方米被视为阈值，人均占有水资源在3000立方米以上为安全状态，3000立方米以下为缺水状态。

（二）分级预警模型

不同于单阈值模型，分级预警模型可利用多个阈值设立标准，也称为多阈值预警模型。[2] 在分级预警模型里，需要确定多个阈值，以此形成

---

[1] 参见李树直《淡水资源对中国社会经济发展的挑战》，《中国改革报》2006年12月4日第5版。

[2] 参见肖群鹰、朱正威《公共危机管理与社会风险评价》，社会科学文献出版社2013年版。

不同的预警等级和区间，两个相邻阈值之间的区间便是警度区间，阈值上限代表较高的警情，阈值下限代表同一警级中相对低的警情。大多数分级预警模型的评价结果以颜色标志，如绿色、蓝色、黄色、橙色与红色分别对应警级中的无警、轻警、中警、重警与巨警。常用多种颜色代表信号灯以标志各节点位置上的警戒，绿色警戒区间表示最轻的危机水平，属于较安全状态也是最理想状态，而蓝色、黄色、橙色、红色警戒区间分别对应的危机事件依次为轻度水平、中度水平、严重水平和极度水平。当危机水平处于黄色区间时，政府需要关注该类危机事件，采取一定措施以控制危机风险的扩散，实施一定水平的政策干预。而当危机事件的警报达到橙色警戒区间的高风险水平时，危机事件的状态已变得十分恶劣，具有极大的破坏性，此时政府需及时采用一系列应急事件，防止危机事件进一步恶化和扩散。

在危机预警中，越来越多的分级预警模型得到应用，分级预警模型能有效地评估警情的严重程度。但是，由于民族关系的复杂性，针对民族关系此类警情，如果能够对其警情进行更详细的划分，制定有针对性的策略以应对各类民族关系的问题，有利于化解民族矛盾。因此，针对此类民族关系监测预警问题，应该采用分级预警模型。根据民族关系和谐性评价指标分别计算政治和谐度、经济和谐度、文化和谐度、社会和谐度、环境和谐度、宗教和谐度与国际和谐度七类，最后计算出民族关系总体和谐度，分别建立预警模型。

本章将民族关系和谐性预警等级划分为五级：Ⅰ级（巨警）、Ⅱ级（重警）、Ⅲ级（中警）、Ⅳ级（轻警）与Ⅴ级（无警），分别用红色、橙色、黄色、蓝色与绿色标识其预警等级。其中，政治、经济、文化、社会、环境、宗教、国际7个子维度的和谐性预警等级划分情况与"民族关系和谐性预警等级"（见表8-3）划分依据同一个标准。

表8-3　　　　　　　　　　民族关系和谐性预警等级

民族关系和谐指数	和谐问题严重程度	预警等级	警灯标识
0.5 以下	巨警	Ⅰ	红色
0.5—0.6	重警	Ⅱ	橙色
0.6—0.7	中警	Ⅲ	黄色
0.7—0.8	轻警	Ⅳ	蓝色
0.8 以上	无警	Ⅴ	绿色

六 预警关键指标的确定

民族关系和谐性监测预警主要有两个目的：一是确定警情的严重程度，即警级；二是针对该民族关系警情找出其影响的主要因素，并具体落实到评价过程中去，即要找出主要的影响指标。如何确定这些预警关键指标，直接影响后续地方政府相关部门制定应对危机的措施。因此，预警关键指标的确定更具有应用价值及实际可操作性。针对关键指标的确定，制定了下述步骤。

（一）关键指标维度的确立

上一节对民族关系和谐性预警总值及 7 个维度的预警等级划分为 5 类，当和谐性严重程度为"一般"和"良好"时，即预警等级为Ⅳ和Ⅴ时，此时和谐程度较好，不需要确立预警关键指标。而当和谐严重程度在较严重、很严重、非常严重时，即预警等级为Ⅰ—Ⅲ，需要确立关键指标。

预警指标集分为政治、经济、文化、社会、宗教、环境和国际 7 类指标维度，在这 7 类维度下，又有与特定警情相对应的子指标，在这样一个二级分层指标体系中，首先要确定哪个维度是影响警情的关键维度。民族关系和谐性预警分值是综合上述 7 个维度的预警得分加权得到的。记政治、经济、文化、社会、宗教、环境和国际 7 类维度的权重依次为 $(a_1, a_2, a_3, a_4, a_5, a_6, a_7)$，相应的各维度的和谐性预警得分为 $(s_1, s_2, s_3, s_4, s_5, s_6, s_7)$，其中，$\sum_{i=1}^{7} a_i = 1$，$0 < a_i < 1$，$i = 1, 2, \cdots, 7$，则民族关系和谐性预警分数值如式（8.1）所示。

$$s = \sum_{i=1}^{7} a_i s_i \tag{8.1}$$

计算每个维度综合值与预警综合值的比值 v_j 如式（8.2）所示，v_j 即可体现第 j 维度的重要性，取这 7 个维度中最大的 v 值所对应的维度，即可确立关键维度。此时，已确立对于警情的关键影响维度，对于宏观上把握危机预警的主要影响因素，制定针对此宏观因素的措施提供决策支持。

$$v_j = \frac{s_j}{s} \tag{8.2}$$

（二）关键维度中的关键指标确立

在确立关键维度的基础上，可进一步分析此维度里的关键指标。假定第 j 个维度下又有 j_k 个二级指标，其对应的指标值为（s_{j1}，s_{j2}，…，s_{jk}），相应的权重为（a_{j1}，a_{j2}，…，a_{jk}），则第 j 个维度（$1 \leq j \leq 7$）的得分如式（8.3）所示。

$$s_j = \sum_{i=1}^{j_k} a_{ji} s_{ji} \tag{8.3}$$

计算该维度 j 每个二级指标在该维度和谐性评价值中所占的权重 v_{jt}，如式（8.4）所示，该值体现每个指标的重要程度，可用于关键指标的筛选，同样较大值所对应的指标为此关键维度里的关键指标。民族事务管理部门需要密切关注该关键指标的变化，及时制定相应措施。但上述思路只选择了一个关键指标，若选择 v 值最大的前 n 个子指标作为关键指标，由此可得到关键维度的若干个关键指标来提供决策支持。这种计算方法思路较为直接，根据权重的大小，自上而下，依次分解民族关系预警评价指标体系的二层指标结构，先确定关键维度，进而确定关键维度中的关键指标集，此类关键指标称为 I 类关键指标。

$$v_{jt} = \frac{a_{jt} s_{jt}}{s_j} = \frac{a_{jt} s_{jt}}{\sum_{i=1}^{j_k} a_{ji} s_{ji}} \quad (1 \leq t \leq jk) \tag{8.4}$$

（三）综合考虑的关键指标因素

利用自上而下的结构分解方法，可以确立宏观方面的主要影响指标，但并非所有关键指标都来源于关键维度，非关键维度下也可能有关键指标。因此，把所有二级指标都放在一起，用统一的方法选择综合关键指标，计算每一个指标的权重值 v，计算如式（8.5）所示，v 值最大者即为关键因素。但是，由于评价指标集庞大复杂，影响警情的关键因素较多，可考虑选择较大的前 10 个作为关键指标因素，此类关键指标称为 II 类关键指标。

$$v_{jt} = \frac{a_j a_{ji} s_{jt}}{s} = \frac{a_j a_{jt} s_{jt}}{\sum_{i=1}^{7} s_i} = \frac{a_j a_{jt} s_{jt}}{\sum_{i=1}^{7} \sum_{n=1}^{j_k} a_{in} s_{in}} \tag{8.5}$$

（四）不考虑权重时的关键指标

上述关键指标的确立都考虑了指标权重的影响，但存在低权重、高警情等级的指标，虽然这类指标权重小，对民族关系问题的危机风险影响程度低，但是却很可能引起新的警情，从而产生新的民族关系危机风险，此时政府相关部门应加强对此类指标的监管。因此，此类指标也应看作关键指标，其选择值如式（8.6）所示，可选择前 k 个较大值作为此类不考虑权重的关键影响因素，如前 5 个关键指标。这类指标对于危机风险预测具有十分重要的作用，政府民族管理部门需要针对此类因素采取应对措施。既可以阻止当前警情的进一步发展和扩散，又可以预防其他的民族关系危机警情的发生，此类关键指标称为Ⅲ类关键指标。

$$v_{jt} = \frac{s_{jt}}{s} = \frac{s_{jt}}{\sum_{i=1}^{7} s_i} = \frac{s_{jt}}{\sum_{i=1}^{7} \sum_{n=1}^{j_k} a_{in} s_{in}} \tag{8.6}$$

（五）关键指标集的选择与修正

上述依据定量方法产生的三类关键指标都可作为本次预警警情的关键指标，但最终的关键指标还需要结合定性方法，使指标的选择更符合实际情况。首先，要考虑信息资源库的支持，在信息资源系统里，可检索、查询类似的历史数据、历史危机事件与历史的民族关系问题。其次，对查询到的关键指标进行比较和筛选，尤其注意不在上述三类关键指标里的其他指标。最后，需要考虑专家组的意见，针对具体的民族关系问题，在信息资源库的专家库里，利用推荐技术对相关专家进行挑选，寻求专家的技术帮助，来选择关键因素。在综合专家组意见和历史数据决策支持的基础上，结合这三类关键指标，选择出本次警情预警的关键指标集，此阶段产生的关键指标称为Ⅳ类关键指标。这四类关键预警指标获取思路如图 8-7 所示。

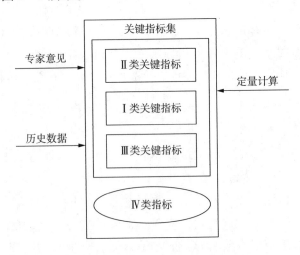

图 8-7　四类关键预警指标获取思路

第五节　民族关系网络舆情监测预警实施

随着互联网的快速发展，以 Web2.0 的思想和技术为基础的社群媒体聚集了大量的网络用户，这些社群媒体不再只是单纯的新闻发布平台，而是允许用户创建内容、发表观点和交流意见的便捷网络媒体平台。互联网社群媒体和传统的社会大众媒体最显著的不同是，让用户享有更多的选择权利和编辑能力并能够以文本、图像、音乐和视频等多种不同的形式来呈现，因此，越来越多的人喜欢将自己的观点、看法或意见发布在社群媒体平台上，以此形成了公众网络舆情。网民以前所未有的热情参与推动网络舆论的发展，越来越多的网络舆论热点事件表明，对网络舆情公共危机管理的工作已经到了刻不容缓的地步。民族热点事件在网上引起了大量关注及转发。民族关系网络舆情监测预警是从属于民族关系和谐性监测预警的一个特例，可以利用上述民族关系和谐性监测预警的一般过程，但是，需要对个别的实施步骤加以优化和调整，民族关系和谐性的监测预警是更一般化的监测预警，有广阔的适用范围，包含线上与线下的各类民族关系问题等，民族关系网络舆情数据的获取更依赖互联网。

一　民族网络舆情预警实施的过程

近几年，伴随互联网的发展，我国网络舆论热点持续增加，总体呈上升态势。网络舆情一般形成迅速，并在短时间内对社会产生巨大影响，直接关系到社会稳定和国家安全。尤其是在民族关系领域，网络舆论容易引起不同民族成员的高度关注，不利于民族间的团结，导致不和谐的民族关系问题。因此，社会管理者需要高度重视民族关系网络舆情。

民族关系网络舆情，顾名思义，其发生作用的场所是互联网，对网络舆情更需要侧重预警，以防止舆情事件的进一步恶化，其监测预警过程与民族关系监测预警实施的一般过程类似，如图 8-8 所示。

民族关系网络舆情的监测预警过程大致可以分为舆情数据采集、舆情信息抽取、民族话题追踪、舆情趋势分析、舆情威胁估计和可视化预警

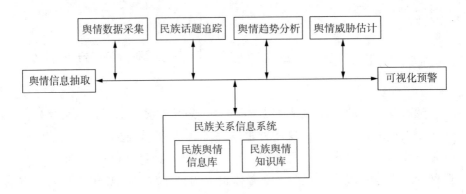

图 8 - 8　民族关系网络舆情监测预警的一般过程

等阶段。[①] 在舆情数据采集阶段，需要利用网络爬虫技术对某一个民族关系话题爬取数据，也可获取一些舆情网站的动态监控数据，这类数据具有即时性特征，有利于实时监测预警民族关系网络舆情。在舆情信息抽取阶段，通过爬虫技术及舆情网站所获得的数据，通常以文本文件或数据库文件进行存储，文本文件较常见；针对此类文件，要根据民族关系的关键词及民族关系热点事件，使用大数据处理相关工具来解析这些文件以清洗数据。在民族话题追踪阶段，要利用爬虫技术实时监测新数据的产生并爬取，以进行实时监测民族关系话题，民族关系话题一般通过民族资源信息系统来获取。在舆情趋势分析和舆情威胁估计阶段，在实时监控话题和数据不断爬取及清洗的基础上，可实时预测舆情发展的趋势，并估计可能存在的威胁，相关部门可采取措施以预防危机事件的发生。在可视化预警阶段，结合上述预警阶段，对民族话题实时展示最新状态，对舆情趋势发展以趋势图展示，并结合民族信息系统的知识库，采用某种指标集或算法对预警等级进行评级，来判断民族关系舆情的严重程度。

　　民族关系舆情带有天然的情感倾向。互联网上的信息庞杂，且大多数是非结构化的，复杂程度高，数据量大，使用传统的统计分析工具处理的难度很大，以机器学习为代表的人工智能领域的发展为分析社群媒体海量数据提供新的处理方法。对网络舆情信息进行情感倾向分析，不

[①]　参见李弼程、林琛、郭志刚《突发事件网络舆情研究探讨》，《情报杂志》2010 年第 7 期。

仅可以对信息传播者的意图和倾向有更加清晰的了解，同时，也能够通过互联网引导公众舆论向健康的方向发展，对社会和谐产生正面的影响。

　　文本情感倾向性分析技术被广泛应用在经济领域，而在社会管理领域应用较少。民族关系问题是社会管理领域的重要问题之一，尤其是在多民族的国家，有关民族关系问题的社会事件非常容易受到大家的关注，在网络上引起大量转发和评论，从而形成社会热点话题。民族问题热点事件的公众情绪是民族关系和谐性的重要反映，因此，民族关系问题的网络舆情监测对促进民族关系的和谐发展具有重要意义。结合民族关系舆情监测预警的一般过程，基于文本情感倾向性分析技术提出了基于网络评论情感倾向分析的民族关系舆情监测预警模型，如图 8 - 9 所示。该图将文本情感分析技术融入民族关系舆情监测的一般过程中，并采用了一系列技术应用于各个阶段，此模型具有可操作性价值。图 8 - 9 中的模型始于热点事件的识别，通过数据收集，采用文本情感倾向分析技术对情绪分数计算与分级预警。

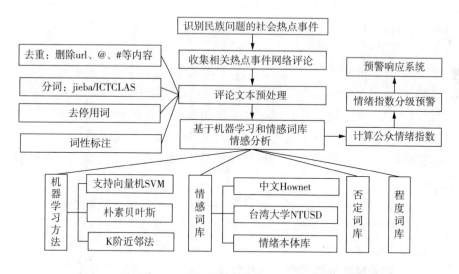

图 8 - 9　基于网络评论情感倾向分析的民族关系舆情监测预警模型

（一）识别民族问题的社会热点事件

　　社会热点事件往往由一个突发事件引起，并受到广大网民的关注，在互联网上会有大量的转发和评论。因此，可以根据新闻发布的权威度、转发次数、评论数量和评论时间密集程度等参数，识别出特定时间段内的热门话题。对于特定领域问题的识别，可以利用关键字布控和语义分析，识别敏感话题。在民族关系问题的热点事件识别中，可以设定"少数民族""民族地区""民族自治""民族政策""民族矛盾"和"民族冲突"等关键词来缩小识别范围，再根据转发量、评论量和持续时间等参数来识别具体热点话题或事件。

（二）文本数据收集及预处理

在热点事件识别的基础上，可利用网络爬虫工具获取网络评论文本资料，并在经过预处理后，按规定格式存入数据库。文本预处理具体包含去掉无关文本和重复项，并且删除带有 URL、@ 与#等符号的内容；利用中文分词软件将文本进行分解，标注词性并去掉停用词。

（三）网络评论文本情感倾向分析

文本情感倾向分析又称观点挖掘，是指判断网络用户针对某一事件发表文本语言所表达的看法或观点是正向、负向还是中立。文本情感倾向分析有多种分析方法，在这一部分，利用这一系列技术对民族关系的倾向性进行分析，并将文本数据存档。

（四）计算公众情绪指数与分级预警

情感分析又称观点挖掘，是利用自然语言处理技术对文本进行语义分析，挖掘文本中所包含的情感倾向或观点。情感倾向一般表现为积极、消极和中立三种态度，并且通过文本中包含的修饰情感的程度副词可以进一步判断对于情感分析对象所持态度的强度值，形成舆论的总体情感和态度等，并对情感和态度进行量化计算，根据情感指数设置分级预警机制。

在上述四个阶段中，热点事件文本收集及预处理、网络评论文本情感倾向性分析是重点，这些都有一系列技术方法与之相匹配，后续会详细介绍这些技术方法。

二　热点事件文本收集及其预处理

利用网络爬虫工具获取网络评论文本资料，并经过预处理后按规定格式存入数据库。

（一）文本资料获取

在 Web2.0 时代，微博作为一种新的信息载体和传播途径，相对于博客、论坛等传统社会化媒体来说，它更具有及时性和富媒体性的特点。

及时性主要体现在微博沟通了个人计算机互联网和移动互联网，可以在个人计算机、手机和平板电脑等多种客户端使用，便于用户随时随地就某一热点事件发表评论，甚至微博比传统媒体更快地直播新闻事件发生的全过程。富媒体性是指微博除了文本信息，还包括图片、视频、音频、链接、标签与表情符号等多种媒体信息，多方面报道社会生活。对微博内容进行情感分析，是目前自然语言研究、机器学习研究和舆情观测等领域的一个热点，其关键一步就是抓取新浪微博数据。

常见的新浪微博数据抓取方法有两种：一种是利用官方开放的应用程序接口（API）获取新浪微博信息。通过 API，可以抓取微博的用户信息和微博内容；另一种是利用网络爬虫抓取含有制定内容的网页信息，再利用正则表达式筛选等方法选出微博信息。两种新浪微博抓取方法的优缺点比较见表 8 - 4。

表 8 - 4　　　　两种新浪微博抓取方法的优缺点比较①

抓取方法	通过新浪 API 抓取	通过网络爬虫抓取
优点	软件开发简洁方便，返回的数据解析方便	可获取自己需要的个性化信息
缺点	新浪微博每次授权的有效期为一天，每次过期必须重新授权，比较麻烦。一个新浪微博应用的 API 调用次数是有限的，很难在一段时间内抓取大量的微博信息	需要大量的编程工作，虽然访问限制没有 API 那么多，但长时间的大量抓取仍可能导致服务器端的拒绝服务，甚至可能导致 IP 被服务器记入"黑名单"
适用领域	小量数据，短期抓取	大量数据、长期抓取

（二）文本特征表示法

文本数据是自然语言的表达，它与关系型数据库不同，属于非结构化数据，复杂程度较高，难以用简单的数据分析方法进行处理。因此，有必要对文本数据进行预处理。通过文本抽取技术，确定文本的元数据为文本的特征代表，并将其转变成标准的具有内容特征的文本模型。② 常用的文本特征表示方法有向量空间模型、布尔模型及概率模型。

向量空间模型把文本数据抽取成特征项作为基本的语言单位。文本

---

① 参见许伟《基于网络大数据的社会经济监测预警研究》，科学出版社 2016 年版。

② 参见陈文伟《数据仓库与数据挖掘教程》，清华大学出版社 2006 年版。

被视为特征项的一个 N 维空间的向量，并将此向量表示为此文档的向量。布尔模型是基于集合论和布尔代数的一种检索模型，每个文档都由关键词的集合构成，K = (k_1，k_2，…，k_n)，检索结果被表示为布尔的关键词组合，用或、与、非逻辑符号链接，以括号表示次序。[①] 文档要能被检索出来，必须满足布尔代数检索形式，布尔代数的缺点在于忽略文档中单词的频数，遗失部分信息。为消除布尔模型中的不确定性提出了概率模型，它补偿了布尔模型值只存储特征值信息的缺陷，还存储了特征值频数的信息。

（三）文本预处理

因为获取到的微博信息只有部分内容是我们需要的，因此，需要对微博信息进行预处理。预处理可以过滤文本中的无关信息，提高后续检测环节的计算速度和准确性。所以，首先要过滤掉"//@ user""@ user"以及网址链接等与微博情感表达无关的信息。

（四）中文分词[②]

中文分词是指将由汉字序列形成的文本语句按照一定的规则切分成一个个单独的词。中文分词主要方法有机械分词方法和统计分词方法。机械分词方法通过与分词词典中已有的词语对比，按照一定的策略切分字符串，与词典中的词匹配则成功。统计分词方法则根据文档中相邻字的语义联系程度进行分词。该方法需要计算训练语料中相邻字的语义联系程度，当语义联系程度高于阈值时，认为相邻字组成了一个词组可进行分词；反之则不分词。

（五）词性标注[③]

每个词都有自己的词性，为其分别加上标注，以确定该词属于名词、动词、形容词还是其他词性的过程，便是词性标注。词性标注是自然语言处理（NLP）的基础操作，统计方法和规则方法是进行中文词性标注的两种主要方法。近年来，统计方法在词性分析中得到广泛的应用，针对某字符串，先通过组合得出所有可能的词性串，并针对每个词性串计算得分，选择最佳分数作为最终的词性标注结果。

---

① 参见陈次白《信息存储与检索技术》，国防工业出版社 2006 年版。
② 参见于洪波《中文分词技术研究》，《东莞理工学院学报》2010 年第 5 期。
③ 参见梁喜涛、顾磊《中文分词与词性标注研究》，《计算机技术与发展》2015 年第 2 期。

（六）过滤停用词

停用词是指搜索引擎在索引页面或处理搜索请求时，为节约存储空间和提高搜索效率而忽略的一些字或词。停用词常包括两类：第一类是连词、冠词、介词、助词等虚词，自然语言句子中的单词根据语法结构常分为名词、动词、形容词、助词、介词、冠词和连词等，一般认为，句子的情感信息包含在名词、动词和形容词等实词中，而连词、冠词、介词、助词等虚词，如"的""地""得"等，本身没有实际意义，只有在完整的句子中才有作用，对情感分析作用不大。第二类是一些高频词，这些词使用频率较高且区分度低，无法为情感分析提供有价值的信息。

三 网络评论文本情感倾向分析

网络评论文本情感倾向分析是指判断网络用户发表文本所表达观点的情绪是积极、消极还是中立的，情感分析方法主要有基于情感词典和机器学习两种方法。语义文本情感倾向分析法对文本中表述情感的词进行积极或消极的语义分析来判断文本的情感倾向，或者利用情感词库，将分词后的网络文本与情感词库匹配，并根据程度词库，配以相应权重，对文本情感进行量化分析，可得到文本的综合情感倾向。对于文本情感分析的量化计算，可以将每条评论分为积极、中立和消极三种情感倾向，并分别统计三种情感倾向的评论数量，按照某种机器学习算法或指标集的综合评价方法，将计算出的情绪分数（-1, 1）按照预警等级分为5级：Ⅰ级（-1, -0.6）、Ⅱ级（-0.6, -0.4）、Ⅲ级（-0.4, -0.2）、Ⅳ级（-0.2, 0.2）、Ⅴ级（0.2, 1），并接入民族关系和谐性监测预警系统进行调控。Ⅰ级、Ⅱ级表示民族关系舆情警情严重[①]：Ⅰ级表示国内外网络媒体（如微博等）与网民对该民族关系舆情关注度极高，并且网民多持负面的评价，传播速度较快，影响扩散范围广，民族关系舆情即将转化为群体性行为舆论，群体性事件发生的可能性较大；Ⅱ级表示国内主流网络媒体与网站关注度高，此时境外媒体开始关注，传播速度快，舆情影响扩散到很大范围，有转化为行为舆论的可能性。

四 大数据技术与民族网络舆情

大数据来源众多，除互联网上的数据信息外，各个企业内部也拥有

[①] 参见吴绍忠、李淑华《互联网络舆情预警机制研究》，《中国人民公安大学学报》（自然科学版）2008年第3期。

大量的用户信息，如商业超市集团通过会员办卡的模式收集消费者的信息，电子平台和移动商务拥有大量的实时交易数据、实时评论数据，旅游 APP 软件拥有大量的实时旅游客户的数据，搜索公司拥有大量的用户关注点的数据，微博、微信则包含众多的舆情信息。大数据挖掘技术可以将隐含其中的一些知识及信息挖掘出来，为决策者提供依据。

习近平在中共中央政治局第二次集体学习时指出："要充分利用大数据平台，综合分析风险因素，提高对风险因素的感知、预测、防范能力。"① 随着互联网用户的快速增长，越来越多的人在网上发表自己的观点和态度，并针对某些事件进行评价，由此，导致网络舆情泛滥。互联网的发展背景及大数据技术发展使社会舆情治理出现新的治理形态，也使网络舆情的治理方式得到了改变。在这种社会治理新方式的背景下，从属于社会舆情管理的民族关系舆情的治理也得到了改变。针对民族关系舆情预警，可以将大数据技术与网络舆情的监测相结合，通过实时监测网络民族关系舆情，对民族关系舆情进行预警，下文进行详细的阐述。

（一）大数据技术概述

当前大数据技术的发展迅速，在大数据的数据获取、存储技术、处理分析方法以及可视化方面都在快速发展。传统数据分析主要是结构化数据，而大数据技术不仅要处理大量的数据，还要处理像视频、图片和音频等非结构化的数据，在这种情况下，采用传统的结构化处理方式很难行得通，必须在各个环节中采用并行处理方式及技术。大数据通过系统进行采集，传统的数据多是结构化数据，大数据是结构化数据和非结构化数据的结合，而且主要是非结构化数据，辅之部分结构化数据。因此，大数据在形式上存在不同的结构。对这种异构数据，需要运用科学技术对数据进行数据收集、数据清洗和数据转化并得到新的数据，为后续分析处理提供数据视图。

（二）网络舆情特征

随着互联网、移动互联、网络媒体和自媒体等新形式的涌现，互联网逐渐成为公众表达诉求的重要载体和渠道，这就使舆情越来越受网络

---

① 参见中共中央政治局 12 月 8 日下午就实施国家大数据战略进行第二次集体学习时习近平总书记的讲话。

的影响。因此，目前，对民族关系和谐性的关注重点逐步转移到网络舆情上。

1. 表达开放性

网络舆情的主要特征在于民众的开放表达。与社会舆情相比较，网络舆情拥有更大规模的用户，传播速度更快。而且网络便捷性和低话语门槛，使包括少数民族在内的民众更愿意去表达自己的观点，尤其是在自媒体时代的高速发展下，每个人都可以为自己代言，就某一事件公开发表自己的观点和看法。而且由于每个人都有不同的阅历和经验，对不同事件的看法往往存在差异，加之对事件的诉求和了解程度不同，因此，在表达上也更加具有差别。因此，基于开放性特征的发展，民族网络舆情更容易被诱导产生，一些敌对势力的民族分裂者，往往利用网络来引起网络舆情，从而引发群体性事件，这使互联网时代民族管理工作更应该关注线上的网络舆情。

2. 话题广泛性

互联网快速便捷的特征使人们乐意通过网络获取知识，也愿意将自己生活中的方方面面去网络上表达。这就使网络舆情话题更具广泛性，大到宏观的国家方针政策，中到地方政府的项目设定，小到自己生活的细微小事。而且网络上的参与者人数规模庞大，且可轻易通过手机及电脑等方便快捷的电子设备接触这些话题，从而引起更多用户的关注、评论和转发，往往会引起网络舆情问题。网络话题的多样性，使当今社会舆情的管控愈加困难，网络话题多涉及民生问题，更容易引起舆情，针对这类舆情事件，需要借助大数据技术监测预警。民族关系网络舆情也具有类似特征，舆情的警源涉及面广，如政治、经济、文化、社会、宗教和国际环境等，这就使民族关系网络舆情具有较广泛的话题。

3. 舆情可操控性

由于虚拟网络空间存在匿名性，大多数公民都能自由表达自己的观点，其中法律和道德的约束力被极大弱化。每个人都是有限理性的社会人，对于某一热点事件并不完全了解事情的来龙去脉，这种情况下很容易被他人"煽动"，因此，存在一些"网络推手"与"大V"[1] 利用人们

---

[1]　大V指的是在微博上十分活跃又有大群粉丝的"公众人物"。通常把"粉丝"在50万以上的称为网络大V。

的从众和逆反心理，在公众事件发生后，恶意传播和造谣，诱导不明真相的群众跟风传播，引起谣言的扩散，致使网络社会舆情消极发展。还有一些别有用心的人，或者是为了在网络上引起别人的关注，发表不符合真实状况的不实言论，或者是为了破坏政府和国家的安定团结，恶意煽动网民。由此可以看出，舆情往往被少数人推动，这在民族网络舆情中更为常见，敌对势力的民族分裂分子和宗教分子更容易利用网络来操纵民族地区的广大少数民族群众，利用其有限理性，通过网络恶意操控，造成社会动荡不安。

（三）民族网络舆情预警的大数据运用

在大数据技术背景下，关于舆情的大数据可以被获取、处理和监测，并应用于网络舆情的预警。大数据对网络舆情预警主要在三个方面增强舆情预警能力：①传统舆情预警系统没有广泛的信息源收集数据，严重影响了预警准确性，关于互联网上的舆情数据，可以运用大数据技术获取各类异构数据源。②传统网络舆情分析中缺"智能化"，没有应用大量的"数据挖掘"与"机器学习"算法，对数据的分析程度较浅，这是由于缺少非结构化数据，难以深入挖掘关联知识，应当采用大数据技术构建民族关系网络舆情动态实时智能化分析模式。③传统网络舆情评级能力难以满足监测预警的需要，利用大数据技术将海量舆情信息集成到民族舆情数据库中，提高预警评级能力以采取恰当的主动调控措施。使用大数据技术可以较好地解决上述这些问题，民族关系网络舆情监测预警需要大数据技术的应用实践，整个舆情发展过程都在大数据技术的掌握中。通过这种全过程的动态实时监测预警方式，有利于提高社会舆情的监管能力与相关部门的决策水平，有利于营造和谐共处的互联网舆情环境与健康的社会舆情环境。具体来说，大数据在民族关系舆情监测预警中的应用如下。

1. 民族舆情信息的智能化收集与处理

大数据技术能有效地降低舆情监测预警中的信息采集成本，并能提高信息的准确率，提高民族舆情信息收集的智能化程度。基于大数据爬虫技术的数据自动收集和处理，以及数据资料与预警系统的实时化递交，可以对舆情信息的文档进行实时分析。对于预警系统中与民族相关的资料，可以运用大数据的文档解析方法来提取关键要素，并使用文档存储服务将这些数据文档存在民族舆情数据库中，并实时监测预警舆情发展动态，实现大数据技术对监测预警系统的辅助能力，从而实现民族舆情信息的智能化收集与处理。

2. 民族关系和谐性舆情监测预警过程

将大数据应用于民族关系监测预警，就是针对某些关键词利用大数据收集及爬虫技术对网络上的海量信息进行爬取、分类、监测、聚焦及文本情感倾向分析，以实现舆情信息自动收集、自动存储、自动处理和预警，并以大数据可视化技术将预警结果及实施过程以图示化展示，为民族事务部门提供决策支持，了解舆情发展的动态。

3. 民族关系网络舆情信息的大数据分析

以网络上涉及民族关系的热点话题、热门事件、意见领袖和涉及群体作为有针对性的分析对象，运用大数据技术与手段对网络民族关系舆情信息进行分析，为采取主动调控措施提供决策支持与依据。采取大数据技术识别民族关系网络热点事件，并对网络个体行为进行情感倾向算法的分析，以挖掘和预测整个群体对舆情信息行为的影响。

4. 跨部门民族舆情管理

大数据技术的运用能够解决多部门协同合作的问题。在网络舆情扩散中，涉及多个部门实施统一的应急措施，如政府应急办、公安和宣传部等都需要统一行动。由于各部门对舆情信息的了解程度不同，主动性方面也存在差别，难以动态地实时响应舆情危机，加之，信息共享难以在所有相关部门实现，这使上下级管理部门之间、平行跨部门之间的协调与协商过程难以进行。通过构建大数据基础下的民族关系舆情知识库，利用大数据挖掘技术与机器学习算法分析舆情扩散中政府各部门间的工作任务的依赖关系及相关关系，协调各部门的职责和分工，结合大数据技术建立智能舆情监控预警决策支持系统，为各个部门提供智能化的决策服务。

综上所述，大数据在民族关系网络舆情监测预警中具有的应用空间。政府相关部门拥有大量的民族信息资源，但是，这些大多处于休眠状态，而大数据技术可以改变这种现象，为民族网络舆情监测预警与管理提供良好的决策支持能力。但是，当前针对舆情监测预警的实际应用较少，依然停留在理论上，政府应该把大数据技术与民族关系监测预警和主动调控结合起来，通过大数据技术获取海量的民族舆情数据，实现动态监测预警，提升民族关系监测预警的水平。

第六节　民族关系和谐性监测预警实施保障措施

民族关系和谐性监测预警实施的保障措施主要从信息保障、执行保障、组织保障和制度保障四个方面展开分析。

一　信息保障措施

政府迅速准确地获得信息是掌握民族问题状况的基础，也是政府决策者做出及时决策的依据。信息收集是实施民族关系监测预警的关键，信息资源的采集与传递已成为民族关系和谐性监测预警系统建立与运行过程中必须解决的重要问题。在解决这个问题的过程中，必须考虑到信息采集该由哪个部门具体实施，以及信息采集以后又通过何种渠道上传给监测预警系统的使用者等一系列问题。

对民族关系信息采集的渠道可分为如下四类：①国家从各民族自治地区政府或省级人民政府的报告中获得，这类信息主要为二次信息，也是主要的信息来源，政府决策部门应该甄别和鉴定这类信息，以防地方政府漏报、错报，甚至不报等情况的发生；②政府有必要在民族问题多发区域驻扎信息采集方面的专业人员，以获得对政府决策有用的第一手宝贵资料；③随着网络的普及与微博等新传媒的迅速发展，媒体对民族关系信息的采集作用也越来越大，政府应与权威媒体做好沟通，媒体在正确发布消息的同时也应及时向政府汇报；④建立民众提供民族关系和谐性信息的合法渠道，政府应向民众公布提供信息的免费电话、邮件和网址等，对于这类信息采集方式，政府在直接获得重要资料的同时还能掌握公众的思想动向。

同时，民族关系和谐管理是一个系统工程，其中非常重要的一环便是信息传播与沟通。协调沟通能够协调内外部关系，实现政府与公众之间的双向交流，实现"内求团结，外求发展"。在我国，狭隘的地方保护主义、政府体系多层级、社会参与力量的缺位和官员问责制度缺失等都造成政府在危机管理中信息沟通不畅，缺乏信息透明度。但是，由于民族关系复杂性与敏感性等特点，所以，政府要做好监测预警信息公开工作，这对正确引导民众，有效地处理民族纠纷事件，解决民族冲突问题都至关重要。因此，在建立民族关系监测预警系统的过程中，必须妥善解决监测结果信息该由什么部门发布、以什么方式发布和在哪些渠道上发布等问题。同时，相关部门还要根据问题的性质和特点来确定信息公开的范围，比如，是在全国公开还是在民族关系出现问题的地区公开。这些都要求政府根据问题的性质以及影响力做出准确的判断和正确的决策。

二　执行保障措施

建立民族关系和谐性监测预警系统的目的是在民族关系出现危机萌芽的时候及时发现并预警，并给决策者提供预警方案。那么在决策者根据实际情况选择了预警方案后就涉及方案的执行问题，而且在方案执行的过程中必然会涉及由哪些部门参与，在这多个参与部门中，应该由哪个部门牵头负责，以及如何才能协调好这些职能部门的共同工作问题，比如，是否需要建立单独的协调机构等。由于预警方案的执行涉及很多部门，需要部门之间的有效协调。民族关系作为社会关系的特殊情形，虽然也可借助社会预警机构，但是，由于民族关系监测预警的特殊性，目前我国在民族关系监测预警方面主要由国家民委负责相关工作。国家民委作为一个民族事务协调机构，很难去约束和控制预警方案的具体执行部门，因此，有必要建立完善的民族关系和谐性监测预警执行机构。

三　组织保障措施

由于民族关系和谐性监测预警是一个较新的内容，国家民委在建立民族关系监测预警系统方面具有较好的基础和优势。但是，要想让民族关系和谐性监测预警真正有效地发挥作用，仍需要有相应的组织保障，即建立自上而下的民族关系和谐性监测预警组织机构。虽然目前民委系统包括从国家民委、省市民委、地市州民委和县民族局四个层次较为完善的民族事务机构，但这些机构大多在民族关系和谐性监测预警方面缺乏经验，更重要的是，民族关系和谐性监测预警职能在民委系统职能中并没有得到明确，或者说并未包含监测预警职能。显然，要建立民族关系和谐性预警机制，就必须首先将民族关系预警管理的各项职能明确化、规范化和制度化，并使其纳入各职能部门的日常工作中去，成为其重要的组成部分。另外，目前较为缺乏专门从事预警方面的人才，民族关系和谐性监测预警系统的建立和实施是一个庞大的工程，如果没有专业的人才队伍为监测预警系统的实施提供强大而及时的保障，那么费时、费力建立的预警系统也不能充分发挥应有的作用。

四　制度保障措施

无论是常态还是危机状态，政府依法行政仍然是政府实施有效治理的基本原则与前提，政府在紧急状态下的行政应急权力也不例外。所以，民族关系和谐性监测预警的实施应以法律法规的形式明确各级机构的权利与义务，为民族关系和谐性监测预警的实施提供相应的法律依据和保障。只有充分发挥法律法规在保障民族关系和谐性监测预警实施方面的核心作用，才能促进民族关系和谐性监测预警的顺利实施，并最终达到构建社会主义和谐民族关系的目的。在我国现行的法律体系中，已经形成了以宪法为核心，以民族区域自治法为主干，以自治条例、单行条例和行政法规为主要内容的相关民族关系法律法规体系，但是，缺乏专门针对民族关系和谐性监测预警的法律法规。

第九章　民族关系和谐性主动调控机制

民族关系和谐性监测预警的主要目的是协助民族事务工作者及时、准确地对可能出现的潜在民族危机事件做出预测判断。通过基于和谐性指标的民族关系监测预警，找出民族关系和谐性存在的问题，得出预警结果并加以分析，对潜在的重点问题予以关注和监测，将民族关系危机有效地管控在可控范围之内。民族关系预警调控是一种具有主动适应性的宏观预警调控，其结果是一种动态稳定且长期和谐的民族关系。根据和谐管理的相关理论，主动调控机制不能仅限于政治、经济和政策手段（谐则体系），也应该辅之以柔性调和机制（和则体系）。民族关系和谐性主动调控要结合现实情况中民族关系发展的特点，有针对性地采取措施，应对民族关系发展中存在的问题，加强促进民族关系和谐发展的积极因素，抑制阻碍民族关系和谐发展的不利因素，使民族关系和谐发展渐渐步入正轨。

第一节　民族关系调控的内涵和范畴

调控，顾名思义，就是包含调节和控制的意思。民族关系是社会学领域一种独特的社会关系，其调控方面研究也具有鲜明的民族特点。民族关系调控的主要目的是促进民族关系和谐，从而实现和谐社会构建。而和谐民族关系作为构建和谐社会的一项重要内容，必须通过调节民族关系发展、控制民族关系矛盾和冲突，有效地引导并化解民族关系危机，以实现民族关系和平稳定、协调运行与和谐发展。

一　民族关系调控的基本概念

目前，国内外专家学者对民族关系调控的认识和看法莫衷一是。部分学者甚至将协调等同于调控。事实上，"协调"一词主要针对已存在的民族冲突问题所做出的处理工作；而"调控"既包含具体民族问题的"协调"之意，也能引导民族关系在宏观层面的发展。换句话说，民族关系调控是基于已有民族相关数据的分析，预警可能存在的潜在民族危机问题，并及时做出调控和应对措施来解决问题的联动机制。

中央民族大学金炳镐教授是国内研究民族关系调控问题的早期学者。他认为，"民族关系调控是国家、政党或社会组织、团体等，为了调整、控制民族关系现状或促进民族关系发展，通过运用各种力量和手段，有目的地引导和调整民族间交往的社会规范和行为模式的活动或过程"。他将民族关系调控的主体界定为"国家、政党或社会组织、团体等"，调控的客体为各层级的民族关系。其中，调控主体可以借助其他合理有效的手段或措施，对调控客体进行管控和引导，以促进调控目标的实现。民族关系调控机制是一种规范性运作模式，主要包括调控对象、调控方式和调控过程三部分。调控对象的客观主体是民族关系，调控方式涵盖法律条款、国家政策、规章制度和舆论推广等多种手段，调控过程由决策、实施、监控和反馈四个环节组成。

民族关系调控是多民族国家的一项重要社会管理工作，也是一个将民族政策应用于实际的系统工程。民族关系调控的主体是多层次、多元的，既包括国家机关（包括权力机关、行政机关、司法机关）、政党、社会组织和团体，也包括代表组织、群体和团体中的个体成员。民族关系调控是运用特定的政治策略，采取恰当的措施，有效地缓解因民族政治、经济、文化、社会和宗教习俗等因素冲突而引起的紧张民族关系，逐步促进民族关系向和谐方向发展，以实现民族关系整体和谐的根本目的。

民族关系调控必须从现实社会环境着眼，采取多角度、多元化的调控方法和调控手段来开展工作。由于民族关系是一种客观存在的社会关系，因此，在进行民族关系调控过程中，必须从其所处的实际社会环境出发，构建一套科学、系统且灵活的调控方案，并结合法律手段、政策手段和舆论手段等来进行综合调控。另外，民族关系调控也受其他社会调控的影响，它们之间相互依存而又互相影响。民族关系作为一项重要的社会发展影响因素，其调控结果将直接或间接影响到社会稳定和发展，涉及政治、经济和文化等方面。在进行民族关系调控时，要依据现有的民族关系相关信息进行适当分析，把握其发展规律和趋势，预判其对社会其他层面的影响，从而研究制定出具有明确时间、对象和方式的调控方案。

二　民族关系调控的相关研究

民族关系调控由于其自身的复杂性，一直以来都是民族研究领域的重点，而在实际调控过程中，也应当遵循"具体问题具体分析、具体调控具体实施"的原则来执行。同时，由于我国是一个由 56 个民族组成的多民族国家，因此，在制订民族关系调控方案时，应当对不同类型的民族关系进行细致划分。

石亚洲等认为，民族关系的类型是多样的。他指出："根据不同的分类标准，可以把民族关系分为国际的民族关系（如中国民族或中华民族与外国民族之间的关系）和国内民族之间的关系（如我国汉族与少数民族的关系、少数民族与少数民族的关系）。相应地，民族关系调控可以分为对外民族关系调控和对内民族关系调控。"这种分类方式是基于国家视角的分类标准划分的。另外，他们根据中国的特殊国情认为：①基于民族关系调控的层面和效力不同，可分为民族关系宏观调控和民族关系微观调控；②基于民族关系的调控手段不同，民族关系调控可分为法律调控、政策调控和舆论调控等类型；③根据民族关系调控的主体不同，可分为行政调控、社团调控和民间调控；④基于民族关系调控的方式不同，可分为直接调控、间接调控、常规调控和紧急调控等。关于民族关系调控应当坚持的原则，易蕙玲等认为，民族关系调控应当坚持以实现各民族共同利益为前提，坚持以实现"两个共同"① 为根本任务，坚持与时俱进、因地制宜的基本原则。

关于民族关系调控方式，田孟清认为，包括行政调节、社会调节和法律调节三种形式，而社会调节中的民间个人和团体调节、舆论调节是进行民族关系调控过程中最为有效的调控方式。赵利生基于民族关系与社会调控的角度，重点阐述了社会调控在民族关系调控中的重要作用。他首先界定了民族社会控制的概念，即"广义上的民族社会控制是指国家与民族社会借助各种社会力量与社会规范，对民族社会成员、社会群体、社会组织的社会行为与价值观念进行指导和约束，以协调民族关系

---

① "两个共同"首次提出于 2003 年 3 月。在全国政协十届一次会议上，胡锦涛指出，"共同团结奋斗，共同繁荣发展"是新世纪、新阶段民族工作的主题。

与民族社会关系，维护民族社会秩序的过程，而狭义上的民族社会控制则是指对社会越轨者施以社会处罚和再社会化的过程"。并将民族社会控制的方式划分硬控制与软控制、外在控制与内在控制、宏观控制与微观控制、积极控制与消极控制等。

我国的民族关系一直处于动态变化的发展中，具有非均衡性、层次性与延伸性等特点。熊坤新指出，要加大民族关系前瞻性调控的力度，既包括从国家整体发展视角考虑，运用国家方针、政策和法律法规来实现宏观层面的调控；也包括从微观层面结合民族关系发展现状特点，积极发挥调控主体作用，并通过综合运用调控方式和调控方法，主动、及时、有效地对实时的民族关系进行即时调控。在民族关系调控中，民族政策调控是民族关系调控的基本方式和必要手段，具体过程包括提出调控目标、分析过程、投入过程、宣传过程、政策调控机制运行过程、监督过程和反馈过程八个方面。此外，经济因素也是影响民族关系稳定的重要因素，经济水平差异背后隐藏的是社会收入分配不公问题，物质生活水平差距是民族关系紧张的导火索。因此，民族地区经济政策的调整是调控民族关系的治本之策。

除了国家层面的宏观民族关系调控，随着城市经济的高速发展和人群分布的复杂化，城市民族关系调控问题已经引起了政府部门和学术研究机构的密切关注。例如，山东省委党校杨珍等在城市民族关系调控机制的研究中，着重探讨了我国散杂居地区的民族关系调控特征，并指出民族认同的调控对民族关系调控的重要性；研究还发现，城市民族关系具有敏感性、广泛性、多样性、互动性、示范性以及复杂性等特点。武汉市民族工作机构在对武汉市民族关系研究时，发现影响其民族关系的主要因素包括民族政策滞后、人口迁徙频繁、文化习俗沟通不畅及国际势力渗透等。因此，构建完善的城市民族关系调控机制，应当从加强调控主体、完善调控手段和确立调控效果评估体系三个方面入手。

三 民族关系的宏观调控与微观调控

（一）民族关系宏观调控机制

民族关系宏观调控作为一种战略性全局调控，也是一种高层面调控，它在整个社会关系调控体系中占有重要地位。民族关系宏观调控机制是以整个国家或全体社会为运行环境，以执政党或国家权力机关为决策主体，以国内民族关系为作用对象，以国家法律、政策和整个范围内的社会调控为调控手段的机制。① 民族关系宏观调控的覆盖范围涵盖全国所有民族地区，调控布局较大，反馈时间较长，具有稳定性和长效性特点。

（二）民族关系微观调控机制

民族关系微观调控通常是指对具体的、局部的和基层的民族关系调控。它的调控对象主要面向基层，着眼局部，针对个案；是协调民族关系、搞好民族团结的重要环节。民族关系微观调控机制以局部的市情、区情或社情为运行环境，以基层组织机构或个体为决策主体，以局部和具体的民族关系为作用对象，以政策、法律为依据和手段，辅以社会协调、行政协调或处置为调控手段的作用机制。当前的民族关系调控工作应当从微观层面的个体或个案入手，搭建好基层的民族关系调控工作机制，夯实整体民族关系调控机制的基础体系，提高微观调控机制调控功效。

（三）宏观调控与微观调控的关系

在民族关系调控体系中，宏观调控居主导地位，对微观调控起指导作用。微观调控是宏观调控精神和方针的具体体现，是宏观调控实施的具体化。宏观调控指导开展微观调控，微观调控构建宏观调控基础单元，两者辩证统一。因此，在开展民族关系调控工作时，要综合运用宏观调控机制和微观调控机制并协调运作，将调控工作具体化到政治、经济和文化等意识形态领域的实际操作上，并通过相应运作机制予以实现。

四 民族关系调控从理论到实践

民族关系调控相关研究理论与实践彼此相辅相成、相互促进。随着民族关系研究领域的不断深入，相关理论成果亟待实践工作的检验。为此，民族理论界学者深入调研考察民族地区和民族群众现实情况，将理论结合实际开展民族关系调控工作，并取得了一些显著成果。

（一）民族关系调控相关理论的发展

1. 民族关系调控主体多元化

社会现代化进程推进了民族间的相互交流和沟通，也使民族关系发展变得更加复杂多变。在新的社会发展背景下，民族关系调控工作将会涉及更多领域，相关利益者也将变得繁多复杂；传统上由民委部门独自

---

① 参见亚州、中和、栾爱峰《民族关系调控机制——民族关系理论研究之八》，《黑龙江民族丛刊》2008 年第 4 期。

负责民族关系调控工作的状况已不再适宜，调控主体应变得更加多元化、多样化、广泛化。

2. 民族关系调控手段丰富化

传统的民族关系调控主要依靠政治和行政方式。后来提出的宏观和微观相结合的方法，一定程度上缓解了宏观调控方法可能出现的方向性错误或力度不够的问题以及微观调控方法存在的疏漏或过度问题。同时，要根据实际情况，将多种调控方式和调控手段综合起来运用，通过多角度、多领域精准调控复杂的民族关系现状，以实现预期中的调控效果。

3. 对民族关系调控机制研究

金炳镐在《民族理论通论》一书中提出，民族关系调控机制是带有规律性的社会关系调控模式，是以民族社会环境为前提、以调控工作网络为主体、以法律政策为依据、以多种手段和方式方法为依托、以民族关系为客体、以平等团结为原则的调控工作模式。现有民族关系研究的主要方向是尝试构建一套既能对民族关系有效调控又能自我优化完善的调控机制，主要内容包括在坚持民族平等团结的宗旨下，通过法律法规与协商调解等措施来促进调控方式、调控环境和调控主体的完善。

（二）民族关系调控实践发展

新时代背景下民族关系表现出突出的问题和严峻的挑战，为了做好民族关系调控管理工作，实现各民族和睦共处，繁荣共享，探索并构建出高效统一的民族关系的调控机制，对促进民族关系和谐意义重大。民族关系调控的一般运行机制如图 9-1 所示。

1. 民族关系调控主体完善

民族关系调控工作涉及社会、政治、经济和文化等各个领域，不只是民委部门的职责，也需要党委和政府部门相关配合。另外，还要发挥社会组织机构和民间团体以及个体的重要作用，鼓励他们积极参与到民族关系调控工作中来。

云南省曲靖市的民族关系调控领导机制就是民族关系调控工作的优秀示范。该市及各县区均成立了民族工作领导小组，同时建立了领导分管联动制度；市、县、镇（街道）主要领导主持分管民族团结工作，社区设置民族关系状况情报员，由上到下构成了较为完善的民族工作管理

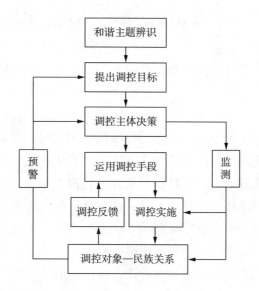

图 9 - 1　民族关系调控的一般运行机制

体系。同时，其民委部门制订的《曲靖市民宗委构建社会矛盾纠纷大调解工作格局实施方案》，明确了市民宗委开展民族关系调控工作的指导思想、组织机构、工作职责、工作流程及工作要求等。

2. 民族法制法规的完善

2005 年，国务院颁布实施《国务院实施〈中华人民共和国民族区域自治法〉若干规定》。[①] 并基于民族区域自治法和《国务院实施〈中华人民共和国民族区域自治法〉若干规定》的要求，制定了 35 个配套法规、规章和具体办法，进一步丰富完善了民族法制的内容，对贯彻实施民族法制具有重要意义。以民族区域自治法为核心的民族法制不断得到补充完善，并将党和国家针对民族问题制定的方针政策结合起来，逐步形成科学、完善、规范的民族法制体系，使之更能满足我国民族关系管理问题的需要，符合中国特色社会主义的法制化建设要求。

3. 合理调节经济利益，促进民族地区经济发展

经济利益分配是否合理将直接影响民族地区经济发展水平，并对民族关系产生潜在影响。处理好经济利益分配问题，有利于改善民族关系

---

① 参见国务院办公厅《国务院实施〈中华人民共和国民族区域自治法〉若干规定》，中央政府网站，2005 年 5 月 27 日，http://www.gov.cn/zwgk/2005 - 05/27/content_ 1518. htm。

发展现状。以宁夏回族自治区为例，该自治区通过加大区级财政对回族聚居区的转移支付力度，对民族贸易和民族日用品生产实行减免税收及贷款贴息政策，实现了经济利益分配的有效平衡，从而推进了该区民族关系的良性发展。[①]

4. 保证社会公平，维护少数民族权益

社会公平关乎民族地区社会的整体稳定和发展，只有稳定的社会环境，才能保证民族群众的合法权益。社会公平体现在民族社会的方方面面，既包括民族群众的合法政治权益，也包括其所分配的经济利益，具体表现为民族地区社会发展水平低、贫富差距极化和法制建设欠缺等因素所引起的社会公平问题现象。

5. 重视媒体宣传在民族关系调控中的作用

媒体传播和宣传在民族信息传递过程中有着重要作用，有利于各民族文化信息的宣传，促进民族之间的交流和理解，加深民族间的集体感情，消除隔阂，引导民族关系良性发展。但是，在现实生活中，部分媒体可能会为了博取社会关注度而刻意制造轰动，罔顾事实真相，恶意夸大事件的负面影响，从而引起社会恐慌，破坏民族团结。因此，政府等相关部门需要对新闻媒体和网络平台加强监控和管制，提倡媒体从业者积极了解民族政策法规和民族文化特色，以避免其宣传报道中出现伤害民族感情的言论。

第二节　民族关系和谐性调控框架

一　民族关系和谐性调控的含义

民族关系和谐性调控是具有规律性的社会调控模式，依靠完整的运作机制来实现。其调控运作机制主要是由调控主体、调控对象与调控手段等部分组成。第三章的论述表明，影响民族关系和谐性调控的因素错综复杂，涉及领域较广，调控手段和方法也多种多样。

民族关系和谐性调控机制要从全局视角出发，采取科学有效的调控

---

① 参见米春明《对民族地区经济社会发展的对策思考——以宁夏回族自治区为例》，《科技致富向导》2012 年第 11 期。

措施，致力于解决民族关系政治领域的民族平等与民族权利等突出问题，解决民族关系经济领域的利益分配与发展均衡等矛盾问题，解决民族关系社会领域的基础保障、文化习俗等根本问题，进而促进民族关系稳定和谐发展。民族关系和谐性调控是社会调控体系中的重要组成部分，其运作模式一般是通过综合运用法律、政策、制度和舆论等手段，采用系统、科学且灵活的调控手段和调控方法来进行有效调控。

二　和谐民族关系形成机制的系统分析

由和谐管理理论相关知识可知，在辨识出民族关系和谐主题后，应当进行策略性与系统性的思考，将和谐主题的实现交由设计优化的控制机制和能动致变的演化机制两者丰富的互动与耦合来完成。

基于和谐管理理论，构建出和谐民族关系形成机制的系统性分析，如图9-2所示。其中，设计优化的控制机制与政府设计规划职能的优化与完善模块对应，目的在于通过明确职能规划，确立良好秩序；能动致变的演化机制则与环境诱导下的民族关系系统的自主演化模块对应，主要通过民族关系自身优化并趋于完善。两种模块功能之间的相互补充、相互协调，能有效地促进和谐社会完整秩序的构建和实现，下面将对其进行详细阐述。

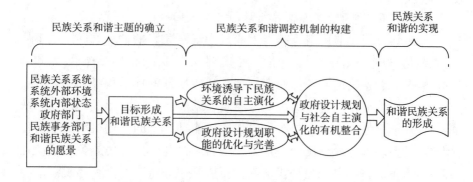

图9-2　和谐民族关系形成机制的系统性分析

资料来源：参见席酉民、王亚刚《和谐社会秩序形成机制的系统分析：和谐管理理论的启示和价值》，《系统工程理论与实践》2007年第3期。

（一）政府设计规划职能的优化与完善

民族关系的发展历程包含较多规律性和经验性较强的要素及关系，

使民族关系要素的规划和设计成为可能。在政府设计规划职能的优化与完善模块部分，运用设计优化的控制机制理念，设计如下内容以构建预期民族关系秩序：①在设计层面，对民族关系相关法律法规和制度条例进行不断优化和完善；②在实施的层面上，通过对民族关系相关法律法规和制度条例的落实，健全科学社会制度的建设。设计优化的控制机制的作用方式是：依赖政府的理性设计和特殊权力，以实现对人的基本行为过程与行为路径的规范与制约。

从当今社会现实情况来看，政府设计规划职能并未得到应有的重视；这其中既有法律法规建设的欠缺性、不完整性等因素，也有法律法规执行过程中的不到位、不彻底等因素。从正向视角来看，法律法规建设与社会制度建设息息相关，既相互促进，又相互关联；法律法规的欠缺将直接导致民族关系领域的制度条例建设不足，进而影响到更高水平的民族关系调控机制的科学性与有效性。与此相对应，民族关系调控机制的完善程度，又会影响到民族关系领域的法律法规和制度条例有效执行的力度水平。因此，在构建民族关系调控机制时，应当建立合理的利益协调机制、安全的社会保障机制、有效的矛盾疏导机制，以及完善的民族关系监测预警机制等，为民族关系领域的法律法规和条例制度的有效执行提供基础支撑。

（二）环境诱导下民族关系系统的自主演化

通过设计优化的控制机制以形成较为规范完整的社会秩序，从本质上讲，是一种"人造"社会秩序。考虑到政府部门自身的有限理性和私利性以及社会系统的复杂性与变化性，其所设计的社会秩序制度必然具有一定局限性与不完整性。因此，民族关系和谐机制的形成不能仅靠政府设计职能规划来完成，同时也应当注重能动致变的演化机制的积极作用，即注重环境诱导下民族关系系统的自主演化。通过民族关系系统在环境因素下的自我完善和自我优化，实现对"人造"社会秩序机制的补充和完善，以达到最大限度的完整性。

能动致变的演化机制在民族关系调控机制中的主要运作方式是：利用环境诱导因素实现调控机制的自主演化。对于和谐民族关系中良好社会秩序构建与形成这一主题，能动致变的演化机制主要目的在于：为取得较高水平的和谐社会秩序，民族关系系统的自主演化需要怎样实现，以及如何在人为因素干预和社会环境诱导下实现"自主演化"。具体而言，对全体社会成员进行引导调节作用的环境因素是自主演化的"大环境"，对个人或个体具有引导调节作用的环境因素是自主演化的"小环境"。当然，在上述"大环境"和"小环境"以外，诱导民族关系调控机制进行良性自主演化的因素，还包括科学发展、公平竞争、遵从道德和法制完善等几项重要社会环境指标。

现实情况中，政府对法律、制度和社会机制的完善，在社会系统中会逐步形成预期的人造秩序；而社会系统在可持续发展、竞争与合作、人类命运共同体、公平法治及人文和谐等环境氛围下也能衍生出增长秩序。和谐的民族关系所构建的社会秩序就是人造秩序与增长秩序的总和。

三　基于和谐管理理论的调控机制

民族关系作为一种特殊存在的社会关系，影响其和谐稳定的因素也是多种多样的。这些不和谐因素对民族关系产生的复杂影响使民族关系调控工作必须着眼于大局，采取系统策略。由于不和谐因素具有不稳定性和突发性，往往极易引发难以预见的民族关系危机问题，并借助信息技术手段迅速传播开来；而民委等相关部门若没有及时采取有效的应对措施，放任其肆意发展，极有可能加深民族冲突，威胁到整个社会稳定大局。

民族关系和谐问题由于其自身的复杂性和多变性，使民族关系预警调控必然会涉及民族事务管理各个要素和其他社会关系的综合管理问题。和谐管理理论是基于变化的环境而提出来的复杂管理理论，经过20多年的发展，现已逐步形成一套独特而完整的管理理论体系。该理论引入和运用双规则，使它对复杂多变的问题解决有更好的指导作用。和谐管理理论认为，西方哲学注重从科学、法律、宗教的标准化来进行理性设计，而东方哲学则强调和谐和德行的灵活性、柔性和适应性来进行弹性设计。诚然，这两种哲学管理理念各有所长。而民族关系和谐管理理论正试图将两者结合起来，采集两种哲学方法之长，以和则与谐则为基本调控机制，形成一套新的管理模式，来指导民族关系调控机制的和谐发展。

战略是面向未来发展方向而制定的，但和谐主题体现的是，特定组织机构在一定工作时期的中心任务和关键问题。和谐主题具有动态性，随着环境改变和需求变化，其内容也会相继做出改变。和谐主题确立后，根据主题内容指标的不同特点将其分门别类归入和则与谐则体系，但实际上，和则与谐则本为一体且相互交融，完整统一。和则通过促进社会成员的积极性、主动性和创造性，以消除社会发展过程中的不确定性和动态变化性；它是在环境诱导情况下的一种自主演化过程，其内容包括规则、契约、文化、舆论和社会观念，属于社会调控"软"的方面。谐则则注重基于已确立的行动指导，对社会调控体系进行理性设计和优化，这属于"硬"的方面。现代组织在复杂多变、模糊不定、竞争激烈的环境里，要获得稳定的生存空间和持续的发展是组织机构需要慎重考虑的问题。需要注意的是，本书将"和"与"谐"分离是为了便于清晰地分析和比较。事实上，民族关系调控机制应当在不同条件、不同层级及不同关系的相互作用下，体现出和谐适应性融合，即"和谐耦合"。

四 和谐双规则的民族关系调控框架

（一）和谐双规则及其关系

和谐管理理论旨在将政府设计规划和社会自主演化有机整合，设计科学理性的和则与谐则体系，以实现和谐发展目标。即围绕和谐主题，对主题内容进行分析找到其中可优化内容，再通过民族关系和谐性主动调控机制内和则与谐则双规则体系的协调运用，实现民族关系组织绩效与持续发展的双目标。

社会的不断发展使民族关系在不同发展阶段呈现出不同的特点；因而需要将和则与谐则机制结合运用来推动和谐主题的实现。在一定范围内，和谐耦合机制对民族关系行为主体的行为方式、心理偏好与和谐主题的主要内容进行精准定位识别，并引导其主体去做正确的事情；在此基础上，运用和则与谐则机制进行调配，使其配置环境更加有利于民族关系主体正确地做事情，这样，调节后的民族关系主体逐渐修正其行为模式和心理偏好，以实现和谐主题，进而推进民族关系调控机制的发展更新。

（二）民族关系调控框架

民族关系调控框架如图9-3所示，具体可以表述为：民族事务部门可根据其对民族关系内外部环境的分析判断，在民族关系和谐愿景的指引下，确定各阶段的和谐主题；然后围绕和谐主题确定相应的谐则体系与和则体系，并将两者进行耦合，促使民族关系形成和谐运转机制，从而实现民族关系和谐。

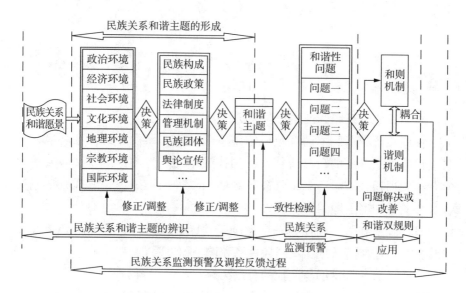

图9-3　和谐双规则的民族关系调控框架

　　在识别出民族关系和谐主题后，对和谐主题内容对应的管理任务进行分析，若该任务已经确定并被理性设计，则运用谐则机制进行调控以实现调控目的。若该任务由于受其他因素影响而发生动态变化，并出现不确定性，则需运用和则机制予以辅助调控。和谐管理中的和则与谐则机制基于民族关系和谐主题的确定性变化情况，对和谐主题的环境变量因素、组织变量因素、人性假设变量因素、心理偏好变量因素和行动变量因素影响进行调整，并提供一系列不确定性削减（和则）和物要素优化（谐则）的工具与方法。当民族关系主体能综合运用和则与谐则体系及其互动来实现和谐主题，并能维持在较和谐的运行状态，就形成了民族关系和谐调控机制。相反，当民族关系和谐主题内容未能很好适应民族关系变化和不确定性要求时，就很容易引起和谐主题的偏移。

　　民族关系调控框架更强调民族事务部门在调控中的作用。无论是外部环境扫描、内部环境扫描、和谐主题确定，还是民族关系关键问题检索（监测预警），都需要民族事务工作部门主导决策。而主管民族工作的领导或民族事务部门的主观特征如认知过程、思维特性和主观愿望对主题辨识有着重要影响。民族关系和谐主题是民族事务部门基于对社会环境和民族关系发展现状的分析来确立的，不管社会环境和民族关系状况发生如何变化，其核心要素仍然是民族事务决策层的判断和决策。

第三节　民族关系和谐性调控的主要内容

一　民族关系和谐性主动调控机制

民族关系和谐性主动调控机制是基于民族关系发展的社会环境，并遵循民族关系发展的自身规律；以调控工作网络为主体，以民族关系为客体，依据相关法律法规、政策条例运用多种调控手段、方式方法，实现民族关系和谐主题的调控模式。

民族关系和谐性调控是一项系统工程，各级民族事务部门必须加强合作共享，才能有效地实现民族关系和谐主题。

二　民族关系发展与调控的有效实施

我国民族关系是一个动态的开放式系统，在国家政治、文化和经济的各个领域均有反映，它是社会关系的重要组成部分，维系和影响着国家的和谐稳定。事实上，由于历史、社会、多民族、贫富差距等原因的影响，我国已产生一些不和谐因素，严重阻碍了我国民族关系的健康发展，并影响到社会主义和谐社会的构建。另外，东西部地区、民族地区与非民族地区不平衡不充分的发展，使经济利益的分配出现分歧和矛盾，给民族关系发展带来一定的负面影响。

要想有效实施民族关系调控工作，必须做到以下两方面内容：一是要加强对民族关系宏观调控。民族关系宏观调控包括法律调控、政策调控和社会调控，是以党的路线、方针、政策和国家的法律法规为基础的调控，以经济发展为本，各方面协调发展的根本性的、基础性的战略性调控。二是要加强对民族关系即时性调控。即通过调控主体运用多种调控手段，积极主动地对民族关系情况进行整合，有效地解决民族关系发展中出现的矛盾和问题，及时消除不和谐因素，以促进民族关系的良性发展。

作为多民族国家，促进民族关系和谐健康发展是一项重要的政治任务。新时期社会转型阶段，社会问题容易与民族问题交织在一起。在这种情况下，民族关系调控工作必须贯彻落实党的民族政策，认清形势，找准源头，采取有效手段，努力营造和谐氛围，维护民族团结，不断促进民族关系的健康发展。做好民族关系调控工作，应当注意以下三个方面内容。

（一）进一步完善民族关系调控机制

建立和完善民族关系和谐性主动调控机制是开展民族关系调控工作的前提。民族关系调控主要包括行政调控、法律调控和社会调控三种模式。行政调控是指民委等相关政府机构通过行政手段和方式对民族事务直接干预，以实现民族关系的有效调控；法律调控是指立法机构和组织通过制定民族相关法律法规并执行，从而实现对民族关系的有效调控；社会调控是指利用个人或社会团体处理民族问题，以实现民族关系的有效调控。一直以来，在民族关系调控工作方面，我国民族事务部门主要采用行政调控，并辅以社会调控、法律调控进行协同调控，该调控体系运作效力经过长期实践的检验，现已被人们广泛认可。

民族关系和谐性调控是一项系统性工作。在构建民族关系调控机制时，应构建民族关系评价机制、民族关系预警机制和民族关系调控具体运作机制等。民族关系评价机制主要对民族关系问题进行识别并判断，以确定待调控民族关系内容；民族关系预警机制主要是对监测识别出的民族关系问题发出预警；民族关系调控具体运作机制主要是制定并实施调控工作的具体流程和步骤。

（二）重点处理好民族成员在族际交往过程中出现的纠纷

现阶段我国民族关系发展中的不和谐现象主要表现在民族成员个体之间或小范围团体内发生的纠纷，妥善并彻底地消除此类纠纷是民族关系微观调控工作的重点。对于因缺乏民族风俗习惯或宗教信仰知识所引发的误解、经济利益纠纷、刑事案件等，应遵循团结、教育、疏导、化解的原则来调控民族关系，将问题解决在基层。

（三）全方位推进民族关系发展，实现民族工作的社会化

民族关系调控是构建社会主义和谐社会的重要内容。2017年"两会"期间，习近平总书记在参加新疆代表团审议时指出，"要全面贯彻党的民族政策，高举各民族大团结旗帜，引导各族群众增强对伟大祖国、中华民族、中华文化、中国共产党、中国特色社会主义的认同，像爱护自己的眼睛一样爱护民族团结，像珍视自己的生命一样珍视民族团结，像石

榴籽那样紧紧抱在一起".[1] 具体来说：①从社会、经济、政治、文化、宗教等方面开展民族工作，促进民族关系和谐发展；②从中央到地方、从东部到西部、从城市到乡村、从民族地区到非民族地区，协同调控以促进民族关系和谐发展；③党委组织、政府机构、新闻媒体、宗教领域、文化教育等需要把推进和谐民族关系当作其工作任务目标之一。总而言之，民族关系发展涉及社会各个领域层面，只有全体社会组织协作、全民支持、各民族广泛参与，才能实现真正意义上的民族关系和谐。

三 民族关系和谐性的正作用与反作用主动调控机制

民族经济关系、政治关系和文化关系共同构成了民族关系。民族经济关系居于三者的主导地位，决定着民族政治关系和民族文化关系；同时，民族政治关系和民族文化关系又反作用于民族经济关系，民族政治关系与文化交往关系存在相互作用。因此，进行民族关系调控有两种选择：一是直接调控民族经济关系，能够间接地对民族政治与文化关系予以有效调控；二是直接调控民族政治与文化关系，能够实现间接地对民族经济关系的调控。两种途径相互配合，从而达到最好的效果。

（一）民族关系和谐性正作用主动调控机制

公平合理的利益划分，能够促进民族关系和睦；相反，不合理或差异化的利益划分，可能导致民族间的矛盾和摩擦。民族关系和谐性的正作用主动调控机制，是综合运用多种经济关系调控手段，如经济发展规划、资金、信贷和税收等，对民族经济关系直接调控，以解决民族经济关系中存在的分配不均、发展失衡等突出问题，从而间接地影响到民族政治、文化关系发展，并最终实现民族关系和谐性主动调控的根本目的。

（二）民族关系和谐性反作用主动调控机制

民族关系和谐性反作用主动调控机制，是以民族政治关系与文化交往关系为直接调控目标，通过调控民族政治、文化关系以实现对民族经济关系的间接调控，从而达到民族关系和谐性整体调控的根本目的。

民族关系和谐性反作用主动调控机制的功能表现在：依据民族相关法律法规，合理拓展反映渠道来传达民族群众的政治诉求及相关问题；保障民族群众合法政治权益，并通过调控民族政治关系为民族经济、文

---

[1] 参见刘军涛《习近平到新疆代表团参加审议》，人民网，2017 年 3 月 10 日，http：//politics. people. com. cn/n1/2017/0310/c1024 – 29137883. html。

化发展提供稳定安全的政治环境，从而实现对民族经济、文化关系和谐发展的有效调控。发展调控民族文化关系，在一定程度上能够促进民族经济关系和民族政治关系的调控与发展。通过继承发展和弘扬一批具有民族特色的图书、新闻、电视等形式民族文化事业，进一步加强民族地区人民群众对本民族文化的认同感和自豪感，以灿烂的民族文化带动民族经济关系发展，促进民族地区稳定团结，为民主政治关系和谐发展提供基础保障。

四　民族关系和谐性调控体系的内容

近年来，随着社会经济的快速发展，外部环境变化速度加快，组织系统越来越呈现出"多变性"和"复杂化"特点。而现实社会中，人所表现出的有限理性、有限能力与不确定性等特点，使科学设计思想的局限性愈加明显。但民族关系和谐性调控机制并非一组"智能"系统，可以完全按照科学设计的理念，来运转并产出所需结果。这些改变迫使科学管理领域研究越来越趋向于多维视角优化管理过程，由传统的强调科学理性、物理量化的"硬"指标，转而关注作为个体的人所具有的情感、价值观和行为偏好等"软"指标。

如第三章所述，本书将影响民族关系和谐的现实警源依据分为政治因素、经济因素、社会因素、文化因素、宗教因素、环境因素和国际因素7个维度。民族关系调控也将从7个维度分析并展开实施，本章第二节中的民族关系调控框架表明本书所构建的民族关系调控机制采用了和则与谐则双规则体系。双规则体系，既包含政府等管理层经过科学设计所建构的谐则体系，也包含由传统积累和环境诱导下的行为协调形成的和则体系。民族关系调控是一项复杂的操作过程，需要结合谐则与和则体系协同作用，以实现民族关系和谐管理目的。

民族关系调控和谐双规则体系（见图9-4）主要有法律、政策、制度、舆论宣传等其他社会调控手段[①]，具体包括：①法律调控：法律法规是具有最强社会约束力的根本手段，并对社会所有领域和所有人都适用；②政策调控：政策调控内容主要是指与民族相关政策的制定与执行，以满足现实情况需要；③制度调控：制度是对法律和政策调控上的有益补

充，且内容和实施上更加具体明晰；④舆论宣传调控：舆论宣传有引导民族舆情走向作用，对营造和谐民族关系氛围有良好效益；⑤多种形式的社会调控：全方位的民族关系和谐性主动调控，离不开少数民族社会团体和宗教团体。

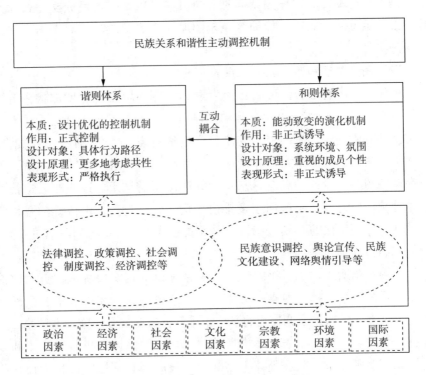

图9-4 民族关系调控和谐双规则体系

第四节　民族关系主动调控的谐则机制

拥有不同调控手段的民族关系主动调控的谐则机制，将根据实际情况和不同调控方式特点及优点，选择合理的调控手段对民族关系进行调控，以实现调控目标效果最优化。

一　政策调控

民族关系政策调控是民族种类较多国家和地区开展民族关系调控工

作的重要手段和必要方式。相对于其他调控，政策调控由于其自身全局性、灵活性等特点，在民族关系调控体系中占据重要地位。政策调控的实施是基于对民族关系问题的分析和理解，在提出具体调控目标后，对其目标进行分解以明确具体调控过程、监测过程和反馈过程，具体如图 9-5 所示。

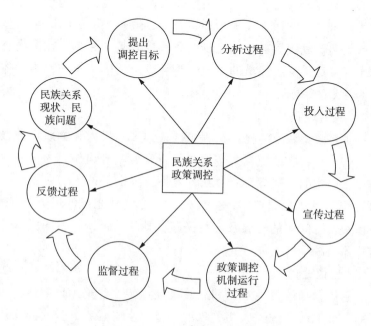

图 9-5 民族关系政策调控的具体运行过程

（一）提出调控目标

基于阶段性和谐主题提出调控目标，具体目标以国家民族事务部门为主体确定。调控目标的确定也需要社会组织和社会团体的参与，并吸纳公众意见。调控目标的提出和制定是整个民族关系和谐性调控过程的起始阶段和首要环节。

（二）分析过程

全面分析调控主体与调控对象，充分考虑影响其发挥的环境及条件因素，这样，才能将调控目标细化。只有综合全局分析，才能较为深刻地影响后续环节的实施。

（1）对调控对象分析：分析内容包括调控对象所在区域、人数总量、生活方式、宗教信仰、历史传统等情况，以及调控对象对民族相关政策的接受程度和理解程度。

（2）对调控主体分析：调控主体包括国家部门和地方省、市、县区等机构组织。对调控主体的分析更注重部门之间的协调配合，包括国家机关、社会组织团体以及国家机关内外部的配合。

（3）对调控环境分析：民族关系政策调控环境主要包括国际环境和国内环境两个主要方面。在国际环境方面，最主要的影响因素便是他国的外交政策调整或规划对我国民族关系调控政策的影响。在国内环境方面，本土环境对于民族成员的思想行为，以及具体工作的实施调控都会产生较为深刻的影响。

（三）投入过程

民族关系政策调控的投入过程包括人力资源投入和物质设施投入两个方面。首先，物质设施投入主要包括资金和基础设施，为民族政策制定实施提供坚实的物质保障；其次，发挥巨大潜能的人力资源也应积极投入到民族关系政策调控中，少数民族干部以其充足的民族知识储备、丰富的解决实际问题的经验及心系民族百姓的情怀，是我国民族关系政策调控中不可缺少的中坚力量。

（四）宣传过程

宣传过程包括政策性宣传和非政策性宣传。首先，政策性宣传主要是广泛宣传党和政府的民族相关政治主张，让政策被更多的群众认知并接受；其次，非政策性宣传相对于前者更贴近生活，特别是大众新传媒的盛行使非政策性宣传变得更加快捷，非政策性宣传正是通过这种媒介向群众传播信息，并以政策性宣传的辅助角色向社会群众普及知识。

（五）政策调控机制运行过程

政策调控机制并不是单独运行，必要的环节和手段起着非常重要的辅助作用，政策制定与实施具有行政强制性特点，并用其独有的强制力对民族关系进行调控。

（六）监督过程

监督过程作用于民族关系政策调控实施的所有过程中，可分为事前监督、事中监督和事后监督三种形式。事前监督依靠其预先判断，尽可能减少风险与损失；事中监督是对调控过程中可能出现的问题，进行及时监测判断并识别出来；事后监督是在调控实施完成后，对调控结果进检查、评价和反馈，以便更好地指导和完善后续工作。

（七）反馈过程

反馈信息理论上应与预测结果相同，但不可否认的是，可能出现不同的情况，当与预测结果不同时，应及时根据反馈信息针对实际情况进行相应的调整。

从政策的改变到法律的实施，这一系列的过程可实现民族关系和谐性主动调控。民族政策和民族法规的关系应得到科学对待，民族政策需要完整、认真且全面地贯彻，民族法制建设更需大力实施，政策没有明确的时效性，只要政策仍然有效，那么依然受用于现在和未来；并可以通过立法程序使它成为法律。对于新的情况和要求，要适应变化，无须一定按照先政策后立法的规矩，可以直接采取民族立法手段，用法律形式来加以强化规范。

二　法律调控

民族关系的法律调控机制有着强有力的影响，其运作过程稳定，时效性长。以国家和执政党为调控机制主体的法律内容是统治阶级意识的体现，这就形成了强有力的影响力；以整个社会领域为运行环境的法律机制有着广阔的发挥空间，体系和结构的相对稳定性造就了调控作用的稳定性。下文对民族关系法律调控机制的含义和结构进行了具体的介绍：

（一）民族关系法律调控机制的含义

在民族关系法律调控机制中，法律是其最常用的手段。在实施过程中，法律也是作为重要的手段来维系民族交往，规范每个人及其涉及的团体和单位的行为，并有着相应的惩罚措施。法律的强有力和不可改变性规范了社会约束力，大到社会团体，小到个人，都必须履行应尽的职责，恪守义务；如若违反，必予以追究责任。正是通过对越轨和失控行为的纠正，才维护了法律的尊严，并以此调控民族关系的和谐性。在法律调控机制运行过程中，可倡导并规范民族关系和谐性，且有着一定的惩戒措施，保护其威严，由此可以得出：最基本的民族关系调控机制便是法律调控。

（二）民族关系法律调控机制的构成

民族关系法律调控机制由以下四个机制组成。

1. 法律观念培养机制

要让法律得以规范实施，首先要培养良好的法制观念，诸如民族法律教育，提高民众对民族法律的理解能力和基本认识，并形成正确的法律观念，明确公民在民族问题上的职责。

2. 法律执行与遵守机制

法律制定的目的就是执行和遵守。法律的实施离不开法律执行者，因此，需要加强管理，提升素质，强化纪律意识，并明确责任处罚。

3. 民族法律监督和保障机制

要完善并运行民族法律调控，必定要建立严格的监督和务实的保障机制。人大与政协的监督不可缺少，大众传媒等手段一样重要，积极发挥道德舆论的监督作用，让每个公民都有意识地维护自身权益。

4. 民族法律修改和完善机制

法律也不是万能的，在时间与空间变化的情况下，人们的认知过程存在一定局限，并且会出现相对迟缓或不灵活的情况。民族法律的出台与实施是建立在决策者与立法者的行动中，也就是在民族地区的实地调研中形成的。通过调研活动找寻适应自身发展的理论科学，并结合现实情况，修订原有法律，使其更加符合民族发展的潮流和趋势。

三　社会调控

广义的社会调控是指社会组织机构运用各种社会力量，对社会体系中存在的发展不平衡现象和问题进行综合调控，以实现社会整体和谐稳定发展的根本目的。① 社会调控机制对于社会发展的作用功不可没，社会发展的运行离不开其控制，同时又要受其约束。社会调控存在多种形式，在民族关系调控里发挥着不可替代的作用，宗教团体和少数民族团体对于主动调控的普遍实施至关重要。根据社会协调的运作过程，功能结构依靠社会手段对民族关系进行调控分析。这种民族关系调控是一个整体过程，也是全社会共同努力的结果，不能仅凭某个机构或部门。各少数民族团体组织、企业以及院校。当然，也包括传统意义上的民族上层人士。正是这些分布于生活各个阶层的千万民众，共同构筑了民族关系社会调控中的基本力量。

四　经济调控

在政策调控机制中，经济调控是不可或缺的环节。首先，经济调控

---

① 参见王沪宁《社会资源总量与社会调控：中国意义》，《复旦大学学报》（社会科学版）1990 年第 4 期。本书中的社会调控主要指民间社会团体、民族宗教上层人士参与协调民族关系，促进和谐民族关系的构建。

的强度和作用方向受政策调控的指引；其次，政策调控之所以稳定，是因为经济调控提供了充足的物质保障，例如资金、福利发放以及必要的津贴补贴都是经济调控的形式，而其分发的标准也成为衡量民族关系调控的航标。除此之外，经济方面还有一个调控手段十分重要，那就是税收政策，增税或者免税都可以直接对调控起到影响作用。就我国目前国情来看，地域间与民族间还是存在很多不平衡和不平等问题，大力推行西部开发政策，提高补贴和福利，降低税率，逐渐缩小与东部的差距是非常必要的。

在经济基础和自然条件等因素的制约下，完全的市场环境使民族地区的发展处于不利地位，民族地区社会经济的均衡发展需要国家手段的介入。在国家社会经济宏观调控中，财政政策基于市场经济的视角，探索了民族地区财政政策支持的民族关怀，并以其指引民族地区发展和寄托民族情怀的作用成为最重要的调节方式。

在资金链和利润的驱使下，资源通常会向经济价值丰富的地方倾斜，这也是市场选择的结果。而民族地区，大多数因为地理条件和经济基础的制约，成为资源相对匮乏的地区，经济发展受到严重限制。因此，政府需加大民族地区市场经济建设力度，更加合理地分配民族地区的资源，创造更多的致富机会，从而带动少数民族地区经济发展。依照政策科学原理，财政政策必须符合客观规律，结合矛盾本身调整手段，因此才能完成预期目标。民族地区最主要的目标便是发展经济，改善民族地区人们的生活条件，并结合现实状况合理有效地运用资源，创造出更多的经济价值。

第五节　民族关系主动调控的和则机制

一　民族关系中的文化调控

民族关系管理进程中的文化调控是一种非强制性的调控，即通过国家权力机关，让有一定社会地位的代表人物以身作则地进行宣传，使对方主动接受并积极配合。民族关系文化调控可以通过灵活且弹性的社会管理工具得到认可，并结合文化调控的其他特点，更有效地处理民族事务，这也是民族关系治理的一项重要创新。目前，在规范和监管民族关系实践中，需要正确引导调控主体有序参与，有效地把控客体平稳运作，以促进调控规则不断完善。提高和完善文化调控的手段，不仅需要尊重当地的文化习俗，还需依靠法律、政策以及其他刚性调控体系保障。民族关系文化调控主要包含以下两种含义。

（一）把文化作为控制国家事务管理行为的主要手段

根据文化背景的不同，用恰当的管理办法来实现目标。由于各地区文化背景、思想文化水平的不同以及人们对国家事务管理水平的认知差异，如果只是简单地执行行政命令，而脱离群众的支持，那么即使最终目标是好的，也将由于错误的方式而失败。因此，在民族事务管理中应充分考虑不同民族地区的地域文化传统，根据当地的民风民俗与民族特征等，采取合适的治理手段进行文化调控，这也是实现善治的基本条件之一。

（二）注重文化调控的灵活性

曾仕强是著名的管理学者，在其人性化管理理论中，管理层被认为是"管"和"理"的结合，也就是将以制度执行为核心的刚性管理和以沟通为核心的人性化管理结合，并认为"理"的手段更适合中国国情。在基层治理中，沟通是至关重要的管理方式，通过宣传、培训、会议以及个别沟通等方式，向人民群众传达政策精神并反馈群众意愿，保障少数民族群众的知情权和参与权，以期最大限度地提升基层治理效能。因此，在文化调控过程中，要充分使用柔性化的管理手段，尊重各民族地区的文化风俗差异，将民族关系问题放置于特定文化背景中，充分发挥区域文化传统优势，实现民族关系的文化调控。

二　民族关系中的民族意识调控

民族意识是一种复杂的社会意识，是社会对民族这一客观存在的主观反映和能动制约的精神系统，这也是民族知识观念、意向观念和决策观念的内在活动。它的外延应当包括社会个体、社会各层次的群体以及整个社会对民族主体的三类观念总和。

民族意识对民族关系的影响深远且不可或缺。民族意识具有能动作用，其对民族关系的发展的作用有积极和消极两个方面：[①] 积极方面，主要是作为一种精神力量，凝结着民族各成员奋发向上、斗志昂扬，为民

---

① 参见杨珍《关于构建民族意识调控机制的几点思考》，《中国民族》2005 年第 1 期。

族的未来发展而无限奋斗的热情；消极方面，主要是保守排外所带来民族间的隔阂和阻碍，民族发展依靠的不只是本民族的努力，同时也需要借助其他民族的思想和力量，这种隔阂一旦形成，就会严重阻碍民族关系的发展。

随着时代的发展和社会的变革，社会矛盾逐渐增多，民族关系随着社会矛盾的加剧也出现一系列问题，民族意识的消极作用日益显现出来。正因如此，更加需要加强民族意识的调控，并充分发挥调控的积极作用，抑制消极作用。

（一）民族意识调控的几个环节

对于民族意识的调控机制，应包含其内在与外在的联系，主要包含以下四个环节。

1. 民族认同的条件

民族认同即每个民族的人民群众对其民族的归属感和精神寄托，它是一种发自内心的情感，是民族意识形成的基础。在感知和调节民族意识之前，首先要熟悉民族认同的条件，这一点是后续作用的前提和保证。

2. 民族认同的核心

文化认同是指每个民族的成员对其民族的信誉保证，它是一种观念的基础，对于民族之间的关系维护、历史与未来、生活习性与变迁的认识。

3. 民族认同的方式

不同的民族有着不同的民族文化，故存在不同的交往模式和重点，并因此有了不同的认同方式。

4. 民族认同的结构

民族认同不是单一的，而是多维的。不同的个体和群体以及不同的层次结构对民族文化的认同是不一样的。对个体民族文化的认同，是民族归属感和本土民族风情的体现。对于统一国家和社会的认同，就是每个公民对中华民族的认同。

（二）民族意识调控的手段

民族认同的条件、结构和核心等都会对民族意识产生一定的影响，但最主要还是国家权力的影响。国家权力至高无上的独立性，不仅体现在对社会的约束力和强制力上，也体现在对民族意识的调控上。具体表现在以下三个方面。

1. 政治领域的调控

以国家的政策法规为基础对国家的公共事务、政治生活和运作方式等进行调控，政治参与方面，采用规整的制度化方法，发挥民族意识，积极调控民族政治生活。

2. 经济领域的调控

如上所言，当前我国东西部发展依然不平衡，部分少数民族地区资源稀缺，经济发展滞后。应大力实施经济发展战略，促进个体与群体的"双赢"发展，扶持少数民族地区经济产业发展，例如西部大开发等政策，以便有效地激发民族意识。

3. 文化领域的调控

整合社会中的思想文化力量，将多民族的知识结构和行为修养深深烙印在公民的脑海里，也就是在国家的引导下，最大限度地促进民族意识积极作用的产生，进而抑制消极作用产生的不利影响。

古往今来，海内外多民族国家统治者都会默许民族意识为政治资源，并把它们看作调控民族社会政治资源的一种整合性工具，民族意识调控是普遍存在的。民族问题跟一般的社会问题不同，主要在于民族意识的互动作用，没有民族意识的作用，就不能形成民族问题，但这并不意味着社会问题原型也不存在，只能说明这种客观存在的社会问题尚未转换成民族性问题。民族意识促进了民族问题的转换，也因此成为解决民族问题的重要手段之一。

三 民族关系中的舆论调控

（一）舆论及其特点

社会问题因其特殊性，不仅属于社会学的研究领域，也是舆论学关注的热点问题。只要能引起社会广泛关注的问题，就会成为舆论的客体，即由人们普遍关心的、近期发生的并具有某一争议性的社会问题形成的意见便是舆论，其构成要素包括以下三个方面：①发出舆论的主体，即公众；②舆论的表达形式，即意见；③舆论的客体，即社会问题。公众作为舆论的主体，既不是少数人的简单组合，也不是个别人的简单累加，而是具有一定规模和数量级成员的集合体。

舆论作为社会关注的热点问题，通过揭示新社会现象凸显的问题而备受争议，并具有冲突性和反常性特征。随着时代的发展，社会实践日益丰富，新出现的问题如果还是按照原来的社会规则来解决，一定会有很多阻碍，新旧矛盾的冲突与反常性在利益和规则的改变下必然存在很多争议。例如，"拾金不昧"这个伴随群众成长的正能量话题，在市场经济环境的驱使下，也有了更多的争议。

（二）社会问题舆论宣传调控的重要性

信息时代背景下，传媒的重要性日益凸显出来。特别是社会影响力，以其对社会问题的评议影响和改变着社会成员的思维和观念，并控制公众视界，引导社会舆论的走向。公众的认识和舆论的走向必然会影响社会问题的产生和结果，因此，在调控民族关系的过程中，舆论宣传手段是不可缺少的，它对民族关系的引导和处理都较为有效，且有利于民族团结良好氛围的形成。

民族关系舆论不仅是一些公开发表的表层意见，也包括社会心理具体意见的这种表象；这说明舆论在公开表达意见的同时，也会倾向于表达内在社会心理的基本态度。虽然舆论是相对独立的，但仍不可避免地受到社会的潜在影响，民众对社会的态度，不是单一片面的；而是综合了多种因素和视角，在社会前行和转变过程中，社会群体通过分层而产生不同导向，对分析社会行为和心理的过程有积极影响，但也不可避免地产生矛盾和负面影响。因此，需要采取一定措施，对社会舆论宣传进行调控，以控制舆论传播的方向和对社会的影响。

四　网络民族关系及其调控

不同地区不同身份的各民族人民之间的交流交往方式随着互联网的发展而发生了较大改变，人与人之间的广泛联系能够随时随地进行，不再受到时空的限制。互联网成为各族人民进行民族交往的开放便捷的平台，基于互联网，人们进行民族文化的交流和沟通，在某种程度上促进了民族关系的发展，但也导致了新的问题。近年来，发生的有较大影响的突发民族性事件都与互联网有着非常密切的关系。

（一）网络民族关系及其影响

不同民族之间的交流是民族关系产生和发展的客观基础。作为社会关系的一种表现形式，民族关系不仅具有社会性特征，也具有民族性的相关特点。现实中，民族关系在网络平台上的表现可称为网络民族关系，它是一种深受网络传播媒介影响的民族关系。基于互联网的众多新媒体和自媒体，例如，博客、微博和微信等，改变并促进了全国各族人民的交流互动以及相互理解，但是，在网络交流过程中，由于信息传播速度快和信息不完全准确等，民族群众之间也容易产生误解，有的还可能诱发严重的突发事件。各族青年人是网络用户的主要人群，他们是国家的未来，也是民族关系现状和未来发展的主要参与者，因此，有必要重视和加强网络民族关系的管理和调控工作。

　　互联网的广泛应用产生了新的网络社交模式，使不同民族之间的信息传播速度加快、互动交流更加频繁，客观上促进了民族之间的相互了解和互动交流，民族关系的表现形式、发生范围以及内涵都不断扩展。网络民族关系实质上是不同民族成员之间或网络用户，在网络平台上就民族相关议题开展交流互动，是一种具有突出民族性特征的社会交往和思想交流，这种网络上的社交互动与现实中的交流交往一样，构成了民族之间精神交流的重要组成部分。由此可知，社会关系中是否含有民族因素是区别民族关系与其他社会关系的基本标准，民族关系同样也是社会关系的重要组成部分，在网络社会中形成的民族关系，就是网络民族关系。

　　网络民族关系与现实民族关系有联系也有区别。从关系的构成结构、交流交往形式、对社会的影响以及主要特征等方面来看，网络民族关系都不能采用一般的民族关系理论来阐述。互联网的虚拟性与民族性特征的结合构成了网络民族关系的基础。网络民族关系的产生以及发展都受到互联网形成的虚拟社会和现实社会的交互影响。网络民族关系特点与一般民族关系特点很不相同，主要原因是网络民族关系的参与对象和构成内容都是基于网络虚拟平台通过民族相关的信息互动与非物质性的交流来完成的，具有非常复杂的网络社会传播特征。当前，网络民族关系的表现状态呈现出正向和负向两个方面的影响：一方面，广泛的经济、政治以及文化领域的信息交流，使民族地区的社会经济发展加快，开阔了少数民族群众的视野，同时也增进了民族之间的理解与互信，对民族关系的和谐发展起着正向影响的作用。库尔班江·赛买提是一个来自新疆和田的摄影师，他拍摄了他本人和其他100个在内地工作生活的新疆人的图片，将这些照片放到他自己的博客上，在网络上保持与网友的互动，及时分享每一个感人的故事。后来，库尔班江及其所拍摄照片背后的故事被媒体争相报道，产生积极的影响。库尔班江的网络行为看似仅仅是一种经历和照片分享，实际上正向促进了民族关系的发展。由此可见，网络民族关系的正面影响作用非常显著。①

但是，网络平台各民族之间的交流交往也存在较大的局限性，虽然暂时还没有形成对社会稳定与民族关系造成较大的直接负面影响，但也使某些民族关系问题凸显，例如，在有些比较敏感、涉及少数民族历史文化和尊严的有关问题上，或多或少都产生了一定程度的影响。网络交流具有局限性的一个原因是信息的网络传播比较容易产生群体极化倾向，细微的误解很可能会被人恶意放大，长期的片面认识或小的误解导致的负面看法积累以后有可能主导网络民族关系的走向。近年来，我国发生的若干民族性突发事件和民族社会问题，大多与互联网以及网络民族关系的这种负面效应累积有密切关系。

网络民族关系正向和负向的两重特征往往交织在一起，有的网络交流行为在特定时机可能是正常的民族之间的和谐交流，但若是受到网络上别有用心的人士的故意诱导或者受到网络沉默的螺旋②的影响，有可能快速转变为民族攻击或民族冲突新事件。因此，需要对此类行为保持较强的敏锐性，加强网络民族关系预警机制和调控手段作用，减少危机事件的负面影响。

（二）网络民族关系调控基本思路

网络民族关系是现实民族关系在互联网上的反映，仍然需要调控。网络社会交往平台是网络民族关系调控的载体，调控过程需要借助网络技术工具和手段，结合并把握网络民族关系的特征和发展趋势，综合采用从宏观到微观、从政治到文化、从社会到网络以及从国家到公民的一系列措施，维护网络虚拟社会的和谐有序和网上民族之间的正常交流交往，使网络民族关系的和谐发展。

1. 民族工作与网络治理联动

民族工作和网络工作相关部门的联动，是通过网络治理遏制网络民族关系的负面影响扩散。根据网络民族关系的结构特点，强化网络交流活动的监管，积极引导民族团结与民族和谐教育，及时反映少数民族群众的权益诉求和营造健康向上的传统民族文化氛围等措施，促进网络社

---

① 参见库尔班江的博客：http：//blog. sina. com. cn/kurbanjian。

② 沉默的螺旋（The Spiral of Silence）描述这样一个现象：意见一方的沉默造成另一方意见的增势，如此循环往复，便形成一方的声音越来越强大，另一方越来越沉默下去的螺旋发展过程，也就是大多数个人会力图避免由于单独持有某些态度和信念而产生的孤立。

会与现实社会民族关系的信任，共同推动社会的发展。

2. 建立网络舆情预警和调控机制

网络民族关系的特点复杂多变，不仅需要宏观上的调控安排，还需要建立微观上的体系结构。政府相关工作人员需要随时把握网络民族关系的发展状况，并建立网络民族关系监测预警机制，在重要环节采取有效应对措施；及时发现隐患问题，及时处理，防患于未然。根据网络虚拟社会特点，积极完善网络民族关系的预警调控机制，推动建立并及时完善民族关系网络舆情调控机制。

3. 网络民族关系调控的针对性

网络民族关系的结构是多维网状的，其正向和负向影响往哪个方向转化，取决于是否有针对性地对网络虚拟民族关系的参与主体、特征以及影响因素进行积极的系统性调控。在互联网社会大的背景下，除需要在现实民族问题与现实民族关系方面坚持我国的民族政策和民族问题处理基本原则，推动民族工作事业的和谐发展之外，还必须要认识到网络民族关系调控的重要性，重视对网络民族关系的构成主体、特征、影响的全面认识和研究，以便针对网络民族关系存在的问题对症下药，及时采取措施，将问题消灭在萌芽状态。

（三）网络民族关系调控机制建立途径

通过对近几年民族相关事件和文献的分析可以发现，在网络信息时代，如何很好地把握民族关系发展的趋势，积极发挥网络民族关系的正向影响作用，以此为基础建立网络民族关系的引导策略和调控机制，促进民族关系的和谐发展，成为民族工作的重要内容。针对目前网络民族关系的发展状况，一方面，应在现实民族问题上坚持执行民族政策，将政策深入民族群众，及时基于政策来化解涉及民族的现实利益纠纷；另一方面，也要充分了解网络民族关系的特点，在网络民族关系相关问题上对症下药，使网络民族关系向着和谐、理性、包容的方向有序发展。总体来说，网络民族关系的调控可以从网络监管、共识构建、诉求渠道的畅通以及网络民族文化的繁荣等方面着手。

1. 及时有效地控制民族关系负面信息传播

网络民族关系由于受到网络信息的片面性、网民的情绪化和信息传播的蔓延性特征的影响而变得非常复杂、敏感以及不确定，更容易受到别有用心人士的利用，使传统的民族工作方式方法难以奏效。因此，有必要加强网络监管，建立客观专业、了解网络法律法规且响应迅速的网络监管队伍，及时发现网络民族关系的潜在问题，必要时采取包括网络控制、法律措施在内的手段，严厉打击网络上的民族攻击和民族煽动行为，阻止网络负向影响的扩大。

2. 利用网络建立民族互信和民族共识

网络民族关系的特点决定了有必要采取有针对性的调控手段来处理可能出现的负面影响问题，积极发挥其正向作用。网络平台上各个民族成员都是完全平等且是相对自由的，但也存在较大的局限性。一方面，网络虚拟社区是一个天然适合民主对话且自治自律的平台；另一方面，是缺乏权威性而且信息严重泛滥的平台，破坏了原有的意识权威和网络交流对话的秩序。在基于虚拟网络平台的网络民族关系的交流对话与互动的场景中，必须采取若干柔性的调控手段，例如，培育权威的民族关系专家、采取措施引导理性讨论与正确思维、包容意识的倡导与民族共识的构建等。对每一个网民来说，理性讨论的网络虚拟社区都是进行知识提升与精神升华的沃土。加强网络中正能量的传播，倡导各民族群众在网络上和谐交流各民族文化并理性讨论民族相关议题，对促进和谐的网络民族关系的构建具有重要的作用。

3. 设置反映各族群众合理利益诉求的网络机制

网络民族关系的调控机制需要高度重视和尊重民意，因此，还需要建立各民族群众合理反映利益诉求的渠道。网络用户规模的迅速扩大，形成了强大的网络民意，而且网络匿名的特征使各族群众更敢于在网络上讨论基层存在的实际问题。对于政府工作人员来说，及时收集少数民族群众通过网络反映的情况也是十分重要的。因此，民族工作部门需要转变职能观念，设置并完善少数民族群众反映权益诉求的网络机制，完善网络社区的治理，针对网民反映的民族相关问题进行仔细分析、准确判断，扩展并畅通网络沟通与问题反馈的渠道，以便使民族群众能及时准确地反映合理诉求。

4. 推动网络社会多元民族文化共同繁荣发展

网络文化作为一种时代文化，有着全新的风貌和特征，并且是人类文明史上不受地理时空限制的前所未有的文化，网络文化的载体、渠道以及传播途径无论哪个国家、哪个民族都不能垄断和独享。目前的形势表明，网络文化的重要性无法否认和忽视，我国网络虚拟社会的多元民族文化不断繁荣发展是必然趋势。社会和谐、民族和谐以及国家的进步都将依赖于强大的文化软实力，只有加强网络多元民族文化的建设，才能在网络民族关系中形成强大的凝聚力和约束力。

第六节 民族关系网络舆情引导与调控机制

一 民族关系相关网络舆情的特征

（一）网络舆情的特征及影响因素

1. 民族地区网络舆情的特征

（1）网络舆情的复杂性。广阔的民族地区生活着众多民族，他们的宗教信仰各异，文化多样，具有鲜明的民族性、地域性和多元文化的特征。一般来说，自然灾害事件、民生事件和公共安全事件都极易引起民众热烈讨论，并产生网络舆情。同时，具有民族性的民族文化习俗和带有宗教色彩的民族宗教信仰信息也可能会产生网络舆情。此外，由于西方世界的干预，少数民族地区的网络舆情极易同政治问题、国际问题挂钩。如果不及时地、稳妥地解决这些问题，就容易引发网络舆情危机，进而发生民族冲突，破坏民族关系和谐稳定局面。

（2）网络舆情传播的多元性。在网络舆情传播过程中，民族群众既可以是舆情信息发布的重要来源，也可以是舆情传播的参与者，舆情产生者和参与者群体分布广泛、复杂。另外，在传播方式上，包括电话、短信、电视等传统媒介，也包括QQ、微博、微信、论坛、贴吧、直播等形式的新媒体传播方式，以及音频、视频这种视听结合的媒体传播。

（3）网络舆情容易产生"蝴蝶效应"。网络环境下的"小问题"极易通过网络形式放大而产生"蝴蝶效应"。比如，非法分子和敌对势力借助国内发生的小事件在网上进行"发酵"，刻意曲解党的民族、宗教政策的信息并广泛传播，最终引发带有民族攻击性的冲突事件。如2009年的乌鲁木齐"7·5"暴力事件，就是境外敌对势力恶意曲解并炒作，使一桩原本简单的民事纠纷案通过发酵成为全球瞩目的政治事件。

（4）网络舆情传播的"群体极化"特征。网络世界的"群体极化"特征具有强而有力的社会破坏性，这种特征一旦形成，极易引发严重的民族冲突事件。"群体极化"现象在我国西部少数民族地区尤为突出，特别是涉及民族生活习惯的时候，最易演变为民族之间的冲突和矛盾。

2. 民族地区网络舆情影响因素

（1）意识形态因素。民族意识是引导民族网络舆情发展的重要因素，境外敌对势力若掌握意识形态主导权，极易通过网络引导舆论向不利方向发展。特别在新兴的 Facebook、YouTube 和 Twitter 等具有全球性影响的社交网站上，反动思想与极端思想层出不穷，在网络各个角落都有分布。境外敌对势力通过广泛联络境内外特定网民，在国内外影响范围广的社交媒体网络平台传播政治类网络谣言；或者通过资助极端分子，联合建立网站散布蛊惑人心的信息，并组织策划具有民族性的暴力事件和恐怖事件。

（2）文化因素。民族是文化的载体。在历史的长河中，各个民族形成了不同的文化背景和宗教信仰，思维方式也有所不同，导致不同民族之间在文化习俗、宗教信仰、心理认同方面存在较大差异。因此，我国多民族、多文化、多习俗的复杂特点给网络舆情调控增加了不少难度，也使政府无法采取一套固定成型的调控机制来应对不同民族不同类型的网络舆情问题。

（3）民族和宗教因素。对于网络舆情的处理，需要结合各民族习惯和宗教的差异性，并将其与相应民族的意识和利益关系关联起来。民族和宗教影响因素若处理不当，很容易形成"扩散式"的民族矛盾冲突问题。

（二）网络舆情调控的传播策略

网络舆情复杂且多变，政府相关部门在处理网络舆情时，不仅要及时监测，还应主动对其进行调控。即主动对网络上关于社会问题各种看法的舆论进行引导与控制，并制定正确的传播策略，从而为政府的管理营造良好的舆论环境。下文基于传播渠道、传播内容和传播形式三个方面提出相应策略。

1. 传播渠道策略

政府机构需运用大众传媒的力量控制和引导网络舆情，营造出有利的社会整体舆论氛围。首先，要确定信息广泛传播的主要渠道，及其对应的媒体形态，如当下拥有庞大用户规模的新浪微博、今日头条等即时性媒体，无论是影响力还是抢占舆论先机方面都属佼佼者，是政府部门的首要选择。其次，影响范围广的新闻网站、名人博客和社区论坛等都可以作为政府的主要选择。当然，传统的媒体形态如电视、报纸、广播和出版等，在社会影响力上绝不弱于新兴媒体；且传统媒体由于历史发展更具有权威性和可信度，内容也更有深度。大众传媒具有互通性，政府的调控工作，不仅可以运用即时性舆情调控方式，还可以充分利用传统媒体的优势，扩大调控和影响力范围，最终实现对网络舆情发展趋向的反向作用。

2. 传播内容策略

政府部门在进行网络舆情调控时，主要采用特定手段，有目的地约束和影响大众传媒，对传播内容进行甄选以促成调控目标。为了实现更好的调控，政府部门和大众传媒（特别是网络媒体）首先要对我国的网民状况有充分了解。面对以低学历、青壮年和无固定工作为主的网民群体，大众传媒（尤其是网络媒体）在传播信息时，应注意通俗程度、材料选择、价值取向与表达方式等。在网络媒体发达时代，无论是在国内还是在国外某个地区发生突发事件，想要封堵消息根本不可能，政府只有及时做出反应，才能掌握舆论的主导权。

3. 传播形式策略

由于各种大众传媒媒介在信息传播上具有联通性，政府在控制网络舆情时，可以在媒体间设置议程，掌控舆论的主导权。在网络舆情的生成、演化过程中，还有一个重要的影响因素是意见领袖。由于互联网信息传播快速的特征，网络环境下的意见领袖在舆情传播中发挥着越来越重要的作用，包括微博中的大 V 与各类论坛的版主等。政府相关部门应给予活跃在传统媒体和网络新媒体上的意见领袖足够重视，他们在网络舆情引导方面占据重要地位；可以尝试与意见领袖达成一致认识，借助其在大众传媒中的深远影响力，以提高民族网络舆情引导的可信度，达到事半功倍的效果。

（三）网络谣言的形成和传导

现代信息技术的迅猛发展，使网络谣言的传播不仅限于特定的人群、时空和范围，传播渠道也多种多样，并且传播成本也大大降低，其传播速度与影响范围呈几何级数增长。目前，谣言传播渠道中接触人群最多、传播范围最广的当属 QQ、微博和微信。其次还有论坛帖文和新闻跟帖，这几种途径在产品设计中的发言、回复、引用和转发功能都比较突出，是人们首选的社交媒体工具和平台。另外，也有网民尝试从百度知道、豆瓣、简书、知乎等互动问答平台求证信息的真实性，这些渠道对网络舆情的形成也有不可忽视的作用。下面介绍微博、即时通信工具、论坛帖文和新闻跟帖四种主要的传播工具。

1. 微博

直至 2017 年，新浪微博已经成为国内活跃用户总数最高的社交媒体平台，人群中流传的众多谣言都是从这里诞生的。微博的"泛关系"① 体系让用户的互动交流圈不只限于亲朋好友，甚至可以是来自全国各地的陌生人，直接放大人们行为的影响力，谣言的传播范围也会扩大。

2. 即时通信工具

国内用户最多的即时通信软件是 QQ 和微信，拥有数以亿计的注册用户，这种即时通信方式构成了庞大的人际传播网络，使谣言信息能在短时间内迅速传播。由于微信与 QQ 的人际关系网络具有模拟真实社会人际交往的特点，因此，大大增强了谣言的可信度。

3. 论坛帖文

网络论坛，就是网民在兴趣圈内自由发表言论进行交流的地方，大家就某一共同关注的话题讨论沟通，进行思维碰撞，如国家政策或时事政治。国内人们比较熟知的有天涯论坛、新浪论坛和百度贴吧等。一般国内外重大突发事件都会迅速成为许多论坛讨论的焦点，这些论坛对网络舆论的传播和导向具有一定的影响。

4. 新闻跟帖

新闻跟帖是指有人首先在新闻下面的电子公布栏上发表评论后，其他人对精彩的评论进行跟帖继续讨论，国内在这方面做得最成功的网易新闻，不是其报道的新闻有多新、有多吸引眼球，而是其新闻发帖人有着较高的知识素养和锐利的新闻洞察力，其新闻评论往往能得到大多数人的追捧，即很多跟帖和浏览。然而，不是所有人都是中高端用户，网络法制的不健全和网民素质的参差不齐，导致新闻跟帖逐渐变了味道，演变成一些人为了自己帖子的浏览量，开始哗众取宠，发表不实言论。由于发帖者一般都是匿名的，有的用户甚至大放厥词，制造不和谐因素而影响社会的稳定。

二　民族关系网络舆情引导机制和策略

网络舆情是指在网络平台上民众对热点公共事件持有的负面、否定

———————

① 泛关系假设表示所描述的数据的全体能用一个关系来表述。

的态度、情绪和意见信息的总和。实施快捷高效的民族关系网络舆情调控机制，民族事务部门必须制定有效的调控政策，灵活快速地应对各类舆情危机，以维护民族区域的和谐稳定。

（一）民族关系舆情分析的基本特征

民族关系网络舆情引导机制具有时效性、针对性、准确性和复杂性等特点，在舆情调控具体实施过程中，需要考虑到这些特点，并结合现实情况采用针对性的调整措施。以下对这四类特征进行详细描述。

1. 舆情分析与引导的时效性

网络舆情事件一旦爆发，舆情调控主体需要及时收集事件相关信息，并详细记录事件发生地点、时间、原因等基本信息。另外，由于舆情事件发生后会受到其他因素影响而发生改变。因此，调控主体必须实时跟进事件发展状态，并在详细掌握舆情事件信息基础上，迅速做出应急反应。

2. 舆情分析与引导的针对性

首先，要确定舆情调控的客体。民族网络舆情调控中的客体一般是指少数民族网络群体，要分清民族突发事件中已受影响的主体和受潜在影响的主体。

其次，不同类别的事件，对其引导的目标有差异性，因此，需要提高引导目标的针对性。

最后，要引导公众尊重少数民族特有的民族文化和宗教信仰，有效地降低少数民族的宗教事件发生率。

3. 舆情分析与引导的准确性

舆情分析不能随意捏造，任意妄为，要根据现实依据来做判断，遵循实事求是原则。特别是在做舆情预测和展望时，必须以科学分析为依据，尊重事实、尊重规律。另外，政府部门发布相关信息必须真实准确，避免语意不详而造成不必要的误解。

4. 舆情分析与引导的复杂性

由于舆情形成的过程涉及多方参与主体，既包括行政机构部门的政府组织，也包括社会大众、媒体等大众群体；多元化的参与主体极易产生多样性的认知理念，不同群体分歧较大。同时，民族关系网络舆情事件发展过程中，容易受诸如社会、经济、文化、宗教等因素影响而变得复杂化。另外，网络舆情调控工作过程本身就具有复杂性，没有大量信息支撑，分析结果可能存在较大偏差而没有说服力。

（二）民族关系网络舆情政府引导策略

1. 提升主流媒体的舆论引导能力

网路舆情在网络平台上产生并传播，现实生活或网络中发生的公共危机事件极易引发广大民众（包括网民）进行热烈讨论，并发表各自不同的见解和意见迅速传播开来；由此便呈现出覆盖面广、意见散乱、层次差距大等特点的网络舆情形势。当前，我国民族地区健全完善的新闻网站建设仍处于缺乏状态。国内 188 家主流新闻网站中，5 个民族自治区的新闻官网只开通了银川新闻网和南宁新闻网，整体情况不容乐观；政府网络公关和宣传的主要硬件建设将会受到网站建设滞后性的影响。因此，为加快建设重点新闻网站，政府等行政部门必须重视建设新闻官网，并制定合理的规划，分配充足的资源，为网站构建提供有效保障。

2. 对网络舆情事件的快速正面舆论宣传

人的头脑在接受事物的过程中具有先入为主的特征，即便之后接收到其他信息，也不会轻易抛弃先前的信息，而接受后来的信息。因此，民族事务部门要想及时把控网络舆情发展态势，引导舆情向正方向发展，就必须获得现实或网络中公共危机事件的第一手信息资料，并经过适当处理，及时发布新闻，同时保证其信息的准确性和可靠性。政府机构中网络公关和宣传部门，需要以新闻官网为主要阵地，积极联合主流媒体和火爆社交平台，及时、有效地通过网络媒体等其他平台向广大民众（包括网民）传达政府对网络舆情的应对态度和措施，牢牢地把握话语主导权。

3. 运用多种方式弘扬民族团结的主旋律

民族地区政府部门应结合网络舆情的发展特点，采取高效的传播手段，以通俗易懂、普遍接受的形式宣扬民族团结主旋律。一方面，民族事务部门通过网络平台，构建舆情事件对话机制，使少数民族群众拥有足够的话语权，主动参与进来，以此来创造和谐的民族文化氛围。另一方面，通过网络议程设置及时控制和引导舆论。

4. 建立专兼职结合的网络评论队伍

网络舆情危机事件出现后，公众对事件的评论结构，在一定程度上会对事件是否积极解决、政府管理是否有效产生影响。因此，建立一支专业的网络评论队伍是政府引导舆论的可行之策，成员组成既可以是政府宣传部成员，也可以是一些该领域的专家、意见领袖和媒体从业者等。网络评论员要发布理性的、有深度的、有说服力的帖子，引导公民客观分析问题，并发现事件真相，做出理智判断，避免谣言的传播。

5. 提高领导干部网络舆情的引导能力

政府领导干部的网络舆情危机处理能力对舆论的引导也具有一定的影响。学习如何正确处理网络舆情危机，已经成为各级地方党政干部面临的重要的现实课题。首先，危机事件的处理要顺应民意，民心是执政之本，是引导群众舆论走向的"敲门砖"。其次，认识对理论和实践具有导向作用，只有充分认识和理解网络舆情特点和发展规律，明确舆情问题核心内容，才能做出行之有效的应对策略。最后，善用技巧会事半功倍，领导干部要提高应对舆情危机的技巧，善于利用政府管理的优势，合理应用新兴传媒手段，控制和引导舆论的走向。政府部门可以开设相关技能培训课程，全面提高领导干部的综合能力素质。

（三）民族关系网络舆情引导的对策建议

政府要想有效地应对网络舆情危机，不能只停留在采用传统的"堵""压"策略；而应顺应时代要求，满足舆情调控工作需要，采取"疏""导"策略来实现网络舆情的有效引导。

1. 加强政府门户网站建设

虽然目前政府官方网站的硬件设施逐步提升，已趋于完善，但在信息建设等软件方面仍较为落后。由于技术人员的缺失，且政府大部分办公人员并没有进行过系统的网站建设培训，造成门户网站建设不尽如人意。除板块少之外，网站提供的信息也不能清楚明白地传达给群众，进一步导致了网站点击率低下，没有达到预期效果。

2. 建立和完善网络新闻发言人制度

建立网络新闻发言人制度，安排一批固定人员作为网络新闻发言人，每天在网络上除发布政府相关政策指标和其他权威信息外，还要认真地解答群众的问题和意见，澄清虚假信息以化解矛盾，及时避免网络舆论向不好的方向发展。

3. 利用议程设置来引导舆论走向

网络舆情危机事件发生后，政府可组织舆情事件处理相关部门及人员，开展议程设置的研讨工作，并制定出切实可行的新议程，以实现政府议程与民众议程的有效结合。这种措施既可以有效地缓解政府议程单方面的执行压力，也能充分了解民众对舆情事件的态度信息，并在政府引导下使群众讨论更趋于理性，最终实现健康的网络舆论生态环境。

4. 合理使用现代搜索引擎技术

网络信息资源丰富，但获取困难。为了解决这一问题，提升用户获取目标信息的便利性，搜索引擎应运而生；而随着搜索引擎的功能日益强大，便捷性、准确性不断得到提高，"有事百度一下"似乎成为日常习惯。但是，不论用户有何种需求，给出的搜索关键词有多准确，搜索引擎都可以控制输出结果，并有选择地显示信息。因此，政府可以对搜索引擎的输出结果严加把关，减少或禁止不必要信息的传播。同时，搜索引擎可通过人们的搜索关键词从侧面分析用户行为，从中获取有用信息，政府可充分利用这一特点，了解公众需求和舆论发展程度，制定行之有效的应对策略。

三 网络舆情发展中的政府管控

网络舆情问题的存在，一定程度上归结于政府和公众的信息不对称，政府信息公开力度不够，执政不透明，引起民众的猜测和怀疑，导致矛盾激化。

目前，我国正处于社会转型期，各行业正处于急速变革的过程中，社会问题丛生，包括民族问题在内的各种社会矛盾凸显，加强民众对政府行为监督的呼声越来越高，加之网民规模剧增，民众可以随时随地行使监督权。但是，由于信息不对称的存在，民众监督权并没有发挥很大的作用，特别是在舆论事件发生时，民众由于缺乏真实可靠的信息，加上各种扰乱视听的虚假信息，导致舆情失控。因此，政府平时应加大信息公开力度，加强执政透明化，公公正正地接受人民监督，使不轨之人无机可乘。

公众与政府之间信息平衡能弱化网络舆情的负面影响。民族事务管理部门或地方政府较之普通民众更易获得网络舆情事件的第一手信息，因此，政府机构要及时回应网民对事件的疑问，并积极参与到网民的探讨互动中来，以实现民众与政府获取信息的有效平衡。同时，政府机构也可依据已有信息对网络舆情进行调控，促进网络舆情整体向良性方向发展。政府管控与网络舆情发展的关系如图 9-6 所示。

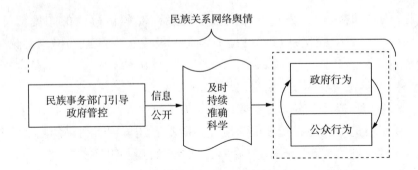

图9-6 政府管控与网络舆情发展的关系

资料来源：参见刘丽丽、陈晨、兰月新《政府对网络舆情引导与管制机制研究》，《现代情报》2012年第5期。

政府应从以下三个具体方面对网络舆情进行有效管控。

（1）提高主流网站的网络舆情引导与调控能力。主流媒体网站由于其覆盖面广、受众群体大、信息种类多等特点，是政府开展网络舆情调控工作的重点领域。因此，主流媒体网站内容必须保证其信息发布的准确性和可信性，客观公正地报道网络舆情发展情况和处理流程。政府部门应充分发挥主流媒体网站的自有优势，结合运用多种调控手段，以实现对民族关系网络舆情的有效调控，从而掌控舆情主导权。

（2）民族事务相关部门建立网络舆情汇集与分析机制。通过专业的网络舆情分析队伍，对收集的舆情信息进行识别、分析、判断与传送，为科学决策服好务；建立网络舆情危机处理和决策机制、危机协调机制、危机执行机制、舆情反应机制，从多视角、全方位监测把控网络舆情发展状况，并通过设置相关正面议题，引导民族关系网络舆情朝良性方向转化。

（3）民族工作部门和地方政府要做好网上思想政治工作，除了建立专门的思想教育网站，积极配合政府工作，弘扬主旋律，还要借助网络媒体控制和引导舆论。建立健全民意表达机制，满足公民的利益诉求，对民众的积怨情绪予以疏导，对民众的问题及时解答。政府部门可充分利用网络意见领袖的影响力：一方面，意见领袖代表政府及时有效地向公民传达信息，引导舆论；另一方面，意见领袖又代表广大公民向政府传达意愿。

四　大数据背景下的网络舆情管理

大数据是指无法在一定时间范围内用常规软件工具进行捕捉、管理和处理的数据集合，需要借助新的处理模式，才能具有更强的决策力、洞察发现力和流程优化能力的、高增长率和多样化的海量信息资产。[①] 大数据时代，信息增长的速度较以往任何一个时期都要快，信息总体量不断扩大。而要处理如此巨量的数据信息，并从中找到符合需要的信息，必须依靠先进的大数据分析处理技术来做支撑。[②] 如今，大数据颠覆了人们的思考方式，企业不再只根据过去的经验和个人能力制定决策，而是靠分析海量的数据信息，制定出更准确、更可靠的决策。网络各个平台上的用户行为都可以作为数据，企业可以利用这些海量数据，分析挖掘出用户的需求和喜好，从而开发出更受网民欢迎的产品。政府也可以利用大数据技术，通过采集分析网民的数据，预测舆情走向。

（一）大数据对网络舆情管理的价值

大数据对网络舆情的有效管理，是基于运用大数据挖掘分析技术对海量舆情信息的综合处理。舆情信息由"人"产生并传播，因此，分析舆情信息实际上是研究"人"对舆情事件情绪、态度和意见的总和。

1. 舆情分析与预测是大数据的核心价值

大数据一般来源于移动互联网或物联网等，随着计算机技术的发展，采集和分析大数据已不成问题。大数据技术为网络舆情分析、判断、预测提供了有效支撑。传统网络舆论监测，只能分析少量的文本信息，信息缺失不全且覆盖范围狭小，预测结果具有局限性和滞后性。而大数据技术，是在传统数据分析基础上，对舆情信息更加全面、完整、立体、动态地进行处理分析，所获得信息不只局限于文本，图片、语音和视频都在数据处理范围内。政府利用大数据技术分析大量舆情相关数据，建立网络舆情模拟演变程序，预测舆情未来走势，将监测的目标时间点提前到敏感消息进行网络传播的初期，提前制定出应对之策，把握主导权。图9-7是目前互联网大数据的主要来源网站。

---

① 参见 http：//www. thebigdata. cn/YeJieDongTai/29000. html。

② 参见《在大数据环境下的网络舆情监测发展》，http：//www. docin. com/p－14769
75348. html。

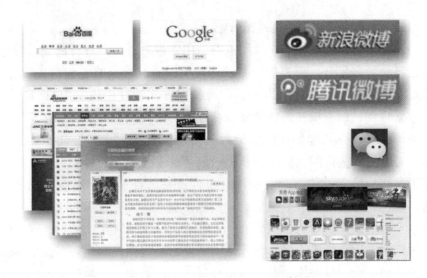

图9-7 互联网大数据的主要来源网站

2. 通过大数据获得深层次舆情信息

在大数据时代，舆情分析的首要任务便是研究并判断趋势的走向。当今时代背景下，人们已经有能力在万千数据中提取有效信息，并通过对趋势的判断分析来提高收益，但这并不完整。大数据时代下，信息更迭迅速，想要持续获得收益，就必须不断地学习和把控新的途径，对舆情信息的处理和分析能力不断增强，不单单是收集数据，更重要的是，研究数据并判断走向。近年来，舆情分析与检测行业发展迅猛，如何在茫茫数据海洋中提炼出有效信息，要求我们熟练掌握数据挖掘，自然语言处理和智能语义分析等技术，而对于传播媒介的掌控更是不可缺少，诸如深受大众喜爱的微博、博客、论坛、网站等。在这其中深挖信息，归纳舆论的重点，从数据的本身出发，并结合历史事件的分析，以掌控公众的态度进行积极有效的预测分析。新的时代下，互联网以其便捷迅速的特质，成为评估政府成效、发展企业和收集民意不可或缺的途径。一旦出现舆情危机，就应在大数据平台基础上积极获取相关信息并深挖网络舆情发展方向，将危机损失降到最低，以提升工作的主动性和灵活性。

（二）大数据时代网络舆情监测的现实转变

1. 舆情监测向多元化和多角度发展

大数据由于信息体量较大，呈现出复杂化、多元化特点，在此背景下形成的网络舆情也表现出多极化特征。因此，实施民族关系网络舆情监测需要从表达内容、社会关系、心理状态、社会诉求等多方面开展工作。例如，新华社新媒体中心与数托邦工作室进行合作，通过收集并整理分析新浪微博上有关综艺《爸爸去哪儿》的微博内容，对发布主体特征，发布时间、地点等大数据信息进行深入挖掘分析，找出该节目收视率高涨的根本原因。

2. 数据库向非结构化的海量数据库转变

大数据背景下，社会各领域的信息体量增长迅速，使传统的数据库构建技术已不能满足大数据分析处理要求。不断增长的大数据不仅包括结构化的数据信息，同时也包括非结构化的数据信息。因此，为满足当前网络舆情监测工作的需要，对大量不同结构特征的数据信息进行分析处理，需要运用大数据技术构建能够兼容结构化和非结构化数据的综合数据库。

3. 高度集约化将成未来舆情管理的趋势

在大数据时代，用户数据成为各企业最有价值的资产。但是，由于信息的共享性，各方获得的数据并没有太大差别，此时数据处理分析能力就成为核心的竞争力，数据分析能力体现在数据处理速度和分析结果呈现的效果上；速度越快呈现内容越清晰直白，对决策的制定更有利，也有助于产品快速抢占市场份额。但是，目前大部分舆情监测软件，并不具备如此强大的大数据分析技术，竞争力较为低下。因此，原有零散低能的监测软件公司开始集约整合，实施信息共享、技术共享，以期在激烈竞争的环境下与大公司并存。

（三）大数据时代网络舆情管理的对策

大数据的目标是分析与预测。网络舆情监测管理是通过收集与网络舆情相关的海量信息，并通过数据挖掘、数学模型构建分析等多种大数据技术，对舆情事件的传播内容、传播情况、传播主体特征、传播途径特点进行综合分析，以对舆情发展情况及时做出判断和预测，为网络舆情管理人员制定舆情调控决策提供事实支撑。下面提出三种对策应对大数据时代下的网络舆情管理。

1. 监测发展趋势，正确引导舆论

从数据流动的角度看，网络舆情管理的过程注重对数据的处理，包括收集的方式、整合和提炼方法、挖掘分析并判断其安全效应，以应对突发危机。和传统的网络舆情管理相比，危机事件发生后的应对调控措施发生了显著变化，从过去的被动响应转变为先前的主动预测调节。主动预测展示的预测式决策则更多体现的是正向思维，从事情还未发生时，便通过对数据的量化分析进行预先判断，找到防止危机产生的方法。网络舆情监测系统以其出色的分析手段为网络舆论安全提供了保证，其对信息提取和处理的方法应用甚广。在突发事件面前，进行较为全面的分析和判断，积极有效地掌控局势。

2. 全面加强网络舆情管理

大数据的特征可以概括为"5V"，即 Volume（数据数量巨大）、Variety（数据类型多样）、Value（价值密度低）、Velocity（处理速度快）和 Veracity（数据质量高）。因此，政府需要组建一支专业的舆情监控队伍，除了及时监控数据信息的流通动态，还要对海量数据进行甄别和判断，并做出准确迅速的反应。监控部门在整合、分析各种网络言论以及科学研判舆情的发展态势时，还要积极同网管办、电信运营商等机构建立好联动处置机制，切实做到第一时间处置负面舆情，把握舆论主导权。从官方发出声音，给出有公信力的说明。

3. 基于大数据强化网络舆情分析研判

在云计算和数据库技术出现后，人们可以对大量数据进行运算、记录并存储，要知道在实时海量数据上进行普通运算的准确性远远高于之前在少量数据上的复杂运算。大数据预测是大数据的核心运用，社会各行业都开始采用大数据技术应用于决策制定。例如，公安机关可建立特定主题的数据监测系统，采集大量数据，同时可与相关网站合作，获取其后台关键数据，根据事件属性进行分类整理存储，运用大数据技术，从这些数据中获取某类事件发展规律及特征信息，完善舆情工作机制。此外，不断拓宽大数据获取的渠道，以提高预测准确性和完整性。

五　网络舆情中意见领袖的特点和作用

（一）意见领袖的特点

意见领袖理论起源于拉扎斯菲尔德和伊莱休·卡茨的两级传播论。意见领袖利用自身影响，发表带有个体色彩的言论以影响其追随者（粉丝）类似意见的形成，从而引导最终网络舆情形成。意见领袖具备如下三个特征。

1. 拥有较强的新闻敏感度

网络舆论事件中，意见领袖本身要熟练使用各种网络新媒体，并频繁上线挖取事件背景、产生原因、发展动态等信息；同时，意见领袖自身具有强烈的新闻敏感度，自己对这个领域各方面知识都有所涉猎，并且由于其社交范围广，能获知大多数人不知道的信息。满足以上两个方面，意见领袖在网络平台上发表的意见和观点才会受人追捧。

2. 善于运用网络传播和网络舆论的影响力

网络传播具有开放性、时效性与交互性的特点。网络的开放性需要意见领袖不断地更新自己的信息知识面，能与多种群体进行互动；网络的时效性需要意见领袖具备对事件的快速反应能力，抢在第一时间发表评论同时也要保证其质量；网络的交互性意味着意见领袖的观点和看法可能会受到他人质疑，所以，意见领袖必须积极应对网友的意见分歧，拿出充足的证据和理由。

3. 有良好的驾驭话题的能力

意见领袖语言表达能力的好坏直接影响其意见观点的接受程度。虽然网民之间的语言表达方式多种多样，除了单纯的文字表达，还有语音、表情包和动态视频等生动的表达方式，但是，对意见领袖来说，文字是其最锋利的武器，扎实的文字功底也是一个人的魅力所在。现代社会中，人们越来越浮躁，能用一句话说清楚的绝不用两句话。因此，意见领袖要想让更多的人看自己的评论，必须锤炼自己的文字，言简意赅。

（二）意见领袖的作用

网络媒体上的意见领袖特点与传统的意见领袖不同，影响力更强，范围更广，在网络舆情中发挥着巨大的作用，下面以微博为例介绍其主要作用。

1. 意见领袖往往是网络舆情形成的源头

意见领袖在微博中会拥有一大批"忠实"的粉丝，他们与意见领袖通过网络平台等途径进行互动交流，进一步巩固了彼此的信任关系、协同关系。通常，网络舆论的产生与传播，影响力的形成和作用大小主要与舆论传播主体的权威性相关，传播主体越具有代表性，所获得的话语权越大，造成的舆论影响也越大。意见领袖作为网络舆论的重要传播主体，其所发表的内容很容易引导网络舆情走向，特别是在公共危机事件中表现得会更加明显。

2. 微博意见领袖能助推网络舆情走向高潮

微博是一个公众自由沟通交流的平台，但是，由于公众对意见领袖的关注度较高，特别是名人微博，他所发表的每一条微博的浏览量或转发量可能会达到上万次，再通过一传十、十传百的过程，无疑成为全民关注的议题。微博上的意见领袖比一般用户都要活跃，特别是在重要舆论事件上，为了保持自己的曝光度，在热点事件的评论栏上都有他们的身影，而当他们的评论观点被其粉丝及其他网民广泛查阅后，很容易在网络上产生不同意见的舆论群体，进而形成网络舆情。

3. 微博意见领袖能改变舆论议题导向

任何网络舆论的产生，都会经历形成、发展、高潮和结束的演化过程。但网络舆情由于其自身的复杂性和动态性，极易在这个过程中进行反复演化，并可能与其他舆论主题关联；特别是在微博中，意见领袖可以通过制定新的议题或话题，分散网民注意力，进而引导舆论朝其他方向转变。

第七节　民族关系主动调控机制运行研究

一　民族关系主动调控过程的四个环节

民族关系主动调控的目标是对民族关系进行有效调控，以促进民族关系的和谐发展，调控机制聚焦于民族关系领域，具有相对的封闭性和完整性。通常情况下，主动调控机制包括调控手段、调控对象和调控过程。调控手段涵盖民族政治、社会、经济、文化、宗教等方面的调控手段，作为调控对象的民族关系客体会随着环境变化而发生改变。因此，在民族关系主动调控机制运作中，应当考虑调控对象的现实特点，综合运用多种调控手段，对民族关系进行全局调控，以达到调控机制的优化与完善。

民族关系调控过程，一般分为决策环节、实施环节、监控环节和反馈环节四个阶段。

（1）决策环节是调控过程的终端，是在调控的基础上进行分析总结，以制定合适的调控决策方针。

（2）实施环节即实施调控手段的环节，这是一个调控与反调控的过程。

（3）监控环节贯穿整个调控过程，主要包括对其他调控阶段和调控对象变化状况进行实时监测。

（4）反馈环节主要对调控所得结果进行分析，并将结果反馈到调控机制中，以促进调控机制的优化与完善。

整个过程的各个环节相互联系、相互制约，共同作用使整个民族关系调控机制正常循环运转，这一循环不是简单的重复，而是在不断调整和更新。

二　民族关系和谐性调控机制和工作网络

民族关系和谐性调控机制是一个全面而庞大的民族工作网络系统。调控主体是调控的决策者和实施者，调控客体是以民族关系为对象，由主体和客体共同组成的民族关系和谐性调控机制，组织结构完整复杂，组织单元职责分明，组织任务清晰可行。调控主体将根据民族关系发展实际情况，综合运用多种调控手段和方式，对民族关系进行综合调控。

（一）民族关系和谐性调控机制

民族关系和谐性调控机制包括调控主体和调控客体内容。民族关系调控的组织机构是一个相互作用的多层次系统，组建专门的调控组织是构建民族关系调控机制的重要保障。

国家民委是国务院主管国家民族事务的职能部门，是国家调控民族关系的最高权力机关。国家民委各机构在民族关系调控中的职能分工不同，政策研究室、信息中心、政策法规司主要负责法律法规和政策的调研、收集、整理、起草制定以及发布、宣传；经济发展司、文化宣传司、教育科技司负责调控少数民族和民族地区经济、政治、教育、文化、科技等事业的发展；监督检查司负责民族关系调控的监督检查工作。① 此外，全国各省、市、自治区、县均设立有负责民族事务管理工作的组织机构。这些工作机构有的是单独设立的，有的省市是与宗教工作合并设立的，依据各地区的实际情况来设置相应的职能机构。不少地方县级以下基层管理部门也设立了民族工作机构。

---

① 参见《中共国家民委党组关于印发〈国家民委机关各部门主要职责内设机构和人员编制规定〉和〈国家民委民族理论政策研究室等四个单位主要职责内设机构和人员编制规定〉的通知》。

（二）民族关系调控工作网络

国家和省、市、自治区从宏观层面构建并确立民族关系和谐性调控体制，自上而下形成民族关系调控工作网络。在具体调控工作实施时，依据该工作网络，结合民族关系发展实际特点和现状，从不同视角、不同层面、不同方式开展有针对性的调控措施，促进民族关系和谐稳定，进而发展出团结互助、公正平等的社会主义新型民族关系。

政府等行政机构主要通过政治调控手段和法律调控手段对民族关系进行直接调控，民族事务部门作为主导机构，统筹规划调控工作的整体布局；其他部门主要与民族事务部门协作，辅助其开展调控工作，以实现民族关系和谐发展的最终目的。国家民委与各级民委机构通过主动收集民族关系发展情况相关信息，及时发现其中存在的问题，并采取相应的调控手段和措施，缓解一些民族矛盾和民族冲突问题，促进民族关系和谐发展。

三　民族关系调控制度的完善

完善民族关系调控机制，主要包括民族关系调控体制建设、健全民族调控法规体系、落实民族关系调控政策及制度与建立和完善民族关系调控工作制度。

（一）民族关系调控体制建设

民族关系调控体制建设，主要是民族关系调控组织机构的组建和职责分工的制定。民族关系调控涉及社会方方面面，且随着时间推移会发生动态改变，因此，需要构建一个完整统一的调控体系对民族关系实行全方位实时监控。民族关系调控体制职责分工的制定，即根据各级机构实际情况将各职能规范化、明确化、体制化，融入日常生活中，成为重要的一部分。

（二）健全民族关系调控法规体系

法律规范是指通过国家的立法机关制定或者认可，用以指导并约束人们行为规范。我国民族法制工作，已初步形成了以宪法为基础，以自治法为主体，包括法律、法规、规章以及地方性法规、自治条例、单行条例。少数民族自治区除保障自治权的法律制度外，还应制定执行自治权和违背民族法律法规的惩处制度。并设立专门的机构监督与检查执法部门执法，做到"有法必依，违法必究"。

（三）落实民族关系调控政策及制度

贯彻落实调控政策及制度，对促进调控工作开展和调控目标实现均具有显著意义和作用。设立专门的教育部门，教育群众知法、懂法、学法、守法，从而使全社会在民族关系发展方面统一认识，行动一致，促进民族团结。设立一定的奖惩制度，对民众涉及的民族关系的行为予以奖惩，从而对涉及民族关系的社会行为实施调控。民族关系的影响因素多种多样且千差万别，但民族关系调控政策能够为调控者或基层组织提供具体的实施原则和规范，使其更好地调控民族关系。

（四）建立和完善民族关系调控工作制度

调控工作制度是对调控法规和政策内容执行时的一种具体化。在不同调控阶段，调控主体的工作制度均有所不同，但大致包括以下七个方面。

（1）调查研究制度。没有调查研究，民族工作根本无法顺利开展，因为调查研究是认识的前提。只有了解和掌握了民族政策的实际执行情况，才能确定政策的制定是否合理，从而对制度进行调整。通过多渠道、多模式、多层次地开展调查研究工作，将所收集的民族关系信息用作相关政府部门制定调控政策的参考，以便切实有效地开展调控工作。

（2）民族政策、法律法规宣传和培训制度。普及法律常识，持续宣传民族政策和法律法规是政府顺利开展民族工作的保证，不断增强各族干部、群众维护民族团结的自觉性和坚定性。

（3）联动协调制度。民族关系的和谐发展离不开联动、有效的民族关系协调机制的制定，政府和公共团体组织共同参与民族关系调控工作，形成一个完整的民族关系联动协调网络。

（4）沟通协调制度。民族关系沟通协调制度是各级民委与民族社团、少数民族代表之间交流的联谊制度。要保持上下级之间与各部门内部成员之间沟通渠道的通畅，以全民族利益为出发点，协调各级单位工作。

（5）民族矛盾纠纷处置制度。确立民族矛盾纠纷处置制度，能对及时发现的民族关系矛盾纠纷事件处理提供有效帮助。依据已构建的民族关系信息库，建立民族危机事件应对预案库，实时监测民族关系发展态势，并开展相应调控工作，对维护民族关系团结稳定具有重要意义。

（6）监测评价制度。判断和评价民族舆情，正确处理民族问题需要科学的制度作为参考，即民族关系监测评价制度。民族关系监测评价制度的制定，重点在于建立民族关系监测评价处置信息网络，包括信息中心、信息员以及传播途径。信息网络的畅通运行是掌握民族动态的关键。

（7）监督检查制度。监督检查制度是民族关系调控机制顺利实施的保证，国家民委及各地民族工作机构中都设有专门的监督部门，而且有相关法律保障少数民族权益，对司法机关、政府及其有关部门执法行为进行监督，有利于提高民族关系调控制度的实施效果。

第十章　民族关系和谐性监测预警案例研究

通过前面各章节的相关理论和方法研究，本书建立了民族关系和谐性监测预警评价体系，基于和谐主题对监测预警指标集进行动态筛选，然后通过收集预警指标数据，获取民族关系发展趋势，找出影响民族关系和谐性的关键指标，为后续的主动调控机制奠定基础。本书提出了民族关系和谐性监测预警的具体实施及运行过程①，主要包括民族关系发展过程的监测、危机预警、防范、调控与应急处理等内容。本章以西南某城市（以下简称 C 市）为示例，介绍了民族关系和谐性监测预警的主要过程。通过问卷调查、实地访谈以及统计资料等方式获得了监测预警的主观和客观指标数据，建立动态民族关系和谐性监测预警评价指标集，并运用一系列分析工具，得出民族关系和谐性测度，并据此提出了预警等级及调控建议。如前所述，互联网舆情也在一定程度上反映了现实民族关系的和谐程度，对网络舆情的监测分析也能达到民族关系监测预警的目的。本章以微信和知乎平台为例介绍了基于网络大数据的民族关系监测预警基本原理。

第一节　调研地区基本概况

传统的西南民族研究中，西南地区主要是指川、渝、滇、黔这一区域。该区域内聚居着汉族、壮族、彝族、苗族、瑶族、回族、藏族等30 多个民族，是全国世居民族最多的地区。本章所用数据主要来自 C 市，C 市是一个少数民族散杂居城市，境内除汉族外，有 54 个少数民族成分。少数民族常住人口 20.8 万，人数在 1000 以上的少数民族分别

---

① 详见第八章民族关系和谐性监测预警的实施中有关内容。

是藏族、回族、彝族、羌族、土家族、满族、苗族、蒙古族、壮族、白族。其中回族和藏族人口最多。改革开放以来，经济文化的快速发展，加快了人口流动，少数民族人群大量涌入，其中许多人已经选择在该地安居落户。据统计，该地目前已经成为 56 个民族成分比较齐全的城市，多元文化特点日益突出、族际交流日益频繁。

近年来，C市为打造良好的民族关系，围绕民族工作"共同团结奋斗、共同繁荣发展"的和谐主题，不断巩固和发展平等、团结、互助的社会主义民族关系，采取多项政策措施以应对各种民族纠纷和矛盾，并积极落实党中央的各项民族政策，民族关系呈现和谐发展的态势。

第二节　民族关系和谐性指标筛选

民族关系在不同地区、不同时期的和谐主题存在差异，和谐性监测预警指标集应随着和谐主题的改变而改变，因此，动态指标集的筛选确定是监测预警的第一步。基于可操作性、科学性及相关性的原则，本书采用专家咨询的方式对监测预警指标集进行筛选。

一　专家的选取及确定

C市民族事务部门提供了 20 位候选专家的相关资料，其学历、专业方向、职称或职务、工作性质以及可信度具体如表 10 – 1 所示。[1]

表 10 – 1　　　　　　　　　　专家可信度评定

参评人员	职称或职务	学历	专业方向	工作性质	评定得分	可信度
1	正处	本科	行政管理	政府	34	0.850
2	正处	博士	民族学	科研	38	0.950
3	副处	本科	宗教学	政府	31	0.775
4	正高	硕士	行政管理	企业	32	0.800

---

[1]　专家可信度的评判主要参考工作职称或职务、学历、工作性质、专业方向等方面，具体计算方法详见第四章。

续表

参评人员	职称或职务	学历	专业方向	工作性质	评定得分	可信度
5	中级	本科	社会学	政府	30	0.750
6	正处	博士	民族学	科研	39	0.975
7	正高	硕士	行政管理	政府	35	0.875
8	中级	本科	民族学	科研	37	0.925
9	正处	硕士	社会学	政府	35	0.875
10	副处	本科	民族学	政府	30	0.750
11	中级	硕士	民族学	政府	33	0.825
12	副处	硕士	宗教学	科研	36	0.900
13	副处	硕士	社会学	政府	34	0.850
14	正高	博士	民族学	科研	35	0.875
15	正处	硕士	行政管理	企业	35	0.875
16	中级	本科	宗教学	科研	37	0.925
17	副处	硕士	社会学	政府	34	0.850
18	正处	博士	民族学	科研	34	0.850
19	正高	硕士	行政管理	企业	31	0.775
20	中级	本科	社会学	政府	33	0.825

专家可信度越大，越接近1，则表示该专家越值得信任，所做的判断越准确；反之，专家可信度越小，则表示该专家所做的判断与本项调查项目有较大偏差。由表10-1可知，除了3号、5号、10号以及19号三位专家的分数低于0.8，其余专家的可信度均高于0.8，因此，为保证最终效果的可靠性，我们剔除了可信度低于0.8的4位专家，本次调研邀请剩下的16位专家对民族关系各个维度进行打分。

二 指标的动态筛选

本书将民族关系和谐性监测预警指标集分为政治和谐性测度、经济和谐性测度、文化和谐性测度、社会和谐性测度、宗教和谐性测度、国际和谐性测度和环境和谐性测度7个方面，该指标集有7个一级指标和若干个二级指标，详细情况见附录一和附录二。

评价指标的筛选就是要保留那些与当前民族关系和谐主题关联度较

强的指标，基于专家意见，剔除与民族关系和谐性评价关联性不强的指标。采用 16 位专家对所有二级指标的重要性进行打分，我们将统计专家打分的均值、标准差和变异系数。

（1）均值 E_j：

$$E_j = \frac{1}{p} \sum_{i=1}^{K} K_i n_{ij} \qquad (10.1)$$

式中，K_i 表示第 i 级重要程度的量值，这里，我们将重要程度分为 5 级，其量值 $K_i (i = 1, 2, 3, 4, 5)$ 为 5、4、3、2、1，分别代表非常重要、比较重要、重要、比较不重要和非常不重要；n_{ij} 表示专家对指标 B_j 给出第 i 级重要程度评价的人数；p 为总评价人数。

（2）标准差 δ_j：

$$\delta_j = \sqrt{\frac{1}{p-1} \sum_{i=1}^{k} n_{ij} (E_j - K_i)^2} \qquad (10.2)$$

标准差反映了专家打分的离散程度，是衡量重要性分散程度的一个标准。若专家对重要程度评价比较集中，则 δ_j 较小；反之，若重要程度评价比较分散，则较 δ_j 大。

（3）变异系数 V_j：

$$V_j = \frac{\delta_j}{E_j} \qquad (10.3)$$

变异系数表示指标的协调程度。E_j 越大，说明专家认为，该指标越重要；标准差 δ_j 越小，说明专家意见越集中；但这两个指标都是绝对性指标，有时 E_j 和 δ_j 表示的结果可能并不完全一致。在这种情况下，就可以用 V_j 判别。E_j 越大，δ_j 越小，V_j 越小，说明指标越重要。

对所收集到的专家问卷数据，采用 SPSS 软件进行统计分析，得到各个指标程度的均值、标准差及变异系数。其中，各指标的均值，表示该指标的重要程度，均值越大，说明该指标重要性越大；各指标的变异系数表示样本数据协调度，变异系数越小，说明样本数据的离散程度越小，协调程度越高，一致性越好。根据以往的研究，均值大于 3.1，说明该指标重要性较强，低于此值说明指标的重要性低，在项目选择中可以不予考虑；指标的变异系数的界值为 0.3，高于 0.3，表明评价数据的离散程度较大，在项目中可以不予考虑。① 因此，将均值大于3.1和变异系数小于0.3的指标列入最终评价指标体系中，并将剩下的客观指标和主观指标合并在一起并进行编号，结果见表10-2。

表10-2　　　　　　　　民族关系和谐评价指标体系

		B1	所在地区群体性事件频数
A1 政治和谐性测度	客观	B2	所在地区投诉举报案件结案率
		B3	所在地区少数民族人大代表比例（县级以上）
		B4	所在地区少数民族党员数
		B5	所在地区公务员少数民族比例
		B6	所在地区渎职人数
		B7	所在地区刑事案件发生频数
		B8	所在地区刑事案件破案频数
	主观	B9	民族地区政策满意度
		B10	政府民意采纳满意程度
		B11	政府纠纷处置满意度
		B12	民族地区政策法规变动频繁度
		B13	民族干部选拔方式满意度
		B14	民族干部工作满意度
		B15	民族地区群众参政满意度
		B16	民族地区政府公共服务效率满意度
A2 经济和谐性测度	客观	B17	所在地区少数民族人口贫困率
		B18	发达地区对当地对口支援力度
		B19	所在地区少数民族人均收入水平
		B20	所在地区人均食品消费支出
		B21	所在地区人均总消费支出
		B22	所在地区第三产业比例
		B23	所在地区财政赤字率
		B24	所在地区人均GDP
		B25	所在地区研发经费总额

① 关于和谐性预警指标的筛选标准，借鉴了相关文献的做法。参见于洪良《基于TOPSIS方法的城市生态系统评价研究——以山东省东营市为例》，《经济与管理评论》2014年第6期。

续表

A2 经济 和谐性测度	客观	B26	所在地区非农就业比重
		B27	所在地区基础建设年投资额
	主观	B28	民族地区收入水平满意度
		B29	物价水平满意度
		B30	民族地区工业发展满意度
		B31	民族地区服务业发展满意度
		B32	当地产业发展前景满意度
		B33	民族地区基础设施建设满意度
A3 文化 和谐性测度	客观	B34	所在地区民族文字书刊年出版数
		B35	所在地区少数民族学龄教育净入学率
		B36	所在地区少数民族九年义务教育完成率
		B37	所在地区人均教育经费支出
		B38	所在地区星级景区数量
		B39	所在地区非物质文化遗产数量
	主观	B40	民族地区教育状况满意度
		B41	民族语言文字保护满意度
		B42	民族地区科技发展满意度
		B43	民族地区文化传承程度
		B44	民族地区幼儿教育状况满意度
		B45	民族地区职业教育状况满意度
		B46	民族地区高等教育满意度
		B47	民族地区语言使用状况满意度
		B48	当地语言变迁情况满意度
		B49	当地风俗习惯保留满意度
A4 社会 和谐性测度	客观	B50	所在地区少数民族人均住房面积
		B51	所在地区少数民族社会保障覆盖率
		B52	所在地区少数民族生活用水普及率
		B53	所在地区少数民族人口就业率
		B54	所在地区城市化水平
		B55	所在地区实际拥有床位数
		B56	所在地区少数民族人口婴儿死亡率
		B57	所在地区每千人卫生技术人员数

续表

	客观	B58	所在地区少数民族失业人口
A4 社会和谐性测度	主观	B59	民族地区人身安全满意度
		B60	民族习俗尊重满意度
		B61	民族地区社会保障满意度
		B62	民族地区家庭幸福程度
		B63	民族地区住房满意度
		B64	民族地区互联网普及满意度
		B65	民族地区公共出行满意度
		B66	民族地区财产安全满意度
		B67	民族地区就业状况满意度
		B68	民族地区休闲娱乐状况满意度
		B69	民族地区人际关系满意度
		B70	跨民族交往的意愿
A5 宗教和谐性测度	客观	B71	民族宗教队伍年培训次数
		B72	宗教设施建设费用支出金额
		B73	所在地区宗教教徒数量
		B74	所在地区宗教场所数量
		B75	所在地区宗教组织数量
		B76	宗教管理部门人员数
	主观	B77	民族地区宗教发展水平满意度
		B78	民族地区宗教活动场所合理度
		B79	民族地区宗教专职人员工作满意度
		B80	民族地区宗教信仰尊重程度
		B81	民族地区宗教活动参与程度
		B82	民族地区宗教多样化程度
		B83	宗教信仰自由满意度
		B84	宗教对民族地区社会稳定影响
		B85	宗教民族地区日常生活的影响
A6 环境和谐性测度	客观	B86	所在地区废水排放量
		B87	所在地区废气排放量
		B88	所在地区生活垃圾清运量
		B89	所在地区废渣处理率

续表

	客观	B90	所在地区绿化覆盖率
A6 环境 和谐性测度	主观	B91	民族地区资源保护满意度
		B92	企业环保行为满意度
		B93	对当地自然资源开发利用状况满意度
		B94	民族地区生活环境卫生满意度
		B95	民族地区环保工程建设满意度
		B96	民族地区自然灾害影响程度
A7 国际 和谐性测度	客观	B97	国外宗教极端主义势力干扰程度
		B98	民族性冲突事件数
		B99	国际宗教性大型集会数
		B100	国外民族分裂主义势力干扰程度
	主观	B101	国外宗教极端主义影响程度
		B102	国外民族分裂主义势力影响程度
		B103	国外恐怖主义活动影响程度
		B104	周边国家不稳定的影响程度

第三节　民族关系和谐性预警示例分析

一　民族关系和谐性客观指标的示例分析

(一) 确定权重

本章主要在民族关系和谐性评价指标集确定的基础上，通过专家打分和层次分析法确定一级指标和二级指标的权重大小。同时也考虑到专家在对民族关系和谐维度的相对重要性和各维度内指标的相对重要性进行评价时，由于专家主观经验的影响而导致评价的片面性，因此，采取群决策的方法，也就是同时采取多名专家对调研地区的民族关系和谐维度的相对重要性按照一定规则进行打分，然后采用相关的决策方法尽量消除专家评分的主观性。

层次分析法的关键在于对各个要素进行两两比较，但是，必须遵循统一的比较标准，以保持比较结果的一致性。本书采用 9 级比例标尺，即现在普遍使用的与文字叙述评比相对应的数值尺度为1、3、5、7、9和介于其中的折中值2、4、6、8，详见表10-3。[①]

表10-3　　　　　　　　　　　AHP 评价尺度

成对比较标准	定义	内容
1	同等重要	两个要素具有同等的重要性
3	稍微重要	认为其中一个要素较另一个要素稍微重要
5	相当重要	根据经验与判断，强烈倾向于某一要素
7	明显重要	实际上非常倾向于某一要素
9	绝对重要	有证据确定，在两个要素比较时，某一要素非常重要，即一个要素明显强于另一个要素可控制的最大可能
2、4、6、8	用于上述标准之间的折中值	
上述值的倒数	当甲要素与乙要素比较时，若被赋予以上某个标度值，则乙要素与甲要素比较时的权重就应该是那个标度的倒数	

第一，根据专家的打分情况，建立维度之间两两比较的矩阵，详见表10-4。

表10-4　　　　　　　民族关系和谐维度的成对比较

	A1	A2	A3	A4	A5	A6	A7
政治因素 A1	1	1/6	3	1/2	1/2	3	5
经济因素 A2	6	1	3	4	2	4	5
社会因素 A3	1/3	1/3	1	1	1/6	1	4
文化因素 A4	2	1/4	1	1	1	1	3
宗教因素 A5	2	1/2	6	1	1	3	5
环境因素 A6	1/3	1/4	1	1	1/3	1	5
国际因素 A7	1/5	1/5	1/4	1/3	1/5	1/5	1

则判断矩阵 $R_{n \times n} = (a_{ij})_{n \times n}$ 为：

---

① 参见张炳江《层次分析法及其应用案例》，电子工业出版社2014年版，第22页。

$$R_{7 \times 7} = \begin{bmatrix} 1 & \dfrac{1}{6} & 3 & \dfrac{1}{2} & \dfrac{1}{2} & 3 & 5 \\ 6 & 1 & 3 & 4 & 2 & 4 & 5 \\ \dfrac{1}{3} & \dfrac{1}{3} & 1 & 1 & \dfrac{1}{6} & 1 & 4 \\ 2 & \dfrac{1}{4} & 1 & 1 & 1 & 1 & 3 \\ 2 & \dfrac{1}{2} & 6 & 1 & 1 & 3 & 5 \\ \dfrac{1}{3} & \dfrac{1}{4} & 1 & 1 & \dfrac{1}{3} & 1 & 5 \\ \dfrac{1}{5} & \dfrac{1}{5} & \dfrac{1}{4} & \dfrac{1}{3} & \dfrac{1}{5} & \dfrac{1}{5} & 1 \end{bmatrix}$$

这里，可以采用和积法来近似求解各维度的权重，具体计算步骤如下：

步骤一：R 中元素按列归一化处理，即求：

$$\bar{\alpha}_{ij} = \alpha_{ij} \Big/ \sum_{k=1}^{n} \bar{\alpha}_{kj} \quad (i, j = 1, 2, \cdots, n) \tag{10.4}$$

步骤二：将归一化后的矩阵的同一行的各列相加，即：

$$\bar{v}_i = \sum_{k=1}^{n} \bar{\alpha}_{ij} \quad (i = 1, 2, \cdots, n) \tag{10.5}$$

步骤三：将相加后的向量除以 n 即得权重向量，即：

$$v_i = \bar{v}_i / n \tag{10.6}$$

步骤四：计算最大特征根为：

$$\lambda_{\max} = \frac{1}{n} \sum_{i=1}^{n} \frac{(Rv)_i}{v_i} \tag{10.7}$$

其中，$(Rv)_i$ 表示向量 Rv 的第 i 个分量。

本书使用软件 Yaahp V10 对各维度权重进行计算，计算结果见表 10 - 5。

表 10 - 5　　　　　　　　　民族关系和谐维度权重

政治因素	经济因素	社会因素	文化因素	宗教因素	环境因素	国际因素
0.129	0.342	0.083	0.116	0.208	0.088	0.033

第二，针对政治维度内的指标建立两两比较矩阵，见表 10 - 6。

表 10 - 6 政治维度内指标的成对比较

政治和谐	B1	B2	B3	B4	B5	B6	B7	B8
B1	1	1	1	1/4	1/6	1/4	1/4	1/3
B2	1	1	1	1/3	1/3	1/2	1/2	2
B3	1	1	1	1/2	1/4	1/5	1	1/2
B4	4	3	2	1	1/3	1/3	1/2	3
B5	6	3	4	3	1	4	5	2
B6	4	2	5	3	1/4	1	4	5
B7	4	2	1	2	1/5	1/4	1	4
B8	3	1/2	2	1/3	1/2	1/5	1/4	1

可计算得政治维度内各指标权重，见表 10 - 7。

表 10 - 7 政治维度各指标权重

B1	B2	B3	B4	B5	B6	B7	B8
0. 042	0. 072	0. 058	0. 128	0. 311	0. 187	0. 117	0. 085

第三，针对经济维度内的指标建立两两比较矩阵，见表 10 - 8。

表 10 - 8 经济维度内指标的成对比较

经济和谐	B17	B18	B19	B20	B21	B22	B23	B24	B25	B26	B27
B17	1	1/3	1	1/2	1/4	1/2	2	1/2	1/3	1/3	1
B18	3	1	2	1	1/2	2	2	2	1/2	1/2	2
B19	1	1/2	1	1/4	1/3	1/3	1/2	1/2	1/4	1/4	1/2
B20	2	1	4	1	3	1/3	3	1/3	1/3	1/3	2
B21	4	2	3	1/3	1	1/2	2	1/2	1/4	1/3	1
B22	2	1/2	3	3	2	1	4	2	1/2	2	3
B23	1/2	1/2	2	1/3	1/2	1/4	1	1/4	1/3	1/4	2
B24	2	1/2	2	3	2	1/2	4	1	1	1/2	4
B25	1/3	2	4	2	4	2	1/3	1	1	2	4
B26	3	2	4	3	3	2	1/4	1/2	1/2	1	3
B27	1	1/2	2	1/2	1	1/3	1/2	1/4	1/4	1/3	1

可计算得经济维度内各指标权重，见表 10 - 9。

表 10 - 9　　　　　　　　　经济维度各指标权重

B17	B18	B19	B20	B21	B22	B23	B24	B25	B26	B27
0.0437	0.1036	0.033	0.0878	0.0765	0.1392	0.0403	0.1138	0.1731	0.1468	0.0421

第四，针对文化维度内的指标建立两两比较矩阵，见表 10 - 10。

表 10 - 10　　　　　　　　文化维度内指标的成对比较

文化和谐	B34	B35	B36	B37	B38	B39
B34	1	2	3	2	1/2	1
B35	1/2	1	2	1	1/3	1/2
B36	1/3	1/2	1	1/2	1/5	1/3
B37	1/2	1	2	1	1/3	1/2
B38	2	3	5	3	1	2
B39	1	2	3	2	1/2	1

可计算得文化维度内各指标权重，见表 10 - 11。

表 10 - 11　　　　　　　　文化维度各指标权重

B34	B35	B36	B37	B38	B39
0.193	0.107	0.060	0.107	0.341	0.193

第五，针对社会维度内的指标建立两两比较矩阵，见表 10 - 12。

表 10 - 12　　　　　　　　社会维度内指标的成对比较

社会和谐	B50	B51	B52	B53	B54	B55	B56	B57	B58
B50	1	2	1	3	1	1/2	1/3	1/3	3
B51	1/2	1	1/2	2	1/2	1/3	1/5	1/5	2
B52	1	2	1	3	1	1/2	1/3	1/3	3
B53	1/3	1/2	1/3	1	1/3	1/4	1/6	1/6	1

续表

社会和谐	B50	B51	B52	B53	B54	B55	B56	B57	B58
B54	1	2	1	3	1	1/2	1/3	1/3	3
B55	2	3	2	4	2	1	1/2	1/2	4
B56	3	5	3	6	3	2	1	1	6
B57	3	5	3	6	3	2	1	1	6
B58	1/3	1/2	1/3	1	1/3	1/4	1/6	1/6	1

可计算得社会维度内各指标权重，见表10－13。

表10－13　　　　　　　　社会维度各指标权重

B50	B51	B52	B53	B54	B55	B56	B57	B58
0.087	0.050	0.087	0.032	0.086	0.144	0.240	0.240	0.033

第六，针对宗教维度内的指标建立两两比较矩阵，见表10－14。

表10－14　　　　　　　　宗教维度内指标的成对比较

宗教和谐	B71	B72	B73	B74	B75	B76
B71	1	2	3	3	2	1
B72	1/2	1	1	1	1	1/3
B73	1/3	1	1	1	1/3	1/2
B74	1/3	1	1	1	1	1/2
B75	1/2	1	3	1	1	1/3
B76	1	3	2	2	3	1

可计算得宗教维度内各指标权重，见表10－15。

表10－15　　　　　　　　宗教维度各指标权重

B71	B72	B73	B74	B75	B76
0.269	0.110	0.097	0.110	0.140	0.274

第七，针对环境维度内的指标建立两两比较矩阵，见表 10 - 16。

表 10 - 16　　　　　　　　　环境维度内指标的成对比较

环境和谐	B86	B87	B88	B89	B90
B86	1	1	1/2	1/2	1
B87	1	1	1/2	1/2	1
B88	2	2	1	1	1
B89	2	2	1	1	2
B90	1	1	1	1/2	1

计算得环境维度内各指标权重，见表 10 - 17。

表 10 - 17　　　　　　　　　环境维度各指标权重

B86	B87	B88	B89	B90
0. 146	0. 1683	0. 2254	0. 2921	0. 1683

第八，针对国际维度内的指标建立两两比较矩阵，见表 10 - 18。

表 10 - 18　　　　　　　　　国际维度内指标的成对比较

国际和谐	B97	B98	B99	B100
B97	1	4	3	3
B98	1/4	1	1/3	1/2
B99	1/3	3	1	1/2
B100	1/3	2	2	1

计算得国际维度内各指标权重，见表 10 - 19。

表 10 - 19　　　　　　　　　国际维度各指标权重

B97	B98	B99	B100
0. 499	0. 096	0. 183	0. 222

最终二级指标权重见表 10 - 20。

表 10 - 20　　　　　　　　　　二级客观评价指标权重

一级指标	二级指标		权重
A1 政治和谐性 测度（0.129）	B1	所在地区群体性事件频数	0.042
	B2	所在地区投诉举报案件结案率	0.072
	B3	所在地区少数民族人大代表比例（县级以上）	0.058
	B4	所在地区少数民族党员数	0.128
	B5	所在地区公务员少数民族比例	0.311
	B6	所在地区渎职人数	0.187
	B7	所在地区刑事案件发生频数	0.117
	B8	所在地区刑事案件破案频数	0.085
A2 经济和谐性 测度（0.342）	B17	所在地区少数民族人口贫困率	0.044
	B18	发达地区对当地对口支援力度	0.104
	B19	所在地区少数民族人均收入水平	0.033
	B20	所在地区人均食品消费支出	0.088
	B21	所在地区人均总消费支出	0.077
	B22	所在地区第三产业比例	0.139
	B23	所在地区财政赤字率	0.040
	B24	所在地区人均 GDP	0.114
	B25	所在地区研发经费总额	0.173
	B26	所在地区非农就业比例	0.147
	B27	所在地区基础建设年投资额	0.042
A3 文化和谐性 测度（0.116）	B34	所在地区民族文字书刊年出版数	0.193
	B35	所在地区少数民族学龄教育净入学率	0.107
	B36	所在地区少数民族九年义务教育完成率	0.060
	B37	所在地区人均教育经费支出	0.107
	B38	所在地区星级景区数量	0.341
	B39	所在地区非物质文化遗产数量	0.193
A4 社会和谐性测度 （0.083）	B50	所在地区少数民族人均住房面积	0.087
	B51	所在地区少数民族社会保障覆盖率	0.050
	B52	所在地区少数民族生活用水普及率	0.087
	B53	所在地区少数民族人口就业率	0.032

续表

一级指标		二级指标	权重
A4 社会和谐性测度 (0.083)	B54	所在地区城市化水平	0.086
	B55	所在地区实际拥有床位数	0.144
	B56	所在地区少数民族人口婴儿死亡率	0.240
	B57	所在地区每千人卫生技术人员数	0.240
	B58	所在地区少数民族失业人口	0.033
A5 宗教和谐性测度 (0.208)	B71	民族宗教队伍年培训次数	0.269
	B72	宗教设施建设费用支出金额	0.110
	B73	所在地区宗教教徒数量	0.097
	B74	所在地区宗教场所数量	0.110
	B75	所在地区宗教组织数量	0.140
	B76	宗教管理部门人员数	0.274
A6 环境和谐性测度 (0.088)	B86	所在地区废水排放量	0.146
	B87	所在地区废气排放量	0.168
	B88	所在地区生活垃圾清运量	0.225
	B89	所在地区废渣处理率	0.292
	B90	所在地区绿化覆盖率	0.168
A7 国际和谐性测度 (0.033)	B97	国外宗教极端主义势力干扰程度	0.499
	B98	民族性冲突事件数	0.096
	B99	国际宗教性大型集会数	0.183
	B100	国外民族分裂主义势力干扰程度	0.222

（二）客观数据的获取及处理

本章案例的客观数据来源主要包括两种途径：一是相关文献；二是相关报告、年鉴和统计资料，主要包括 C 市国民经济和社会发展统计公报及 C 市统计年鉴。在数据汇总过程中，通常会遇到个别缺失数据的情况，针对缺失数据，主要采取第四章介绍的加权法、填补法以及参数似然方法。缺失数据处理完后需要对所有客观指标值进行标准化处理，标准化处理的具体方法见第四章。

（三）民族关系和谐性计算及结果分析

依据构建的评价指标体系和计算得到的指标权重，可以对该 C 市 2012—2015 年的各年民族关系和谐性综合评价值进行计算，C 市在时刻 t

处的民族关系和谐性各维度的评价值 $y_i(t)$ 以及最终的综合评价值 $y^*(t)$ 计算公式如下：

$$y_i(t) = \sum_{j=1}^{m} w_{ij}x_{ij} \quad (i = 1,2,3,4,5,6,7; j = 1,2,\cdots,49) \qquad (10.8)$$

$$y^*(t) = \sum_{i}^{n} v_i y_i(t) \quad (i = 1,2,3,4,5,6,7) \qquad (10.9)$$

式中，$w_{ij}(i=1,2,3,4,5,6,7; j=1,2,\cdots,49)$ 为 7 个维度内各二级指标的权重，$v_i(i=1,2,3,4,5,6,7)$ 为 7 个维度的权重，利用式（10.8）分别代入无量纲化了的 $x_{ij}(t)$ 和 w_{ij} 计算 $y_i(t)$。$y_i(t)$ 和 $y^*(t)$ 的值见表 10 – 21。

表 10 – 21　　　　　　　民族关系和谐性（客观）[①]

年份	政治和谐	经济和谐	社会和谐	文化和谐	宗教和谐	环境和谐	国际和谐	年度总评价值
2013	0.804	0.834	0.842	0.824	0.799	0.831	0.806	0.820
2014	0.821	0.849	0.853	0.831	0.836	0.846	0.827	0.839
2015	0.856	0.869	0.872	0.861	0.851	0.861	0.856	0.861

由表 10 – 21 可知，2013 年、2014 年和 2015 年 C 市的民族关系和谐性是不断增长的，且到了 2015 年达到了一个较高的水平，两年内共完成了 0.041 的增长值。2013 年各维度的和谐值大多维持在 0.8 左右；2014 年各维度的和谐值大多上升至 0.85 左右；2015 年各个维度的值均超过了 0.85，达到了较高水平。总体来看，2013—2014 年各维度的增长速度和 2014—2015 年相比较慢，三年内社会维度和环境维度较为稳定，总增值均不超过 0.05，政治维度和宗教维度的增长幅度较大且它们的权重分别为 0.129 和 0.208，权重较大，因此，它们的增长对年度总和谐值的增长影响较大。

根据 2013—2015 年民族关系和谐性的总评价值，画出客观数据表示的民族关系和谐性年评价值的趋势（见图 10 – 1），其中，虚线部分仅具有示意作用，不代表实际和谐性测度。由图 10 – 1 可知，C 市客观指标数据所显示的民族关系和谐性总体保持上升趋势，这表明 C 市民族关系整

---

① 由于课题研究时间限制以及民族关系相关客观指标数据采集的难度，本节示例利用三年的和谐性客观指标数据来计算和谐性测度，仅仅为了说明民族关系监测预警的基本过程之用，不代表具体地区的和谐度水平。

体呈现和谐状态，并且在未来时间段内还将继续保持和谐状态。

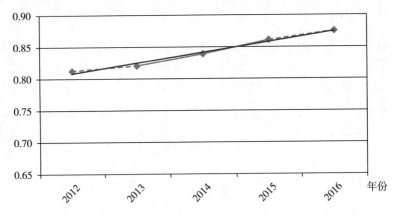

图 10 - 1　民族关系和谐性年度总评价值（客观）

二　民族关系和谐性主观指标的示例分析

（一）确定权重

主观指标权重的获取与客观指标相同，采用层次分析法，这里就不赘述，直接给出各个相应指标的权重结果。具体如表 10 - 22 和表 10 - 23 所示。

表 10 - 22　　　　　　　　　民族关系和谐维度权重

政治因素	经济因素	社会因素	文化因素	宗教因素	环境因素	国际因素
0. 129	0. 342	0. 083	0. 116	0. 208	0. 088	0. 033

表 10 - 23　　　　　　　　　二级主观评价指标权重

一级指标		二级指标	权重
A1 政治和谐性测度 (0.129)	B9	民族地区政策满意度	0. 059
	B10	政府民意采纳满意程度	0. 128
	B11	政府纠纷处置满意度	0. 245
	B12	民族地区政策法规变动频繁度	0. 196
	B13	民族干部选拔方式满意度	0. 043
	B14	民族干部工作满意度	0. 124
	B15	民族地区群众参政满意度	0. 195
	B16	民族地区政府公共服务效率满意度	0. 011

续表

一级指标		二级指标	权重
A2 经济和谐性测度 （0.342）	B28	民族地区收入水平满意度	0.194
	B29	物价水平满意度	0.214
	B30	民族地区工业发展满意度	0.294
	B31	民族地区服务业发展满意度	0.158
	B32	当地产业发展前景满意度	0.124
	B33	民族地区基础设施建设满意度	0.016
A3 文化和谐性测度 （0.083）	B40	民族地区教育状况满意度	0.012
	B41	民族语言文字保护满意度	0.034
	B42	民族地区科技发展满意度	0.012
	B43	民族地区文化传承程度	0.095
	B44	民族地区幼儿教育状况满意度	0.145
	B45	民族地区职业教育状况满意度	0.193
	B46	民族地区高等教育满意度	0.184
	B47	民族地区语言使用状况满意度	0.241
	B48	当地语言变迁情况满意度	0.026
	B49	当地风俗习惯保留满意度	0.058
A4 社会和谐性测度 （0.116）	B59	民族地区人身安全满意度	0.031
	B60	民族习俗尊重满意度	0.042
	B61	民族地区社会保障满意度	0.054
	B62	民族地区家庭幸福程度	0.047
	B63	民族地区住房满意度	0.012
	B64	民族地区互联网普及满意度	0.178
	B65	民族地区公共出行满意度	0.023
	B66	民族地区财产安全满意度	0.297
	B67	民族地区就业状况满意度	0.124
	B68	民族地区休闲娱乐状况满意度	0.046
	B69	民族地区人际关系满意度	0.038
	B70	跨民族交往意愿	0.108
A5 宗教和谐性测度 （0.208）	B77	民族地区宗教发展水平满意度	0.016
	B78	民族地区宗教活动场所合理度	0.084
	B79	民族地区宗教专职人员工作满意度	0.149

一级指标		二级指标	权重
A5 宗教和谐性测度 (0.208)	B80	民族地区宗教信仰尊重程度	0.148
	B81	民族地区宗教活动参与程度	0.099
	B82	民族地区宗教多样化程度	0.147
	B83	宗教信仰自由满意度	0.156
	B84	宗教对民族地区社会稳定影响	0.167
	B85	宗教民族地区日常生活的影响	0.035
A6 环境和谐性测度 (0.088)	B91	民族地区资源保护满意度	0.154
	B92	企业环保行为满意度	0.182
	B93	对当地自然资源开发利用状况满意度	0.175
	B94	民族地区生活环境卫生满意度	0.217
	B95	民族地区环保工程建设满意度	0.148
	B96	民族地区自然灾害影响程度	0.124
A7 国际和谐性测度 (0.033)	B101	国外宗教极端主义影响程度	0.214
	B102	国外民族分裂主义势力影响程度	0.302
	B103	国外恐怖主义活动影响程度	0.142
	B104	周边国家不稳定的影响程度	0.342

（二）主观数据的获取及处理

根据 2015 年年底 C 市 1080 万人口的研究总体，每个个体被抽中的概率极小，最后所抽取的样本将大大弱于总体数的 5%，即使采取不放回抽样方法，对每个个体被抽中的概率也没有明显影响，各个观察样本之间仍然具有独立性，因而可以将其视为无限总体，采取不放回抽样。无限总体抽样公式为：

$$n = K^2 (CVp)^2 / D^2$$

式中，n 表示样本数目，K 表示可信度系数，CVp 表示总体相对标准差，D 表示总体真实平均数与估计平均数之差的百分比。

可信度是对估计平均数与真实平均数偏差的信任程度，当可信度系数 $K = 1$ 时，可信度为 0.683；当可信度系数 $K = 2$ 时，可信度为 0.954；当可信度系数 $K = 3$ 时，可信度为 0.997；总体相对标准差是一种离散系数，可由标准差与算数平均数的比值计算而得到。如果推论总体的平均偏差要小于 2%，那么可信度要达到 0.954，相对标准差为 0.2，即设定 D = 0.02，k = 2，CVp = 0.2，那么：

$$n = K^2 (CVp)^2 / D^2 = (2^2 \times 0.2^2) \div 0.02^2 = 0.16 \div 0.0004 = 400(人)$$

故本次调查应在 C 市各区调查点共抽取不少于 400 个样本，才能满足统计分析的需求。

课题组在 2014—2016 年共进行三次问卷调查，分别对 C 市 2013—2015 年的主观指标进行调查，将问卷委托当地相关部门代为发放，收集相应的数据信息。调查以当地包括汉族在内的 10 个主要民族为调查主体。在可信度系数为 2，总体相对标准差为 0.2 的条件下，样本量应不少于 400 人。考虑到研究对象是 10 个不同民族，且各自的经济文化发展水平差异较大，为了保证有效的回收率和数据统计分析需求，将本次调查样本量增加到 500 人。城镇地区主要以机关、企事业或街道为抽样单位，农村地区则以村委会为抽样单位。

本调查问卷的数据处理在 SPSS 统计分析软件平台上完成。根据研究目的和需要，我们在描述统计层次上对各个相关变量做了频数和百分比等单变量分析和相关检验。由于调查问卷中的变量多设定为定类变量和定序变量，因此，检验变量相关性质时主要使用了列联系数和 Gamma 系数，并以前者为主要指标。在推论统计层次上，对主要变量的差异显著性做了卡方检验（χ^2 Test），以检验某个随机变量在给定的概率值下是否来自同一个总体，其差异是不是显著的假设。如果达到给定的概率水平，即可否定虚无假设，认为变量之间的差异是显著的，它们之间是相互独立而无联系的变量；反之，则不能否定虚无假设，认为变量之间不存在显著差异，它们并非相互独立而是有联系的变量。根据统计学常用标准，$\alpha \leqslant 0.05$ 表示差异的显著性不明显，$\alpha \leqslant 0.01$ 表示差异具有较明显的显著性，$\alpha \leqslant 0.001$ 表示差异非常显著。本书中判定差异显著的概率 $\alpha = 0.05$，若 $\alpha \geqslant 0.05$ 即认为差异未能达到显著水平，则不能否定虚无假设。

本次问卷采用李克特五点量表，根据问卷回收情况，计算每个主观指标的值。选项 A（非常满意）为 1 分，选项 B（满意）为 0.8 分，选项 C（一般）为 0.6 分，选项 D（不满意）为 0.4 分，选项 E（非常不满意）为 0.2 分。将 386 份有效问卷中每道题的平均分作为这项主观指标的最终值。

（三）民族关系和谐性计算及结果分析

依据上述所构建的评价指标体系及其确定的指标权重，对 C 市 2013—2015 年民族关系和谐性主观指标综合评价值进行计算，记 C 市 t 年民族关系和谐性各维度的评价值 $Z_i'(t)$ 以及最终的综合评价值 $Z^*(t)$，计算公式如下：

$$\overline{Z_j}(t) = \frac{1}{386}\left(\sum_{n=1}^{386} z_{nj}(t)\right) \quad (n = 1,2,\cdots,386; j = 1,2,\cdots,45)$$

$$(10.10)$$

$$Z'_i(t) = \sum_{j=1}^{45} \alpha_{ij} \overline{Z_j}(t) \quad (i = 1,2,3,4,5,6,7; j = 1,2,\cdots,45)$$

$$(10.11)$$

$$Z^*(t) = \sum_i^7 u_i Z'_i(t) \quad (i = 1,2,3,4,5,6,7) \qquad (10.12)$$

式中，$z_{nj}(t)$ 表示第 n 个调查者对第 j 个指标的打分具体值，$\overline{Z_j}(t)$ 表示每个指标的平均分；a_{ij} 表示 7 个维度内各二级指标的权重，u_i 表示 7 个维度的权重，分别代入计算，下列的值分别对应各个维度的最终值，最后求得各年民族关系和谐性主观指标的综合评价值，详见表 10 – 24。

表 10 – 24　　　　　　　民族关系和谐性（主观）[①]

年份	政治和谐	经济和谐	社会和谐	文化和谐	宗教和谐	环境和谐	国际和谐	年度总评价值
2013	0.834	0.824	0.827	0.751	0.821	0.831	0.813	0.816
2014	0.842	0.832	0.839	0.769	0.826	0.843	0.821	0.825
2015	0.846	0.84	0.846	0.777	0.83	0.85	0.834	0.832

由表 10 – 24 可知，年度总评价值呈现上升趋势，但变动幅度较小，而且各个维度的变动幅度也较小，这表明 C 市的民族关系较稳定，没有发生较大波动；其中，被调查者对各个维度的满意度较高，除文化和谐度低于 0.8 外，其他维度均在 0.8 以上，这很可能因为 C 市聚集众多不同民族的群众，很难在文化上达成一致，满足所有不同民族群众的文化需求。

---

① 由于主观指标数据采集的时效性，由于课题研究时间限制，本节示例利用三年的和谐性主观指标数据来计算和谐性主观测度，仅为了说明民族关系监测预警的基本过程。

根据 2013—2015 年民族关系和谐性的总评价值，画出主观数据表示的民族关系和谐性年评价值的趋势（见图 10 - 2），其中，虚线部分仅具有示意作用，不代表实际和谐性测度。由图 10 - 2 可知，C 市主观指标数据所显示的民族关系和谐性总体保持上升趋势，这表明 C 市民族关系整体呈现和谐状态，并且在未来时间段内还将继续保持和谐状态。

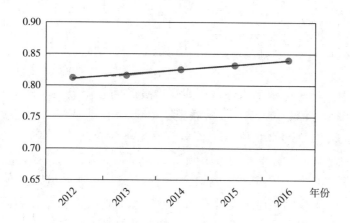

图 10 - 2　民族关系和谐性年度评价值（主观）

（四）主观数据描述性分析

1. 政治维度主观问卷数据分析

政治和谐性测度有 8 个主观问题，这里，只详细介绍两个权重最高的问题，即政府纠纷处置满意度和民族地区政策法规变动频繁度，其他问题就不一一介绍。具体调查情况见表 10 - 25 和表 10 - 26。

表 10 - 25　　　　　　　　　民族地区政策法规变动频繁度

		频数	百分比（%）	累计百分比（%）
有效问卷	非常频繁	26	6.7	6.7
	频繁	43	11.2	17.9
	一般	227	58.8	76.7
	不频繁	87	22.5	99.2
	非常不频繁	3	0.8	100
	总计	386	100.0	

表 10 – 26   政府纠纷处置满意度

		频数	百分比（%）	累计百分比（%）
有效问卷	非常满意	19	4.9	4.9
	满意	198	51.3	56.2
	一般	164	42.5	98.7
	不满意	5	1.3	100.0
	非常不满意	0	0.0	100
	总计	386	100.0	

    表 10 – 25 中的数据表明，在 386 份有效问卷调查中，有 6.7% 的人认为，当地政策法规变动"非常频繁"，11.2% 的人认为，当地政策法规变动"频繁"，58.8% 的人认为，当地政策法规变动"一般"，22.5% 的人认为，当地政策法规变动"不频繁"，0.8% 的人认为，当地政策法规变动"非常不频繁"，其中，选择"非常频繁"和"频繁"的比例总计不足 20%；这说明当地居民对 C 市的政策法规的变动频率较为满意。表 10 – 26 中的数据显示，选择"非常满意""满意"和"一般"的比例分别是 4.9%、51.3% 和 42.5%，三者总计 98.7%；回答"不满意"的占 1.3%，没有人回答"非常不满意"，说明 C 市居民较满意政府处置纠纷的能力。

    2. 经济维度主观问卷数据分析

    同政治维度相似，这里，只详细介绍权重最高的两个问题，即物价水平满意度和民族地区工业发展满意度，具体调查情况见表 10 – 27 和表 10 – 28。

表 10 – 27   民族地区工业发展满意度

		频数	百分比（%）	累计百分比（%）
有效问卷	非常满意	10	2.6	2.6
	满意	170	44.0	46.6
	一般	165	42.8	89.4
	不满意	38	9.8	99.2
	非常不满意	3	0.8	100.0
	总计	386	100.0	

表 10 - 28 物价水平满意度

		频数	百分比（%）	累计百分比（%）
有效问卷	非常满意	15	3.9	3.9
	满意	190	49.2	53.1
	一般	143	37.1	90.2
	不满意	38	9.8	100.0
	非常不满意	0	0.0	100.0
	总计	386	100.0	

表 10 - 27 中的数据显示，被调查者对当地工业发展水平的满意度为 46% 左右，尚有 10% 以上的被调查者表示"不满意"或者"非常不满意"，这表明 C 市的工业水平还有待提高，尚有较大的发展空间。表 10 - 28 的数据表明，被调查者对当地物价水平的满意度超过 50%，但同时也有将近 10% 的人表示"不满意"，这表明 C 市居民收入水平依旧有待提高，以及 C 市的物价水平有待改善，但是该项指标数据也和当地居民的消费习惯以及人们的工资水平相联系。

3. 社会维度主观问卷数据分析

如前所述，社会维度只详细介绍权重最高的两个问题，即民族地区互联网普及满意度和民族地区就业状况满意度，具体调查情况见表 10 - 29 和表 10 - 30。

表 10 - 29 民族地区互联网普及满意度

		频数	百分比（%）	累计百分比（%）
有效问卷	非常满意	15	3.9	3.9
	满意	170	44.0	47.9
	一般	192	49.8	97.7
	不满意	5	1.3	99.0
	非常不满意	4	1.0	100.0
	总计	386	100.0	

表 10 – 30　　　　　　　　　　民族地区就业状况满意度

		频数	百分比（%）	累计百分比（%）
有效问卷	非常满意	25	6.5	6.5
	满意	177	45.9	52.4
	一般	165	42.7	95.1
	不满意	19	4.9	100.0
	非常不满意	0	0.0	100.0
	总计	386	100.0	

　　根据表 10 – 29 可以看出，有 48% 左右的被调查者对民族地区互联网的普及程度表示"满意"，50% 左右的被调查者对民族地区互联网普及程度表示"一般"，并有 2.3% 的被调查者表示"不满意"或者"非常不满意"，这表明 C 市尚存在小部分地区未完全普及互联网，有待发展，以加强民族地区和外界的沟通交流。从表 10 – 30 可以看出，有 50% 左右的被调查者对当地的就业状况表示"满意"，只有 4.9% 的表示"不满意"，这表明 C 市居民的就业情况较好，相关就业政策落到实处。

　　4. 文化维度主观问卷数据分析

　　如前所述，文化维度只详细介绍权重最高的两个问题，即民族地区职业教育状况满意度和民族地区语言使用状况满意度，具体调查情况见表 10 – 31 和表 10 – 32。

表 10 –31　　　　　　　　　　民族地区职业教育状况满意度

		频数	百分比（%）	累计百分比（%）
有效问卷	非常满意	16	4.1	4.1
	满意	230	59.6	63.7
	一般	135	35.0	98.7
	不满意	5	1.3	100.0
	非常不满意	0	0.0	100.0
	总计	386	100.0	

表 10 - 32　　　　　　　　　　民族地区语言使用状况满意度

		频数	百分比（%）	累计百分比（%）
有效问卷	非常满意	20	5.2	5.2
	满意	186	48.2	53.4
	一般	150	38.8	92.2
	不满意	23	6.0	98.2
	非常不满意	7	1.8	100.0
	总计	386	100.0	

表 10 - 31 中的数据显示，有 63.7% 的被调查者对当地职业教育状况表示"满意"，仅有 1.3% 的被调查者表示"不满意"，说明 C 市政府较看重职业教育并大力发展职业教育，显著提高职业教育水平。从表 10 - 32 的情况可以看出，有 53.4% 的被调查者对当地语言使用状况表示"满意"，"不满意"和"非常不满意"者分别占 6% 和 1.8%，从整体来看，当地居民对 C 市的语言使用状况较满意，不同民族之间沟通较顺畅。

5. 宗教维度主观问卷数据分析

如前所述，宗教维度只详细介绍权重最高的两个问题，即宗教信仰自由满意度和宗教对民族地区社会稳定影响，具体调查情况见表 10 - 33 和表 10 - 34。

表 10 - 33　　　　　　　　　　宗教信仰自由满意度

		频数	百分比（%）	累计百分比（%）
有效问卷	非常满意	18	4.7	4.7
	满意	240	62.1	66.8
	一般	123	31.9	98.7
	不满意	5	1.3	100.0
	非常不满意	0	0.0	100.0
	总计	386	100.0	

表 10－34　　　　　　　　　　宗教对民族地区社会稳定影响

		频数	百分比（%）	累计百分比（%）
有效问卷	非常大	33	8.5	8.5
	较大	190	49.2	57.7
	一般	128	33.2	90.9
	几乎没有	28	7.3	98.2
	完全没有	7	1.8	100.0
	总计	386	100.0	

表 10－33 的数据显示，大多数被调查者对自身宗教信仰自由的满意度较高，只有 1.3% 的被调查者"不满意"，这表明 C 市政府不干预当地居民宗教信仰的选择，给予其较大的选择自由。从表 10－34 的数据可以看出，大多数被调查者认为，宗教能够影响民族地区社会的稳定，其中，超过 50% 的被调查者认为有"较大"影响，只有不到 10% 的被调查者认为"没有"影响，这表明宗教在 C 市的影响较大。

6. 环境维度主观问卷数据分析

如前所述，环境维度只详细介绍权重最高的两个问题，即企业环保行为满意度和民族地区生活环境卫生满意度，具体调查情况见表 10－35 和表 10－36。

表 10－35　　　　　　　　　　企业环保行为满意度

		频数	百分比（%）	累计百分比（%）
有效问卷	非常满意	15	3.9	3.9
	满意	214	55.4	59.3
	一般	150	38.9	98.2
	不满意	7	1.8	100.0
	非常不满意	0	0.0	100.0
	总计	386	100.0	

表 10 – 36　　　　　　　　　民族地区生活环境卫生满意度

		频数	百分比（%）	累计百分比（%）
有效问卷	非常满意	15	6.5	6.5
	满意	146	37.5	44.0
	一般	155	41.7	85.7
	不满意	60	10.9	96.6
	非常不满意	10	3.4	100.0
	总计	386	100.0	

从表 10 – 35 的数据可以看出，被调查者对当地企业的环保行为满意度较高。回答"不满意"者仅占 1.8%，没有人回答"非常不满意"，说明 C 市企业的环保意识较强并主动承担社会责任，减少对环境的破坏，这也从一个侧面反映 C 市政府对企业的监督力度较大，监督效果明显。表 10 – 36 的数据表明，虽然有 44.0% 的居民表示"满意"，但仍存在 14.3% 的居民"不满意"生活卫生状况，这显示 C 市的生活环境卫生水平偏低，后期应加强公共卫生的治理并强化居民的环保意识。

7. 国际维度主观问卷数据分析

从表 10 – 37 中的数据可以看出，超过 50% 的居民认为，国外民族分裂主义势力对 C 市民族关系和谐性影响较小，只有极小部分居民认为有"较大"影响；表 10 – 38 中的数据显示，周边国家不稳定的状态对 C 市的影响较小，这组数据表明 C 市国际方面较为和谐，对 C 市居民的日常生活并无多大影响，这可能受地理位置的影响。

表 10 – 37　　　　　　　　　国外民族分裂主义势力影响程度

		频数	百分比（%）	累计百分比（%）
有效问卷	非常大	11	2.85	2.85
	较大	12	3.11	5.96
	一般	158	40.93	46.89
	几乎没有	185	47.93	94.82
	完全没有	20	5.18	100.00
	总计	386	100.0	

表 10 – 38　　　　　　　　　周边国家不稳定的影响程度

		频数	百分比（%）	累计百分比（%）
有效 问卷	非常大	13	3.37	3.37
	较大	17	4.40	7.77
	一般	142	36.79	44.56
	几乎没有	198	51.29	95.85
	完全没有	16	4.15	100.00
	总计	386	100.0	

三　和谐性调控政策建议

从前述第四章的指标分析以及本章的指标筛选和量化处理的结果可以总结得知，无论是客观指标数据还是对居民主观意向的调查研究，从整体上都显示 C 市的民族关系和谐性呈现较好的状态，但仍存在某些单个指标的数据值和 C 市的整体和谐度不符合，因此提出如下建议：

（一）政治和谐性方面

第一，适当提高少数民族人大代表比例，可以直接将民族地区或社区的民情民意传达给政府部门，为少数民族群众谋福利。

第二，提高少数民族干部的工作水平和公务员队伍中少数民族干部的比例，便于日常工作开展，少数民族干部直接与民族群众接触，是最了解民情民意的队伍，具有上传民意、下达指令的关键作用，因此，需要做好少数民族干部的培养、选拔工作，提高解决民族问题的能力。

第三，提高政府处理纠纷的能力，贯彻落实各项政策法规，真正做到为民族地区群众服务。

第四，加强政府与群众的沟通交流，及时了解民意并采纳群众的意见，有针对性地制定保护少数民族群体切身利益的相关规定。

（二）经济和谐性方面

第一，逐步降低少数民族地区人口贫困率。一方面需要国家政策上的倾斜和扶持，加大投资力度，发展工业和旅游业，以带动该地区群众就业，促进经济发展；另一方面需要进一步完善该少数民族地区的贫困监测体系，制定针对性强的政策措施，统筹社会保障制度，实现社会资源的合理分配。

第二，政府应加强对经济的监督和调控力度，控制当地的物价水平，提高居民最低收入标准并大力发展基础设施建设，促进当地生产力的发展。

（三）文化和谐性方面

C市是56个民族分布齐全的城市，文化呈现明显的多样性，各个民族之间交流频繁。为带动当地文化建设，提高文化和谐性，主要从以下两个方面出发：一是大力提倡多元文化发展战略。根据C市多元文化特征，有针对性地制定各项文化发展政策，尤其对于那些非物质文化遗产，更应该引起相关部门的重视，还需要开展各类文化宣传活动，以加强不同民族之间的沟通交流。二是加大教育投入。提高少数民族学龄教育入学率和九年义务教育完成率，培养各类人才，尤其是专业化的技术人才，以形成良好的用人机制，为民族地区的经济文化事业服务。

（四）社会和谐性方面

第一，提高少数民族群众的社会保障覆盖率。加大财政投入力度，深入基层农村和社区，了解少数民族群众的真正保障需求，制定适宜的政策法规。

第二，提高少数民族人口就业率。一方面大力发展服务业，加快产业升级，为少数民族地区群众创造更多的就业机会；另一方面加强对少数民族地区群众的技能培训，提高群众的工作技能，提升个人竞争优势。

第三，提倡尊重少数民族的风俗习惯，加强少数民族群众与其他民族的沟通和交流，提高跨民族交往的意愿。

（五）宗教和谐性方面

不同民族的宗教信仰也存在差异，因此，应充分尊重该民族地区群众的宗教信仰自由，不限制、不歧视各类信仰，让少数民族群众真正感受到中华民族大家庭的包容性。具体措施主要包含以下两个方面：一是加强民族地区群众的宗教相关知识宣传，进一步促进不同宗教间的沟通交流，加强理解，这也是构建和谐民族关系的所在。二是从思想上教育少数民族干部，从全局出发把握宗教和民族间的关系，树立马克思主义宗教观，处理好民族宗教工作，以实现各民族思想意识上的团结一致。

（六）环境和谐性方面

民族地区要想保护好生态环境，必须坚持走可持续发展道路，主要从以下三个方面出发：一是民族地区的干部必须树立"经济环境共同发展"的理念，不能为了发展经济而肆意破坏生态环境；二是相关部门制定各项政策措施，加强对企业行为的监督，提高企业的环保意识，降低各类废弃物的排放，减少对环境的直接影响。三是从民族地区群众个人出发，提高民族地区群众的环保意识，主动保护环境，共同建设绿色环保城市。

（七）国际和谐性方面

由于 C 市的地理位置因素，国际因素对该地区的影响较小，大部分居民也认为，国际因素对当地民族关系的和谐性并无明显影响。但是，对于那些境外敌对势力和恐怖分子，仍需要保持高度警惕，以防其利用宗教或其他事由"分化"我国。对出现的分裂主义活动，要坚决依法处置，把问题解决在萌芽状态，减少影响范围，以维护国家统一，社会稳定，实现和谐的社会主义民族关系。

第四节　基于网络大数据的民族关系监测预警案例

一　案例一：以微信公众平台为对象，研究民族关系的情感倾向

随着互联网技术的发展，自媒体由于其开放、便捷的特点受到广大网络用户的青睐，尤其是近三年来发展迅速的微信，已经成为人们离不开的社交聊天软件。得益于其广大用户群体，后来开发的微信公众平台也突飞猛进，吸引大量流量。2016 年，微信月活跃人数超过 6.5 亿，微信公众平台文章每天阅读数超过 30 亿[①]，由此可见，微信已成为观点传播的重要阵地。搜狗浏览器可以搜寻所有微信公众号的相关文章，因此，本次研究选择通过搜狗浏览器，抓取微信公众平台上的文章，经过文本情感分析，了解互联网用户对于民族关系的情感倾向，以便于对民族关系的网络舆情进行监测，从而采取相应的预警调控措施，促进民族关系的和谐发展。

（一）网络文本资料采集

文本资料的采集有多种方法，常见的两种方法是通过网页爬虫和应用程序接口（API）进行数据采集。网络爬虫可以自己编写代码，也可以

---

① 参见袁野《微信公众平台日均浏览量达 30 亿　"微信之父"担忧用户过度使用》，中国新闻网，2016 年 1 月 12 日，http：//finance. chinanews. com/it/2016/01－12/7712096. shtml。

使用现有的爬虫工具。本次案例研究选择的是八爪鱼采集器①，它主要通过模仿用户的网页操作进行数据采集，只需要指定数据采集逻辑和可视化选择采集的数据，即可完成采集规则的制定。

在文本采集规则制定过程中设定"民族关系""民族政策""民族问题""民族和谐""少数民族"5个关键词，通过设置文本循环规则，依次输入5个关键词。由于每个关键词的内容是分页显示，所以，抓取数据时需要制定翻页列表，再进行数据抓取，具体文本抓取流程如图 10 - 3 所示。

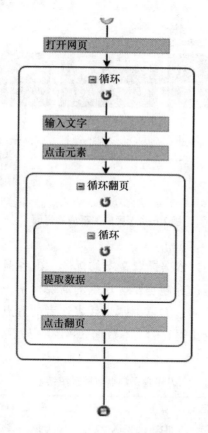

图 10 - 3　文本抓取流程

---

　　① 八爪鱼采集器（软著录字 00547832 号，2014SR149170）是深圳视界信息技术有限公司研发的一款业界领先的网页采集软件，具有使用简单，功能强大等诸多优点。下载地址：http://www.bazhuayu.com/。

图 10 – 3 中，"打开网页"是指打开搜狗浏览器微信文章搜索网页
http：//weixin. sogou. com/，进入搜索界面。接着是文本循环规则，"输
入文字"是指在搜索文本框中依次输入"民族关系""民族政策""民族
问题""民族和谐""少数民族"5 个关键词。"点击元素"是指在输入关
键词文本后点击"搜文章"，进入内容页面，具体的民族关系内容方面如
图 10 –4 所示。

图 10 –4　民族关系内容页面

进入内容页面后，依次提取文章的标题、内容概要、文章来源和时
间等关键数据。文章的标题是作者观点的简要概括，也是文章中心思想
的表达，因此，可以通过文章标题来代表作者的观点。设计好采集流程
后，进行单机采集导出得到的文本数据如表 10 –39 所示。

表 10 –39　　　　　　　　八爪鱼采集器数据采集结果

标题	来源	时间
中国这个地方的民族关系为啥搞得这么好？	人民日报人民眼	2015 年 9 月 24 日
贺济中：为什么新疆的民族关系会"冷落到冰点程度"？	红歌会网	2014 年 9 月 29 日
新疆主席：民族关系曾冷落到冰点，如今逐步取得信任	西行漫记新天	2016 年 9 月 6 日

续表

标题	来源	时间
彝海结盟是民族团结平等和民族政策的光辉典范	掌上微彝族	2014 年 12 月 11 日
国际社会赞誉内蒙古自治区发展成就和中国民族政策	阿左旗医疗保险管理中心	2015 年 8 月 3 日
俞正声：贯彻党的民族政策和宗教政策，促进民族团结、宗教和睦	中国西藏网	2017 年 6 月 12 日
民族政策新调整：倾向改革派还是建制派？	智谷趋势	2017 年 1 月 23 日
周明甫："民族问题"何谓？何在？何治？	民族史	2014 年 12 月 20 日
当代新疆民族问题产生的缘由是什么？	恩佑运达—非常日报	2017 年 3 月 19 日
城市化进程中边疆地区民族问题治理	天下边疆	2017 年 5 月 29 日
关注：全面把握我国现阶段民族问题的特点和民族工作的新的阶段性特征	中国民族报	2017 年 7 月 10 日
当前新疆民族问题的现状及建议	金行家资产管理中心	1 天前
民族主义能解决民族问题吗？	镜厅论道	19 小时前
解决我国民族问题要与五大发展理念高度融合	中国统一战线杂志	1 天前
维护新疆稳定和民族和谐需要正义的"狮吼"（人民论坛）	边疆反恐	1 天前
爱心礼包进山村，民族和谐一家亲	西府穆民	2017 年 7 月 9 日
走进甘肃：民族和谐之地边塞璀璨明珠	民族文化宫	2017 年 1 月 25 日
民族和谐宗教和睦：深圳穆斯林群众欢庆"古尔邦节"	同心鹏城	2017 年 3 月 4 日
请尊重民族文化与宗教和谐	西藏天珠	2017 年 4 月 20 日
净化少数民族餐饮业服务民族和谐大家庭	博野发布	2017 年 3 月 27 日
只愿民族和谐之花绽放	微会泽官方	2015 年 9 月 24 日
临合高速通车在即促进民族和谐的"纽带"	甘南头条	2014 年 9 月 29 日
民族运动会：和谐圣火传递激情	鄂尔多斯晚报	2017 年 5 月 4 日
用语言架起民族和谐的稳固桥梁	青春准东	2016 年 9 月 6 日
传承民族文化，弘扬和谐民风，东院村张氏影屋布置完成	赢在周末	2014 年 12 月 11 日
情系山区百姓健康促进民族和谐发展	海兴同城生活	2015 年 8 月 3 日
少数民族妇女研究：人文社会科学研究中的短板交叉点	质化研究	2017 年 6 月 12 日
微周刊：关注中国少数民族非物质文化遗产传承与发展	中央民族大学	2017 年 1 月 23 日

续表

标题	来源	时间
不看不知道，原来云南少数民族的乐器竟然那么多！	玉溪那点事	2014 年 12 月 20 日
少数民族地区棚户区改造与更新探索	新疆建筑设计研究院	2017 年 3 月 19 日
少数民族新员工培训进行时	中建新疆建工路桥工程有限公司	2017 年 5 月 29 日
内蒙古少数民族教育再提升	内蒙古教育发布	2017 年 7 月 10 日
这五年，习近平这样关心少数民族群众	青海统战	1 天前
春节携家人奔向这些小众的少数民族村落过一个温暖的新年	试睡大师	1 天前
习近平：坚决纠正和杜绝歧视或变相歧视少数民族群众的言行	华穆 V 资讯	1 天前
少数民族用来祈福的这种饭，竟然这么好吃！	贵州卫视	2017 年 7 月 9 日

注：表中数据只是采集的部分资料，仅作案例展示。

（二）网络文本预处理

得到文本后，首先要进行文本预处理。获取的文本中仍然含有重复项、与研究内容无关等没有价值含量的信息，如果将这些数据引入分词系统、词频统计以及情感分析等后续分析过程，必然会影响文本分析的效果，降低结果的准确性。因此，在文本分析之前，需要进行文本预处理，把大量的此类无价值含量的文本资料去除。

1. 文本去重

在获取的文本资料中，有经过不同微信平台转发的文章，内容完全重复，需要进行删除。去重的方法有很多，在使用 Python 进行文本分析过程中，首先需要对文本进行向量表示，可以通过计算文本之间的相似度进行去重，这些去重算法包括编辑距离去重、Simhash 算法去重等，这些算法往往比较复杂，且大多存在一些缺陷，目前，没有比较统一公认的去重算法。我们采用最简单的比较去重法，只删除完全重复项，对于有部分重复的继续保留。

2. 去除无关项

因为获取到的文本信息中有些内容虽然包含我们抓取的关键词，但与我们的研究内容无关，不具有研究价值，例如，缅甸民族关系、菲律宾民族冲突等。因此，我们需要过滤文本中的无关信息，提高后续检测环节的计算速度和准确性。

（三）分词与词性标记

文本分词是文本分析的重要环节之一。在中文中，不像英文的单词之间有明显的空格可以进行分词标记，对于中文的"词"和"词组"来说，它们边界模糊，没有一个形式上的分界符。因此，进行中文文本挖掘时，首先应对文本分词①，分词结果的准确性对后续文本挖掘有着不可忽视的影响，例如，在特征选择的过程中，不同的分词效果，将直接影响词语在文本中的重要性，从而影响特征的选择。

本章采用的中国科学院计算技术研究所研制出了汉语词法分析系统（Institute of Computing Technology，Chinese Lexical Analysis System，ICT-CLAS），经北京理工大学副教授张华平整合为自然语言处理与信息检索平台。② 将预处理后的文本资料导入自然语言处理与信息检索平台，进行分词和词性标记后的结果示例如图 10－5 所示。

中国/ns 这个/rz 地方/n 的/ude1 民族/n 关系/n 为/v 啥/ry 搞/v 得/ude3 这么/rz 好/a 贺济中/nr｜wp 为什么/ryv 新疆/ns 的/ude1 民族/n 关系/n 会/v "/wyz 冷落/v 到/v 冰点/n 程度/n "/wyy ?/ww 贺济中/nr｜wp 为什么/ryv 新疆/ns 的/ude1 民族/n 关系/n 会/v "/wyz 冷落/v 到/v 冰点/n 程度/n "/wyy ?/ww 新疆/ns 主席/n｜wp 民族/n 关系/n 曾/d 冷落/v 到/v 冰点/n｜wd 如今/t 逐步/d 取得/v 信任/v 彝海结盟/nl 是/vshi 民族/n 团结/an 平等/an 和/cc 民族/n 政策/n 的/ude1 光辉/n 典范/n 国际/n 社会/n 赞誉/v 内蒙古自治区/ns 发展/vn 成就/n 和/cc 中国/ns 民族/n 政策/n 俞正声/nr｜wp 贯彻/v 党/n 的/ude1 民族/n 政策/n 和/cc 宗教/n 政策/n｜wd 促进/v 团结/an 、/wn 宗教/n 和睦/an 民族/n 政策/n 新/a 调整/vn｜wp 倾向/n 改革派/n 还是/c 建制/n 派/n｜wp 周明甫/nr 是/v "/wyz 民族/n 问题/n "/wyy 何谓/v ?/ww 何在/vi ?/ww 何/ry 治/v ?/ww 当代/t 新疆/ns 民族/n 问题/n 产生/v 的/ude1 缘由/n 是/vshi 什么/ry ?/ww 城市化/v 进程/n 中/f 边疆/s 地区/n 民族/n 问题/n 治理/v 关注/v｜｜/n 全面/ad 把握/v 我国/n 现阶段/t 民族/n 问题/n 的/ude1 特点/n 和/cc 民族/n 工作/vn 的/ude1 新/a 的/ude1 阶段性/n 特征/n 当前/t 新疆/ns 民族/n 问题/n 的/ude1 现状/n 及/cc 建议/n 民族主义/n 能/v 解决/v 民族/n 问题/n 吗/y ?/ww 解决/v 我国/n 民族/n 问题/n 要/v 与/p 五/m 大/a 发展/vn 理念/n 高度/d 融合/v 维护/v 新疆/ns 稳定/an 和/cc 民族/n 和谐/ad 需要/v 正义/n 的/ude1 "/wyz 狮/ng 吼/vi "/wyy (/wkz 人民/n 论坛/n)/wky 爱心/n 礼/n 包/v 进/vf 山村/n,/wd 民族/n 和谐/a 一家/n 亲/ng 走/v 进/vf 甘肃/ns｜wp 民族/n 和谐/a 之/uzhi 地/n 边塞/n 璀璨/z 明珠/n 民族/n 和谐/an 宗教/n 和睦/a ：/wp 深圳/ns 穆斯林/nz 群众/n 欢庆/v

图 10－5　文本资料的分词结果

---

① 即将连续的字序列按照一定的规范重新组合成词序列的过程。

② 简称 NLPIR，从全方位、多角度满足应用者对大数据文本的处理需求，包括大数据完整的技术链条：网络抓取、正文提取、中英文分词、词性标注、实体抽取、词频统计、关键词提取、语义信息抽取、文本分类、情感分析、语义深度扩展、繁简编码转换、自动注音、文本聚类等。

上述结果中的词性标记符号解释见表10－40。

表 10 - 40　　　　　　　　　词性标记符号说明

词性标记符号	词性类别	词性标记符号	词性类别	词性标记符号	词性类别
n/ns/nr	名词	u	助词	t/tg	时间词
v/vd/vn/vf	动词	d	副词	s	处所词
vshi	"是"	c/cc	连词	y	语气词
vyou	"有"	m/mq	数词	x	字符串
a/an/ad/ag/al	形容词	z	状态词	f	方位词
p	介词	q/qv/qt	量词	h	前缀
r/rr/rz/ry/rg	代词	e	叹词	k	后缀

（四）关键词提取

利用自然语言处理与信息检索平台进行关键词提取，形成的词云如图10－6所示。

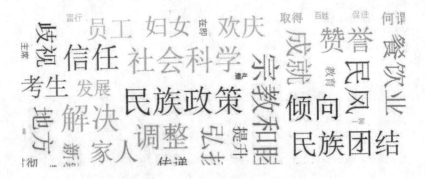

图 10 - 6　文本资料关键词提取词云

从图10－6中可以看出，案例中的文本资料主要涉及民族政策、宗教和睦、民族团结等内容，即通过调整民族关系政策，解决民族歧视以及民族地区考生加分等问题，促进宗教和睦和民族团结。

（五）词频分析

经过分词后的文本，可以很便捷地对文本进行词频分析。在词频分析过程中，只需要对名词、动词、形容词等具有实际意义的词进行分析，其文本词频分析案例结果如图 10-7 所示。

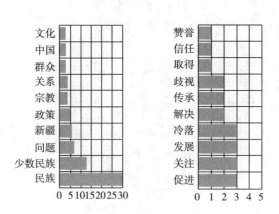

图 10-7 文本词频分析案例

（六）情感分析

自然语言处理和信息检索平台的情感分析分为全文情感判别和指定对象情感判别，主要使用两种技术手段：一是自动识别情感词和相应的权重，再利用共现相关原理和规则以生成新的情感词和权重；二是情感判别的深度神经网络：基于深度神经网络对情感词进行扩展计算，综合为最终的结果。本书采用的是全文情感判别，案例文本的情感分析结果如图 10-8 所示。

从图 10-8 中可知，正向情感占大多数，同时也有少量的负向情感，具体数据为正向 125，负向 31。

（七）结论与说明

基于网络文本进行情感分析可以得到民族关系的和谐度，若和谐度低于设定的阈值，那么就需要分析产生问题的原因，并采取相应措施进行调控。例如，根据图 10-6 的文本资料关键词提取词云，可以得到当前网络上关注的重点主题，包括"考生""餐饮业"等，"考生"说明高考招生中的少数民族政策受到关注，"餐饮业"主题词可能意味着各民族之间饮食风俗习惯的差异是引起民族关系的原因之一。若需要调控，则可根据这些因素采取相应措施。

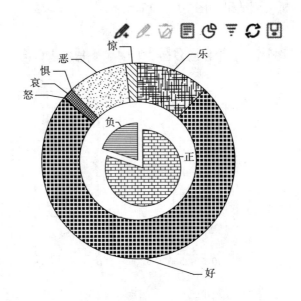

图 10 - 8　情感分析结果

　　基于文本情感分析的民族关系预警结果取决于所依赖的文本来源和容量，本书仅仅针对微信的部分文本进行探索，要使结果更能反映真实的民族关系状况，必须扩大文本容量，采取多渠道收集网络文本信息，特别是网络用户的评论信息，因为这些信息最能反映普通用户的观点。另外，上述分析中所用到的分析工具也不是非常完善的，尤其是基于词典的分词系统和情感分析的演算法都具有很大的提升空间，还需要大量的后续研究。在具体的研究过程中，需要对不同的研究工具进行效果比较，或者开发出更高水平的研究系统，例如，在基于情感词典的分词系统中，需要构造民族关系的专业型情感库；在情感分析中，可以开发更科学的研究算法，提高研究结果的确定性。

　　二　案例二：以知乎平台为对象进行民族关系的情感分析

　　本案例以"民族关系"为关键词在知乎问答上进行搜索，选择了回答数最多的一条话题："中国其他民族对汉族和汉人有什么看法？"将对这条话题的回答进行情感分析，旨在了解哪些民族对这类问题较为关心，这些民族对待汉族和汉人的态度倾向，以及他们的关注重点等内容。

数据来源：编写爬虫抓取知乎问答上"中国其他民族对汉族和汉人有什么看法？"话题下的 1004 条回答。链接：https：//www. zhihu. com/question/38795899。

（一）评论情感指数分布

情感极性分析主要用来提取文本的情感内容，是目前较常用的自然语言处理方法，就是通过对评论内容的分词与识别，以判断评论的情感倾向并将其分为积极评论、中性评论和负面评论。情感极性分析的方法主要分为两类：一种是基于情感词典的方法；另一种是基于机器学习的方法，如基于大规模语料库的机器学习。

本案例采用的是基于词典的情感分析方法分析用户评论。该方法首先假设每条回答为中性回答，即评分为 0，然后根据回答内容中出现的积极词语和负面词语的数量对每条回答进行打分，最高情感分为 100 分。最后根据回答将评论分为积极回答、中性回答和负面回答。积极回答表示在这个问题上，回答者态度积极，认为其他民族对汉族和汉人为赞赏性态度，负面回答则表示回答者对汉族和汉人有一定程度的不满。

图 10 - 9 是将所有回答进行情感分析后的三类回答占比情况。

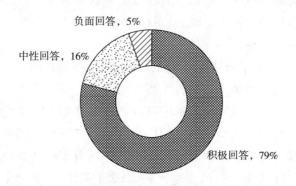

负面回答，5%

中性回答，16%

积极回答，79%

图 10 - 9　三类回答占比情况

从三类回答占比情况中可以看出，在 1004 条回答中，可以清楚地看到，用户积极回答的占 79%，说明绝大多数的人对汉族是持一种赞赏性态度。只有极少数的人对该问题做出了负面回答，可能在某些方面，汉族或者汉族的某些行为引起了少数民族的不满。

　　图 10 - 10 反映了情感分数分布情况。

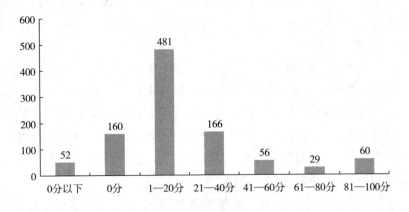

图 10 - 10　情感分数分布

　　图 10 - 10 显示，在积极回答中，回答的情感分数集中在 1—20 分这一个区间，高达 481 条，在查看了这些评论后，这些回答都体现了一个特点，即都认为汉族和其没有区别，都属于中华民族的一部分，并认为只有不同民族紧密相连，才能使中华民族更强大。另外，情感分数特别高主要有两个方面的原因：一是认为汉族的现代化程度、经济等比起其他民族聚集地发达；二是由于汉族或汉人对其给予了某些帮助，所以，对其给予了高度的赞扬。

　　图 10 - 11 展示了回答点赞数前十的回答情感指数的比较情况。点赞数排名第一的回答是由一位蒙古族网友写的，这篇回答从汉族的历史发展、历史地位，对待其他民族态度以及民族交融方面对汉族给予了高度的赞扬，这样的评论获得了网友的广泛认同；点赞数排名第二的回答也是由一位少数民族书写，这篇回答肯定了汉族为中华民族崛起所做的贡献，并赞扬了汉族所创造的文化思想，该回答引起了广大网友的认同。其他回答也从回答者自身的体验或者对汉族的了解等各个方面，对汉族给予了充分肯定。

　　这些点赞数排名前列的回答都属于积极回答，并且情感得分较高。通过这个对比，可以反映绝大多数的少数民族对于汉族的认同度非常高，认为汉族为中国做了非常多的贡献，对汉族给予肯定的态度，由此说明目前民族关系良好，团结程度高。

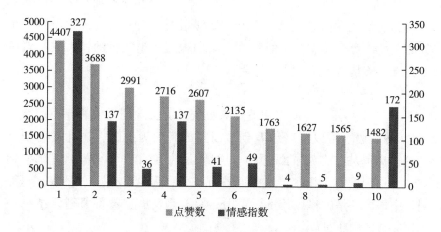

图 10 - 11　点赞数前十的情感指数

为了让数据样本更加丰富，除上述问题的回答外，也利用爬虫抓取了该关键字下的另外 7 个问题的回答，并利用相同的方法对这 7 个问题的回答做了一个情感极性分类，具体分类情况如表 10 - 41 所示。

表 10 - 41　　　　　　　　　　回答情感分类情况

问题名字	回答数	积极回答占比（%）	中性回答占比（%）
中国其他民族对汉族和汉人有什么看法？	1004	78.88	15.94
生活方式已经完全汉化的少数民族怎么找寻自己的民族认同感？	390	68.46	20.00
新疆少数民族同胞对汉人的看法如何？	34	67.65	14.71
怎样评价新疆小伙携万斤切糕入滇帮助救灾？	123	79.67	11.38
你怎样看待少数民族加分这种现象呢？	265	80.75	11.32
中国这种民族成分复杂、方言繁多的国家是如何维系统一的？	164	64.02	18.90
所谓的少数民族被汉化是否存在？	169	63.91	21.89
现在的满族年轻人如何看待本民族的现状？	188	71.28	12.77

表 10 - 41 显示，无论是哪一个问题的回答，积极回答都达到了 60%
以上，最高的达到了 80% 以上。将积极回答和中性回答加起来，比例都
在 80% 以上，大多数是在 90% 以上。说明在此类问题上，无论是哪一个
民族的人民，对于目前中国的民族团结的程度都是认可的，大家都希望
每个民族能够紧密相连，共同繁荣。

（二）评论词云分析

图 10 - 12 展示了将所有回答进行分词后，去除词语中的停用词后词
频前 70 的词语。可以清楚地看到，词频最高的为中国，并且 "中华民
族" 这个词也是在前 70 的词语中。这是因为，数量非常多的回答都提到
了 "一个中国" 这个概念，这些回答都认为，无论你是哪个民族，你都
是属于中国，都是中华民族的一部分，只有当所有民族都紧密团结在一
起才是完整的中华民族。

图 10 - 12　回答词云图

在词频前 70 的词语中，出现了 "蒙古族" "满族" "回族" "壮族"
"朝鲜族" "苗族" "彝族" "土家族" 等词语。在回答中，这些民族被较
多次地提起。联系实际生活情况可以知道，这些少数民族在日常生活中
和汉族的接触交流比较多，因此，这些民族对于这个问题想表达的想法
或者观点比较多。

另外，"好" "喜欢" "伟大" 等积极性词语的频率也较高，说明汉

族和汉人给其他民族都留下了非常好的印象。

"团结""融合""接受""差不多""互相""同样"等词语的出现说明汉族和其他民族随着时间的推移，各个民族之间的差异越来越小，除特定的信仰外，各个民族在文化、习俗等多个方面都走向融合，民族之间的关系不断改善，亲密程度稳步提高。

"教育""信仰""政策"等词语的出现说明这些方面是少数民族比较关心的话题，在提升民族团结时，可以从这方面着手进行。

（三）结论

从该问题的回答中我们可以看出，绝大多数的少数民族都对汉族所做的贡献、历史地位表示了高度的赞扬肯定，并认为少数民族和汉族没有什么差异，表示不同民族之间正在逐渐融合。另外，在处理少数民族关系的时候，可以从少数民族的教育、信仰等方面提出相应的政策。

总结与展望

一　研究总结

民族关系和谐性监测预警是一个多学科交叉研究领域，包括管理学、民族学、社会学以及情报学等。本书通过对相关领域的理论和文献的广泛梳理，建立了民族关系和谐性监测预警及主动调控的理论框架，提出了民族关系监测预警的实施方法，并就预警调控中的若干具体问题展开了详细研究。

（1）民族关系监测预警研究现状与理论框架。通过文献分析，对民族关系监测预警的研究范畴进行界定，建立了民族关系和谐性监测预警的理论框架，对现有相关领域的研究进行了梳理。

（2）民族关系监测预警的影响因素与评价体系。全面分析了民族关系和谐性影响因素。基于民族关系和谐主题的界定与辨识，参考现有关于民族关系、和谐社会、社会风险预警的相关研究，建立了民族关系和谐性监测预警指标体系。

（3）民族关系监测预警中的信息管理。明确了民族关系监测预警信息的需求框架，并对其来源可供性进行了分析；提出了基于知识管理的民族关系监测预警过程；提出了民族关系信息资源库的总体框架结构及其所属的子类信息库，并根据各类子库的特点阐述了其结构内容。

（4）民族关系监测预警与调控机制。把社会预警理论中的主要元素融合到民族关系预警的概念模型中，提出了民族关系和谐性监测预警实施的一般过程。在民族关系和谐性主动调控方面，提出了基于和谐管理理论的调控机制，构造了和谐双规则耦合的民族关系调控框架，并在此基础上论述了民族关系和谐性主动调控的主要内容。

本书研究内容的创新之处包括：①建立了面向和谐主题的民族关系和谐性动态监测预警体系，民族关系预警指标集随着和谐主题变化而动态调整，监测预警结果更能反映现实状况。②研究了民族关系监测预警中的信息需求，阐述了民族关系信息资源库建设的必要性，并给出了民族关系信息资源库的总体结构。

研究方法的创新之处包括：①将和谐管理理论应用于民族关系和谐性预警调控过程，改变以往为了解决民族关系具体问题的调控思路，变被动调控为主动适应性预警调控。②将信息管理、知识管理和大数据分析相关方法用于民族关系监测预警过程，提高了预警调控决策的效率和准确性。

本书研究采用面向和谐主题的持续改善与主动适应的民族关系预警及前馈调控思路，力图达到一个动态稳定的、和谐发展的新型民族关系状态。研究成果的突出特色和主要建树在于：①首次提出对民族关系的和谐性进行监测预警，并建立基于和谐主题的监测预警动态性指标体系，由此可以找出民族关系中的不和谐因素并加以调控。②构建了面向民族关系监测预警的信息管理框架，核心是民族关系信息资源库的建设。

本书研究不足之处：在数据获取方面，本书调研中由于数据获取难度的原因，仅对 C 市进行了示例分析。在指标体系的构建方面，民族关系监测预警指标体系还需要进一步完善，特别是在主观指标体系和客观指标体系的划分，需要进一步加强其科学性。

二　研究展望

民族关系和谐性监测预警的本质上是通过相关预警指标数据的收集处理，从而和谐性进行测度和分析，了解民族关系和谐性的发展趋势以及需要进行预警的和谐性相关指标或因素，以对民族关系开展针对性的调控。和谐性预警指标是客观民族关系发展状态的反映，因此，基于这些指标开展监测预警是可行的，但这种监测存在着一定的滞后性，有可能导致对民族关系不和谐因素的调控不及时。

随着互联网的迅猛发展，我国互联网用户的人数激增，广大网民可以基于互联网表达对包括民族关系在内的相关公共话题的看法，从而形成了网络舆情。民族关系网络舆情与前述预警指标一样，应该说也在某种程度上反映了民族关系的和谐程度，因此，基于互联网舆情开展民族关系的和谐性监测预警成为一个新的研究主题。本书在第七章至第九章分别对民族关系网络舆情信息资源库的构建、民族关系网络舆情监测预警实施、民族关系网络舆情引导与调控机制开展了相关研究，并在第十章通过两个示例说明了相关方法。由于互联网的舆情信息传播速度快、影响面非常宽，因此，如何对互联网民族关系舆情进行有效的监测预警已经成为亟待解决的问题。

在互联网舆情监测和分析中，大数据的价值显得日渐重要，大数据的出现为社会科学研究提供了前所未有的机遇和挑战。习近平总书记在中央政治局第二次集体学习时的重要讲话中指出："善于获取数据、分析数据、运用数据，是领导干部做好工作的基本功。各级领导干部要加强学习，懂得大数据，用好大数据，增强利用数据推进各项工作的本领，不断提高对大数据发展规律的把握能力，使大数据在各项工作中发挥更大作用。"

我国已经将大数据技术列入国家发展战略，政府大力推动"互联网＋"行动，但是，大数据技术的战略意义不在于掌握庞大的信息或数据，而在于将正确的信息在正确的时间交付到正确的人手中，最后能产生出一个科学的决策。互联网在为舆情信息收集提供极大的便利时，也加快了信息的产生、传播和发酵的速度，这为我们从事民族工作带来了艰巨的任务和巨大的挑战，但大数据技术和方法也给民族关系监测预警提供了良好的机遇。对于舆情管理者而言，能通过大数据技术手段，分析事件的关注程度、传播情况、发展趋势、网民情绪变化等。也可以深入某个观点的影响程度、影响人群，从而预测舆情走向，辅助决策和判断。大数据时代，民族关系网络舆情管理将成为将来我国民族舆情管理的重要研究方向。民族关系互联网舆情监测预警、民族关系大数据舆情分析预计将是今后在民族关系领域内的研究热点之一。

附　　录

附录一　各个维度和谐性客观指标重要性评价

尊敬的先生/女士：

您好，我们是国家社会科学基金项目"民族关系和谐性监测预警及主动调控机制研究"的调研团队。感谢您参加本次调查活动，本次调查仅仅用于学术研究，将对所填写的相关信息严格保密，请放心填写，不胜感激。

"民族关系和谐性监测预警"项目组
2014 年 8 月

一　专家基本信息

性别：□男　　　　□女

年龄：□19—29 岁　　　□30—39 岁　　　□40—49 岁
　　　□50—59 岁　　　□60 岁及以上

工作单位：□政府部门　　□企业　　　　□事业单位
　　　　　□其他

学历：□高中及以下　　　□大专与本科　　　□硕士研究生
　　　□博士研究生及以上

职务（职称）：□科员（中级）　　□副处（副高）　　□正处（正高）
　　　　　　　□其他

民族：

评价地区：

评价时间（年度）：

二 重要性评价

一级指标	序号	二级指标	非常不重要← →非常重要				
			1	2	3	4	5
政治和谐性测度	1	民族地区群体性事件频数					
	2	民族地区国家级制度文件数					
	3	民族地区群体性事件处理率					
	4	民族地区人大代表数					
	5	民族地区刑事案件发生率					
	6	民族地区党员少数民族比例					
	7	民族地区公务员人数					
	8	民族法规变动频数					
	9	民族地区突发事件频数					
	10	当地民族分裂主义活动频数					
	11	民族地区公务员渎职人数					
	12	少数民族公民在当地人大代表中的比例					
	13	少数民族公民在当地政协委员中的比例					
	14	民族地区自治条例颁布实施率					
	15	少数民族干部的培养使用率					
	16	政务信息公开率					
	17	民族地区政协人大提案及结案率					
经济和谐性测度	18	民族地区人口贫困率					
	19	民族地区人均消费支出					
	20	民族地区第二、第三产业产值比例					
	21	少数民族家庭人均收入					
	22	民族地区医疗保健类居民消费价格指数					
	23	民族地区交通类居民消费价格指数					
	24	民族地区消费价格指数					
	25	民族地区人均收入水平					
	26	民族地区物价指数					
	27	民族地区营业税征收起点					
	28	民族地区农村人均收入					
	29	少数民族职业分布的结构性差异率					
	30	当地民族地区人口流动率					

续表

一级指标	序号	二级指标	非常不重要←　　　→非常重要				
			1	2	3	4	5
经济和谐性测度	31	农村人均收入与全国平均水平比					
	32	民族地区城市人均可支配收入					
	33	国家对当地财政转移支付力度					
	34	发达地区对当地对口支援力度					
	35	区域经济技术协作项目资金增长率					
	36	民族地区人均 GDP					
	37	民族地区恩格尔系数					
	38	民族地区人均国民收入					
	39	民族地区通货膨胀率					
	40	民族地区财政赤字率					
	41	民族地区基尼系数					
	42	民族地区工业企业全员劳动生产率					
	43	民族地区研发经费占 GDP 比例					
	44	民族地区服务经济占 GDP 比例					
	45	民族地区城乡收入差异					
	46	民族地区行业收入差距					
	47	民族地区非农就业比例					
	48	民族地区基础建设投资增长率					
文化和谐性测度	49	民族地区语言广播覆盖率与全国平均比					
	50	民族文字书刊出版率与全国平均比					
	51	双语教学贯彻实施情况					
	52	民族地区文化遗产保护与全国平均水平					
	53	民族文化冲突发生率					
	54	民族地区人均受教育年限					
	55	民族地区学龄教育净入学率					
	56	民族地区高等教育入学率					
	57	民族地区九年义务教育完成率					
	58	民族地区文盲率					
	59	民族地区人均教育经费支出					
	60	民族地区在职培训参与率					

续表

一级指标	序号	二级指标	非常不重要←　　　→非常重要				
			1	2	3	4	5
文化和谐性测度	61	民族地区特色文化品牌建设数量					
	62	民族地区星级景区数量					
	63	民族地区非物质文化遗产数量					
社会和谐性测度	64	民族地区人均受教育年限					
	65	民族地区公共交通里程数					
	66	民族地区医疗保险投入比					
	67	民族地区社保投入比					
	68	民族地区人均住房面积					
	69	民族地区每年人网新增数					
	70	各族人口规模之比					
	71	居住地民族隔离程度					
	72	多民族构成家庭比例					
	73	民族矛盾、民族冲突发生率					
	74	每万人跨民族间纠纷数					
	75	少数民族人口居住、分布的分离指数					
	76	少数民族家庭数占当地比例					
	77	民族地区跨民族通婚率					
	78	区域发展差异程度					
	79	民族地区人口迁移流动率					
	80	民族地区人口社会流动通畅率					
	81	民族地区发展的结构性差异					
	82	民族地区人口健康指数					
	83	民族地区社会保障覆盖率					
	84	民族地区适婚男女青年比率					
	85	民族地区生活用水普及率					
	86	民族地区天然气普及率					
	87	民族地区每万人拥有公共厕所数量					
	88	民族地区大学生就业率					
	89	民族地区地方病、传染病发病率					
	90	民族地区城市化水平					

续表

一级指标	序号	二级指标	非常不重要←　　　→非常重要				
			1	2	3	4	5
社会和谐性测度	91	民族地区人均寿命					
	92	民族地区离婚率					
	93	民族地区婴儿死亡率					
	94	民族地区互联网普及率					
	95	民族地区城乡居民贫困率					
	96	民族地区男女性别比例					
	97	民族地区老年人口比例					
	98	民族地区劳动适龄人口比例					
	99	民族地区甲、乙类法定报告传染病发病率					
	100	民族地区甲、乙类法定报告传染病死亡率					
	101	民族地区每千人拥有床位数					
	102	民族地区每千人卫生技术人员数					
	103	民族地区失业率					
宗教和谐性测度	104	每十万人民族寺庙数					
	105	民族地区非法宗教活跃程度					
	106	民族地区反动宗教集团势力影响程度					
	107	民族宗教队伍年培训次数					
	108	宗教设施建设费用支出水平					
	109	民族地区宗教教徒数量					
	110	民族地区宗教场所数量					
	111	民族地区宗教组织数量					
	112	民族地区宗教干预程度					
	113	民族地区非正式渠道宗教言论数量					
	114	民族地区宗教信仰变动率					
	115	民族地区群众宗教活动参与程度					
	116	民族地区宗教多样化程度					
	117	民族地区宗教类别					
	118	民族地区宗教数量					
	119	民族地区宗教信仰人数					
	120	宗教活动年均次数					
	121	宗教管理部门人数					
环境和谐性测度	122	民族地区万元GDP能耗					
	123	民族废水排放量					
	124	民族地区废气排放量					

续表

一级指标	序号	二级指标	非常不重要←			→非常重要	
			1	2	3	4	5
	125	民族地区污染治理投资额					
	126	民族地区生活垃圾清运量					
	127	民族地区自然灾害发生率					
	128	民族地区"三废"处理率					
	129	民族地区自然灾害成灾人口					
	130	民族地区自然灾害导致的死亡人数					
	131	民族地区自然灾害得到国家救济人数					
	132	民族地区生态退化程度					
	133	民族地区环境质量指数与全国平均比					
环境和谐性测度	134	民族地区资源开发补偿力度					
	135	民族地区严重自然灾害发生率					
	136	民族地区公共交通出行比例					
	137	民族地区空气优良率					
	138	民族地区单位 GDP 二氧化碳排放量					
	139	民族地区森林覆盖率					
	140	民族地区安全用水普及率					
	141	民族旅游资源保护率					
	142	民族矿产资源保护率					
	143	民族文化资源保护率					
	144	民族地区生态环保工程建设支出水平					
	145	国外宗教极端主义势力干扰程度					
	146	民族性冲突事件数					
国际和谐性测度	147	国际宗教性大型集会数					
	148	国外民族分裂主义势力干扰程度					
	149	国外恐怖主义活动干扰程度					
	150	跨国界民族影响率					

填写说明：

（1）本问卷用于对影响民族关系和谐性的 7 个维度客观指标重要程度进行评价，请结合所在地区的实际情况如实填写。

（2）在相应单元格内画钩，按照指标的重要性对每个指标进行评分（取值为 1—5，1 为非常不重要，5 为非常重要）。

（3）每一行只能在一个单元格内画钩。

问卷调查内容结束，谢谢您！如果您认为本问卷有些内容不合适，或有些内容没有问到，请您标注题号并加以说明，我们向您表示衷心感谢！

附录二 各个维度和谐性主观指标
重要性评价

尊敬的先生/女士:

您好,我们是国家社会科学基金项目"民族关系和谐性监测预警及主动调控机制研究"的调研团队。感谢您参加本次调查活动,本次调查仅仅用于学术研究,将对所填写的相关信息严格保密,请放心填写,不胜感激。

"民族关系和谐性监测预警"项目组

2014 年 8 月

一 专家基本信息

性别:□男　□女

年龄:□19—29 岁　　　□30—39 岁　　　□40—49 岁

　　　□50—59 岁　　　□60 岁及以上

工作单位:□政府部门　　□企业　　□事业单位　　□其他

学历:□高中及以下　　　□大专与本科　　　□硕士研究生

　　　□博士研究生及以上

职务(职称):□科员(中级)　　□副处(副高)　　□正处(正高)

　　　□其他

民族:

评价地区:

评价时间(年度):

二　重要性评价

一级指标	序号	二级指标	非常不重要←			→非常重要	
			1	2	3	4	5
政治和谐性测度	1	民族地区政府满意度					
	2	民族地区政策满意度					
	3	政府民意采纳的满意程度					
	4	政府纠纷处置的满意度					
	5	人大代表表现满意度					
	6	公务员对工作满意程度					
	7	民族地区政策法规变动频繁度					
	8	政策开放的满意程度					
	9	民族干部选拔方式满意度					
	10	民族干部所在部门合理度					
	11	民族干部担任职务满意度					
	12	民族干部工作满意度					
	13	民族干部参政满意度					
	14	享有自治权利的社团组织满意度					
	15	享有自治权利的社团活动满意度					
	16	民族区域自治渠道合理度					
	17	民族区域自治权利种类满意度					
	18	民族区域自治权利使用满意度					
	19	人大、政协民族代表比例合理度					
	20	人大、政协民族代表选举程序合理度					
	21	人大、政协民族代表选举政策合理度					
	22	地方社团少数民族人数合理度					
	23	民族自治权情况满意度					
	24	民族地区群众参政满意度					
	25	民族地区政策法规满意度					
	26	民族地区政策实施效果满意度					
	27	民族地区政府公共服务效率满意度					
	28	移民政府社会管理调控能力					
	29	民族冲突的解决程度					
	30	民族干部岗位构成合理度					

续表

一级指标	序号	二级指标	非常不重要←			→非常重要	
			1	2	3	4	5
政治和谐性测度	31	少数民族人口对政府的满意度					
	32	民族地区提案满意度					
	33	民族地区公务员工作满意度					
	34	民族地区对国家政策的满意度					
	35	民族地区对国家政策的执行程度					
经济和谐性测度	36	民族地区收入水平满意度					
	37	资源占有的公平感					
	38	民族特需用品生产销售满意度					
	39	各方面经济支持满意度					
	40	物价满意度					
	41	购买力满意度					
	42	民族地区经济状况满意度					
	43	民族地区工业发展满意度					
	44	民族地区服务业发展满意度					
	45	当地产业结构合理度					
	46	当地农业经济结构所占比例满意度					
	47	当地产业网络支持满意度					
	48	当地产业政策和发展能力满意度					
	49	当地产业发展状况满意度					
	50	当地宏观经济管理措施满意度					
	51	当地微观经济管理措施满意度					
	52	当地农业经济交往满意度					
	53	当地商业经贸交往满意度					
	54	民族地区居民生活满意度					
	55	民族地区居民基本生存压力					
	56	民族地区基础设施建设满意度					
文化和谐性测度	57	民族地区教育状况满意度					
	58	歧视与偏见等不良民族意识激烈程度					
	59	对民族文化矛盾的态度					
	60	价值观念的分化程度					

续表

一级指标	序号	二级指标	非常不重要←			→非常重要	
			1	2	3	4	5
文化和谐性测度	61	教育公平满意度					
	62	民族语言文字保护满意度					
	63	民族地区科技发展满意度					
	64	民族地区文化保护满意度					
	65	民族地区文化传承程度					
	66	民族地区网络普及程度					
	67	民族地区幼儿教育状况满意度					
	68	当地普通教育及文盲扫盲状况满意度					
	69	民族地区职业教育状况满意度					
	70	民族地区高等教育满意度					
	71	当地科技发展水平及创新程度满意度					
	72	民族地区语言使用状况满意度					
	73	当地语言变迁情况满意度					
	74	当地民族文字使用及变迁状况满意度					
	75	当地风俗习惯保留满意度					
	76	当地教育培训满意度					
	77	民族文化保护力度满意度					
社会和谐性测度	78	民族地区人身安全满意度					
	79	跨民族交往的意愿					
	80	民族习俗尊重满意度					
	81	民族地区环境质量满意度					
	82	民族地区社会保障满意度					
	83	民族间的贫富差距感					
	84	少数民族家庭户住房面积及设施满意度					
	85	民族地区居民返乡意愿程度					
	86	民族地区家庭幸福程度					
	87	民族地区住房满意度					
	88	民族地区互联网普及满意度					
	89	民族地区公共出行满意度					
	90	民族地区财产安全满意度					

续表

一级指标	序号	二级指标	非常不重要←			→非常重要	
			1	2	3	4	5
社会和谐性测度	91	民族地区社会制度满意度					
	92	民族地区养老保障满意度					
	93	民族地区失业保障满意度					
	94	民族地区医疗保障满意度					
	95	民族地区就业状况满意度					
	96	民族地区就业类型满意度					
	97	民族地区就业机会满意度					
	98	民族地区就业渠道满意度					
	99	民族地区就业社会保障满意度					
	100	民族地区休闲娱乐状况满意度					
	101	民族地区婚姻状况满意度					
	102	民族地区人际关系满意度					
	103	当地衣食住行交通工具保留与变化状况满意度					
	104	当地社会正式组织满意度					
	105	当地社会非正式组织满意度					
	106	当地社会单位制度满意度					
	107	当地社会人事制度满意度					
	108	当地社会分层满意度					
	109	当地社会户籍制度满意度					
宗教和谐性测度	110	民族地区宗教发展水平满意度					
	111	民族地区宗教活动场所合理度					
	112	当地宗教活动场所的财产及公益事业管理满意度					
	113	当地宗教活动场所与邻近寺院宫观的关系					
	114	民族地区宗教专职人员工作满意度					
	115	民族地区神职人员的宗教活动情况满意度					
	116	民族地区宗教活动干预程度					
	117	民族地区宗教信仰尊重程度					
	118	民族地区宗教活动参与程度					

续表

一级指标	序号	二级指标	非常不重要←　　　　→非常重要				
			1	2	3	4	5
宗教和谐性测度	119	民族地区宗教多样化程度					
	120	宗教信仰自由满意度					
	121	宗教对当地政府、公检法、社会团体的影响					
	122	宗教对民族地区社会稳定的影响					
	123	宗教对当地群众政治生活的影响					
	124	宗教对当地经济发展的影响					
	125	宗教对当地教育发展水平的影响					
	126	宗教对民族地区日常生活的影响					
	127	宗教管理自由化程度					
	128	宗教观教育满意程度					
环境和谐性测度	129	民族地区资源保护满意度					
	130	民族地区水质满意度					
	131	企业环保行为满意度					
	132	对自己居住状况满意度					
	133	对当地自然资源归属状况满意度					
	134	对当地自然资源开发利用状况满意度					
	135	对当地自然资源分配和共管程度满意度					
	136	当地民众自然资源开发参与度					
	137	民族地区城市环境卫生满意度					
	138	民族地区生活环境卫生满意度					
	139	民族地区自然灾害影响程度					
	140	民族地区环境保护满意度					
	141	民族地区环保工程建设满意度					

续表

一级指标	序号	二级指标	非常不重要←			→非常重要	
			1	2	3	4	5
国际和谐性测度	142	国外宗教极端主义影响程度					
	143	国外宗教极端主义势力影响程度					
	144	国外民族分裂主义势力影响程度					
	145	国外恐怖主义活动影响程度					
	146	周边国家不稳定的影响程度					
	147	跨国界民族影响程度					

填写说明：

（1）本问卷用于对影响民族关系和谐性的 7 个维度主观指标重要程度进行评价，请结合所在地区的实际情况如实填写。

（2）在相应单元格内画钩，按照指标的重要性对每个指标进行评分（取值为 1—5，1 为非常不重要，5 为非常重要）。

（3）每一行只能在一个单元格内画钩。

问卷调查内容结束，谢谢您！如果您认为本问卷有些内容不合适，或有些内容没有问到，请您标注题号并加以说明，我们向您表示衷心感谢！

附录三　民族关系和谐程度主观问卷

尊敬的先生/女士：

您好，我们是国家社会科学基金项目"民族关系和谐性监测预警及主动调控机制研究"的调研团队。感谢您参加本次调查活动，本次调查仅仅用于学术研究，将对所填写的相关信息严格保密，请放心填写，不胜感激。

"民族关系和谐性监测预警"项目组
2014 年 8 月

一　基本信息

性别：□男　　　□女

年龄：□19—29 岁　　　□30—39 岁　　　□40—49 岁
　　　□50—59 岁　　　□60 岁及以上

工作单位：□政府部门　　□企业　□事业单位　　□其他

学历：□高中及以下　　　□大专与本科　　　□硕士研究生
　　　□博士研究生及以上

职务（职称）：□科员（中级）　□副处（副高）　□正处（正高）
　　　　　　　□其他

民族：

评价地区：

评价时间（年度）：

二　相对重要性评诉

一级指标	序号	问题描述	非常不满意	不满意	一般	满意	非常满意
政治和谐性测度	B9	民族地区政策满意度					
	B10	政府民意采纳满意程度					
	B11	政府纠纷处置满意度					
	B12	民族地区政策法规变动频繁度					
	B13	民族干部选拔方式满意度					
	B14	民族干部工作满意度					
	B15	民族地区群众参政满意度					
	B16	民族地区政府公共服务效率满意度					
经济和谐性测度	B28	民族地区收入水平满意度					
	B29	物价水平满意度					
	B30	民族地区工业发展满意度					
	B31	民族地区服务业发展满意度					
	B32	当地产业发展前景满意度					
	B33	民族地区基础设施建设满意度					
文化和谐性测度	B40	民族地区教育状况满意度					
	B41	民族语言文字保护满意度					
	B42	民族地区科技发展满意度					
	B43	民族地区文化传承程度					
	B44	民族地区幼儿教育状况满意度					
	B45	民族地区职业教育状况满意度					
	B46	民族地区高等教育满意度					
	B47	民族地区语言使用状况满意度					
	B48	当地语言变迁情况满意度					
	B49	当地风俗习惯保留满意度					
社会和谐性测度	B59	民族地区人身安全满意度					
	B60	民族习俗尊重满意度					
	B61	民族地区社会保障满意度					
	B62	民族地区家庭幸福程度					
	B63	民族地区住房满意度					
	B64	民族地区互联网普及满意度					
	B65	民族地区公共出行满意度					

续表

一级指标	序号	问题描述	非常不满意	不满意	一般	满意	非常满意
社会和谐性测度	B66	民族地区财产安全满意度					
	B67	民族地区就业状况满意度					
	B68	民族地区休闲娱乐状况满意度					
	B69	民族地区人际关系满意度					
	B70	跨民族交往的意愿					
宗教和谐性测度	B77	民族地区宗教发展水平满意度					
	B78	民族地区宗教活动场所合理度					
	B79	民族地区宗教专职人员工作满意度					
	B80	民族地区宗教信仰尊重程度					
	B81	民族地区宗教活动参与程度					
	B82	民族地区宗教多样化程度					
	B83	宗教信仰自由满意度					
	B84	宗教对民族地区社会稳定的影响					
	B85	宗教对民族地区日常生活的影响					
环境和谐性测度	B91	民族地区资源保护满意度					
	B92	企业环保行为满意度					
	B93	对当地自然资源开发利用状况满意度					
	B94	民族地区生活环境卫生满意度					
	B95	民族地区环保工程建设满意度					
	B96	民族地区自然灾害影响程度					
国际和谐性测度	B101	国外宗教极端主义影响程度					
	B102	国外民族分裂主义势力影响程度					
	B103	国外恐怖主义活动影响程度					
	B104	周边国家不稳定的影响程度					

　　问卷调查内容结束，谢谢您！如果您认为本问卷有些内容不合适，或有些内容没有问到，请您标注题号并加以说明，我们向您表示衷心感谢！

附录四 民族关系和谐维度的相对重要性评价

尊敬的先生/女士：

您好，我们是国家社会科学基金项目"民族关系和谐性监测预警及主动调控机制研究"的调研团队。感谢您参加本次调查活动，本次调查仅仅用于学术研究，将对所填写的相关信息严格保密，请放心填写，不胜感激。

"民族关系和谐性监测预警"项目组

2014 年 8 月

一 专家基本信息

性别：□男 □女

年龄：□19—29 岁 □30—39 岁 □40—49 岁
□50—59 岁 □60 岁及以上

工作单位：□政府部门 □企业 □事业单位 □其他

学历：□高中及以下 □大专与本科 □硕士研究生
□博士研究生及以上

职务（职称）：□科员（中级） □副处（副高） □正处（正高）
□其他

民族：

评价地区：

评价时间（年度）：

二 相对重要性评价

序号	两两比较判断的和谐维度		同等重要	较重要	重要	很重要	非常重要
1	A 政治因素	B 经济因素					
2	A 政治因素	B 社会因素					
3	A 政治因素	B 文化因素					
4	A 政治因素	B 宗教因素					

续表

序号	两两比较判断的和谐维度		同等重要	较重要	重要	很重要	非常重要
5	A 政治因素	B 环境因素					
6	A 政治因素	B 国际因素					
7	A 经济因素	B 社会因素					
8	A 经济因素	B 文化因素					
9	A 经济因素	B 宗教因素					
10	A 经济因素	B 环境因素					
11	A 经济因素	B 国际因素					
12	A 社会因素	B 文化因素					
13	A 社会因素	B 宗教因素					
14	A 社会因素	B 环境因素					
15	A 社会因素	B 国际因素					
16	A 文化因素	B 宗教因素					
17	A 文化因素	B 环境因素					
18	A 文化因素	B 国际因素					
19	A 宗教因素	B 环境因素					
20	A 宗教因素	B 国际因素					
21	A 环境因素	B 国际因素					

填写说明：

（1）本问卷用于对影响民族关系和谐的每个维度因素之间的两两重要程度进行评价，请结合所在地区的实际情况如实填写。

（2）在每一行的某一个单元格填写字母"A""B"或"AB"，其中"AB"仅限填在"同等重要"单元格中。如下填写示例中，第一行表示对于民族关系和谐的影响来说，"政治因素"和"经济因素"同等重要，第二行表示"政治因素"比"经济因素"重要，第三行表示"经济因素"相对于"政治因素"显得非常重要。

序号	两两比较判断的和谐维度		同等重要	较重要	重要	很重要	非常重要
1	A 政治因素	B 经济因素	AB				
2	A 政治因素	B 经济因素			A		
3	A 政治因素	B 经济因素					B

　　问卷调查内容结束，谢谢您！如果您认为本问卷有些内容不合适，或有些内容没有问到，请您标注题号并加以说明，我们向您表示衷心感谢！

附录五　政治维度内指标的相对重要性比较*

尊敬的先生/女士：

　　您好，我们是国家社会科学基金项目"民族关系和谐性监测预警及主动调控机制研究"的调研团队。感谢您参加本次调查活动，本次调查仅仅用于学术研究，将对所填写的相关信息严格保密，请放心填写，不胜感激。

"民族关系和谐性监测预警"项目组
2014 年 8 月

一　专家基本信息

性别：□男　　　　□女

年龄：□19—29 岁　　　□30—39 岁　　　□40—49 岁
　　　□50—59 岁　　　□60 岁及以上

工作单位：□政府部门　　□企业　　□事业单位　　□其他

学历：□高中及以下　　□大专与本科　　　□硕士研究生
　　　□博士研究生及以上

职务（职称）：□科员（中级）　　□副处（副高）　　□正处（正高）
　　　　　　　□其他

民族：

评价地区：

评价时间（年度）：

　　＊ 由于篇幅原因，本书只列举政治和经济两个维度内主、客观指标的相对重要性比较，其他维度没有列举。

二　相对重要性评价（客观指标）

序号	两两比较判断的指标		同等重要	较重要	重要	很重要	非常重要
1	A 所在地区群体性事件频数	B 所在地区投诉举报案件结案率					
2	A 所在地区群体性事件频数	B 所在地区少数民族人大代表比例（县级以上）					
3	A 所在地区群体性事件频数	B 所在地区少数民族党员数					
4	A 所在地区群体性事件频数	B 所在地区公务员少数民族比例					
5	A 所在地区群体性事件频数	B 所在地区渎职人数					
6	A 所在地区群体性事件频数	B 所在地区刑事案件发生频数					
7	A 所在地区群体性事件频数	B 所在地区刑事案件破案频数					
8	A 所在地区投诉举报案件结案率	B 所在地区少数民族人大代表比例（县级以上）					
9	A 所在地区投诉举报案件结案率	B 所在地区少数民族党员数					
10	A 所在地区投诉举报案件结案率	B 所在地区公务员少数民族比例					
11	A 所在地区投诉举报案件结案率	B 所在地区渎职人数					
12	A 所在地区投诉举报案件结案率	B 所在地区刑事案件发生频数					
13	A 所在地区投诉举报案件结案率	B 所在地区刑事案件破案频数					
14	A 所在地区少数民族人大代表比例（县级以上）	B 所在地区少数民族党员数					
15	A 所在地区少数民族人大代表比例（县级以上）	B 所在地区公务员少数民族比例					

续表

序号	两两比较判断的指标		同等重要	较重要	重要	很重要	非常重要
16	A 所在地区少数民族人大代表比例（县级以上）	B 所在地区渎职人数					
17	A 所在地区少数民族人大代表比例（县级以上）	B 所在地区刑事案件发生频数					
18	A 所在地区少数民族人大代表比例（县级以上）	B 所在地区刑事案件破案频数					
19	A 所在地区少数民族党员数	B 所在地区公务员少数民族比例					
20	A 所在地区少数民族党员数	B 所在地区渎职人数					
21	A 所在地区少数民族党员数	B 所在地区刑事案件发生频数					
22	A 所在地区少数民族党员数	B 所在地区刑事案件破案频数					
23	A 所在地区公务员少数民族比例	B 所在地区渎职人数					
24	A 所在地区公务员少数民族比例	B 所在地区刑事案件发生频数					
25	A 所在地区公务员少数民族比例	B 所在地区刑事案件破案频数					
26	A 所在地区渎职人数	B 所在地区刑事案件发生频数					
27	A 所在地区渎职人数	B 所在地区刑事案件破案频数					
28	A 所在地区刑事案件发生频数	B 所在地区刑事案件破案频数					

三　相对重要性评价（主观指标）

序号	两两比较判断的指标		同等重要	较重要	重要	很重要	非常重要
1	A 民族地区政策满意度	B 政府民意采纳满意程度					
2	A 民族地区政策满意度	B 政府纠纷处置满意度					
3	A 民族地区政策满意度	B 民族地区政策法规变动频繁度					
4	A 民族地区政策满意度	B 民族干部选拔方式满意度					
5	A 民族地区政策满意度	B 民族干部工作满意度					
6	A 民族地区政策满意度	B 民族地区群众参政满意度					
7	A 民族地区政策满意度	B 民族地区政府公共服务效率满意度					
8	A 政府民意采纳满意程度	B 政府纠纷处置满意度					
9	A 政府民意采纳满意程度	B 民族地区政策法规变动频繁度					
10	A 政府民意采纳满意程度	B 民族干部选拔方式满意度					
11	A 政府民意采纳满意程度	B 民族干部工作满意度					
12	A 政府民意采纳满意程度	B 民族地区群众参政满意度					
13	A 政府民意采纳满意程度	B 民族地区政府公共服务效率满意度					
14	A 政府纠纷处置满意度	B 民族地区政策法规变动频繁度					
15	A 政府纠纷处置满意度	B 民族干部选拔方式满意度					
16	A 政府纠纷处置满意度	B 民族干部工作满意度					
17	A 政府纠纷处置满意度	B 民族地区群众参政满意度					

续表

序号	两两比较判断的指标		同等重要	较重要	重要	很重要	非常重要
18	A 政府纠纷处置满意度	B 民族地区政府公共服务效率满意度					
19	A 民族地区政策法规变动频繁度	B 民族干部选拔方式满意度					
20	A 民族地区政策法规变动频繁度	B 民族干部工作满意度					
21	A 民族地区政策法规变动频繁度	B 民族地区群众参政满意度					
22	A 民族地区政策法规变动频繁度	B 民族地区政府公共服务效率满意度					
23	A 民族干部选拔方式满意度	B 民族干部工作满意度					
24	A 民族干部选拔方式满意度	B 民族地区群众参政满意度					
25	A 民族干部选拔方式满意度	B 民族地区政府公共服务效率满意度					
26	A 民族干部工作满意度	B 民族地区群众参政满意度					
27	A 民族干部工作满意度	B 民族地区政府公共服务效率满意度					
28	A 民族地区群众参政满意度	B 民族地区政府公共服务效率满意度					

填写说明：

（1）本问卷用于对影响民族关系和谐的政治维度内各指标之间的两两重要程度进行评价，请结合所在地区的实际情况如实填写。

（2）在每一行的某一个单元格填写字母"A""B"或"AB"，其中"AB"仅限填在"同等重要"单元格中。如下填写示例中，第一行表示在影响民族关系和谐的政治维度的指标中，"所在地区群体性事件频数"和"所在地区投诉举报案件结案率"同等重要，第二行表示"所在地区群体性事件频数"比"所在地区投诉举报案件结案率"重要，第三行表示"所在地区投诉举报案件结案率"相对于"所在地区群体性事件频数"显得非常重要。

序号	两两比较判断的指标		同等重要	较重要	重要	很重要	非常重要
1	A 所在地区群体性事件频数	B 所在地区投诉举报案件结案率	AB				
2	A 所在地区群体性事件频数	B 所在地区投诉举报案件结案率			A		
3	A 所在地区群体性事件频数	B 所在地区投诉举报案件结案率					B

问卷调查内容结束，谢谢您！如果您认为本问卷有些内容不合适，或有些内容没有问到，请您标注题号并加以说明，我们向您表示衷心感谢！

附录六　经济维度内指标的相对重要性比较

尊敬的先生/女士：

您好，我们是国家社会科学基金项目"民族关系和谐性监测预警及主动调控机制研究"的调研团队。感谢您参加本次调查活动，本次调查仅仅用于学术研究，将对所填写的相关信息严格保密，请放心填写，不胜感激。

"民族关系和谐性监测预警"项目组

2014 年 8 月

一　专家基本信息

性别：□男　　　　　□女

年龄：□19—29 岁　　　□30—39 岁　　　　□40—49 岁
　　　□50—59 岁　　　□60 岁及以上

工作单位：□政府部门　　□企业　　□事业单位　　　□其他

学历：□高中及以下　　　□大专与本科　　　　□硕士研究生
　　　□博士研究生及以上

职务（职称）：□科员（中级）　　□副处（副高）　　□正处（正高）
　　　　　　　□其他

民族：

评价地区：

评价时间（年度）：

二　相对重要性评价（客观指标）

序号	两两比较判断的指标		同等重要	较重要	重要	很重要	非常重要
1	A 所在地区少数民族人口贫困率	B 发达地区对当地对口支援力度					
2	A 所在地区少数民族人口贫困率	B 所在地区少数民族人均收入水平					

序号	两两比较判断的指标		同等重要	较重要	重要	很重要	非常重要
3	A 所在地区少数民族人口贫困率	B 所在地区人均食品消费支出					
4	A 所在地区少数民族人口贫困率	B 所在地区人均总消费支出					
5	A 所在地区少数民族人口贫困率	B 所在地区第三产业比例					
6	A 所在地区少数民族人口贫困率	B 所在地区财政赤字率					
7	A 所在地区少数民族人口贫困率	B 所在地区人均 GDP					
8	A 所在地区少数民族人口贫困率	B 所在地区研发经费总额					
9	A 所在地区少数民族人口贫困率	B 所在地区非农就业比例					
10	A 所在地区少数民族人口贫困率	B 所在地区基础建设年投资额					
11	A 发达地区对当地对口支援力度	B 所在地区少数民族人均收入水平					
12	A 发达地区对当地对口支援力度	B 所在地区人均食品消费支出					
13	A 发达地区对当地对口支援力度	B 所在地区人均总消费支出					
14	A 发达地区对当地对口支援力度	B 所在地区第三产业比例					
15	A 发达地区对当地对口支援力度	B 所在地区财政赤字率					
16	A 发达地区对当地对口支援力度	B 所在地区人均 GDP					
17	A 发达地区对当地对口支援力度	B 所在地区研发经费总额					

续表

序号	两两比较判断的指标		同等重要	较重要	重要	很重要	非常重要
18	A 发达地区对当地对口支援力度	B 所在地区非农就业比例					
19	A 发达地区对当地对口支援力度	B 所在地区基础建设年投资额					
20	A 所在地区少数民族人均收入水平	B 所在地区人均食品消费支出					
21	A 所在地区少数民族人均收入水平	B 所在地区人均总消费支出					
22	A 所在地区少数民族人均收入水平	B 所在地区第三产业比例					
23	A 所在地区少数民族人均收入水平	B 所在地区财政赤字率					
24	A 所在地区少数民族人均收入水平	B 所在地区人均 GDP					
25	A 所在地区少数民族人均收入水平	B 所在地区研发经费总额					
26	A 所在地区少数民族人均收入水平	B 所在地区非农就业比例					
27	A 所在地区少数民族人均收入水平	B 所在地区基础建设年投资额					
28	A 所在地区人均食品消费支出	B 所在地区人均总消费支出					
29	A 所在地区人均食品消费支出	B 所在地区第三产业比例					
30	A 所在地区人均食品消费支出	B 所在地区财政赤字率					
31	A 所在地区人均食品消费支出	B 所在地区人均 GDP					
32	A 所在地区人均食品消费支出	B 所在地区研发经费总额					

续表

序号	两两比较判断的指标		同等重要	较重要	重要	很重要	非常重要
33	A 所在地区人均食品消费支出	B 所在地区非农就业比例					
34	A 所在地区人均食品消费支出	B 所在地区基础建设年投资额					
35	A 所在地区人均总消费支出	B 所在地区第三产业比例					
36	A 所在地区人均总消费支出	B 所在地区财政赤字率					
37	A 所在地区人均总消费支出	B 所在地区人均 GDP					
38	A 所在地区人均总消费支出	B 所在地区研发经费总额					
39	A 所在地区人均总消费支出	B 所在地区非农就业比例					
40	A 所在地区人均总消费支出	B 所在地区基础建设年投资额					
41	A 所在地区第三产业比例	B 所在地区财政赤字率					
42	A 所在地区第三产业比例	B 所在地区人均 GDP					
43	A 所在地区第三产业比例	B 所在地区研发经费总额					
44	A 所在地区第三产业比例	B 所在地区非农就业比例					
45	A 所在地区第三产业比例	B 所在地区基础建设年投资额					
46	A 所在地区财政赤字率	B 所在地区人均 GDP					
47	A 所在地区财政赤字率	B 所在地区研发经费总额					
48	A 所在地区财政赤字率	B 所在地区非农就业比例					
49	A 所在地区财政赤字率	B 所在地区基础建设年投资额					

续表

序号	两两比较判断的指标		同等重要	较重要	重要	很重要	非常重要
50	A 所在地区人均 GDP	B 所在地区研发经费总额					
51	A 所在地区人均 GDP	B 所在地区非农就业比例					
52	A 所在地区人均 GDP	B 所在地区基础建设年投资额					
53	A 所在地区研发经费总额	B 所在地区非农就业比例					
54	A 所在地区研发经费总额	B 所在地区基础建设年投资额					
55	A 所在地区非农就业比例	B 所在地区基础建设年投资额					

三　相对重要性评价（主观指标）

序号	两两比较判断的指标		同等重要	较重要	重要	很重要	非常重要
1	A 民族地区收入水平满意度	B 物价水平满意度					
2	A 民族地区收入水平满意度	B 民族地区工业发展满意度					
3	A 民族地区收入水平满意度	B 民族地区服务业发展满意度					
4	A 民族地区收入水平满意度	B 当地产业发展前景满意度					
5	A 民族地区收入水平满意度	B 民族地区基础设施建设满意度					
6	A 物价水平满意度	B 民族地区工业发展满意度					
7	A 物价水平满意度	B 民族地区服务业发展满意度					

续表

序号	两两比较判断的指标		同等重要	较重要	重要	很重要	非常重要
8	A 物价水平满意度	B 当地产业发展前景满意度					
9	A 物价水平满意度	B 民族地区基础设施建设满意度					
10	A 民族地区工业发展满意度	B 民族地区服务业发展满意度					
11	A 民族地区工业发展满意度	B 当地产业发展前景满意度					
12	A 民族地区工业发展满意度	B 民族地区基础设施建设满意度					
13	A 民族地区服务业发展满意度	B 当地产业发展前景满意度					
14	A 民族地区服务业发展满意度	B 民族地区基础设施建设满意度					
15	A 当地产业发展前景满意度	B 民族地区基础设施建设满意度					

填写说明：

（1）本问卷用于对影响民族关系和谐的经济维度内各指标之间的两两重要程度进行评价，请结合所在地区的实际情况如实填写。

（2）在每一行的某一个单元格填写字母"A""B"或"AB"，其中"AB"仅限填在"同等重要"单元格中。如下填写示例中，第一行表示在影响民族关系和谐的经济维度的指标中，"所在地区少数民族人口贫困率"和"发达地区对当地对口支援力度"同等重要，第二行表示"所在地区少数民族人口贫困率"比"发达地区对当地对口支援力度"重要，第三行表示"发达地区对当地对口支援力度"相对于"所在地区少数民族人口贫困率"显得非常重要。

序号	两两比较判断的指标		同等重要	较重要	重要	很重要	非常重要
1	A 所在地区少数民族人口贫困率	B 发达地区对当地对口支援力度	AB				
2	A 所在地区少数民族人口贫困率	B 发达地区对当地对口支援力度				A	

续表

序号	两两比较判断的指标		同等重要	较重要	重要	很重要	非常重要
3	A 所在地区少数民族人口贫困率	B 发达地区对当地对口支援力度					B

　　问卷调查内容结束，谢谢您！如果您认为本问卷有些内容不合适，或有些内容没有问到，请您标注题号并加以说明，我们向您表示衷心感谢！

参考文献

一 著作

[1] 拜凡德、裴贝斯玛、梅格尔－卢比奥、徐爱萍等：《空间数据分析与R语言实践》，清华大学出版社2013年版。

[2] 陈次白：《信息存储与检索技术》，国防工业出版社2006年版。

[3] 陈秋玲：《完善社会预警机制》，经济管理出版社2013年版。

[4] 陈世福：《人工智能与知识工程》，南京大学出版社1998年版。

[5] 陈文伟：《数据仓库与数据挖掘教程》，清华大学出版社2006年版。

[6] 高永久：《民族关系综论》，民族出版社2015年版。

[7] 李娅：《发展失衡与社会预警》，知识产权出版社2011年版。

[8] 利亚姆·费伊：《竞争者：以才智、谋略与绩效制胜》，朱舟译，中国人民大学出版社2005年版。

[9] 林钧昌：《城市化进程中的城市民族问题研究》，中央民族大学出版社2009年版。

[10] 刘刚：《危机管理》，中国人民大学出版社2013年版。

[11] 刘鹏：《城市公共危机预警研究》，中央编译出版社2010年版。

[12] 刘双良：《中国住房政策风险评估与防范治理》，天津人民出版社2012年版。

[13] 刘双印、徐龙琴、涂超等：《案例推理在果树病虫害诊断与防治专家系统的研究》，《计算机技术与发展》2007年第9期。

[14] 刘挺：《经济全球化与社会风险》，社会科学文献出版社2007年版。

[15] 罗伯特·希斯：《危机管理》，王成、宋炳辉、金瑛译，中信出版社2001年版。

[16] 马费成：《信息资源开发与管理》，电子工业出版社2004年版。

[17] 马戎：《民族社会学：社会学的族群关系研究》，北京大学出版社2004年版。

[18] 马戎：《民族与社会发展》，民族出版社 2001 年版。

[19] 宁骚：《民族与国家——民族关系和民族政策的国际比较》，北京大学出版社 1995 年版。

[20] 盛定宇：《数据库原理辅导与提高》，清华大学出版社 2004 年版。

[21] 陶斯文：《西南民族地区城市化进程中人口流动与民族关系发展互动研究》，民族出版社 2012 年版。

[22] 王延章、郭崇慧、叶鑫：《管理决策方法》，清华大学出版社 2010 年版。

[23] 王银梅：《社会稳定及预警机制研究》，法律出版社 2009 年版。

[24] 王众托、吴江宁、郭崇慧：《信息与知识管理》，电子工业出版社 2014 年版。

[25] 吴扬俊：《管理信息系统基础》，电子工业出版社 2007 年版。

[26] 肖群鹰、朱正威：《公共危机管理与社会风险评价》，社会科学文献出版社 2013 年版。

[27] 徐黎丽：《论民族关系与民族关系问题》，民族出版社 2005 年版。

[28] 许伟：《基于网络大数据的社会经济监测预警研究》，科学出版社 2016 年版。

[29] 薛洁：《民族理论与民族政策教程》，中央民族大学出版社 2011 年版。

[30] 阎耀军：《现代实证性社会预警》，社会科学文献出版社 2005 年版。

[31] 于洪波：《中文分词技术研究》，《东莞理工学院学报》2010 年第 5 版。

[32] 张广钦：《信息管理教程》，北京大学出版社 2005 年版。

[33] 郑杭生：《民族社会学概论》（第二版），中国人民大学出版社 2011 年版。

二　期刊论文

[1] 陈奇、彭丽琼：《网络舆情与信息文化安全分析技术》，《中共乐山市委党校学报》2007 年第 3 期。

[2] 包和平、王学艳：《中国少数民族文献数字化建设研究》，《情报杂志》2002 年第 2 期。

[3] 鲍宗豪、李振：《社会预警与社会稳定关系的深化——对国内外社会预警理论的讨论》，《浙江社会科学》2001 年第 4 期。

［4］毕宏音：《重大突发公共事件中的新媒体传播》，《重庆社会科学》2013 年第 4 期。

［5］蔡立辉、杨欣翥：《大数据在社会舆情监测与决策制定中的应用研究》，《行政论坛》2015 年第 2 期。

［6］蔡雪洁：《和谐管理理论在酒店人力资源中的应用研究》，《赤峰学院学报》（自然版）2014 年第 19 期。

［7］曾凡斌：《互联网使用方式与社会资本的关系研究——兼析互联网传播能力在其间的作用》，《湖南师范大学社会科学学报》2014 年第 4 期。

［8］曾纪刚：《基于 CBR 的营销危机预警系统设计》，《桂林航天工业学院学报》2008 年第 1 期。

［9］曾润喜、杜焕霞、王君泽：《网络舆情指标体系、方法与模型比较研究》，《情报杂志》2014 年第 4 期。

［10］曾润喜：《网络舆情突发事件预警指标体系构建》，《情报理论与实践》2010 年第 1 期。

［11］常晋义：《生态环境监测与管理系统知识库的设计》，《计算机应用与软件》2003 年第 10 期。

［12］常玲慧、马斌：《突发公共卫生事件应急决策中的知识管理研究》，《科技管理研究》2013 年第 4 期。

［13］常玲慧：《知识管理在突发公共卫生事件应急决策系统中的应用研究》，硕士学位论文，太原理工大学，2013 年。

［14］陈德容：《网络环境下民族信息资源的建设与发展》，《图书馆理论与实践》2003 年第 2 期。

［15］陈福集、叶萌：《政府网络舆情信息的需求分析》，《情报杂志》2013 年第 9 期。

［16］陈钢：《基于本体的特征知识库》，硕士学位论文，天津大学，2004 年。

［17］陈国新：《民族宗教问题与社会主义和谐社会》，《云南社会科学》2005 年第 5 期。

［18］陈华明、李畅：《当下中国互联网语境中的"沉默的螺旋"》，《西南民族大学学报》（人文社会科学版）2009 年第 2 期。

［19］陈劲松：《网络社会的特征及其社会管理创新》，《社会工作与管

理》2013 年第 6 期。

［20］陈丽明、金浩：《民族关系特征：民族和谐社会建设的理论指导——纪念中国共产党建党 90 周年民族理论系列论文之四》，《黑龙江民族丛刊》2011 年第 2 期。

［21］陈秋玲、肖璐、曹庆瑾：《社会预警指标体系设计及预警评判标准界定——基于社会稳定视角》，《公共管理高层论坛》2008 年第 1 期。

［22］陈秋玲、薛玉春、肖璐：《金融风险预警：评价指标、预警机制与实证研究》，《上海大学学报》（社会科学版）2009 年第 5 期。

［23］陈要立：《基于和谐管理理论的企业可持续成长分析》，硕士学位论文，山东大学，2005 年。

［24］陈永刚、孙卉垚：《互联网舆情研究》，《情报杂志》2011 年第 S1 期。

［25］陈月生、于家琦：《群体性突发事件发生、应急和预防机制与舆情》，《社科纵横》2006 年第 7 期。

［26］程连玲：《基于案例推理技术（CBR）的大学生心理危机知识管理系统的构建》，硕士学位论文，华东师范大学，2008 年。

［27］储节旺：《企业应对危机的知识管理问题研究：能力、体系、机制与技术》，博士学位论文，南昌大学，2006 年。

［28］邓伟志、杨雄、仇立平等：《社会风险的成因与预警机制的建构》，《上海城市管理》2008 年第 2 期。

［29］邓雪、李家铭、曾浩健、陈俊羊、赵俊峰：《层次分析法权重计算方法分析及其应用研究》，《数学的实践与认识》2012 年第 7 期。

［30］邓中华：《和谐管理理论的理论体系和问题》，《管理学报》2013 年第 5 期。

［31］狄奥、李资源：《民族经济立法与民族地区新农村建设的思考》，《西北民族大学学报》（哲学社会科学版）2006 年第 5 期。

［32］丁江伦：《曲靖市城市民族关系协调工作调研报告》，《今日民族》2009 年第 7 期。

［33］董玉芝：《自媒体时代微博意见领袖的舆论效应及其引导》，《中州学刊》2014 年第 4 期。

［34］杜小勇、马文峰：《学科领域知识本体建设方法研究》，《图书情报工作》2005 年第 8 期。

［35］段淳林：《和谐伦理思想与企业文化创新》，《广西大学学报》（哲学社会科学版）2000 年第 4 期。

［36］樊耘、余宝琦：《和谐管理理论的实践性模型》，《管理学报》2006 年第 6 期。

［37］范振军、温军：《民族关系预警研究述评》，《民族研究》2007 年第 5 期。

［38］方付建：《突发事件网络舆情演变研究》，博士学位论文，华中科技大学，2011 年。

［39］方磊、张文卿：《电子政务环境下政府危机管理系统的框架研究》，《中国软科学》2004 年第 4 期。

［40］冯必扬：《社会风险与风险社会关系探析》，《江苏行政学院学报》2008 年第 5 期。

［41］冯雪红、聂君：《宁夏生态移民地区民族关系评价指标体系构建研究》，《烟台大学学报》（哲学社会科学版）2014 年第 1 期。

［42］冯雪红、徐婧：《2002—2012 年和谐民族关系研究综述》，《贵州大学学报》（社会科学版）2013 年第 5 期。

［43］付春晖、来万萍：《对构建"和谐湖北"的战略思考》，《统计与决策》2005 年第 17 期。

［44］甘福成：《和谐管理在国有企业维稳工作中的运用》，《学习月刊》2010 年第 8 期。

［45］高永久、左宏愿：《适应我国城市民族关系和谐发展态势的利益协调机制研究》，《西北民族大学学报》（哲学社会科学版）2011 年第 6 期。

［46］高永久：《论民族社会稳定的预警系统》，《中南民族大学学报》（人文社会科学版）2003 年第 3 期。

［47］耿小庆：《基于知识管理与 BP 网络的企业预警战略研究》，《现代财经》（天津财经大学学报）2006 年第 10 期。

［48］宫颖华、杜继勇、秘运冬：《浅析"和谐社会"评价指标体系的构建》，《邯郸职业技术学院学报》2013 年第 1 期。

［49］宫泽林、徐艳红：《创新大数据技术下网络舆情监测与分析的研究》，《信息安全与技术》2016 年第 6 期。

［50］龚花萍、王英：《基于文献计量的国内危机预警研究现状分析》，

《情报杂志》2016 年第 10 期。

[51] 龚剑：《近年来我国民族信息资源研究的综述》，《现代情报》2007年第 10 期。

[52] 龚剑：《我国民族地区信息资源公共获取的障碍因素分析》，《现代情报》2009 年第 3 期。

[53] 龚力军：《制定自治区自治条例是中国特色社会主义民族理论的一项重要内容》，《经济师》2010 年第 1 期。

[54] 龚永辉：《民族意识的概念问题——民族意识及其调控研究之一》，《广西民族大学学报》（哲学社会科学版）1995 年第 1 期。

[55] 顾海兵、丁孙亚：《国家经济安全能力的财政金融：2013 年监测与2014—2015 年预警》，《学术研究》2014 年第 9 期。

[56] 顾海兵：《经济预警新论》，《数量经济技术经济研究》1994 年第1 期。

[57] 郭清祥：《关于现阶段处理少数民族宗教问题的分析与思考》，《民族研究》2004 年第 1 期。

[58] 郭士伊、席酉民：《和谐管理的智能体行为模型》，《预测》2004 年第 2 期。

[59] 郭涛、阎耀军：《基于 Agent 仿真模拟方法的民族关系研究构想》，《预测与分析》2016 年第 1 期。

[60] 郭玉清：《逾期债务、风险状况与中国财政安全——兼论中国财政风险预警与控制理论框架的构建》，《经济研究》2011 年第 8 期。

[61] 哈斯其其格：《社会风险管理框架的创新思考》，中国金融工程学年会，内蒙古，2011 年 7 月。

[62] 韩杰、赵浚：《“互联网＋”背景下社会主义核心价值观传播的着力点》，《重庆邮电大学学报》（社会科学版）2017 年第 1 期。

[63] 侯彬彬：《优化网络文化，推进社会主义先进文化建设》，《文艺生活·文海艺苑》2011 年第 4 期。

[64] 侯峰、刘利粉：《和谐社会评价指标体系构建》，《统计教育》2008年第 4 期。

[65] 侯万锋：《对西部地区构建和谐民族关系的政治学思考》，《贵州民族研究》2006 年第 5 期。

[66] 侯玉梅、许成媛：《基于案例推理法研究综述》，《燕山大学学报》

（哲学社会科学版）2011 年第 4 期。

［67］胡衍强、刘仲英：《基于案例推理的金融操作风险预警系统》，《同济大学学报》（自然科学版）2008 年第 9 期。

［68］虎有泽、冯瑞：《兰州市区民族关系研究》，《西北民族学院学报》（哲学社会科学版）2001 年第 3 期。

［69］淮建军、席酉民：《从和谐管理理论到和谐社会的机制分析》，《西安交通大学学报》（社会科学版）2006 年第 6 期。

［70］黄丹、席酉民：《和谐管理理论基础：和谐的诠释》，《管理工程学报》2001 年第 3 期。

［71］黄璜：《"互联网＋"、国家治理与公共政策》，《电子政务》2015 年第 7 期。

［72］黄兰秋、姚伟、刘建准：《面向社会预警的情报收集过程中的情报行为模型构建》，《图书情报工作》2014 年第 7 期。

［73］黄亦潇、邵培基：《基于案例推理的客户分析系统构建方法研究》，《昆明理工大学学报》（自然科学版）2005 年第 6 期。

［74］黄仲盈：《和谐：我国社会主义民族关系调控的时代性》，《广西民族研究》2008 年第 3 期。

［75］惠志斌、何小菁、吴建华：《试论国家综合性危机信息管理系统的建立》，《情报杂志》2004 年第 8 期。

［76］贾友山：《社会主义和谐社会与社会预警机制的建立》，《聊城大学学报》（社会科学版）2006 年第 2 期。

［77］贾玉婷：《西部地区城镇化发展风险评价分析》，硕士学位论文，重庆大学，2008 年。

［78］姜胜洪：《突发公共事件中网络谣言的形成、传播与应对——以天津蓟县"6·30"大火为例》，《社科纵横》2013 年第 1 期。

［79］蒋宗彩：《国内外公共危机管理研究现状及评述》，《电子科技大学学报》（社会科学版）2016 年第 2 期。

［80］金炳镐、常勇：《发展和完善社会主义民族关系与民族地区和谐社会的构建》，《黑龙江民族丛刊》2005 年第 4 期。

［81］金炳镐、陈丽明、杨文顺：《试论民族理论与民族政策课程教学特点》，《西北民族大学学报》（哲学社会科学版）2013 年第 4 期。

［82］金炳镐、董强、裴圣愚等：《民族群体性事件的治理与预警机制研

究——以河南省为例》，《云南民族大学学报》（哲学社会科学版）
2011 年第 5 期。

[83] 金炳镐、裴圣愚：《民族性群体事件预警机制研究》，《西南民族大
学学报》（人文社会科学版）2011 年第 8 期。

[84] 金炳镐、魏国红：《和谐：民族理论学科发展的新思路——学习
〈中共中央关于构建社会主义和谐社会若干重大问题的决定〉的几
点思考》，《黑龙江民族丛刊》2007 年第 1 期。

[85] 金炳镐、严庆、杨成：《民族关系构成方式——民族关系理论研究
之一》，《黑龙江民族丛刊》2008 年第 2 期。

[86] 金炳镐、严庆：《论民族关系发展与和谐社会构建的切合》，《青海
民族研究》2007 年第 1 期。

[87] 金炳镐、张银花：《论民族和谐发展》，《黑龙江民族丛刊》2007 年
第 6 期。

[88] 金炳镐：《和谐民族关系与和谐社会构建》，《西南民族大学学报》
（人文社会科学版）2007 年第 9 期。

[89] 金炳镐：《民族关系特征：民族和谐社会建设的理论指导（三）》，
《中国民族报》2011 年 8 月 5 日第 6 版。

[90] 金炳镐：《中国改革开放 30 年来的民族理论发展》，《西南民族大学
学报》（人文社会科学版）2008 年第 12 期。

[91] 金志敏：《基于情景的应急信息需求分析研究》，硕士学位论文，暨
南大学，2013 年。

[92] 康新秀：《浅议信息资源开发技术》，《图书情报导刊》2010 年第
14 期。

[93] 孔艳、刘成新：《利用基于案例的推理来支持学习》，《中国现代教
育装备》2005 年第 11 期。

[94] 黎红雷：《和谐哲学：社会主义和谐社会的哲学基础》，《中山大学
学报》（社会科学版）2007 年第 6 期。

[95] 李弼程、林琛、郭志刚：《突发事件网络舆情研究探讨》，《情报杂
志》2010 年第 7 期。

[96] 李丹、李宁、贾楠：《浅谈网络教育舆情的特点》，《时代报告》
（学术版）2011 年第 8 期。

[97] 李殿伟、赵黎明：《社会稳定与风险预警机制研究》，《经济体制改

革》2006 年第 2 期。

[98] 李飞：《推进地方政府网络舆情引导及调控机制建设》，《大连干部学刊》2010 年第 6 期。

[99] 李光敏、张行文、张磊、杨朋英：《面向网络舆情的评论文本情感分析研究》，《情报杂志》2014 年第 5 期。

[100] 李红杰、严庆：《论民族和谐与社会整合》，《中南民族大学学报》（人文社会科学版）2007 年第 3 期。

[101] 李会军、席酉民、葛京：《基于和谐管理理论的一种整合商业模式概念框架》，《管理学报》2015 年第 9 期。

[102] 李慧、万静、任雪原：《基于本体的博物馆知识库构建方法研究》，《电子设计工程》2011 年第 12 期。

[103] 李静：《突变理论视角下品牌危机管理研究》，《山东社会科学》2010 年第 9 期。

[104] 李美娟、唐启明：《云南民族自治县县域经济发展失衡预警研究》，《重庆大学学报》（社会科学版）2014 年第 5 期。

[105] 李鹏飞、席酉民、韩巍：《和谐管理理论视角下战略领导力分析》，《管理学报》2013 年第 1 期。

[106] 李乾鹏、方家骐：《基于 RBR 和 CBR 规划中的知识表示方法研究》，《计算机工程与设计》2009 年第 22 期。

[107] 李树直：《淡水资源对中国社会经济发展的挑战》，《中国改革报》2006 年 12 月 4 日第 5 版。

[108] 李思华：《对社会预警一些基本问题的探索》，硕士学位论文，华中师范大学，2012 年。

[109] 李庭春：《管理信息系统开发特点及原则分析》，《现代计算机：专业版》2008 年第 5 期。

[110] 李文明：《企业高层团队和谐整合预警机制研究》，《企业经济》2005 年第 3 期。

[111] 李祥飞、阎耀军：《基于复杂系统理论的公共危机预警方法研究》，《大连理工大学学报》（社会科学版）2016 年第 1 期。

[112] 李小娜：《大数据时代社会舆情监测的转变和发展》，《青年记者》2015 年第 11 期。

[113] 李新杰：《河南省环境经济协调发展路径及预警研究》，博士学位

论文，武汉理工大学，2014 年。

[114] 李彦峰：《论政府网络舆情调控的传播策略》，《中国报业》2013
年第 9 期。

[115] 李永利：《中国社会风险预警机制研究》，硕士学位论文，西南财
经大学，2011 年。

[116] 李永宁：《民族地区多元文化信息资源库研究与设计》，《中国电
化教育》2011 年第 5 期。

[117] 李勇：《论国家汲取能力的现代化》，博士学位论文，中共中央党
校，2014 年。

[118] 李忠伟：《少数民族地区突发公共事件的舆情分析与引导策略》，
《黑龙江民族丛刊》2015 年第 4 期。

[119] 李子叶、席酉民等：《和谐管理理论与员工满意度》，《中国电力
企业管理》2009 年第 7 期。

[120] 梁其贵：《建立健全社会预警体系与和谐社会的建构》，《中州学
刊》2006 年第 3 期。

[121] 梁喜涛、顾磊：《中文分词与词性标注研究》，《计算机技术与发
展》2015 年第 2 期。

[122] 廖业扬：《论和谐社会建设对和谐民族关系的构建作用》，《前沿》
2013 年第 1 期。

[123] 廖业扬：《中国特色社会主义民族关系内涵之论说》，《贵州社会
科学》2012 年第 1 期。

[124] 刘彬、高福安：《政府应对危机的信息资源管理》，《北京广播学
院学报》（自然科学版）2003 年第 3 期。

[125] 刘翠兰、郭培培：《近十年来民族关系调控研究评介》，《黑河学
刊》2013 年第 4 期。

[126] 刘峰：《中小企业和谐管理评价研究——以临沂市东都经贸有限公
司为例》，硕士学位论文，山东农业大学，2008 年。

[127] 刘贵清：《少数民族地区人口、资源、环境与经济协调发展问题研
究》，《贵州民族研究》2013 年第 3 期。

[128] 刘建准、阎耀军：《情报学理论方法与社会预警的交叉融合研究》，
《情报探索》2014 年第 3 期。

[129] 刘建准、詹绍、姚伟：《基于学科特征的情报学理论与社会预警理

论融合研究》，《情报理论与实践》2014 年第 6 期。

[130] 刘剑、陈一超、江虹：《基于规则的通用专家知识库故障诊断方法》，《计算机与数字工程》2010 年第 6 期。

[131] 刘磊：《网络舆情深度挖掘模式研究》，《情报探索》2010 年第 12 期。

[132] 刘立敏、徐中林：《宪法监督视野中的〈民族区域自治法〉》，《黑龙江民族丛刊》2003 年第 4 期。

[133] 刘丽丽、陈晨、兰月新：《政府对网络舆情引导与管控机制研究》，《现代情报》2012 年第 5 期。

[134] 刘姗、胡勇：《中文网络话题评论文本语义倾向分析》，《信息安全与通信保密》2012 年第 6 期。

[135] 刘双印、徐龙琴、谢仕义等：《基于案例与规则集成推理的公共卫生疫情预警系统的应用研究》，《电子技术应用》2007 年第 7 期。

[136] 刘铁民：《应急准备任务设置与应急响应能力建设——基于情景—任务—能力应急预案编制技术研究之二》，《中国安全生产科学技术》2012 年第 10 期。

[137] 刘文瑞：《和谐管理理论评析》，《管理学报》2009 年第 12 期。

[138] 刘兴平：《和谐管理视角下的和谐高校校园建设》，《科技信息》2011 年第 9 期。

[139] 刘雪芹、张春玲、吴红霞：《基于竞争情报的企业危机信息综合管理研究》，《现代情报》2011 年第 11 期。

[140] 刘毅：《略论网络舆情的概念、特点、表达与传播》，《理论界》2007 年第 1 期。

[141] 刘钟泽：《网络民族主义概念辨析》，《北京青年政治学院学报》2013 年第 1 期。

[142] 龙彬：《少数民族地区经济发展探讨》，《现代商贸工业》2009 年第 23 期。

[143] 卢守亭：《试论城市化进程中的民族关系及其评价指标体系》，《贵州民族研究》2007 年第 5 期。

[144] 陆杨：《现阶段我国网络舆情公共危机管理研究》，硕士学位论文，华中师范大学，2012 年。

[145] 罗琴：《基于数据挖掘和案例推理的知识管理系统》，硕士学位论

文，合肥工业大学，2007 年。

[146] 罗新阳：《论网络民情预警机制的构建》，《桂海论丛》2009 年第 1 期。

[147] 马克林：《宗教与民族法制建设关系初探》，第八次全国民族理论研讨会，兰州，2004 年。

[148] 马荔：《突发事件网络舆情政府治理研究》，博士学位论文，北京邮电大学，2010 年。

[149] 马戎：《社会学的族群关系研究》，《中南民族大学学报》（人文社会科学版）2004 年第 3 期。

[150] 孟桂荣：《论我国民族地区信息资源的开发与利用》，《黑龙江民族丛刊》2013 年第 4 期。

[151] 孟令国、俞策：《基层治理中文化调控的作用机理及完善》，《四川行政学院学报》2016 年第 6 期。

[152] 缪茹一：《基于文本数据挖掘的微博情感分析与监控系统》，硕士学位论文，浙江工业大学，2015 年。

[153] 年志刚、梁式、麻芳兰、李尚平：《知识表示方法研究与应用》，《计算机应用研究》2007 年第 5 期。

[154] 牛文元、叶文虎：《全面构建中国社会稳定预警系统》，《中国发展》2003 年第 4 期。

[155] 潘斌：《社会预警的功能与运行机制研究》，硕士学位论文，华中科技大学，2004 年。

[156] 彭宁波：《国外知识管理和危机管理融合研究综述》，《情报资料工作》2012 年第 6 期。

[157] 彭宁波：《面向危机预警的知识管理模式与策略》，《情报理论与实践》2013 年第 2 期。

[158] 戚桂杰、顾飞：《基于和谐管理理论的提升业务与 IT 融合研究》，《山东大学学报》（哲学社会科学版）2012 年第 2 期。

[159] 戚永红、宝贡敏：《国外知识管理研究述评》，《科研管理》2003 年第 6 期。

[160] 齐月、郭涵：《黑龙江省少数民族文献建设工作的现状与建议》，《河南图书馆学刊》2014 年第 10 期。

[161] 祁永安：《明确少数民族事业内涵，重构"十二五"建设重点》，

《西北民族大学学报》（哲学社会科学版）2012 年第 2 期。

[162] 钱卫列、侯贵平：《行业信息化知识库系统知识库设计》，《计算机工程与设计》2008 年第 14 期。

[163] 青宇波、薛从彬、邓君等：《论我国传统文化与企业和谐管理》，《北方经济》2005 年第 14 期。

[164] 邱泽奇：《在工厂化和网络化的背后——组织理论的发展与困境》，《社会学研究》1999 年第 4 期。

[165] 沙勇忠、徐瑞霞：《基于 AT 的应急信息需求分析：框架及实证研究》，《信息资源管理学报》2011 年第 2 期。

[166] 商万里：《论民族关系调控机制的完善》，《楚雄师范学院学报》2012 年第 5 期。

[167] 沈鲁、崔健东：《自媒体时代高校网络舆情分析——基于互联网思维下微博和微信意见领袖的建构》，《新闻知识》2015 年第 8 期。

[168] 沈远新：《危机性认同：一个社会预警信号》，《岭南学刊》1998 年第 5 期。

[169] 沈志洋：《乐视网的大数据战略解读》，《青年记者》2015 年第 11 期。

[170] 石路：《民族地区突发公共事件的应急预警机制探析》，《新疆大学学报》（哲学·人文社会科学汉文版）2006 年第 4 期。

[171] 石亚洲、中和、栾爱峰：《民族关系调控机制——民族关系理论研究之八》，《黑龙江民族丛刊》2008 年第 4 期。

[172] 史金晶：《突发事件舆情知识库构建研究》，硕士学位论文，南京理工大学，2016 年。

[173] 宋林飞：《社会风险指标体系与社会波动机制》，《社会学研究》1995 年第 6 期。

[174] 宋林飞：《中国社会风险预警系统的设计与运行》，《东南大学学报》（哲学社会科学版）1999 年第 1 期。

[175] 宋正伟：《基于网络媒体的舆情研究》，硕士学位论文，华中科技大学，2008 年。

[176] 苏云、康平：《东乡族民族文化资源库构建研究》，《西北民族大学学报》（哲学社会科学版）2013 年第 2 期。

[177] 孙玲芳、周加波、林伟健等：《基于 BP 神经网络和遗传算法的网

络舆情危机预警研究》,《情报杂志》2014 年第 11 期。

[178] 孙淑秋:《和谐社会的构建与民族关系调控机制的完善》,《满族研究》2012 年第 2 期。

[179] 孙燕:《网络谣言的传播学分析——以"日本地震"和"温州动车事故"为例》,《新闻界》2012 年第 2 期。

[180] 谭明皓:《基于案例推理的热轧层流冷却过程建模与控制研究》, 博士学位论文, 东北大学, 2004 年。

[181] 汤夺先:《试论影响城市民族关系的几个因素》,《黑龙江民族丛刊》2003 年第 6 期。

[182] 汤智斌:《和谐社会指数的构建及应用研究》, 博士学位论文, 湖南大学, 2014 年。

[183] 田孟清:《试论民族关系的调节方式》,《黑龙江民族丛刊》2001 年第 1 期。

[184] 田荣:《试论网络舆情对国家政治安全的影响及对策》, 硕士学位论文, 复旦大学, 2012 年。

[185] 万会丽:《大数据时代网络舆情分析》,《鸭绿江月刊》2014 年第 3 期。

[186] 汪少波:《中国和平崛起进程中的理性民族主义探究》, 硕士学位论文, 合肥工业大学, 2010 年。

[187] 王地宁、唐钧:《社会发展指标体系的建构和应用》,《中国社会科学》1991 年第 1 期。

[188] 王恩彩:《论构建和谐的民族关系》,《贵阳市委党校学报》2005 第 5 期。

[189] 王革、阎耀军:《公共危机管理研究述评》,《理论与现代化》2011 年第 3 期。

[190] 王光松:《论和谐管理的基本原则》,《广东第二师范学院学报》2011 年第 4 期。

[191] 王国华、方付建:《我国舆情信息工作体系建设:现状、困境、走向》,《图书情报工作》2010 年第 6 期。

[192] 王国华、冯伟、王雅蕾:《基于网络舆情分类的舆情应对研究》,《情报杂志》2013 年第 5 期。

[193] 王国华、骆毅:《论"互联网 +"下的社会治理转型》,《人民论

坛·学术前沿》2015 年第 10 期。

[194] 王慧、阎耀军：《信息技术在民族关系危机预警管理中的应用》，《延边大学学报》（社会科学版）2009 年第 5 期。

[195] 王洁：《试论城市民族关系的影响因素——以沈阳市为例》，《黑龙江民族丛刊》2004 年第 2 期。

[196] 王君泽、方醒、杜洪涛：《网络舆情分析系统中的支撑技术研究》，《现代情报》2015 年第 8 期。

[197] 王俊鸿：《汶川地震羌族移民异地安置和生计方式转型——四川省邛崃市木梯村和直台村田野考察报告》，《民族学刊》2011 年第 4 期。

[198] 王来华：《论群体性突发事件的舆情信息汇集分析机制》，《理论与现代化》2007 年第 4 期。

[199] 王来华：《舆情变动规律初论》，《学术交流》2005 年第 12 期。

[200] 王敏敏：《试论政府对公共危机的管理》，《探求》2008 年第 5 期。

[201] 王明和：《基于语言变量的房地产项目投资风险评价研究》，博士学位论文，北京交通大学，2012 年。

[202] 王琦、席酉民、尚玉钒：《和谐管理理论核心：和谐主题的诠释》，《管理评论》2003 年第 9 期。

[203] 王嵩：《政府人口资源管理系统的设计与实现》，硕士学位论文，大连理工大学，2007 年。

[204] 王嵩阳、易蕙玲：《民族关系调控从理论到实践》，《黑河学刊》2012 年第 5 期。

[205] 王天戍：《基于案例推理的应急预案管理研究》，《现代计算机：专业版》2008 年第 7 期。

[206] 王文、王树锋、李洪华：《基于文本语义和表情倾向的微博情感分析方法》，《南京理工大学学报》2014 年第 6 期。

[207] 王文璞、林木辉：《基于本体的领域知识库构建方法研究》，《福建电脑》2008 年第 8 期。

[208] 王小林、陈军：《基于异构网络的西部少数民族文献联合数据库建设》，《图书与情报》2014 年第 2 期。

[209] 王秀丽：《我国西部少数民族地区网络舆情引导中值得注意的问题》，《新疆警察学院学报》2015 年第 1 期。

［210］ 王亚刚、席酉民、尚玉钒等：《复杂快变环境下的整体性应变工具：和谐主题》，《管理学报》2011 年第 1 期。

［211］ 王耀华、吴贤国、骆汉宾：《知识管理在建筑工程质量管理中的应用》，《土木工程与管理学报》2004 年第 4 期。

［212］ 王振：《政府应对网络舆情负面影响的路径选择》，《湖北经济学院学报》（人文社会科学版）2011 年第 8 期。

［213］ 魏韡、向阳、陈千：《中文文本情感分析综述》，《计算机应用》2011 年第 12 期。

［214］ 魏圆圆、钱平、王儒敬等：《知识工程中的知识库、本体与专家系统》，《计算机系统应用》2012 年第 10 期。

［215］ 温娜：《政府应急预案管理系统的研究与设计》，硕士学位论文，中山大学，2009 年。

［216］ 文妮：《试论我国城市民族关系影响因素度量指标》，《黑龙江民族丛刊》2010 年第 4 期。

［217］ 乌家培：《信息资源与信息经济学》，《中央财政金融学院学报》1996 年第 2 期。

［218］ 吴钦敏：《构建新型民族关系评价指标体系之初探》，《贵州民族研究》2007 年第 4 期。

［219］ 吴绍忠、李淑华：《互联网络舆情预警机制研究》，《中国人民公安大学学报》（自然科学版）2008 年第 3 期。

［220］ 吴贤国：《工程失败知识管理及预警研究》，博士学位论文，华中科技大学，2006 年。

［221］ 吴燕波、向大为、麦永浩：《大数据时代的网络舆情管理与引导研究》，《信息安全研究》2016 年第 4 期。

［222］ 吴月刚、中和：《民族关系影响因素——民族关系理论研究之五》，《黑龙江民族丛刊》2008 年第 3 期。

［223］ 吴忠民：《社会问题预警系统研究》，《东岳论丛》1996 年第 4 期。

［224］ 武汉市民族事务委员会专题调研小组：《关于武汉市构建城市和谐民族关系调控机制的调研报告》，《民族研究》2001 年第 6 期。

［225］ 武萌、贾培佩：《和谐社会评价指标体系与评价模型》，《合作经济与科技》2013 年第 14 期。

［226］ 武萍：《从内生警源和外生警源看我国社会保障危机预警》，《中

国软科学》2006 年第 5 期。

[227] 席酉民、葛京、韩巍等：《和谐管理理论的意义与价值》，《管理学报》2005 年第 4 期。

[228] 席酉民、尚玉钒、井辉等：《和谐管理理论及其应用思考》，《管理学报》2009 年第 1 期。

[229] 席酉民、尚玉钒：《和谐管理思想与当代和谐管理理论》，《西安交通大学学报》（社会科学版）2001 年第 3 期。

[230] 席酉民、王亚刚：《和谐社会秩序形成机制的系统分析：和谐管理理论的启示和价值》，《系统工程理论与实践》2007 年第 3 期。

[231] 席酉民、姚小涛：《复杂多变环境下和谐管理理论与企业战略分析框架》，《管理科学》2003 年第 4 期。

[232] 席酉民、张晓军：《从不确定性看管理研究逻辑及和谐管理理论的启示》，《管理学报》2010 年第 1 期。

[233] 席酉民、张晓军：《社会治理视角下的和谐社会形成机制及策略》，《系统工程理论与实践》2013 年第 12 期。

[234] 席酉民：《"和谐管理理论"决胜未来》，《人民论坛》2011 年第 17 期。

[235] 夏宁：《基于和谐管理理论的企业内部控制框架研究》，《理论导刊》2013 年第 7 期。

[236] 向萍：《社交媒体语境下的舆情调控》，《西部广播电视》2016 年第 5 期。

[237] 肖飞：《我国社会稳定预警机制构建探略》，《公安研究》2000 年第 1 期。

[238] 肖群鹰、朱正威：《危机预警中的政府信息管理与调控——基于人口安全预警系统的研究》，《中国行政管理》2008 年第 8 期。

[239] 肖映胜：《武陵山民族地区和谐社会评价指标体系探微》，《吉首大学学报》（社会科学版）2011 年第 6 期。

[240] 谢鸿桂：《民族地区构建网络媒体的突破点》，《中国记者》2010 年第 1 期。

[241] 谢俊贵：《当代社会风险源：特征辨识与类型分析》，《西南石油大学学报》（社会科学版）2009 年第 4 期。

[242] 谢茜茜：《基于本体的分布式数据挖掘系统构建》，《企业技术开

发》2011 年第 20 期。

[243] 邢平平、施鹏飞、熊范纶：《数据挖掘技术在农业数据中的有效应用》，《计算机工程与应用》2001 年第 2 期。

[244] 熊坤新、胡琦：《试论民族关系调控中的政策调控》，《西藏民族学院学报》（哲学社会科学版）2010 年第 5 期。

[245] 熊坤新、严庆：《我国和谐社会构建中的民族关系发展与调控》，《西北民族大学学报》（哲学社会科学版）2007 年第 1 期。

[246] 徐翠玲、肖治国：《一种新的城市公共安全数据库设计方法》，《西安科技大学学报》2008 年第 3 期。

[247] 徐德岭：《和谐理论与和谐企业》，《中国劳动关系学院学报》2005 年第 6 期。

[248] 徐建：《网络舆情危机预警的案例推理方法研究》，硕士学位论文，哈尔滨工业大学，2014 年。

[249] 徐天伟、甘健侯、李金绪等：《基于 E - Science 的民族教育信息资源服务平台研究》，《现代教育技术》2012 年第 1 期。

[250] 徐学荣、王小婷、陈斌：《和谐社会评价指标体系和评价方法研究》，《福建农林大学学报》（哲学社会科学版）2006 年第 6 期。

[251] 许峰、谢承华：《公共危机监测、预测与预警关系辨析》，《图书与情报》2011 年第 5 期。

[252] 许国兵：《基于案例推理的企业物流外包风险预警系统》，《物流技术》2007 年第 1 期。

[253] 许洪顺：《和谐管理理念在高校管理中的运用》，《安徽工业大学学报》（社会科学版）2007 年第 6 期。

[254] 许鑫、张岚岚：《突发事件网络舆情预警模式探索》，《图书情报工作》2010 年第 22 期。

[255] 许鑫、章成志：《互联网舆情分析及应用研究》，《情报科学》2008 年第 8 期。

[256] 薛玉春：《我国金融风险评价指标体系与预警机制研究》，硕士学位论文，上海大学，2008 年。

[257] 薛云、叶东毅、张文德：《基于〈中国分类主题词表〉的领域本体构建研究》，《情报杂志》2007 年第 3 期。

[258] 亚州、中和、栾爱峰：《民族关系调控机制——民族关系理论研究

之八》，《黑龙江民族丛刊》2008 年第 4 期。

[259] 严翠玲：《大数据时代网络舆情的研判与引导》，《产业与科技论坛》2015 年第 13 期。

[260] 严庆：《和谐社会构建中的民族关系调控》，硕士学位论文，中央民族大学，2007 年。

[261] 阎耀军、陈乐齐、朴永日：《建立我国民族关系评估指标体系的总体构想》，《中南民族大学学报》（人文社会科学版）2009 年第 3 期。

[262] 阎耀军、吴中元、朱吉宁：《民族关系评估与监测——预警管理信息系统的构建》，《中南民族大学学报》（人文社会科学版）2011 年第 3 期。

[263] 阎耀军、张美莲、王樱：《论我国民委系统民族关系预警机制的构建》，《中南民族大学学报》（人文社会科学版）2009 年第 6 期。

[264] 阎耀军：《论社会预警的概念及概念体系》，《理论与现代化》2002 年第 5 期。

[265] 阎耀军：《民族关系和谐的逻辑结构和系统分析模型——兼及测度民族关系和谐状况的指标体系设置》，《中南民族大学学报》（人文社会科学版）2008 年第 6 期。

[266] 阎耀军：《社会稳定的计量及预警预控管理系统的构建》，《社会学研究》2004 年第 3 期。

[267] 阳锋、冯时、王琳等：《MICA：一个面向微博数据流的观点挖掘原型系统》，《计算机研究与发展》2011 年第 S3 期。

[268] 杨翠彬：《省级应急管理信息系统的分析与设计——以山东省应急管理信息系统为例》，硕士学位论文，山东大学，2009 年。

[269] 杨丹：《社会科学研究信息源分析》，《中州学刊》2008 年第 1 期。

[270] 杨卉、王陆、冯红：《教学案例知识管理系统的设计与实现》，《中国电化教育》2004 年第 10 期。

[271] 杨鹃飞、田振江：《国家认同、法治与爱国主义：和谐民族关系的实现路径》，《宁夏大学学报》2012 年第 5 期。

[272] 杨玲：《试论新时期的民族意识》，《新疆职业大学学报》2009 年第 1 期。

[273] 杨顺清：《边疆多民族地区政治文明建设面临的问题和主要任务》，《云南行政学院学报》2005 年第 1 期。

[274] 杨栩、周瑜：《基于和谐管理的企业持续创新实现模式研究》，《中国科技论坛》2011 年第 7 期。

[275] 杨洋、胡晓兵、李建勋、管清贵：《基于规则推理的切削数据库的建立与研究》，《工具技术》2007 年第 11 期。

[276] 杨云红：《云南贫困山区突发事件的应急管理》，《中共云南省委党校学报》2009 年第 1 期。

[277] 杨珍、马银平：《重视发挥调控机制的作用——〈我国杂散居地区民族关系调控机制研究〉简介》，《中国民族》2004 年第 5 期。

[278] 杨珍：《关于构建民族意识调控机制的几点思考》，《中国民族》2005 年第 1 期。

[279] 杨峥嵘：《"互联网＋"国家治理》，《中共乌鲁木齐市委党校学报》2015 年第 4 期。

[280] 姚明：《如何利用网络资源开展民族工作》，《边疆经济与文化》2006 年第 4 期。

[281] 叶浩生：《具身认知：认知心理学的新取向》，《心理科学进展》2010 年第 5 期。

[282] 易蕙玲、王嵩阳：《浅析中国特色民族关系调控的原则》，《黑河学刊》2012 年第 3 期。

[283] 于春洋：《刍议利益分化背景下的少数民族政治参与》，《黑龙江民族丛刊》2008 年第 5 期。

[284] 虞娟：《基于本体 CBR 的案例管理系统研究》，《科技创新与应用》2012 年第 26 期。

[285] 袁磊、张浩、陈静等：《基于本体化知识模型的知识库构建模式研究》，《计算机工程与应用》2006 年第 30 期。

[286] 岳天明：《试论民族社会问题及其特殊性》，《青海民族研究》2003 年第 1 期。

[287] 张楚才、刘昀岢、瞿绍军：《一种基于本体和自定义规则的情景推理方法》，《计算机技术与发展》2014 年第 4 期。

[288] 张华：《论不完全信息条件下的片段情报分析法》，《情报理论与实践》2008 年第 4 期。

[289] 张劲松、郑双怡、王梅源等：《西北少数民族信息资源管理存在的问题及应对措施》，《图书馆理论与实践》2007 年第 5 期。

[290] 张劲松：《经济转型期城市民族关系的影响因素及预警调控研究》，《广西民族研究》2010 年第 2 期。

[291] 张劲松：《面向监测预警过程的民族关系知识管理研究》，《图书情报工作》2010 年第 24 期。

[292] 张劲松：《民族关系监测评价模型及其信息处理研究》，《中南民族大学学报》（人文社会科学版）2010 年第 3 期。

[293] 张劲松：《民族关系监测预警的实践策略和保障机制研究》，《贵州民族研究》2010 年第 4 期。

[294] 张克生：《舆情机制是国家决策的根本机制》，《理论与现代化》2004 年第 4 期。

[295] 张丽红：《论我国公共决策与网络舆情》，《广西社会科学》2009 年第 7 期。

[296] 张平、蓝海林、黄文彦：《技术整合中知识库的构建研究》，《科学学与科学技术管理》2004 年第 1 期。

[297] 张茜：《公共危机管理系统研究》，硕士学位论文，武汉理工大学，2006 年。

[298] 张向宏、张少彤、王明明：《中国政府网站的三大功能定位——政府网站理论基础之一》，《电子政务》2007 年第 3 期。

[299] 张小明：《公共危机预警机制设计与指标体系构建》，《理论与改革》2006 年第 6 期。

[300] 张银花：《民族和谐发展：理论与实证》，博士学位论文，中央民族大学，2007 年。

[301] 张宇通、王智孝、李蔓婷：《互联网思维下中国政府舆情管理发展路径探究——基于信息发布视域》，《现代商贸工业》2015 年第 26 期。

[302] 张玉强：《网络舆情危机引导策略研究》，《理论导刊》2012 年第 1 期。

[303] 张玉强：《民族地区网络舆情危机的政府引导策略研究》，《中共南宁市委党校学报》2013 年第 2 期。

[304] 章钢、谢阳群：《危机信息管理研究综述》，《情报杂志》2006 年第 8 期。

[305] 赵健君、贾东海：《民族关系定义研究》，《黑龙江民族丛刊》

2006 年第 4 期。

［306］赵利生：《民族社会控制及其必然性分析》，《甘肃理论学刊》2003 年第 6 期。

［307］赵万林、张洪英：《"互联网＋"社会工作服务项目：实践与伦理议题》，《社会工作与管理》2017 年第 2 期。

［308］赵妍妍、秦兵、刘挺：《文本情感分析》，《软件学报》2010 年第 8 期。

［309］郑双怡、张劲松：《民族关系评价指标体系构建及监测预警机制研究》，《民族研究》2009 年第 1 期。

［310］周瑢、王颖、张贵：《省级森林火灾应急资源管理平台研建》，《湖南科技学院学报》2012 年第 8 期。

［311］周慧：《基于应急案例本体的信息抽取的研究及应用》，硕士学位论文，太原理工大学，2007 年。

［312］周竞红：《网络信息与民族关系》，《民族研究》2003 年第 2 期。

［313］周星宇、刘吉隆、赵伟：《社会稳定预警研究综述》，《学理论》2012 年第 13 期。

［314］周咏梅、杨佳能、阳爱民：《面向文本情感分析的中文情感词典构建方法》，《山东大学学报》（工学版）2013 年第 6 期。

［315］朱庆芳：《社会经济协调稳定指标体系和 1991 年分地区协调度评价》，《管理世界》1992 年第 6 期。

［316］朱亚军：《浅析我国公共危机预警系统的构建》，《价值工程》2014 年第 23 期。

三　英文文献

［1］James Stuart Olson & Heather Olson Beal, *The Ethnic Dimension in American History*, New York：Wiley – Blackwell, 2010.

［2］Gruber, Thomas R., "Knowledge Acquisition", *A Translation Approach to Portable Ontology Specifications*, Vol. 5, No. 2, 1993.

［3］Yinger, J. M., *Theories of Race and Ethnic Relations*, New York：Cambridge University Press, 1986.

［4］Yoshito Kawabata, Nicki R. Crick, "The Role of Cross – Racial/Ethnic Friendships in Social Adjustment", *Developmental Psychology*, 2008, 44 (4).